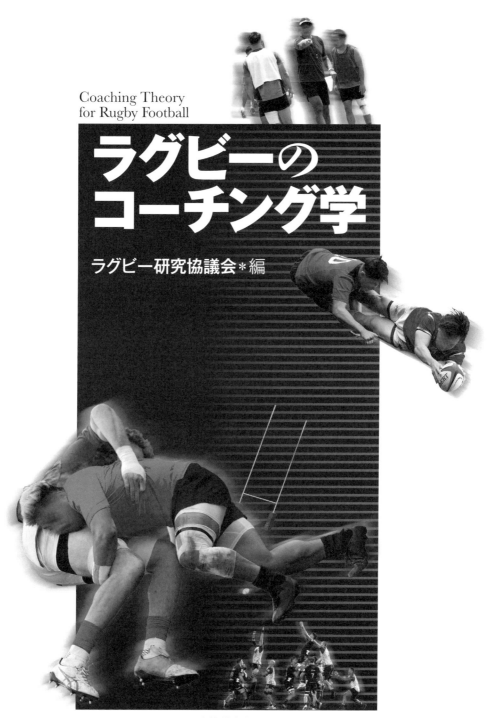

Coaching Theory
for Rugby Football

ラグビーの
コーチング学

ラグビー研究協議会＊編

大修館書店

はじめに

　ラグビー界は，近年，ワールドカップの創設やプロ化容認などが契機となって，競技力の著しい向上と国内外での競争の激化が起きている。このような状況の中，競争に勝ち抜くための現場からの要請に応える形で，ラグビーに関する科学研究が急速に発展し，数多くの研究知見が産み出されるようになった。我が国においても大学や日本ラグビーフットボール協会の中でラグビーに関する研究が活発に行われるようになり，ラグビー研究協議会，日本フットボール学会，日本ラグビー学会といったラグビーの研究活動を束ねる組織も設立された。しかし，散在する研究知見をラグビーに関する科学研究の成果として体系的に纏めることは，これまでほとんど行われてこなかった。

　一方で，我が国ではスポーツの実践に関する研究成果をコーチング学として体系化しようとする動きが進んでいる。このコーチング学は，一般化の次元から，一般コーチング学，類型別コーチング学，個別コーチング学に分類され，競技力/パフォーマンス論，トレーニング論，試合論，マネジメント論，コーチ（教育）論を主要な構成領域としている。本書は，類型別コーチング学として先に発刊された『球技のコーチング学』を基盤とする個別コーチング学として，ラグビーの実践に関する近年の研究成果を纏めたものである。

　本書は大きく2つの内容から構成されている。まず前段では，ラグビーの運動特性やゲーム構造，競技力についての理論的な考察を通して，他のスポーツ種目と異なるラグビーの特徴が明らかにされる。そしてそれに引き続いて，ラグビーの主要な実践活動であるトレーニング，コーチング，試合指揮，パフォーマンス分析，マネジメント，安全対策，コーチ育成といった活動について現在の先端的な理論や活動内容が解説され，併せて，より合理的で，より効果的な活動に向けての原理原則や指針となる考え方が示される。本書は基本的に15人制ラグビーを対象とするが，7人制ラグビーについてはその重要性を鑑み最終章で別途扱われる。

　本書では，論を展開するために研究活動で得られた数多くの知見（科学知）が援用されるだけでなく，それに加えて，優れた実践者が実践活動の中で得た知見（実践知）が使われている。それは，多面的で複雑なゲーム構造を持つラグビーでは，現在の科学研究ですべてを説明することができず，実践知を活用することに大きな意義があるからである。

　本書の編著者はいずれも，ラグビーの研究，実践のどちらかの活動に軸足を置きながらも，研究と実践の両方に関心と見識を持って優れた成果を上げている方々である。ラグビーの研究や実践に現在携わっている，また将来関わろうとしている研究者，現場の指導者や選手，組織運営者，学生など多くの人に本書を読んでいただきたい。必ずや，今後の活動に役立つ知識やヒントが得られるはずである。

　最後に，本書の発刊にあたり，大修館書店編集部に多大なるご尽力をいただきました。ここに記して心より御礼いたします。

令和6年2月
春の息吹が感じられる，京都亀岡にて

中川　昭

	ラグビーのコーチング学	
	目　次	

第 ⑧ 章………ラグビーにおけるコーチの育成………171

第 ⑨ 章………7人制ラグビー………189

第 ① 章

ラグビーの特徴

第1節　ラグビーの種類と本書での対象

　ラグビーと呼ばれるスポーツには，我が国をはじめ世界で最もよく知られている15人制のラグビーの他に様々な種類がある。その一つが「セブンズ」と呼ばれる7人制のラグビーで，現在ではワールドカップやワールドシリーズといった世界大会も行われており，オリンピック種目としても実施されている。この7人制ラグビーは，競技人数や競技時間が異なる他は基本的に15人制のラグビーと同じルールで行われる（World Rugby〈以下，WR〉，2023，pp.126-136）。しかし，7人の選手によって15人制と同じ広さのフィールドを使って競技が行われるために，より大きなスペースが個々の選手に与えられることになり，高度なランニング能力やパス能力が要求されるという特徴がある。また，7人制ラグビーの大会では1日に数試合をこなさなければならないという大会形式にも特徴がある。他に，7人制ラグビーほど普及していないが，10人で競技をする「テンズ」と呼ばれるラグビーもある（WR，2023，pp.139-145）。以上のラグビーは競技人数に違いこそあるが，いずれも基本的に同じルールの下で行われることから，一括して「ラグビーユニオン」と称される。

　一方で，このラグビーユニオンとは大きく異なるルールの下でプレーされるラグビーもある。これは「ラグビーリーグ」と呼ばれる13人で競技するラグビーである。ラグビーリーグは，19世紀末に選手への休業補償の支払いを認めるか否か，すなわちプロフェッショナルを認めるか否かの議論のなかで生まれた（コリンズ，2019，pp.41-52）。その後，例えばタックル後の集団によるボール争奪プレーをゲームからなくしたように，プロスポーツとして観客にとってわかりやすく，また選手にとって怪我のリスクを少なくするといった方向からルールを大きく変え，独自のスポーツとして発展していった。ラグビーリーグは我が国では馴染みがないが，オーストラリアやイングランドでは人気の高いスポーツであり，1954年よりワールドカップも行われている。また，ラグビーユニオン同様，ラグビーリーグにも競技人数を少なくしたゲームが存在し，とくに「ナインズ」と呼ばれる9人制のゲームは国際的にも盛んに行われている（International Rugby League, オンライン）。

　その他，できるだけ安全性に留意してラグビーが持つ魅力に触れさせるために，ルールを改変した年少者用のゲームもある。このようなゲームとして，ラグビーユニオンでは小学生以下を対象とした「ミニラグビー」，中学生を対象とした「ジュニアラグビー」がある（日本ラグビーフットボール協会〈以下，日本ラグビー協会〉，2022a，pp.14-40）。また，タックルやスクラムといった激しいコンタクト（身体接触）の要素を取り除いた「タグラグビー」や「タッチラグビー」というゲームもある（日本ラグビー協会，2022a，pp.9-13；ジャパンタッチ協会，2020）。このタグラグビーとタッチラグビーは，タグやタッチでゲームが止まること，複数回のタグやタッチで攻守が入れ替わることなど，基本的にラグビーリーグの運動特性を有していると考えられる。さらに，障がい者スポーツの一つとして「車いすラグビー」がある。これは，タックルに匹敵する車いす同士の激しいコンタクトが許されているが，丸い球状のボールを使うことや前方へのパスができることなどから（日本車いすラグビー連盟, オンライン），ラグビーとバスケットボールの要素が合わさった独自の運動特性を有するスポーツであると考えられる。

　以上概観したラグビーの種類のなかで，本書では15人制のラグビーユニオンを対象に論を進めていくことにする。ただし，7人制のラグビーユニオンについては，別章（第9章）を設けて解説を行う。

（中川　昭）

第2節　ラグビーの運動特性

　ラグビーは，球技として位置づけられるスポーツの一つである。この球技には，「①加算可能な成果（得点）を介して相手に勝利する，②個人，グループ，チーム単位で直接的に相手と対峙するスポーツ競争である，③あらかじめ決定された動きはほとんど存在しないが，行動の際には極めて多様な身体運動が現れる，④ボールなどを用いてプレーされる」（内山，2019，p.14）といった本質的な特性があると考えられ，ラグビーもこれらの特性を有している。

　また，球技については，様々な基準を用いた分類がこれまでもしばしば示されているが（後藤・北山，2005；内山，2019，pp.15-21），我が国では近年はゴール型，ネット型，ベースボール型，ターゲット型という用語を用いて，戦術的課題の違いにもとづき4類型へ分類することが教育現場を中心に広く普及している（文部科学省，2019；内山，2019，pp.19-21）。このなかで，ラグビーは，サッカー，ホッケー，アメリカンフットボール，バスケットボール，ハンドボールなどとともにゴール型球技に分類され，双方の選手がフィールド（コート）内で入り交じりながら，いかに相手の陣地に侵入して得点をするか，あるいはそれを妨げるかといった共通の戦術的課題を有している（内山，2019，p.19；須甲，2021）。

　しかし一方で，ラグビーには以下に挙げるような他のゴール型球技とは異なる運動特性があり，独特のスポーツとして存在している。

◎ボールを持って走ることができる

　19世紀当時のフットボールの試合中にルール違反をしてボールを持って走ったことがラグビーというスポーツの発祥であるという説が広まっているように（コリンズ，2019，p.29），ボールを持って自由に走れるということはラグビーの根源的な運動特性といえる。広く普及している他のゴール型球技では，ラグビーから派生したと考えられるアメリカンフットボールを除いてボールを持って自由に走ることはできない。

◎ボールの前でプレーができない

　これはラグビーが持つもう一つの根源的な運動特性であり，ラグビーが相手の砦（ゴール）を陥れることを目的とした陣取りゲームであることから備わっていると考えることができる。すなわち，ラグビーではボールの位置を境にして，味方陣地にいる場合にのみプレーができ，相手陣地にいる場合にはプレーができないという基本的な決まりである。この結果として，他の広く普及しているゴール型球技で普通にみられるような，前方にいる味方へパスやキックをすることがラグビーではできないということになる。

◎激しいコンタクトが頻繁に生じる

　ラグビーではボールを持って走っている選手を阻止するために，タックルというコンタクト（身体接触）を伴うプレーが許されていることから，選手同士の激しいコンタクトがゲーム中，頻繁に生じる。また，スクラム，ラック，モールといったコンタクトを伴う集団プレーもある。そして，このようなコンタクトは，最近ではしばしば「衝突（collision）」とも表現される（中川，2019；Paul et al., 2022)ほど激しいものである。したがって，ラグビーでは他のゴール型球技に比べてフィジカル面の優劣が競技力を規定する，より大きな要因となる。

◎多様な得点様式と得点がある

　ラグビーではトライ5点，トライ後のコンバージョンゴール2点，ペナルティトライ7点，ペナルティゴール（Penalty Goal：PG）3点，ドロップゴール（Drop Goal：DG）3点といった，多様な得点様式と得点がある。このことは，例えばペナルティキック（Penalty Kick：PK）を得た

ときに，PGで3点を狙うのか，プレーを継続してトライとコンバージョンゴールで7点を目指すのかというような，得点にかかわるプレー選択がゲームのなかで課されることを意味する。

◎楕円形のボールを使う

　他のほとんどのゴール型球技では丸い球状のボールが使われるなか，ラグビーでは楕円形のボールが使われる。アメリカンフットボールも同様に楕円形のボールが使われるが，形状や重さが少し異なる。このような楕円形のボールが使われることにより，軌道を安定させて飛行距離を延ばすために，長軸まわりに回転をかけるスピンパスやスクリューキックといった楕円球に特有の技術が存在することになる。また，地面に落ちた後のバウンドが不規則になるというプレーの難しさと面白さも生まれることになる。

◎選手の数が多くポジションの分化が大きい

　ラグビーのゲームは1チーム15人，合計30人で行われる。この30人という人数は，広く普及しているゴール型球技のなかで最大の数である。そして，ラグビーでは，左右を1つにまとめても10の異なるポジションがあり，ポジションの分化も大きい。したがって，ラグビーで優れたチームパフォーマンスを発揮するためには，多様な能力を持つ選手を揃えることが必要となり，さらに，このような多種多彩な選手たちを統率するリーダーの存在が重要になってくる。

◎試合中のコーチによる選手への介入がハーフタイムを除いて行われない

　ラグビーでは，試合が始まるとコーチが選手に介入するのは10分のハーフタイムのみである。このことは，コーチがタイムアウトを取って選手に指示を送ったり，プレー区画外から指示を出したりする他のゴール型球技と大きく異なる点である。したがって，ラグビーでは選手自らが状況判断をしてプレーを選択したり戦術を変更したりする能力が重要となり，とりわけキャプテンをはじめとする選手内でのリーダーの重要性がより大きなものになる。

◎精神的特性を身につけることが重視される

　ラグビーでは「ノーサイドの精神」「ワンフォーオール・オールフォーワン」「レフリー絶対」「キャプテンシーの尊重」などの精神的特性を身につけることの重要性が強調される。それは，フィールド内にいる1人のレフリーの下，合計で30人もの選手が激しく身体をぶつけ合いながら80分を超える長い時間にわたって勝敗を争うというラグビーの競技特性から必然的に生まれたものであると考えられる。そしてこの結果，古くは英国のパブリックスクールをはじめとして，ラグビーというスポーツに高い教育的価値が付されることになる。

　以上，ラグビーを独特のスポーツとして特徴づける8つの運動特性を**表1-1**にまとめて示しておく。

表1-1 ●ラグビーを独特のスポーツとして特徴づける8つの運動特性

・ボールを持って走ることができる
・ボールの前でプレーができない
・激しいコンタクトが頻繁に生じる
・多様な得点様式と得点がある
・楕円形のボールを使う
・選手の数が多くポジションの分化が大きい
・試合中のコーチによる選手への介入がハーフタイムを除いて行われない
・精神的特性を身につけることが重視される

（中川　昭）

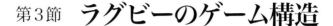

第3節　ラグビーのゲーム構造

　ここでは，『球技のコーチング学』（大修館書店，2019）で示された坂井（2019，pp.23-61）の枠組みに則り，ラグビーのゲーム構造の特徴について，競争の目的・課題・手段，時間的側面，空間的側面，力動的側面の4つの観点から解説する。

1.　競争目的・競争課題・競争手段

　ラグビーの競技規則（WR，2023）の序文に，ラグビーのゲームの目的はできるだけ多くの得点をあげることであり，相手より多くの得点をあげたチームが勝者となると書かれている。そして，ゲームの直接的な目的が相手チームに勝利することであるとすると，他のゴール型球技同様（坂井，2019，p.24），相手と「得点を競い合うこと」が競技規則から生み出されるラグビーのゲームの競争目的になる。

　ラグビーの運動特性の一つに，多様な得点様式と得点があることを前節で述べた。しかし，ラグビーのゲームで競い合う得点には得点様式の違いは関係がない。すなわち，トライで得た5点も，トライ後のコンバージョンで得た2点も，PGやDGで得た3点も得点には変わりなく，それらの合計が競われるということである。この結果，ラグビーでは，トライを取ることの重要性はいうまでもないが，トライ後のコンバージョンやPG，DGによる得点機会の成否が最終的な勝敗と関連を持つことになる。したがって，ゲームで勝利するためにはトライを取る（防ぐ）ことに専心するだけでは十分ではなく，それに加え，コンバージョンやPG・DGでいかに多くの得点を取る（防ぐ）かに精力を傾けることが必要になる。

　ラグビーのゲームで多様な得点様式と得点があるということは，試合中に得点様式の選択を強いられる場面を生み出すことになる。例えば，相手ゴール前でPKを得たときに，PGの3点を狙うのか，タッチキックからラインアウトあるいはスクラムを選択してトライ（＋コンバージョン）の5点（7点）を狙うのかを選択するような場面が生じ，通常は試合の時間や得点差，彼我の力関係などを考慮してキャプテンが判断を下すことになる。この得点様式の選択に関するキャプテンの判断がしばしば試合の勝敗を決定づける要因となる。ラグビーワールドカップ（Rugby World Cup：RWC）2015で日本代表が試合終了間際に相手ゴール前でPKを得た場面で，成功すれば引き分けとなるPGを選択せずにスクラムを選択してトライを奪い，南アフリカに勝利した試合は今でも記憶に新しい。

　「得点を競い合うこと」がラグビーのゲームの競争目的であるとすると，攻撃側の競争目的は「得点を取ること」となり，この競争目的を達成するためにいくつかの競争課題の解決が必要になってくる。攻撃するためにはボールを持つことが必要であり，ラグビーのゲームでは頻繁にボールの争奪局面が生じることから（図1-2参照），まず「ボールを保有する」という課題を解決しなければならない。次に，得点を取るために相手のインゴールまでボールを運ぶか，できるだけ相手ゴールラインに近いところでPGやDGの機会を得る必要があるため，「相手のインゴールに向かって前進すること（エリアを占有すること）」が攻撃側の競争課題となる。さらに，直接的に得点につながるプレーとして，「相手インゴールでグラウンディングすること」と「コンバージョン，PG，DGのゴールキックを成功させること」が攻撃側の競争課題となる。

　一方，防御側は「相手の得点を阻止すること」が競争目的となり，この競争目的を達成するために上記の攻撃側の4つの競争課題の解決を阻止す

ることが防御側の競争課題となる。そして，攻撃時と防御時におけるこれらの競争課題を解決する手段として，個人および集団による様々なプレーの技術と戦術が存在することになる。

ラグビーの試合のなかで，攻撃側が「得点を取る」という競争目的を放棄して，「時間を消費する」という特殊な競争目的を立てることがある（坂井，2019，p.25）。それは得点をリードしているチームが試合終了間際にボールを保持し続け，ノーサイドの時間を迎えることを意図する場合である。この場合には，「ボールを保有すること」が，攻撃側が解決しなければならない唯一の競争課題となる。そして，この競争課題を解決する手段として，個人のコンタクトプレーに加えラックやモールといった集団プレーの技術・戦術が存在する。したがって，これらの技術・戦術を十分に身につけていなければ，「時間を消費する」ことを意図したプレーを実施しても結局はその目的は達成できないことになる。

2. ゲーム経過と一区切りの攻防経過の分析（時間的側面）

(1) ゲーム経過のなかで重要となる局面

ラグビーのゲーム構造における時間的側面については，坂井（2019，pp.34-36）が示したように「序盤，中盤，終盤」という3つの局面でゲームの時間的経過（以下，ゲーム経過）を捉えて考察を行うこともできるが，ラグビーのゲームがハーフタイムを挟んで前・後半に分かれていること，そして全体で80分を超える長い時間にわたることから，このような3つの局面でラグビーのゲーム経過を捉えて考察を行うことはあまり有用とはいえない。そこで，より分析的にラグビーのゲーム経過を掘り下げると，ゲームを有利に進める上で認識しておくべき重要な局面をいくつか導き出すことができる。

まず重要となるのは，ゲーム冒頭の局面である。このゲーム冒頭の局面では，覚醒水準が低過ぎても高過ぎても高いパフォーマンスは得られないという人間行動の一般的特性（逆U字理論）により，選手の過緊張や逆に集中力・闘争心不足が原因となって実力を100％発揮できないリスクがある（杉原，2003）。この結果，このようなリスクを克服して最適の精神状態で試合に臨むチームと克服できずに試合の開始を迎えるチームとでは，達成されるパフォーマンスに優劣差が生じることになる。そしてそのことが以降の試合展開に大きな影響を及ぼし，しばしば勝敗を分ける一つの要因になる。ゲームの冒頭局面の重要性は，過去の研究データでも示されており（中川ほか，2005；木村ほか，2023），実践現場においても現在では「試合の入り」という言葉を用いて広く認識されていると考えられる（日本ラグビー協会，2022b）。

次に重要と考えられるのは，前半最後と後半冒頭のゲーム局面である。前半最後に得点を取る（失う）ことは，後半に向かう際の選手の士気や自信に大きな影響を及ぼす。したがって，攻撃側はト

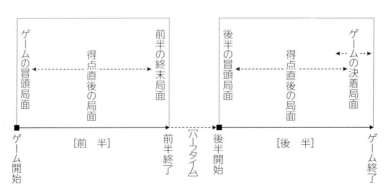

図1-1 ●ラグビーのゲーム経過における重要局面

ライに限らずPGやDGの得点チャンスを確実に
ものにすること，防御側は不用意なPKを与えぬ
よう規律を高めて防御に集中することが重要とな
る。後半の冒頭局面は，前半の終末局面における
パフォーマンスに影響を受けながらハーフタイム
での休止時間を挟むことから，前半の冒頭局面と
同様のリスクが再び生じることになり，このゲー
ム局面での優劣が一気に試合の趨勢を決めること
もしばしば起きる。

　そして最後に，ゲームの勝敗に決着をつける局
面を迎える。このゲームの決着局面は，前半で大
差がつくようなミスマッチは別として，実力が拮
抗している場合には得点差と残り時間の兼ね合い
で様々なタイミングで出現する。例えば，残り時
間が10分の状況で得点を挙げて2トライ2ゴー
ル差以上の15点差になれば，ほぼゲームの勝敗
は決着するといえよう。同様に，残り時間が5分
の状況で得点を挙げて1トライでは追いつけない
8点差をつければほぼ勝敗は決着することになる。
ゲームの決着局面とは，このような残り時間との
兼ね合いで勝敗に決着がつくことになる得点をめ
ぐって，まさに双方が死力を傾けて攻防を行う
ゲーム局面を指す。このゲームの決着局面で決定
的な得点が入れば，その後の時間は勝敗という観
点からはほとんど意味のない時間となる。

　さらに，ラグビーのゲーム経過における重要な
局面として，得点直後のゲーム局面がある。得点
（失点）後の短時間での連続得点（失点）は選手
の精神状態に大きな影響を与え，その後のゲーム
の勢いを決定づける大きな要因になると考えられ
る（本節4(2)参照）。過去の研究においても，得
点間の時間間隔は考慮されていないが，連続得点
が試合の勝利と有意に関連することが報告されて
いる（中本・中川，2002）。

　以上のラグビーのゲーム経過における重要局面
を概略的に示したものが図1-1である。ここで前・
後半冒頭のゲーム局面と得点直後のゲーム局面が
いずれもキックオフ・50mリスタートキックから
始まることは注目に値する。このことはゲームを
有利に進めていくためには，キックオフ・50mリ

スタートキックのプレーとその後の攻防が重要な
意味を持つことを示唆するものであり，それを実
証的に裏づける研究も報告されている（Nakaga-
wa, 2006）。

(2) 一区切りの攻防経過の局面構造

　ラグビーのゲームにおいて，レフリーの笛で区
切られる一連の攻防の経過を分析的に考察すると，
いくつかの異なる目的を持つプレー局面があるこ
とがわかる。まず，ラグビーのゲームは，スクラ
ム，ラインアウト，キックオフ，リスタートキッ
ク，PK，フリーキック（Free Kick：FK）のい
ずれかのセットプレーで開始される。そして，こ
れらのうち，PKとFKを除くセットプレーでは，
いずれも投入あるいはキックされたボールの争奪
が行われる。したがって，ラグビーのゲームにお
ける一区切りの攻防は，PKとFKを除き，セッ
トプレーでのボールの争奪局面から始まることに
なる。

　次に，このセットプレーでのボールの争奪局面
でボールを獲得したチームが攻撃を行い，ボール
を獲得できなかったチームが防御を行うプレー局
面が現れる。そして，この攻撃と防御にわかれる
プレー局面で，攻撃側のボールキャリアーに対し
て防御側のタックルが生じると，「ブレイクダウ
ン」と呼ばれるボールの争奪局面が再び出現する
ことになる。このブレイクダウンという局面は，
タックル（コンタクト）からその後に形成される
ラック／モールのプレーまでを指す（嶋崎ほか，
2013）。また，一連の攻防のなかで，例えばハイ
パント後のボールの争奪のように，空中や地上で
発生したルーズボールを直接争奪するプレー局面
が出現することもある。以上の一区切りの攻防経
過の局面構造を概略的に示したものが図1-2であ
る。

　一区切りの攻防のなかで，これら5つのプレー
局面が必ず均等に現れるわけではない。セットプ
レーの争奪局面でPKが生じて攻防が終了する場
合もあるし，何度もブレイクダウンでのボール争
奪局面が現れる長い攻防もある。いずれにせよ，

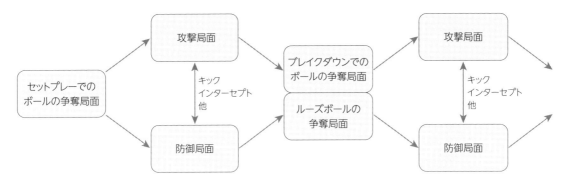

図1-2 ●ラグビーのゲームにおける一区切りの攻防経過の局面構造

ラグビーのゲームにおける一区切りの攻防には，異なる目的を持つプレー局面があること，とりわけボールの争奪局面が様々な形で頻繁に生じることをよく理解しておくことが大切となる。

　ラグビーゲームにおける一区切りの攻防を攻撃と防御の推移という観点からみると，攻撃側がボールの保有を維持し続けて終了する場合と，途中で攻撃側と防御側が入れ替わる転換局面（坂井，2019，pp.36-39）を含む場合があることがわかる。この転換局面は，一つは攻撃側がロングキックを蹴ったり防御側がインターセプトをしたりすることにより生じ（図1-2参照），もう一つは，セットプレーやブレイクダウンでのボールの争奪局面でボールを投入あるいは持ち込んだチームがボールを失うことにより生じる。後者のボール争奪局面で生じる転換局面は，実践現場では通常「ターンオーバー」という用語で呼称されている。このような転換局面は，計画的なロングキックで生じる場合を別として，多くの場合は防御側に転換したチームが防御態勢を整備することが難しいアンストラクチャーな局面になる。したがって，攻撃側に転換したチームに大きなチャンスをもたらすと考えられ（土井，2015，pp.224-234），このことを実証的に裏づける研究もこれまでに報告されている（Nakagawa and Hirose, 2005; Sasaki et al., 2007）。

3. スペースの重要性（空間的側面）

(1) 2つの防御突破方法

　ラグビーの攻撃で防御を突破するには2つの方法がある。その一つは相手のタックルを跳ね飛ばしたり，スクラムやモールといったコンタクトを伴う集団プレーで突き進んだりする方法であり，もう一つは防御者がいない空間，すなわちスペースを創り出して，そこに走り込んだりボールを運んだりして突破する方法である。言い換えるなら，前者は防御という壁を叩き壊して穴を開ける方法で，後者は壁にドアをつくり利用する方法といえよう（グリーンウッド，1991，pp.170-171）。

　これら2つの防御突破方法のうち，前者の壁を叩き壊して突破する方法は，体格やパワーなどのフィジカル面で相手を大きく凌駕している場合には実現が非常に簡単となるが，フィジカル面で同等か劣っている相手に対しては実現することが困難になる。したがって，この攻撃方法は次に述べるようにスペースを創り出すために有用となるものの，相手防御の突破をこの方法だけに頼ることには限界がある。一方，後者のスペースを利用する方法は，スペースを創り出すことができ利用するための技術力があれば，自らがフィジカル面で劣る相手に対しても防御の突破を容易に実現することができる。したがって，スペースという観点からラグビーのゲーム構造を考察することは極め

て重要といえる。

(2) スペースの創出

　ラグビーのゲームでは，攻撃側は以下の方法によって効果的にスペースを創り出すことができる。ここでは紙幅の都合上，攻撃側の視点からの記述に留めるが，効果的なスペース創出方法を理解しておくことは，スペースの防御方法を考察する際に有益な示唆を得ることになるであろう。

◎スクラム・ラインアウトからの攻撃では競技規則によりスペースが確保されている

　スクラムとラインアウトのセットプレーでは，競技規則によってスペースが最初から組み込まれている（グリーンウッド，1991，p.171）。すなわち，競技規則上，スクラムは8人で組まなければならない。またラインアウトも，少人数の選手で形成されることもあるが，実際には多くの場合で双方8人の選手が参加してプレーする。このことは，スクラムとラインアウトという2つの主要セットプレーでは，防御側は最初から小さなエリアに多くの選手が集まらなければならなくなっているということを意味し，結果として防御側が15人で防御できる場合に比べ，より大きなスペースが攻撃側に与えられていることになる。

◎相手とのコンタクトを伴う集団プレーでボールを保持したまま押し込む

　攻撃側はタックルを受けた後，ボールを保持したまま2人ないし3人で押し込んでラックを形成すると，防御側はそれを止めようと寄ってくる。さらに，ラックにしないでモールを形成して押し込むと，防御側はモールを崩すことが反則となるために，モールに加わり前進を防ごうとする。これらのことは，結果として防御側の選手を小さなエリアに集めるという効果をもたらし，他のエリアにスペースを創り出すことになる（土井，2015，pp.26-27）。また，ボールを保持したままスクラムを押すことも，防御側のバックローやスクラムハーフの選手をスクラムに巻き込むことになり，スクラム周辺でのスペースの創出につながる。

◎定型的な配置をかえる

　ラグビーでは防御側の配置は基本的に攻撃側の選手の配置に合わせることになる。したがって，攻撃側が通常の定型的な配置をかえて，非定型的な配置を取ることによってスペースを創り出すことができる（グリーンウッド，1991，pp.176-178；土井，2015，p.152）。例えば通常より広い間隔を取って攻撃ラインを形成すると，防御側はそれに合わせて防御ラインの間隔を広げることになり，結果として攻撃側はより広いスペースを一人ひとりの選手に創り出すことになる。もしそのようなスペースを与えないために防御側が通常のままの防御ラインを形成すると，その場合には外側に攻撃スペースを創り出すことになる。また，防御側の選手がスクラムやラック/モールを挟んで両サイドに分かれるスプリットフィールドでは，非定型的な配置によってスペースを創り出す多くのチャンスがある（グリーンウッド，1991，pp.177-178）。

◎防御者を牽制する動きを導入する

　実際にはボールが渡らない牽制的な動き（ダミーラン）をすることにより，攻撃に利用できるスペースを創り出すことができる。このような牽制的な動きには，(a)ボールキャリアーの選手からパスを受け取りに内側に切れ込んでいく動き，(b)ボールキャリアーの横に背後からボールを受け取りに入ってくる動き，(c)攻撃方向を変えようとする動き，などがある（図1-3）。このような牽制的な動きはボールが実際に渡る動きと二者択一的なプレーにすると，より有効な攻撃プレーになる。また，後ろを守る防御者を牽制する動きにより（例えば図1-3(d)），防御ラインの後ろでキックを使って攻撃ができるスペースを創り出すことも可能となる。

◎ボールキャリアーが前進してラック/モールを形成し素早くボールをリサイクルする

　ラグビーのゲームでは，攻防局面においてラック/モールが形成されるとオフサイドラインが生じ，防御側はこのオフサイドラインの後方からしか防御に出ることができない。したがって，攻撃側が前進してブレイクダウンでラック/モールを

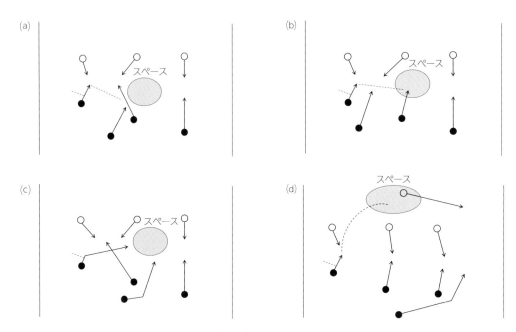

図1-3●スペースを創り出すための牽制的な動きの例

つくりながら攻撃を継続すると，防御側は後ろに戻って防御ラインを形成することを余儀なくされ，ラック/モールからのボールのリサイクル（攻撃側が継続してボールを獲得し利用できるようにすること）が速い場合には，適切な防御ポジションを取れない選手や戻りきれない選手が出てくる。とくに戻りきれずにオフサイドポジションにいる選手が占めるエリアは，たとえ選手がいたとしても事実上防御ができないことから，そこに攻撃スペースがあるのと同じことになる。したがって，継続的に攻撃側が前進して，ブレイクダウンでラック/モールを形成し素早くボールをリサイクルしていくと，攻撃するのに有効となる大きなスペースを創り出すチャンスが増大することになる。

◎ボールキャリアーがタックルを受けながらボールをフリーにする

　これは「オフロードパス」と呼ばれるプレーで，近年の高度に発達した防御システムを打ち破る攻撃手段として注目を集めている。この方法でスペースを効果的に創り出すためには，防御者とのコンタクト（タックル）時にボールキャリアーの方でボールを自由に扱える身体的余裕を生み出すことが必要となる（土井，2016，pp.148-149）。

したがって，身体が大きくパワーのある選手に有効な方法といえるが，技術的に工夫して習熟すればフィジカル面で強みを持たない選手でも使える余地がある（土井，2016，p.143）。実践場面では，ボールキャリアーがタックルを受けたときに，このオフロードパスを使うのか，ラック/モールを形成するのかを判断することが必要となり，無理なオフロードパスをしてボールを失う光景もしばしばみられる。したがって，オフロードパスにはスペースを創り出す大きなチャンスがあるとともに，判断を間違うとボールを失うリスクも少なからずあると考えなければならない。

(3) スペースの利用

　ゲームではスペースを創り出すことができても，それを利用できなければ意味がない。その際に，スペースの利用が「時間」の要素と大きなかかわりを持っていることに留意する必要がある（グリーンウッド，1991，pp.174-175）。例えば，外側に大きなスペースを創り出したとしても，そこにパスやキックでボールを素早く正確に運ぶことができなければ，そのスペースは防御者に埋められて利用できなくなる。また，ボールキャリアーが

大きく前進して，ブレイクダウンでラック/モールを形成しスペースを生み出すチャンスの状況を創ったとしても，ラック/モールから素早くボールをリサイクルできなければ，その間に防御者は戻り，スペースは埋められることになる。したがって，ゲームでスペースを効果的に利用するためには，ボールを素早く遠くに動かせるパス，飛距離が出るライナー性のキック，スペースを駆け抜けるランニング，素早くリサイクルできるブレイクダウンでのラック/モールといったプレーの技術力が必要不可欠なものとなる。

また，ゲームで創り出されたスペースを素早く認識する能力も必要となる。このような状況認知能力を身につけるためには，ゲームではどのようなときにどこの場所でスペースが創り出されるのか，ある特定の状況でスペースを見出すためにはどこを見ればよいのかを知識として持っておくことが必要となる（中川，2000）。

4. ゲームのテンポと勢い（力動的側面）

(1) ゲームのテンポ

ゲームのテンポとは，言い換えるとプレーの速さのことである。ゲームでプレーされずに経過するすべての時間は，防御側が防御の組織化のために利用できることから（坂井，2019，p.50），そのような時間を少なくしてゲームのテンポを上げることは，一般に攻撃側に有利に働く。しかし一方で，プレーを速くすることにより，ミスをするリスクが高まる。また，ラグビーのゲームは長時間にわたって行われることから，攻撃側がずっと同じテンポでゲームを進めていくと，防御側はそれに適応してくるようになる。したがって，攻撃のテンポをゲームのなかで状況に応じて適切に変えることができると，より効果的にゲームを進めることができる。それでは，ラグビーのゲームでは攻撃側はどのようにしてテンポをコントロールするのであろうか。

その一つは，一区切りの攻防の開始局面である

スクラム，ラインアウト，キックオフ，リスタートキック，PK，FK のセットプレーでのプレー開始のタイミングを変えることである。これらのセットプレーでは基本的に攻撃側がプレー開始のタイミングを決めることができるので，プレーを早く始めることによりゲームのテンポを上げることができ，ゆっくりと始めることでゲームのテンポを遅くすることができる。典型的な例として，PK を得たときにタップキックから素早くプレーを始めることによりゲームのテンポは一気に上がり，ゆっくりとタッチキックを狙うことでゲームのテンポは遅くなる。

また，スクラムやラインアウト，ラックやモールにおけるボールアウトのタイミングを変えることによっても，ゲームのテンポをコントロールできる。さらに，ゲームのテンポはタッチキックやPG の多寡によっても変わり，タッチキックやPG を多くすることでゲームのテンポは遅くなり，少なくすることで速くなる。

防御側は攻撃側が意図するゲームのテンポに常に追随してプレーするのではなく，チャンスを見てそのテンポを崩すことを試みる必要がある。具体的には，セットプレーで攻撃側より早くセットしたり，スクラムやブレイクダウンで圧力をかけてボール出しのタイミングを狂わせたりすることで，攻撃側からテンポコントロールの主導権を奪うことができる。

(2) ゲームの勢い

コーチや選手は，試合をするなかで「今，こちらに勢いがある」「相手の勢いを断たなければ」など，ゲームの勢い（momentum）（あるいはゲームの流れとも表現できる）というものを感じることがある。そして，ゲームの勢いを感じることにより，精神面への作用を通して試合中の判断やプレーに変化が生じることがしばしばみられる。

このようなゲームの勢いを具体的に目に見えるもので表すとすれば，それはどちらかのチームが攻撃権を連続的に保持しながら地域を進め，連続的に得点を重ねている状況を指すと考えられる

（坂井，2019, pp.57-60）。このような考えに立つと，連続的に得点を挙げることがゲームの勢いを増すことにつながり，相手の連続得点を阻止して得点を奪い返すことで相手のゲームの勢いを削ぐことができるといえよう。したがって，図1-1で示したラグビーのゲーム経過における得点直後の局面が，ゲームの勢いを増すか，削ぐかを決定づける重要な局面となるのである。

　相手側にあるゲームの勢いをこちら側に持ってくるためには，ボールを獲得して防御から攻撃に転じることが必要となる。そのためには受動的で守備的な防御に終始するのではなく，機を見て能動的で攻撃的な防御を仕掛けなければならない（坂井，2019, pp.30-31）。とくに，ビッグタックル（相手を仰向けに倒す激しいタックル）でボールを奪うプレーは，精神的にも大きな効果がある。また，失点直後のリスタートキックのプレーも非常に重要となる。ここで簡単にボールを渡して得点側に再び有効な攻撃を許し，ゲームの勢いを増長させてしまうことはよくみられる光景であるが，これは失点側としては何としても避けなければならないことである。

（中川　昭）

［文献］
・土井崇志（2015）もっとも新しいラグビーの教科書．ベースボール・マガジン社．
・土井崇志（2016）もっとも新しいラグビーの教科書2．ベースボール・マガジン社．
・後藤幸弘・北山雅央（2005）各種ボールゲームを貫く戦術（攻撃課題）の系統性の追求─勝つことの工夫を学習できる一貫カリキュラムの構築に向けて─．日本教科教育学会誌, 28(2)：61-70.
・グリーンウッド：江田昌佑・川島淳夫・河野一郎・中川昭訳（1991）ジム・グリーンウッドのシンク・ラグビー．ベースボール・マガジン社，pp.170-193.〈Greenwood, J.T. (1986) Think rugby: A guide to purposeful team play. A&C Black.〉
・International Rugby League. Rugby league World Cup 9s. https://www.intrl.sport/competitions/rugby-league-world-cup-9s/（参照2023年3月7日）
・ジャパンタッチ協会（2020）タッチラグビー国際協会トライアルルールブック2020年第5版（日本語版　第1版）．
・木村勇大・木村季由・八百則和・西村一帆・松本秀夫（2023）近年のラグビー競技における試合様相：得点様相と時間帯の得点差が勝敗に与える影響．Football Science, 20：20-26.
・コリンズ：北代美和子訳（2019）ラグビーの世界史．白水社〈Collins, T. (2015) The oval world: A global history of rug-

by. Bloomsbury.〉
・文部科学省（2019）高等学校指導要領（平成30年告示）解説保健体育編　体育編．東山書房．
・中川昭（2000）状況判断能力を養う．杉原隆・船越正康・工藤孝幾・中込四郎編　スポーツ心理学の世界．福村出版，pp.52-66.
・Nakagawa, A. (2006) Re-examination of importance of kick-off and 50m restart kick play in rugby football games. International Journal of Sport and Health Science, 4: 273-285.
・中川昭（2019）ラグビーのパフォーマンスに焦点を当てた科学的研究：今後の展望を考える．フットボールの科学, 14(1)：3-11.
・Nakagawa, A. and Hirose, K. (2005) Turn-overs in contact situations in rugby football: The effectiveness as attacking point and the mechanism of occurrence. Football Science, 2: 8-19.
・中川昭・高橋信二・中本光彦・廣瀬恒平（2005）ラグビーゲームにおける時間帯別得点に関する分析研究─勝敗との関連からの分析─．トレーニング科学, 17(3)：201-210.
・中本光彦・中川昭（2002）ラグビーの試合における得点と勝敗に関する分析研究．ラグビーの科学研究, 14：33-37.
・日本車いすラグビー連盟．車いすラグビーはじめてガイド．https://jwrf.jp/about/rule/（参照2023年3月7日）
・日本ラグビーフットボール協会（2022a）令和4年改訂版競技規則．https://www.rugby-japan.jp/future/rule/（参照2024年1月3日）
・日本ラグビーフットボール協会（2022b）第59回全国大学ラグビーフットボール選手権大会3回戦第1試合　記者会見レポート．https://www.rugby-japan.jp/news/51707（参照2023年3月7日）
・Paul, L., Naughton, M., Jones, B., Davidow, D., Patel, A., Lambert, M., and Hendricks, S. (2022) Quantifying collision frequency and intensity in rugby union and rugby sevens: A systematic review. Sports Medicine - Open, 8: 12.
・坂井和明（2019）球技におけるゲームの特徴．日本コーチング学会編　球技のコーチング学．大修館書店，pp.23-61.
・Sasaki, K., Furukawa, T., Murakami, J., Simozono, H., Nagamatsu, M., Miyao, M., Yamamoto, T., Watanabe, I., Yasugahira, H., Saito, T., Ueno, Y., Katsuta, T., and Kono, I. (2007) Scoring profiles and defense performance analysis in rugby union. International Journal of Performance Analysis in Sport, 7: 46-53.
・嶋崎達也・千葉剛・中川昭（2013）近年の世界トップレベルのラグビーにおけるラックからの攻撃様相．コーチング学研究, 26(2)：133-143.
・杉原隆（2003）運動指導の心理学．大修館書店，pp.173-183.
・須甲理生（2021）ゴール型ゲームの教材づくり・授業づくり．岡出美則・友添秀則・岩田靖編　体育科教育学入門．大修館書店，pp.203-214.
・内山治樹（2019）球技の特徴．日本コーチング学会編　球技のコーチング学．大修館書店，pp.3-22.
・World Rugby（2023）競技規則 Rugby Union 2023. https://www.rugby-japan.jp/future/rule/（参照2024年1月3日）

〈注〉本書では，正式のルールに則って行われるラグビーフットボールの抽象概念を表す用語として「ゲーム」（game）を使い，それが競技として現実に現れたものに言及するときに「試合」（match）という用語を使う。

第 ② 章

ラグビーにおける競技力とトレーニング

第1節　ラグビーの競技力とは何か

スポーツの競技力について，シュティーラーほか（1993）は，「スポーツの試合を勝ち抜くための特別な能力であり，スポーツ教育や練習，トレーニングにおける訓練の目標となる」と定義している。この競技力は能力であるため，実態として目で見ることができない（會田，2019，p.64）。したがって，多数の試合で実際に発揮されたゲームパフォーマンスを総合的に評価することによって，競技力のレベルや特徴が推定されることになる（中川，2019）。

本節では，攻防の原則，個人―ユニット―チームの次元，個人内の能力要素といった３つの観点からラグビーの競技力を捉え，解説を行う。

1. 攻防の原則から捉えたラグビーの競技力

(1)主要な３つの要素

ラグビーという競技は，ゲームの随所でボール

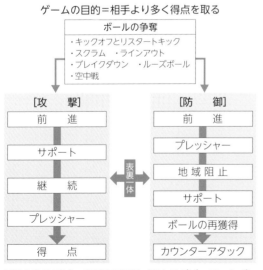

図2-1 ●ラグビーの攻防の原則（日本ラグビーフットボール協会，2021を改変）

の争奪が行われるところに大きな特徴がある。このことは，図2-1のラグビーの攻防の原則にも示されている。まず，一連のプレーの開始局面であるキックオフ・リスタートキック，スクラム，ラインアウトで，双方のチームによるボールの争奪が行われる。また，一連のプレーの途中でもブレイクダウンのプレーにおいてや，生起したルーズボールをめぐってボールの争奪が行われる。

このようなボールの争奪の結果，ボールを獲得した側は攻撃を行うことになる。攻撃は，最終的に得点することを目的とする。そのために前進しなければならない。しかし，単調な前進だけでは，防御に阻止されることになるため，スペースにボールを運び，効率的な前進を選択する。次に，ボールを保持している選手を効果的にサポートすることが重要となる。さらに，防御側よりも優勢な状況を創るためにも攻撃を継続する。そして，前進を伴った攻撃の継続により防御側にプレッシャーをかけ，最終的に得点に結びつけていくことが求められる。

ボールの争奪の結果，ボールを獲得できなかった側は防御を行う。防御の原則は，まず前進し，攻撃側にプレッシャーをかける。前進をすることで，地域阻止を行うとともに，ボールを再獲得できない時間帯を耐えることも重要である。そして，防御側のメンバーでサポートし合いながら，ボールを取り戻し，カウンターアタックをすることが防御側の最終的な目的となる。

以上のラグビーにおける攻防の原則から，ラグビーの競技力は「ボールの獲得力」「攻撃力」「防御力」の３つの要素から成り立っていると考えることができる。これら３つの要素は完全に独立したものとはいえないが，これら３つの要素からチームや選手の競技力を評価することは実践的な意義があると考えられる。

LO：ラインアウト
S：スクラム
KO：キックオフ・50m リスタートキック
R：ラック
M：モール

[2019 年大会]
攻撃力の向上

[2015 年大会]
特徴の進化と
防御力の向上

[2011 年大会]
変化の顕在化

[2007 年大会]
方針の転換

[2003 年大会]
世界からの孤立

・継続性の欠如
・コンタクトの回避

・自LOボール獲得率
　向上
・R&M の多用
・対 Tier2 成績向上

・LO, S, KO ボール
　獲得率向上
・ボール保持時間増加
・パス, R&M 出現頻度
　増加

・LO, S ボール獲得率
　向上
・ボール保持時間増加
・パス, R&M 出現頻度
　増加
・R&M ボール獲得率
　向上
・失点の減少
・対 Tier1 成績向上

・LO, S ボール獲得率の
　安定
・パス出現頻度増加
・トライによるボーナス
　ポイント獲得
・得点の増加
・失点の減少

図2-2 ● ラグビーワールドカップでのパフォーマンスからみた日本代表の競技力における進化の過程（山本ほか，2021を改変）

(2)日本代表の競技力の進化

　図2-2は，ボールの獲得力，攻撃力，防御力の3つの要素から競技力を捉えたときの日本代表の進化の過程を示したものである。

　日本代表は，ラグビーワールドカップ（Rugby World Cup：RWC）2003年大会から5大会を経て，ポイント獲得が0であったチームから，2019年大会ではプール戦首位として決勝トーナメントに進出するチームとなった。その特徴的な変化を挙げると，まずボール獲得については，2007年大会ではラインアウトのボール獲得率が向上し，以降，一貫してラインアウトおよびスクラムのボール獲得率が向上し，2019年大会では安定したボール供給源となるまで成長した。このようなボール獲得力の向上がチームの成績向上の大きな要因であるといえるであろう。

　次に，得点は2011年大会以降増加傾向にあり，またトライ数についても2019年大会までボーナスポイントに結びつけることができなかったが，大会ごとに増加しており，攻撃力は向上傾向を示している。とくに2019年大会では攻撃継続方法について変化の兆しをみせながらも大幅に向上したと考えられる。

　一方，失点については2011年大会以降減少傾向にあり，とくに2015年大会と2019年大会には大幅に減少している。したがって，防御力についても向上傾向を示しているといえ，とくに2015年大会，2019年大会に大幅な向上傾向が認められる。

　2011年大会には一時上昇させた順位を後退させることがあったが，2011年大会の各記録の向上や2015年大会，2019年大会の成績を鑑みると，5大会にわたる日本代表の競技力の変遷は段階的な進化の過程と考えられる（図2-2）。

2. 個人―ユニット―チームの次元から捉えたラグビーの競技力

　ラグビーのようなチーム競技では，前項の日本代表の事例で示したように，チームの競技力が最終的には問題になる。しかし，チームの競技力はチームの構成員である各選手個人の競技力から成り立っていることから，ラグビーについても，様々に役割が分化している各ポジションにおける選手個人の競技力の優劣が，チームの競技力の水準を決めることになる。

　ここで注意しなければならないのは，選手個人の競技力の単純な総和がチームの競技力ではないということである。もちろん，チームの競技力を高めるためには優れた競技力を有する個人が必要となるが，優れた競技力を有する個人を集めたからといって，それぞれのプレーの方向性（ベクトル）がばらばらであれば，チームの競技力は決し

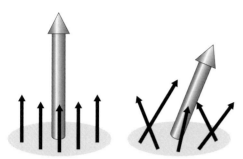

個人の競技力を黒の矢印，チームの競技力をグレーの矢印で示している。

図2-3 ●個人の競技力とチームの競技力の関係（會田, 2019, p.67）

て高い水準にならない（図2-3；會田，2019, pp.66-68）。プレーの方向性を1つにするためには，目標の共有，戦術の理解と統一，試合中のリーダーの状況判断などが重要となる。例えば，RWC 2019で日本代表は"ONE TEAM"を合い言葉に，各個人の競技力の矢印を1つに向け，チームの競技力を高めることに成功した。

チームや個人の競技力に加えて，ラグビーでは，大きく役割が異なるフォワード（以下，FW）とバックス（以下，BK）という2つのユニットの競技力が問題になることもある。例えば，あるチームはFWは強い（競技力が高い）が，BKは弱い（競技力が低い）と評価したり，チーム強化のポイントはFWを強くする（競技力を高める）ことであるなどと，ユニットの競技力に言及されたりすることが実践場面ではしばしばある。

このようなユニットの競技力と個人の競技力の関係は，チームの競技力と個人の競技力の関係と同様で，ユニットを構成する個人の競技力の矢印をいかに1つに向けるかが重要となる。また，ユニットの競技力をチームの競技力の構成要素であるとみなすと，FWとBKが1つの方向に向いていることがチームの競技力を高めるために必要不可欠となる。

3. 個人内の能力要素から捉えたラグビーの競技力

コーチング学では，競技力は「体力」「技術力」「戦術力」そして「心的・知的能力」の4つの能

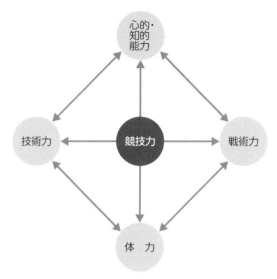

図2-4 ●競技力を構成する4つの能力要素

力要素から構成されていると捉えることが一般的であり（朝岡，2017；會田，2019, pp.65-66），このことはラグビーの競技力にも適用できる。そして，高い技術力を持つためには技術の習得にかかわる体力が必要となり，また優れた技術力がないと高い戦術力を身につけることが難しく，さらに戦術力を高めるためには知的能力が不可欠であるといったように，これら4つの能力要素間には相互に関係がある（図2-4）。

競技力をこのような個人内の能力要素から捉えることは，とくにトレーニングの見地から意義がある。例えば，FWのスクラムでのボール獲得力を高めたいと考えたとき，ただスクラムのトレーニングを繰り返すことでは，スクラムでのボール獲得力は効果的に向上しない。そうではなくて，自チームのスクラムのプレーを体力,技術力,戦術力,心的・知的能力の観点から診断し，例えば，スクラムを組む前5人の筋力とフッカーのフッキング技術に問題を見出したなら，これらの2つの要素に焦点を当てた体力トレーニングと技術トレーニングを行うことで，スクラムでのボール獲得力を効果的に向上させることができるようになる。

次節以降では，体力，技術力，戦術力，心的・知的能力のそれぞれに焦点を当てたトレーニングについて詳しく解説していく。　　　（下園博信）

第2節　ラグビーの体力トレーニング

　ラグビーは，激しいコンタクトが意図的に繰り返されるコリジョンスポーツ（collision sports）であり，加えてスプリント，加速・減速，方向転換，低強度のランニングなどを80分間繰り返す間欠的運動で，多くの異なる体力要素が必要なチーム球技スポーツである。

　1995年，ラグビーはオープン化によるプロフェッショナリズムの高まりとともに大きく変化してきた。2019年と1995年のRWCのStatistical reportによる試合様相の変化を概観すると，セットプレー（スクラム，ラインアウト）とキックの回数が減り，パス回数が増え，ラック・モール回数（コンタクト）は85％増加した。ボールインプレー（Ball in play：BIP）は33％（26分43秒）から45％（36分）と約10分もの増加となり，RWC 2019で最もBIPが長い試合は53％（42分）にまで及んだ。つまり，セットプレーに付随する静止時間や「ピンポン」と揶揄されるキックの応酬といった時間が減り，選手がボールを持って走る，パス，タックル，ラック/モールを形成してボール争奪をするなど，アクティブな回数と時間が増えている。選手は，コンタクトプレーに対応するための筋力とパワー，80分間戦い続けるための持久力と回復力といった高度な身体的要求に応えることで，よりスピーディーでダイナミックな試合様相に適応し進化しなければならないのである。

　本節では，コリジョンスポーツであるラグビーを安全に，そして有利にプレーするために必要な「スプリント運動量」に焦点を当てた体力トレーニングについて解説する。

1. Rugby is a game of momentum（スプリント運動量）

　「ラグビーは，momentum（以下，スプリント運動量）のスポーツである」（Ueno and Araki, 1990）といわれている。

　「スプリント運動量（p）は，質量（m）と速度（v）の積（p = mv）で表される」（谷中，2021, p.61）ため，速度（以下，スピード）が大きい方が運動の勢いが大きく，同じスピードであれば質量（以下，体重）が重い選手の方が大きなスプリント運動量を有するという力学である。コンタクト局面を有利に戦うために，今日当たり前に実施されている体力トレーニング（レジスタンストレーニングやバリスティックトレーニング[*1]，スピードトレーニング）は，より重く，より強く，より速く，そしてより高い競技水準を目指して，このスプリント運動量を強化しているといえる。

　Cunningham et al.（2016）は，「体重増加しつつスピードが低下しないことが衝撃時のスプリント運動量を高め，競技力の指標となる」と報告している。Baker and Newton（2008）は，「1部リーグと2部リーグに所属する選手の体力特性を調査した結果，より重く，より速い選手ほど前進力があり，相手の前進力に反撃できることから，選手の競技水準の識別因子としてスプリント運動量が有効である」と報告している。1対1のコンタクト局面で考えると，ロック（以下，LO）の選手（100kg）とスクラムハーフ（以下，SH）の選手（65kg）が同じスピードで衝突した場合，より体重のあるLOはスプリント運動量が大きく，SHに与える衝撃が大きい。技術的な要素を無視すれば，SHがLOに当たり勝つためにはLOよりも1.54倍以上のスピードで衝突しなければならない。しかし，そのようなことを試みれば，勝敗よりも怪我のリスクが高まることは容易に想像がつき，「スプリント運動量を高めることはラグビーパフォーマンスの向上とともに外傷・障害の予防のためにも不可欠なのである」（Schoenfeld, 2010）。

＊1 バリスティックトレーニング
パワークリーンやジャンプスクワットなどのコンセントリック局面における力の立ち上がり速度（Rate of Force Development：RFD）と高速で筋力を発揮する能力の強化を目的としたトレーニング。本節ではストレッチショートニングサイクル（Stretch-Shortening Cycle：SSC）を用いた自重でのプライオメトリックトレーニングも含む。

(1)体重

コリジョンスポーツであるラグビーにおいては体重が一つの武器となるため，高校や大学などの選手にとってはスプリント運動量の一要素である体重を増加させることは必須である。**表2-1**は2005年から2022年各年の日本代表選手とU19日本代表選手のFW・BK別の身長と体重の平均値である。この期間，身長の変化はないが，体重については日本代表，U19日本代表，そしてFW，BKともに7〜10kgの着実な増加をみせている。Lombard et al.（2015）は，1998年から2010年の短期間に南アフリカU20代表選手の体重が87±16kgから99±13kgへ14％増加していると報告している。近年のU19日本代表欧州遠征の戦績やRWCにおける日本代表の躍進は，後述するレジスタンストレーニングの積み重ねによる質の高い体重増加によって，スプリント運動量を強化した結果といえるであろう。

(2)スピード

日本ラグビーフットボール協会S&Cカンファレンス2023において，高校・大学のトップチーム，日本代表チームを比較すると，「年齢，体重，最大筋力はカテゴリーが上がるとともに成長しているが，最大スピードについては日本代表チームが飛び抜けて速い」と報告された（太田日本代表S&Cコーチ）。

スピードはスプリント運動量の一要素であり，「生まれ持った身体能力」であると同時に「技術」でもある。より効率的なランニングやスプリントを実現するためには，姿勢，腕の動き，脚の運び，体幹や下肢伸筋群の機能的筋力，関節可動域など，ランニングメカニクスを理解した上で個別に対処する必要があるため専門家に委ねるが，ことラグビーにおいては日々の練習のなかで改善できることもある。

図2-5は，トップスプリンターと，ランニングスピードが異なるラグビー選手の10mごとのスピードを示したグラフである。「0〜20mを加速局面と呼び，この20m地点での到達スピードは最大スピードの約80％になる。そのため，0〜20mの加速力は最大スピードを決定する一要因となる」（若井，2007）。

ここで注目したいのは，静止状態（0m/s）から10m地点でのスピードにおいては，トップスプリンターとFWを含むラグビー選手との間にほとんど差がないことである。FWは体重を増やしつつも，試合，練習のすべての局面における0〜10mのスプリントを最大努力することによって，FWにとって必要なスプリント運動量の強化を追求することが可能である。またBKは，あらゆる姿勢（状態）からのスタートにおいても20〜30m地点で最大スピードに達することを追求していくことで，BKとしてのスプリント運動量の強化につながる。ラグビーにおいては，この0〜30mのスピード（加速力）が攻撃，防御，リアクションやポジショニングなどすべてにおいて重要

表2-1 ●日本代表の体格の進化（日本ラグビーフットボール協会HPより作成）

[日本代表]

	FW（身長/体重）	BK（身長/体重）
2005	185/103	176/82
2007	185/106	178/85
2011	186/107	180/89
2015	186/110	175/86
2019	186/109	178/89
2022	187/112	178/89

[U19日本代表]

	FW（身長/体重）	BK（身長/体重）
2005	180/92	174/72
2007	182/94	176/76
2011	182/99	174/75
2015	178/95	174/79
2019	180/99	176/82
2022	182/102	175/79

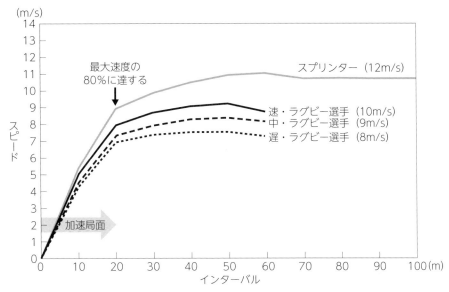

図2-5 ●スプリンターとランニングスピードが異なるラグビー選手の10mごとのスピード比較（若井，2007をもとに作図）

なため，あらゆるトレーニングのなかで発生する切り返し直後のスピード，すなわち0〜30m以内での最大加速に焦点を当ててトレーニングすることが重要である。

　エリートラグビー選手を対象にしたTillin et al.（2013）の報告によると，バリスティックな筋力発揮の能力が高いと，5mダッシュでの加速力に優れていることがわかっている。いずれも，それまでに積み上げた最大筋力が重要な役割を果たすため，前述の日本代表選手の最大スピードが飛び抜けて速い理由についても，単に短距離走が速く，ランニング技術が優れているということではなく，レジスタンストレーニングで積み上げた最大筋力をベースに，スピードの要素を加えたパワーやバリスティックな筋力発揮を強化した成果なのである。

(3)スプリント運動量を監視する

　前述のように，スプリント運動量の強化のためには，その要素となる体重とスピードが重要な役割を果たす。事実，筋肥大や最大筋力向上のためのレジスタンストレーニングは，ジャンプやスプリントなどのパフォーマンス向上に有効である（Berton et al., 2018）。しかし，たとえ筋肉だけで

体重を増やしたとしても，体重増加という事実だけでは鎧を背負うことと同じで，それだけでは反比例するようにスピードやジャンプ，アジリティー，フィットネスに影響が出てしまうということを理解しておかなければならない（谷中，2021；Young et al., 2020；谷本，2019）。ともすれば，筋肉量が増えたから，最大筋力が上がったから，ラグビーに活きる（ハズ）……と考えてしまいがちであるが，それぞれ個別の測定値の変化だけでは，トレーニングの成果とパフォーマンスの関係を判断することが難しいという問題点がある。

　Hendricks et al.（2014）は，体重とスピードのいずれか単独の向上よりも，スプリント運動量を向上させることがタックルのパフォーマンスにより強く影響することを報告している。Baker and Newton（2008）は，スプリントスピードを維持または向上させながら，高レベルの筋力とパワーの強化および体重の増加を目標とするスプリント運動量の強化と監視を推奨している。このことからも，体重とスピードの両面から，体力トレーニングの進捗を評価可能なスプリント運動量でラグビーパフォーマンスを監視していくことが重要である。

◎スプリント運動量（p）＝体重（m）×スピード（v）

ここでは，スプリントの測定距離を22m，A選手の体重80kgと仮定して，スプリント運動量の計算例を示す。

A選手が，22mスプリントを3秒で駆け抜けた場合の速度は22m÷3秒で，秒速7.33m/sとなる。

これを，スプリント運動量（p＝mv）に当てはめると，80kg×7.33m/s＝586kg・m/sとなり，A選手は586kg・m/sのスプリント運動量を有していることになる。

その後，A選手がトレーニングによって体重を5kg増やし，85kgになったとする。

スピードが秒速7.33m/sのまま変わらなければ，85kg×7.33m/s＝623kg・m/sとなり，スプリント運動量は623kg・m/s－586kg・m/s＝37kg・m/s向上したことが確認できる。

しかし，体重が5kg増えたことによって，22mスプリントのタイムが3.2秒に低下してしまった場合は，スピードは22m÷3.2秒で，秒速6.88m/s，スプリント運動量の式に当てはめると85kg×6.88m/s＝584kg・m/sとなり，A選手は，584kg・m/s－586kg・m/s＝-2kg・m/sのスプリント運動量が低下してしまったことになる。

選手の年齢やポジション，時期によって重視する要素や許容する範囲は変化するが，体重とスピードの両面から評価可能なスプリント運動量を数値化して監視することで，ラグビーパフォーマンスに直結した評価をすることができ，チームや個々の問題点にいち早く気づけるようになるのである。

2. レジスタンストレーニング

ここで解説するレジスタンストレーニングは，競技水準やトレーニングの経験値，ポジション，時期，トレーニング環境，目指すラグビースタイルを踏まえ，有資格者であるS&Cコーチが精密にチームや個人のために調整するべき内容であるため，ラグビーに必要な体力トレーニングの考え方や原則についてのみ述べ，スプリント運動量の

一要因であり，体重のベースとなる筋肉量の増加と最大筋力向上ためのレジスタンストレーニングについて考える。

選手とチームは，試合に向けた年間計画とピリオダイゼーションのなかに，筋肥大期，最大筋力期（パワー含む），維持期といった異なる性質の目標を配置し，目標達成のための種目，強度，レップ数，セット数，休憩時間などのトレーニング変数を設定する。ピリオダイゼーションの基本原則は，筋肥大を目的とした中強度で多量（種目数×セット数×レップ数）のトレーニングから，最大筋力を目的とした高強度で少量のトレーニングへと重点を移し，シーズン中は高強度を保って量を調整し，最大筋力を維持しつつ疲労を残さないように計画する。そして，目標ごとに内容を変化させるだけでなく，「トレーニングの基本8原則」を考慮しながら運用し，各期間内においても定期的に種目や刺激（与えるテクニック）を変化させることで適応の停滞（慣れ）を防ぐ必要がある。

レジスタンストレーニングにおける種目選択は，主にクローズドキネティックチェーン（CKC）の多関節動作種目とする。そのなかのBIG3（スクワット，ベンチプレス，デッドリフト）は，メイン種目としてピリオダイゼーションにおけるすべての期間で実施し，ランジ，ステップアップ，スプリットスクワットといった片脚で身体を支える種目もサブ種目として年間を通して行う。限られた時間内で多人数の選手をトレーニングするとともに，ラグビーに有効な局所的筋持久力を高めるために，サーキット形式やスーパーセット法を取り入れる。

(1)筋肥大期

筋肥大期は，体重のベースとなる筋肉量を増やすこと（以下，筋肥大），および基礎筋力の向上に重点を置く。筋肥大のための刺激は，力学的ストレスと生化学的ストレスがもたらす負荷と，負荷がかかっている時間が重要なため，多量のトレーニング（6～7種目，3～5セット，6～12回，トレーニング強度70～85％1RM）を設

定する。この期の強度は，最大筋力期に比べて低く設定されるため，強化する特定の部位に対して種目数やセット数，レップ数を操作して，1週間に2回以上同じ部位のトレーニングを実施することで総トレーニング量を増やす。そして，選手は必ずレジスタンストレーニング専用のトレーニングノートをつくり，部位ごと，もしくは動作ごとの総トレーニング量（重さ×回数×セット数）を記録しながら，トレーニングの負荷を自己管理することが必要である。1日や1週間，1カ月での総トレーニング量を把握することで，トレーニングのバランスが数値化され，漸進的な積み上げが可視化される。さらにトレーニング記録は，グラウンド練習では確認することができないコンディション把握の指標にもなる。

また，筋肥大に貢献する以下のテクニックを用いて，トレーニング効率を高める。

○スーパーセット法：互いに拮抗する部位のトレーニング2種目を連続して行う。それぞれ高強度で実施でき，時間短縮に有効。
　（例）ベンチプレス＋ベントオーバーロウ，ミリタリープレス＋懸垂

○コンパウンドセット法：同じ部位のトレーニング2種目を連続で行う。2つの強度で追い込める。
　（例）ベンチプレス＋腕立て伏せ，バックプレス＋アップライトロウ

○マルチバウンテージ法：高強度から3〜4段階で強度を下げながら，休みを挟まず連続して行う。力学的ストレスと生化学的ストレスを同時に与える。
　（例）100kg→80kg→60kg→40kg（すべて最大反復する）

○ネガティブオンリー法：自分の筋力以上の超高強度の刺激を入れることができる。
　（例）120% 1RMの高強度でエキセントリック局面（下降局面）に集中し，挙上は補助してもらう。5〜8回。

○クレイジー5：セッション中は筋緊張し続けるため，血流制限により低酸素状態となる。
　（例）50〜60% 1RMで，スタート位置，下降局面，最下部，上昇局面で各5秒の時間をかける。

○フォーストレップ法：挙上不可になってから補助者のアシストを受け，下降局面で2〜3回追い込む。

筋肥大期のトレーニングのポイントとして以下の2点が挙げられる。

◎ポイント1「エキセントリック収縮」

筋肥大期のトレーニングのポイントは，エキセントリック収縮（下降局面：筋肉が伸びながら力を発揮する局面）に焦点を当てるところにある。

エキセントリック収縮の大きな特徴は，他の収縮様式に比べて発揮可能な筋力が大きく，高強度のトレーニング（挙上できなくてもゆっくり下ろすことができる）が可能となることである。高強度のトレーニングは，目的とする筋群への直接的な刺激を入力しやすく，筋肥大に効果的かつ時間効率の良いトレーニング手段となる。さらに，筋が有する潜在的な力発揮能力を最大限に引き出すことができる（前大，2021）。また，高強度なエキセントリック収縮後のクレアチンキナーゼ（以下，CK）の上昇は筋損傷のサインであり，グラウンドでのCK上昇はタックル数と相関する。CK上昇に対する人体の適応は，筋損傷に対する筋肉の抵抗力（筋損傷からの回復力）の向上が期待できる（宝田，2002）。つまり，エキセントリック収縮を強調するフォーストレップ法やネガティブオンリー法などを積極的に取り入れることは，筋肥大と筋力向上という目的に加え，コンタクトによるダメージからの回復力の強化も可能になるのである。

◎ポイント2「ノルディックハムエクササイズ」

ノルディックハムエクササイズ（Nordic Hamstring Exercise：NHE）は，大臀筋やハムストリングスといった股関節伸筋群のトレーニング種目である。プロサッカー選手を対象に17週間のNHEを行った研究では，20mスプリントタイムが3〜7%改善し（Suarez-Arronez et al., 2019），ハムストリングス肉離れの発症リスク低下に貢献

することがわかっている（Bourne et al., 2018）。しかし，トレーニング後に発生する筋肉痛がデメリットとなり，他の部位と比較して圧倒的にトレーニング不足が生じ，シーズン中のトレーニング継続率が下がるという悪循環に陥ってしまう選手が多い。ランニングパフォーマンス向上とハムストリングス肉離れ予防に有効な種目なので，グラウンド練習や試合のスケジュールをみながら年間を通して継続実施するべき種目である。

(2)最大筋力期

　最大筋力期では，最大筋力の向上が目的のため，比較的高い負荷（3〜5種目，3〜5セット，6回以下のトレーニング強度85% 1RM以上）で設定する。これにより筋肉量と体重の変化を最小限に抑えつつ，神経系の適応（運動単位の動員，発火頻度および同期の増大，神経抑制メカニズムの低下，共同筋の効果的な共縮）により最大筋力向上を目指すことが可能となる（宮本，2021）。

　1990年以降，ラグビー選手の筋力関連のパフォーマンスレベルは大きく向上しており（Crewther et al., 2009），BIG 3種目の最大筋力は，競技水準の高い選手を見分ける識別因子となると報告されている（Baker and Newton, 2008）。とくに下半身の3関節（股関節，膝関節，足関節）同時伸展の最大筋力は，FWのスクラムやラインアウト，タックル，オープンプレーでのボール争奪などのコンタクト局面におけるラグビーパフォーマンスの成否を決定づける重要な要素となる（Quarrie et al., 2001; Suchomel et al., 2016）。また，シーズン前の適切なトレーニング強度が，シーズン中の外傷・障害の受傷リスクを低減させるとの報告もあり（Lee et al., 2001; Gabbett, 2004），十分な筋肥大期をベースに積みあげた最大筋力は，パフォーマンスと外傷・障害の予防の両側面からも重要となる。

　参考までに紹介すると，ニュージーランドのプロ選手のスクワットの最大筋力は，FW：197.2 ± 26.5kg（体重比1.69），BK：178.1 ± 18.3kg（体重比1.86），ベンチプレスはFW：146.1 ± 14.2kg（体重比1.25），BK：135 ± 12.8kg（体重比1.41），懸垂は自分の体重プラス負荷の合計でFW：155 ± 12.1kg（体重比1.34），BK：143.8 ± 12.0kg（体重比1.5）である（Posthumus et al., 2020）。その他の指標として，BIG 3（ベンチプレス：スクワット：デッドリフト）のターゲット比として（3：4：5）を一つの目安とするとよい（Pook, 2012）。

◎スクラムにおける体幹筋力の重要性

　スクラムでは，エンゲージ（ヒット）の瞬間の力発揮とその直後に起こる急激な力の減少時の身体コントロール，その後の安定とプッシュのために，体幹筋力が重要な役割を果たす。スクラムの姿勢維持やプッシュにおいては，上体を水平に保ちながら地面からの反力を足部，脚，体幹部を通して相手へと伝え，さらにプロップ，フッカーにおいては，後方（第3列）からの力も体幹部を通して相手に伝える必要がある。大塚（2009）は，スクラム姿勢時とプッシュ時の体幹深部の筋活動を調査し，脚力でスクラムが拮抗した場合には体幹を剛体化する筋（脊柱起立筋，腹横筋，多裂筋，内・外腹斜筋）の強さがスクラムの成否に大きく影響することを示した。真鍋ほか（2003）は，最大努力下でのスクラムプッシュ動作時と1RMのスクワット時の脊柱起立筋の筋活動の特徴は同様であることを報告しており，FWはバックスクワットだけでなく，フロントスクワットやザーチャースクワットなど，様々なタイプのスクワットを実施する必要があり，加えて，体幹を剛体化させて連続で脚を掻くスレッドプッシュを行うことで，脚力と同時に体幹筋の強化（剛体化）を行うことができる。

3.　バリスティックトレーニング

　レジスタンストレーニングによって積み上げた最大筋力は，ラグビーパフォーマンス発揮に必要なスピードやパワーのポテンシャルを引き上げる基礎となる。しかし，レジスタンストレーニングには，コンセントリック局面の後半で動作スピードを減速させ，停止するという特性がある。その

ため，パワークリーンやジャンプスクワットに代表されるような，動作の後半に減速─停止局面がなく，RFDと高速で筋力を発揮する能力を最大限に引き出すバリスティックトレーニングへと発展させていく必要がある。

エリートラグビー選手のバリスティックな筋力発揮能力と5mダッシュでの加速力に相関関係があること（Tillin et al., 2013）や，前述の日本代表選手の最大スピードが飛び抜けて速い理由は，最大筋力の積み上げの上に開発されたバリスティックトレーニングの成果であると考えられる。

図2-6は「力─速度曲線（力が高くなるほど発揮できる速度が遅くなるという特性を示す）」に下肢伸展筋群の代表的なトレーニング種目を模式的に配置したものである。スクワットは，80〜100% 1RMの高負荷で力発揮するが低速度領域の強化，パワークリーンやパワープル，ジャンプスクワットは中・高負荷に対応した幅広い範囲の低・中速度域の強化，プライオメトリックやSSCは自体重（軽負荷）でより高速度領域の強化をそれぞれ目的としており，種目によって強化できるパワーの性質（スピードと筋力の組み合わせ）の違いを示している。スプリントで考えた場合，静止状態からの最初の1〜2歩は，片脚に全体重と沈み込みによる高負荷がかかるので，低速度領域の

強化が必要になる。つまり，ラグビーでは防御ラインを上げることや倒れた姿勢からの動き出しでは高負荷・低速度領域での力発揮が必要となるので，スクワットなど高重量を扱うトレーニング種目でRFDの強化も必要となる。スプリントにおいては，スピードが高くなるにつれて高速度領域での力発揮へと変化していくので，スピードの緩急，防御ラインの突破やそこからの加速など，中・高負荷を受けたなかでのRFDや加速を効果的に向上させるためには，パワークリーンやパワープル，スクワットジャンプというように，広い範囲の速度域の強化が必要となる。

また，パワークリーンやパワープルなどのオリンピックリフティング種目においては，ハングスタイルで行うとSSCやプライオメトリック的な強化が期待できるため，FWやSHは床から，その他BKはハングスタイルからなど，ポジション特性によってスタートポジションの使い分けを検討する方法もある（武井，2021）。

パワークリーンなどの各種オリンピックリフティング技術の獲得は，将来の最大筋力とパワー発揮の能力を発展させるためにとても重要なため，トレーニングの量や強度を上げる前に技術的に完璧に遂行できることが前提条件になる。誤ったテクニックや不十分な筋力レベルでは目標とする効果が得られないばかりか怪我の危険も伴うため，資格を持ったS&Cコーチの指導のもとでリフティング技術の漸進的な習得を目指すことは重要である。

自重で行うプライオメトリックトレーニングは，より高い速度領域の力発揮の開発を目指すことができるので，ここではバリスティックトレーニングの一部として説明する。プライオメトリックトレーニングは，SSCを伴うトレーニング方法で，走・跳・投・切り返し・ボール奪取などの場面で反射的な力発揮がなされる。アンクルホッピングやタックジャンプ，バウンディング，ボックスジャンプ，メディシンボールスローなどによって，動作時に伸長される筋肉と腱のSSCの利用が改善されると，接地時間の短縮が強化されるため，力，

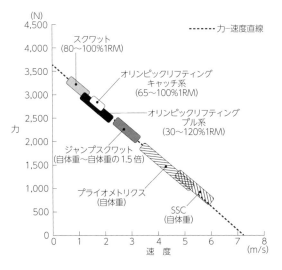

図2-6　代表的な下肢エクササイズで刺激しうる力─速度
曲線の領域（武井，2021をもとに作図）

スピード，パワーなどの出力増加と運動効率の上昇が可能となる（平山，2021）。レジスタンストレーニングで行うチーティング（反動を使って挙上を助ける）もSSCのテクニックの一つとなり，最大筋力期における追い込みやバリスティックトレーニングにおいては全身をうまく使った加速のためのテクニックである。

　また，全米アスレティックトレーナーズ協会や国際サッカー連盟の傷害予防に関する指針においても各種プライオメトリックトレーニングが推奨されており，適切な着地動作の習得後にプライオメトリックトレーニングを導入することで，ハムストリングスと大腿四頭筋の筋力比（H/Q比）を改善し，減速時のハムストリングスの反応筋力を向上させるなど，ACL損傷を含む膝関節傷害の発生率を低下させることがわかっている（Padua et al., 2018; Soligard et al., 2008）。

4. フィットネストレーニング

　ラグビーに必要なフィットネスは，様々な距離や速度を間欠的に走る「ランニングフィットネス」と，ランニングとコンタクトを組み合わせた「コンタクトフィットネス」，そしてラグビー競技への総合的なアプローチとなる「ゲームライクフィットネス」がある。

　ランニングフィットネスやコンタクトフィットネスは，ランニング距離やタイム，反復回数，休息時間を設定して間欠的に行い，最大酸素摂取量の向上とコンタクトの繰り返しによる筋損傷のダメージ（CK）からの回復力，筋肉の抵抗力の向上を目的として行う。しかし，黒須・菅野（2012）は，このような距離や時間，コンタクトを指定したフィットネストレーニングの問題点として，「心拍数で示される運動強度は試合に類似するものの，平均移動速度，実際の試合に近いラグビーパフォーマンスに必要なRFDやスプリントの加速および速度は有意に低い値を示す傾向があることから，最大スプリント速度の低下や筋力，パワーの効率的な増加を妨げる現象が生じることが懸念

される」と報告している。1K（1km走）やブロンコテスト（1,200m）は，スタートからゴールまでのトータルタイムを選手個人の目標とさせ，努力させることで一定のトレーニング効果が見込めるが，切り返し直後のスピードや0～30m以内で最大速度に達する加速に焦点を当てて実施しなければ，むしろスピードやパワー発揮能力に対してマイナスになる可能性があるということである。例えば，シンプルにラグビーグラウンド（ゴールライン間）を5往復する1Kでも，100mを5往復ではなく，50mを2往復として50m4本の各タイム，200m5本の各タイム（合計で1km）などにこだわって，切り返し直後のスピードや0～30m以内でいかに加速するか（コンタクトを含むのであればタックルのスピードや精度）に焦点を当て，実施方法や声かけを工夫してスプリント運動量につながるスピードに対するクオリティに注力することが望ましい。

　ゲームライクフィットネスは，試合中の判断やスキル，コンタクト，スプリントを不規則に行うため，最も試合に近い形で行うことが可能なフィットネストレーニング法となる。しかし，チーム戦術が固まりつつある試合期限定のトレーニング方法であり，より試合に近い強度で行うことで怪我のリスクが高まったり，試合に向けたスキルや戦術の確認が中心となるとフィットネスを目的とした強度を追求できない可能性がある。また，スピードを含む強度設定に再現性がなく，選手のフィットネスレベルの数値化（把握）が困難であるという問題点もあるため，目的を明確にして実施する必要がある。

　ラグビーパフォーマンス発揮のためにフィットネストレーニングが重要であることは十分に認識されており，現在広く行われているフィットネストレーニングについては上記の問題点を理解して，さらなる向上を目指すことが望まれる。

（大石　徹）

第3節　ラグビーの技術トレーニング

スポーツにおける技術とは，一般に合目的的で経済的な運動の仕方を指すが，ラグビーのような球技の技術では経済性よりも合目的性が優先される（藤本，2017，p.77；會田，2019，p.76）。それは，球技では技術を発揮する際のほとんどのゲーム状況が固定化されたものではなく，予測できない形で様々に変化するからである。この結果，特定のゲーム状況で有効となる動きが必ずしも経済性に優れた動きとはいえないということが頻繁に生じる。以上から，ここでは，ゲーム状況を合目的的に解決する機能を持った運動の仕方としてラグビーの技術を捉える。そして，このような技術を遂行する能力を意味する用語として，我が国では「スキル」や「技能」といった用語が使われることも多いが，ここでは関連文献にならい，「技術力」という用語を使う。

以下では，まずラグビーの技術の特徴を概観し，それを踏まえてラグビーの技術力を高める技術トレーニングについて解説を行う。

1. ラグビーにおける技術の特徴

(1)多種多様な技術の存在

第１節で説明したように，ラグビーの攻防の原則（図2-1参照）に照らし合わせると，ラグビーの競技力は，「ボールの争奪力」「攻撃力」「防御力」といった性格の異なる３つの要素から成り立つことがわかる。したがって，ラグビーの競技力を高めゲームで優れたパフォーマンスを発揮するためには，ボールの争奪，攻撃，防御のそれぞれの活動に関連する様々な技術を身につけることが必要となる。また，プレーの自由度が高いというラグビーの運動特性も，多種多様な技術を生む要因になっていると考えられる。

表2-2に，ボールの争奪，攻撃，防御の３つの活動に関連する個人技術を示した。このように個人技術に限定しても，ラグビーには多種多様な技術が存在することがわかる。さらに，ラグビーではこのような個人技術に加え，例えばボールの争奪にかかわるスクラムやラインアウトの技術，攻撃にかかわるライン攻撃やドライビングモールの技術，防御システムの技術といったユニットやチームによる集団技術も存在する。

このような多種多様な技術を身につけていることは戦術力の基盤になる。例えば，もしキックの技術を身につけていないとしたら，戦術的にはキックというプレー選択が適切な状況でもキックを蹴ることができず，チャンスをつぶしてしまうことになるであろう。したがって，技術は，常にそれを活用するゲーム状況と結びつけながら，言い換えると戦術的な必要性や有効性を認識しながらトレーニングを行っていくことが望まれる。

表2-2 ●ラグビーの攻防の原則から導かれる３つの活動に関連する主な個人技術

ボールの争奪に関する個人技術
・セービング
・空中でのボールの競り合い
・クリーンアウト
・ジャッカル

攻撃に関する個人技術
・各種パスとパスキャッチ
・サイドステップとスワーブ
・ハンドオフ
・ボールキャリアーのコンタクト
・ボールキャリアーへのサポート
・各種キック

防御に関する個人技術
・各種タックル
・タックラーへのサポート
・キックキャッチ
・インターセプト

(2) 柔軟な動きと固定化された動き

　ラグビーで技術を発揮する際のゲーム状況はほとんどの場合，固定化されておらず，その変化を予測することも難しい。例えばラグビーのパスを考えると，味方や相手の位置・動きが様々に変化する状況のなかで効果的にボールを味方に渡さなければならない。したがって，相手がいないときにいかに無駄のない効率的なパスの動きができても，パスが必要となるときに，様々な体勢から，様々な位置へ，様々なスピードでパスを放ることができなければゲームでは役に立たない。

タックルを受けながら，a ボールを持っている腕と同方向，背後へ片手パス，b ボールを持っている腕と逆方向へ片手パス，c 背後へ両手パス。
図2-7 ●オフロードパスにみられる可変的で柔軟な動き

　したがって，ラグビーにおける多くの技術は，状況の変化に応じられる可変性を備えた柔軟な動きであることが必要となる（會田，2019，pp.76-77；中川，2019）。最近，その有効性が注目を集めているオフロードパスという技術をみると，いかに動きの可変性，柔軟性が重要かがよくわかるであろう（**図2-7**）。

　一方で，ラグビーにはペナルティからゴールを狙うプレースキックやタッチを狙うパントキック，キックオフやリスタートからのドロップキック，ラインアウトのスローイングのように，相手の妨害がなく比較的安定したゲーム状況下で実施される技術もある（中川, 2019）。このような技術では，前述したパスの技術とは異なり，目的に沿った合理的で安定した動きが必要となる。したがって，トレーニングでは目的に沿った合理的な動きを固定化, 習慣化させることが目標となる。また, キック技術に関して既に広く行われているように，トレーニング目標となる合理的な動きを正確に把握するためにバイオメカニクスの研究知見を取り入れることが非常に有効となる（中川，2019）。

(3) 体力の要素の重要性

　スポーツの技術は身体的技術であることから，当然，体力を基礎としている。とりわけラグビーでは，激しいコンタクトを伴い，筋パワーなどの体力が関与する程度が非常に大きい技術が数多く存在する。その典型的な例としては，ボールキャリアーのオフロードパスを含むコンタクトプレー，タックル，クリーンアウトなどの個人技術や，スクラム，ドライビングモールなどのユニット技術が挙げられる。

　例えば，スクラムでは背中を水平にして後ろの味方の力を伝えながら自らの力を相手に伝えることが重要な技術的ポイントになるが，背筋力に劣っていると，いくらスクラムを組んでも技術の習得は困難である。また，オフロードパスの技術では，身体的なパワーが向上すると相手とのコンタクト時に身体的余裕を持てるようになり，このことが結果としてオフロードパスの技術向上に大

きく結びついていくことになる。

　したがって，このようなコンタクトを伴うラグビーの技術を診断したりトレーニングを行ったりする際には，当該の技術に関与する体力の要素を十分に考慮しなければならない。

（中川　昭）

2. 技術トレーニングのポイント

(1) 攻防の原則に関連させた技術トレーニングの必要性

　前述したラグビーの攻防の原則（図2-1参照）を遂行するためには，ボールの争奪，攻撃，防御の３つの局面において技術を巧みに使い分けることが必要となる。

　そのなかでボールの争奪においては，各種セットプレー，ブレイクダウン，地上や空中のルーズボールの競り合いで，攻撃権を獲得するための技術が必要となる。このなかで各種のセットプレーでは，特殊な技術を必要とし，集団でボールを獲得するための技術を身につけなければならない。また，ブレイクダウンやルーズボールの競り合いでは，激しいコンタクトを伴いながらボールを獲得する技術を身につける必要がある。総じて，ボールの争奪を有利にするための技術は，体力面の優位性によって影響を受けることが多く，選手は必要となる体力面を強化するとともに，機能的な役割を理解してトレーニングを行うことが重要となる。

　攻撃において必要となる技術は，ボールの争奪に成功した後に，そのボールを活用する技術である。すなわち，前進，サポート，継続をし，プレッシャーをかけることで，攻撃の目的であるトライをすることにつなげるための技術である。ここでの技術はボールを扱うことが主となり，個人のパスやキャッチ，キック，ボールキャリー/ランニング，ボールキャリアーのコンタクトプレーの技術などが重要となる。トレーニングでは，まず技術を習得するための反復練習が基礎となり，次に，

習得した技術についてゲームを想定した場面で効果的に発揮できるようにすることが目標となる。

　防御において必要となる技術は，ボール獲得ができなかった後に実行する技術である。すなわち，ライン防御を意識して前進しプレッシャーをかけ，そしてタックルを行うことでボール奪取につなげるための技術である。とくにタックルの技術は，ラグビーの特徴である激しいコンタクトを伴いながら，相手の攻撃を阻止しボールを奪い返す技術となる。そのため，体力面の強化を前提にタックルの技術トレーニングを行うことが重要となる。また，コンタクトに対する恐怖感の克服や，ライン防御時の協調性など，心的・知的要因が関係することを理解してトレーニングを行うことも重要となる。

(2) トレーニングの原則と技術トレーニングの関係

　ラグビーの競技特性を踏まえると，ラグビーの技術は個人の技術，ユニットの技術，チームの技術に分けることができる。これらのラグビーの技術については，トレーニングの５原則である「全面性」「意識性」「漸進性」「個別性」「反復性」に従うことで，効果的な技術トレーニングができると考えられる。以下では，トレーニングの５原則との関係を示しながら，ラグビーの技術トレーニングのポイントを解説する。

◎個人技術のトレーニング

　パスとキャッチ，タックル，ボールキャリー/ランニング，サポートプレーなどの個人技術のトレーニングに関しては，「反復性」を重視し，段階を追って「漸進性」や「意識性」などゲームの状況での技術の発揮を意図したトレーニングへ移行していくことが必要である。

　例えば，パスとキャッチの技術については，最初に，高低へのパス，左右へのパスや速いパス，そしてそれらのパスのキャッチのトレーニングを反復して行う。その後，ゲームの状況を想定し，また防御側の動きを想定したなかでパスしたりキャッチしたりすることで，可変性を備えた柔軟

な動きをトレーニングする。そして，タックルを受けたときに適切なタイミングでオフロードパスができるようにトレーニングを行うなど，状況の負荷を漸進的にゲームに近づけていく。さらには，パスのタイミングやキャッチの間合いなど，判断や予測を伴うトレーニングを行うことも必要となる。

◎ユニット技術のトレーニング

スクラム，ラインアウト，モール，ライン攻撃，ライン防御などのユニット技術については，個人の技術を複数の選手が同じ目的で，それぞれの役割に合わせて発揮できるようにトレーニングを行わなければならない。ユニット技術のトレーニングに関しては，「個別性」「反復性」「全面性」「意識性」などのバランスを取り，攻撃の目的と防御の目的を踏まえながら，技術がユニットとして集約され，最大の技術力が発揮されるようにすることが重要である。

例えば，ユニット技術で代表的なスクラムについては，基本的なスクラムのポジションと体勢を習得させることから始める。スクラムで前進する力を生み出すために，腰を低くし，背中を平らに保つことや，適切なハンドプレースメントと足の位置の確認などを反復してトレーニングすることが必要となり，あわせて個別にトレーニングすることも必要となる。また，スクラムの成功には，ユニット全体の結束力が不可欠である。そのためには，適切なバインドの方法や相手への対応を意識した押し合いのトレーニングを行うことが効果的である。さらに，スクラムマシンやバッグを使った反復練習とウエイトトレーニングを行うことにより，スクラムのレベルを漸進的に高めることができる。すなわち，技術トレーニングとパワートレーニングを組み合わせることによって，より強力で効果的なスクラムをつくりあげることができると考えられる。

◎チーム技術のトレーニング

攻撃パターン，防御システム，ボール再獲得時のカウンターアタックなどのチーム技術のトレーニングでは，チームの攻撃や防御の指針を踏まえ，ゲームで生起する状況を想定したりチームの状態をイメージしたりしながら，明確な目的意識を持ってトレーニングする必要がある。

例えば，チームの技術の一つである攻撃パターンのトレーニングでは，個人の技術，ユニットの技術を十分にトレーニングした上で，特定のパターンやプレーを反復しながら習得していく。チーム攻撃の有効性を高めるためには，シミュレーションやドリルを通じて，攻撃パターンやセットプレーを総合的（トレーニングの原則のすべてが当てはまる）にトレーニングすることが重要となる。これには，様々なオプションプレーや多岐にわたるゲーム状況の想定を含め，チームが掲げている攻撃の指針に従って効果的に得点を生み出すための意図的なトレーニングが必要である。

ラグビーにおいて判断を伴う技術は，攻防の原則を遂行する上で重要なものとなる。トレーニングによって技術の精度を高め，攻防の原則に従って最善のプレーを選択する能力を高めることで，チーム力は確実に向上すると考えられる。

(3) ワールドラグビーが示す技術トレーニングの10原則

ワールドラグビー（World Rugby：WR）のレ

表2-3 ● ワールドラグビーのコーチ養成マニュアルにある技術トレーニングの10原則 （World Rugby, 2016b, p.33を改変）

①選手にそれが可能であれば，できる限り早くゲームに似せた状況で技術のトレーニングをする。
②新しい技術を学習するために割く時間は短くてよいが，頻繁に行った方がよい。
③すべての選手がトレーニングを通して，共通の技術トレーニングを行わなくてはならない。
④利用可能な用具・施設は最大限活用する。
⑤トレーニングの終わりには，選手が上達したと感じるようでなければならない。
⑥選手が失敗を犯すことを恐れない環境をつくり出す。
⑦選手の経験と成熟度に応じて，選手の意見やフィードバックを積極的に引き出す。
⑧トレーニングはチームと選手が上達するためにある。
⑨選手が確実に自分の苦手な側（例えば，利き手/足/肩と反対側）を使うようにする。
⑩トレーニングを楽しいものにする。

ベル2のコーチング講習会で使われるコースマニュアルに掲載されている技術トレーニングの10原則を**表2-3**に示した。

この表を見ると，まず第一に「ゲームに似せた状況で技術のトレーニングを行うこと」が挙げられており，ラグビーの技術トレーニングでは，様々に変化するゲーム状況を解決できる可変性を備えた柔軟な動きを身につけることが重要となることがここでも示されている。

とくに表中の⑨で，技術の両側性の問題を取りあげていることが興味深い。我が国では，技術をトレーニングする際に両側性があまり強調されることがないため，利き手や利き足，利き肩の側の動きはスムーズにできるが，反対側はうまくできないという選手が少なからず存在する。このような選手の場合，例えば左方向へのロングパスはできるが右方向へはできない，右肩では強いタックルができるが左肩ではできないなど，技術を発揮する際の方向性が限られることになり，高いレベルの競技力の獲得への障害となる。したがって，技術トレーニングの際に常に両側性を意識することは見逃してはいけない重要な観点といえるであろう。

3. 技術トレーニングの評価

技術トレーニングを効果的に実施するためには，経時的にトレーニングの効果を評価することが必要となる。そのためには，技術力の状態を段階的かつ定期的に評価しなければならない。

ラグビーにおける技術力の評価は，現在では，試合での「動きの質的観察」と「達成結果の数量的分析」という2つの方法で行われる。近年のテクノロジーの発達により，動きの質的観察については，様々な視点から映像化された動きを様々なスピードや大きさで随時観察することができる。また，達成結果の数量的分析についても，分析ソフトウエアを利用してパソコンで簡便に分析ができるようになっている。その際に，ゲームパフォーマンス分析を専門とするアナリストの存在も大き

表2-4●キーファクター分析のチェックリストの例
(World Rugby, 2016b, p.42)

パス──ボールキャリアーに求められること
・両手でボールを持つ。
・ディフェンダーを引きつける。
・インサイドの足に重心を置く。
・サポートに入ってくるレシーバーにボールを渡せるように，防御に対して横を向く。
・「的」を特定する─レシーバーの胸の高さを的にしてパスをする。
・腰と胸のあたりでボールを上に向けて持ち，ボールを身体の前で素早く腕を振り子のように振る。
・ボールを放つときのボールスピードと飛球をコントロールするために，胸，肩，肘，手首を使う。
・パスする方向に手をフォロースルーして，ボールを放った後は的を指差すようにパスする。
・パスを行った後は，レシーバーのサポートに入る。

く，詳細な情報の産生と提供が行われている。このようななかで，コーチは質的な観察結果と数量的な分析結果を総合して，対象となる個人，ユニット，チームの技術力を評価していくことになる。

◎ワールドラグビーの「キーファクター分析」を用いた技術力の評価

これは前述のWRのレベル2のコーチング講習会コースマニュアルで紹介されている技術力の評価方法である。ここでは，ラグビーの技術を構成要素に分解し，その構成要素が正しい順序で実行されたときに，選手はその技術を正しく遂行することが可能になるとされている。

具体的には，**表2-4**に示すように，技術のキーファクターを細かく明らかにし，ミスが起きている原因を追究できるようにして，技術力を評価する。その後，改善すべき内容に優先順位をつけ，実際のトレーニングに反映させていくことになる。

（下園博信，徳永　剛）

第4節　ラグビーの戦術トレーニング

1. 戦術トレーニングの位置づけ

　まず，本節のキーワードとなっている「戦術」について述べる。戦術は元来，戦争で使用されていた言葉で，意味としては「格闘実行上の方策。一個の戦闘における戦闘力の使用法。ある目的を達成するための方法」（広辞苑，1983）とされている。これを競技スポーツに置き換えると，戦術はゲームに勝利するという目的のための方法であると考えられる。このことを前提に本節は展開していく。

　戦術トレーニングの位置づけは，それまでのトレーニングで養ってきたフィジカル（体力）とスキル（技術），状況判断（知識）をゲームのなかで発揮するための，いわばまとめになると考えられる。ラグビーにおいて戦術をゲームに勝つための方法として捉えるならば，その戦術を発揮するためには，ゲームに出場する選手たちのフィジカルやスキル，状況判断を成熟させることが最も重要な要因となる。これは戦術トレーニングを後回しにするという意味ではなく，まずは戦うための身体と技術，知識を養う必要があるということである。

　とくにコンタクトスポーツであるラグビーでは，フィジカルの要素が大きく勝敗を左右する。いかに多様に優れた戦術を用意しても，それを実行するまでの過程にエラーがあれば，その戦術を上手く活用できない。実際の試合でも，敗戦したチームの選手が受けるインタビューのなかで，「ブレイクダウンでプレッシャーを受けてしまい，思い通りにボールを展開できなかった」などというフレーズをよく耳にする。これはブレイクダウンで劣勢に立たされたことがエラーとなり，その後に用意していた戦術を使用できなかったことを意味すると推察できる。ブレイクダウンは1回のゲームのなかで100回以上起こるプレーであり，相手と接触するこのプレーを繰り返し行わなければならない。また，ただ繰り返すだけでなく，攻撃側からすると95％に近い割合でボールをキープする必要がある。このことからも，やはり戦術だけでなく，フィジカルの部分を養う必要があることがわかる。有賀（2001）が図2-8で示したように，体力の土台が大きくなることで，状況に合わせた技能（プレーのなかでできること）が多くなり，それに伴い使用できる戦術の幅が大きくなる。したがって，エラーをなくし，意図した戦術を使用するためにも体力・技術をトレーニングで強化することが重要であり，このことが戦術トレーニングをより効果的にする。

2. 勝敗を決めるプレーの重要性

　これまでにラグビーで勝利するために何が必要かを説いている研究が多く存在する。Ortega et al.（2009）や早坂・楢崎（2017）は，勝利チームと敗戦チームのゲームスタッツの比較をしている。Ortega et al.(2009)の研究では，シックスネイションズ（Six Nations Championship）の試合を使

図2-8 ●競技力のピラミッド（有賀，2001）

用して分析を行っており，勝利するためにはモールの優位，ラインブレイク，タックル成功率，ターンオーバーの数値が高いことが大きな要因になることを明らかにしている。また，敗戦するチームは，スクラムおよびラインアウトで失敗する回数が多い傾向があるとしている。同様に早坂・楢崎（2017）の研究からも，ラインアウトの成功率が勝敗に大きく影響していることがわかっている。実際のジャパンラグビーリーグワン（以下，リーグワン）2021/22シーズン（ディビジョン1）の試合でも，トライの約60％がスクラムとラインアウトを含むセットプレーが起点となっている。これらの研究データを考慮すると，戦術トレーニングのベースラインをつくることが重要といえる。

次に重要になるのが，プレーの原則（WR, 2020a, 図2-9）を理解することである。このプレーの原則は「得点」するという目標までの過程が表示されており，このサイクルのなかでプレーが成立している。ラグビーは様々なプレーが複雑に組み合わされたスポーツであるため，プレーの原則の一つひとつを「1個の戦闘」と捉えれば，各プレーにも戦術が必要になると考えられる。こういった背景から，これまでにも多くの研究者によって，多くのプレーが詳細に分析されている。

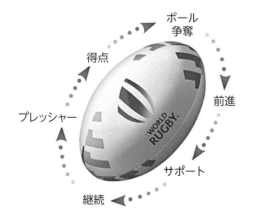

図2-9●プレーの原則（World Rugby, 2020a）

3.　プレー起点の分類

前述したように，ラグビーは様々なプレーが複雑に組み合わされたスポーツであるが，大まかにプレーを分けることで各チームが戦術をより理解しやすくなる。ここではラグビーのゲーム構造を以下のように4つの起点に分類する。
①セットプレーからの攻撃，すなわちストラクチャーアタック
②セットプレーからの防御，すなわちストラクチャーディフェンス
③カウンターやターンオーバーからの攻撃，すなわちアンストラクチャーアタック
④カウンターやターンオーバーからの防御，すなわちアンストラクチャーディフェンス

4.　ストラクチャーからの攻防

ストラクチャーアタックは，プレーの起点としてトライが生まれる可能性が最も高い。とりわけラインアウトはトライの起点となる割合が最も高く，前述したOrtega et al.（2009）や早坂・楢崎（2017）の研究が示す通り，勝敗に大きく影響する。これは日本のリーグワンからRWC（2019年大会はラインアウトのトライ起点としての割合が49％）まで，ほとんどのリーグや大会において同様の傾向がある。以上のことから，ラグビーではセットプレーでのボールの争奪が勝敗を分ける最も重要な要因となる。

攻撃側のチームからすると，ただボールをキープするだけでなく，質の高いボールを次のフェーズのために供給しなければならない。質の高いボールを共有できれば，相手防御は後手になり，受けるプレッシャーを減少させることができ，結果として準備していた戦術を上手く実行できる。一方，防御側のチームはこの逆をすることで質の高いボールの供給を阻止できれば，相手の攻撃に対してプレッシャーを与えることができる。そのため，セットプレーにおいて主導権を握ることは

ゲームをコントロールすることにつながる。

　データとしても，セットプレーでの優劣がいかに重要かがうかがえる。リーグワン2022/23シーズンにおいて，セットプレーが起点となっているトライのうち1次攻撃でのトライ成功率が最も高い値となっている。トライ成功率はラインアウトでは全体の44%，スクラムでは39%となっており，攻撃フェーズの回数が増えるほどトライの割合が減少する傾向にある。これはゲームの構造上，セットプレーが戦術として準備してきたサインプレーを最も行いやすい状況にあるからである。攻撃側は3次攻撃までの動きを戦術のプランとして準備しているチームが多いだろう。反対に防御側のチームとしては，最初の3次攻撃までで相手の勢いを止めることが重要になる。特に1次攻撃をいかにしのぐかは，防御において大きな意味を持つ。ラグビーのルール上，1次攻撃においては防御ラインがセットプレーの位置よりも後方に下がらなければならないため，多少のゲインは許容しなければならないが，1次攻撃のゲインを最小限に抑えることで，その後のプレーにおいてプレッシャーを与えやすくなり，結果として攻撃を停滞させることができる。以上のことからセットプレーからの攻防を支配するためにも，セットプレーの優劣はゲームに大きな影響を与えることになる。

　そのため，セットプレー自体にも戦術が存在する。例えばラインアウトでは，並ぶ人数，ジャンプする位置やタイミングなど緻密な戦術が練られている。近年の傾向としては，中間から後方の位置でジャンパーを飛ばせ，ボールの獲得を狙うチームが多くなっている。ラインアウトからダイレクトでライン攻撃を展開する場合は，後方でのボール獲得が有効になる。後方でボールを獲得することの利点は，①防御側のラインアウトに参加している選手の出足を遅らせることができる，②SHへのプレッシャーを緩和させることができる点にある。以上のことから，後方でボールを獲得できれば，1次攻撃で優位な攻撃ができ，ゲインラインを越える可能性も向上する。1次攻撃で大きなゲインを獲得できれば，勢いを持ったまま攻撃を継続することができるだろう。しかし，防御側からすれば，プレッシャーを与えるためにも後方でのボール獲得は簡単に許すわけにはいかない。ボール保持を優先に考えるか，またはその後の攻撃を優先させるか，この点についても各チームの戦術として選択が委ねられる。

　セットプレーにおいて，戦術の遂行を可能にするのが選手個々のスキルである。とりわけラインアウトのスローワーはいかなるサインにも対応するために，ボールのコントロールだけではなく，スピードや軌道に至るまで調整する力をトレーニングにおいて養わなければならない。これはスローワーに限ったことではなく，ジャンパー，リフターにおいても同様で，それぞれに特化したスキルをトレーニングのなかで習得しておかなければ，チームの戦術を遂行することはできない。

　ラグビーではアンストラクチャーもプレーの起点として認識されているが，プレーの流れという意味で考えると，すべてのプレーはストラクチャーから始まる。最初の起点を優位に進めることがプレーの流れのなかでも大きな意味を持つため，セットプレーのトレーニングはチーム強化にとって極めて大きな要因となる。

5. アンストラクチャーの攻防

　アンストラクチャーの攻防とは，プレーのなかでボールの保有権が防御から攻撃へ，またはその逆になる状態である。ストラクチャーとの大きな違いは選手のポジショニングにある。スクラムやラインアウトではFWの選手が一カ所に集められており，各選手には動き方などの次の行動がおよそ決められている。そのため，動きを覚えてさえいれば，大きな判断ミスが起こることは少ない。一方で，アンストラクチャーは選手のポジショニングが決まっておらず，次の行動としての決まりが少ないため，各選手の判断によって次の展開が大きく変わる。そのため，アンストラクチャーの攻防はセットプレー以上にチームの成熟度が大き

な差として出てくるのではないだろうか。時代やリーグによって多少の違いはあるが，ラグビーは起点の25％がキックからのカウンターアタックで，15％がターンオーバーアタックとなっている（林，2015）。このことからアンストラクチャーがゲームに及ぼす影響は大きい。実際のデータをみると，スーパーラグビーパシフィック2022では，リーグ戦18試合のなかでの順位の上位2チームはブルーズ，クルセイダーズであった。アンストラクチャーを起点としてトライを挙げた数は，ブルーズ32回，クルセイダーズ22回（リーグ平均15.7回）となっており，こちらの回数もブルーズ，クルセイダーズが上位2チームであった。したがって，アンストラクチャーの攻防も勝敗を左右する上で大きな意味を持つといえる。

前述した通り，アンストラクチャーの状況では各選手のポジショニングが決まっていないため，トレーニングを行うことは難しいように感じるのではないだろうか。しかし，これは攻守の双方にとっていえることである。したがって，形として戦術を持つことができれば，チャンスを得る機会も増加する。そのため，選手の共通理解として，攻撃としては「どこのスペースにボールを運ぶか」「どのように運ぶか」を，防御としては「攻撃ができるスペースやオプションをいかに消すか」という考えをトレーニングで養うことが必要になる。

カウンターアタックの場合，キックレシーバーは，自由に動くだけでなく，決められた位置にボールを運ぶことで，チームとしての形に持ち込みやすくなる。例えば，グラウンドの中央にラックをつくれば，次の攻撃では左右の双方にスペースがあり，どちらにも攻撃ができる。一方で，サポートの多い位置にボールを運べば，キープ率が上がり次の攻撃までの時間をつくることができる。また，1次攻撃にかかわらない選手の動きについても，次の攻撃に対する準備が必要である。攻撃の形を早く形成できれば，攻撃のオプションを増やすことができ，準備した戦術をより実行できる可能性が上がるだろう。これらの点は個人の認識はもちろんのこと，チームとして共通認識をする必要がある。

ターンオーバーンについても同様で，「どこのスペースにボールを運ぶか」「どのように運ぶか」という点をチームとして明確化することが重要となる。一般的にターンオーバー後は防御ラインの外側かバックフィールドに大きなスペースができるため，そのスペースにボールを運ぶための準備ができれば，有効な攻撃をすることができるだろう。どのような形を持つにしても，選手に共通認識を持たせ，それを実行できるようにすることが重要になる。一方で，防御はスペースを与えないような形を早くつくることで，攻撃にプレッシャーを与えられる。どちらにしても，ターンオーバーが起こった状況から，いかに早くチームの形をつくれるかの勝負になる。コーチもこの点を留意してトレーニングを構成する必要があるだろう。

6.　チームの強みを活かすトレーニング

チームにはそれぞれ特徴があり（Kiuchi et al., 2019），チームとしての長所を最大限に活かすことを考えれば，戦術はより明確化されることになり，効率的なトレーニングが構成できる。例えば，セットプレーに自信のあるチームであれば，キックを有効的に使うことができるだろう。攻撃のなかでゲインを効果的に取れず，停滞してしまう場合は，キックを蹴りテリトリーを獲得するという選択肢が出てくる。ここで重要になるのが，アンストラクチャーの防御からどのようにボールを再獲得するかである。このような状況のパフォーマンスをトレーニングのなかで向上させることで戦い方はより明確になり，選手は実行しなければならない戦術の理解が簡易化されることになる。現にRWC 2019の覇者である南アフリカも戦い方はとてもシンプルであった。RWC 2019のレポート（WR, 2020b）をみると，南アフリカはセットプレーを増やす戦術を採用していたようにうかがえる。彼らはセットプレーが強く，キックを多用するチームであった。相手にボールを保持させたとしても，その後の防御が強固なものであり，ブレ

イクダウンでもプレッシャーをかけていたことが読み取れる。こうした背景からも，セットプレーを安定させることによって，次の戦術が立てやすく，トレーニングの効率を高めることができる。

7. 分析の重要性

　ここまでいくつかの戦術について述べてきたが，この戦術を構築するために重要になるのが分析力である。トップレベルのチームはもちろんのこと，近年では大学や高校においてもアナリストが常にチームに帯同し，試合やトレーニングの分析をしている。アナリストは試合のなかから様々な情報を収集し，コーチや選手にその情報を数字や映像を用いて伝えている。戦術を考える上で，アナリストとして求められることは以下の2点にある。
①コーチの意思決定の裏づけとなる情報を与えること
②コーチとは違った目線を持つこと
　前者はコーチがその与えられたデータから戦術を決定するための根拠となり，戦術を選手に落とし込むためのトレーニングにおいて欠かせない要因となる。一方で後者はコーチとは違う考えを提案することで，コーチが気づかなかった相手チームの特徴や弱点を提示でき，採用する戦術に幅を持たせる役割があるからだと考えられる。アナリストが集めたこれらの情報を掛け合わせることで，チームとしての戦術を構築することができ，より効率的にトレーニングを行うことができる。
　近年は分析を行うための機器が多く開発されており，様々な競技レベルのカテゴリーで分析の質が向上している。トップチームでは試合やトレーニングの映像を撮影し，ライブにおいて接続されたパソコンのなかで分析をしている。これらの分析機能はコーチングの現場で大きな役割を果たしている。試合ではこの情報をもとにして，戦術が遂行できているのかを判断することができ，ハーフタイムでの指示などに役立てている。トレーニングでは，選手たちが行ったプレーに対して即座に映像としてフィードバックを与えることができ

る。これにより，選手のポジショニングや動きのタイミングなどを確認し修正することがグラウンドレベルでも可能になっている。もちろんこれらの機能を持ち合わせた機器を活用するには大きなコストがかかってくるため，一般的にはチームに導入することは難しい。しかし，トップチームが使用しているような高度な機能を備えた機器でなくても，スマートフォンやタブレット端末のなかにアプリをインストールすれば安価に使用できるようなものも存在しているため，教育現場での部活動や町のクラブチームでも，分析ツールを使用することは可能になってきている。さらに，このような機材を使わなくても，元来の分析方法である紙とペンを使ってデータを集めることも十分に可能である。いずれにしても，戦術を構築するために集めた情報から有効なものを導き出すことができれば，どのような方法であっても分析としての目的は十分に果たすことができるだろう。
　アナリストを配置できないチームでは，選手が分析を行うことも有用である。もちろん専門として分析しているアナリストほど多くの情報を取得して分析することは難しいが，試合のなかで戦術を遂行する選手が分析を行うことは，選手自身にとって戦術の理解が深まることや相手のイメージを持てることにつながる。戦術や相手の特徴が明確に捉えられていることで，より効率的にトレーニングを行うことができ，結果として戦術を遂行できる可能性が高くなり，より良いパフォーマンスが発揮できる。このことを考えれば，選手が行う分析も大きな意味を持つだろう。

8. コーチにおける戦術の構築とミーティングでの落とし込み

　一般的にトップレベルのチームでは，ヘッドコーチや監督をサポートする役割として複数人のアシスタントコーチが採用されている。このアシスタンコーチはそれぞれの役割に特化したコーチングを行っている。アシスタントコーチの役割分担はチームごとに異なるが，多くのチームでは攻撃，防御，セットプレー，スキル，ブレイクダウ

ンにそれぞれ分類されている。例えば，防御を任されているコーチは選手のポジショニングやエリア別の動き出しのタイミングなど，防御としての戦術からタックルなどのコンタクト局面に対しての指導を行っている。これらのコーチたちが互いにリンクし合うことでチームとしての戦術ができあがる。

　コーチとして度々問題となる点は，それぞれのコーチが自分の役割のみに囚われることである。もちろんコーチとして任された役割に従事することは重要なことであるが，そのことばかりに執着すると他のコーチたちと考えの乖離が起こり，結果として戦術を遂行できなくなる可能性がある。例えば，ブレイクダウンを担当しているコーチがボールのキープにばかりこだわると，次の攻撃に大きな支障が出てくる。ブレイクダウンでボールをキープするためには，人数や時間を多くかければキープできる可能性は向上する。しかし，攻撃側のチームがブレイクダウンに人数と時間をかけることは，防御しているチームからすると，防御ラインをセットするまでの時間を与えてもらえているのと同じ状態になり，より防御がしやすい状況をつくってしまうことにつながる。こうなると攻撃側のチームは次の攻撃においてもなかなか優位な状況をつくることができなくなり，手詰まりな攻撃になる。そのため，コーチ陣は自身の担当している役割の数値を上げることばかりに囚われることなく，チームとして得点を奪うためにどのような戦術を立てていくのかが重要になる。

　戦術とは，物語に例えることができるのではないだろうか。例えばリーグワン 2022/23 シーズンで優勝した埼玉ワイルドナイツ（以下，ワイルドナイツ）をみると，彼らの戦い方は一つひとつの局面が次のプレーにつながっていると感じられる。ワイルドナイツはアンストラクチャーがトライの起点になる数値が最も高かったチームであった。ワイルドナイツの詳細なデータをみると，タックルを成功させる割合がリーグのなかで最も高く，最もトライによる得点を与えないチームであった。また，キック数も多く，テリトリーもリーグのな

かで最も高い数値である。これらのことからも，ワイルドナイツはキックを活かしてテリトリーを獲得し，強固な防御からアンストラクチャーの状態をつくり攻撃するといった明確な目的を持って戦術を構築していることがうかがえる。ことによるとコーチ陣のなかでは，防御で相手にボールを蹴らせる位置やそれに対応するための選手のポジショニングも決められており，次のフェーズでボールを運ぶ位置までもが大まかには決まっているように感じる。このようにして得点を取るまでの道筋（前述したラグビーのプレーの原則）のなかで，次のプレーを予測し戦術を構築することがコーチ陣には求められるのではないだろうか。

　コーチ陣が決定した戦術を選手に落とし込むためには，トレーニングだけでなくミーティングも大きな要因となっている。ミーティングにて戦術や相手の特徴をインプットさせることで，トレーニングにおいてより効率的に戦術をアウトプットでき，試合での実践につなげることができる。コーチは選手に試合のなかでより良いパフォーマンスを発揮させるために，いくつものミーティングを行っている。ここには戦術はもちろんのこと，コンディショニングやストレングスに係るフィジカルの分野など，様々な分野のミーティングが含まれており，最後のまとめとして各分野の情報を緻密に分析して戦術を選手に理解させることが必要になる。

（木内　誠）

第5節　ラグビーの心的・知的能力トレーニング

　ラグビーは，得点を重ね，相手の得点を防ぎ，勝利を目指すチーム競技である。とくに，状況が刻々と変化し，相手の位置や味方の位置，ボールの位置など目まぐるしく状況が変化する競技である。このような競技で求められるスキルは「オープンスキル」と呼ばれ，競技場面での様々な対応力とチームとして機能するチームワークが必要となる。そのような競技の特徴を考慮しながら，メンタルをマネジメントすることが重要である。

　「メンタルマネジメント」とは，「基本的に精神の自己管理を意味し，その狙いは競技の場において競技者自身がもっている潜在的能力を最高に発揮すること」（猪俣，2008）である。具体的には，緊張やストレスのコントロール，イメージ，注意の集中などの心理的スキルを自己管理することである。チーム競技のメンタルマネジメントについても様々な方法が実証され，集団効力感（チームとしての自信）やリーダーシップスタイルからのアプローチ，凝集性などを考慮したマネジメントなどが行われている。

　最近では，戦術的思考のトレーニングなども行われており，試合場面で適切な状況判断を行い，戦術を遂行するためのトレーニングが行われ，その結果として，戦術的に的確な判断ができ，メンバー間で共通の戦術を選択できるようになることが報告されている。このような室内でのトレーニングは，条件の統制がしやすい，同じゲーム状況を容易に何度でも再現できる，状況判断（戦術）の問題に集中しやすい，時間をかけてトレーニングが可能である，怪我や障害などの身体への負担がないなどの理由から，導入されやすいトレーニングとして行われている。

　本節では，チームへの心理的かかわり方と，ラグビー選手に必要な認知的なトレーニングについて解説する。

1. ラグビーの競技特性を考慮した心理面へのかかわり方

　ラグビーでは15人の選手たちが，それぞれのポジションで役割を持ち，そこで高いゲームパフォーマンスを発揮することで試合に勝つことができる。そのときに必要なチーム（集団）へのかかわり方として，「チームビルディング」に着目する。

　チームビルディングとは，「主に行動科学の知識や技法を用いて組織力を高め，外部環境への適応力を増したり，チームの生産性を向上させるような，一連の介入方略を総称したもの」（土屋，2008）である。また，スポーツ場面では，スポーツ集団の生産性の向上が目的であり，競技志向の強い集団であれば，チームワークの向上や競技力の向上が狙いとなる。具体的な例として，RWC 2019で初のベスト8に進出した日本代表ヘッドコーチ（以下，HC）のジェイミー・ジョセフ（James Whitinui Joseph）のチームビルディングについて紹介する。

◎"ONE TEAM"へのチームビルディング

　RWC 2019の後，"ONE TEAM"が流行語となり，日本中のあらゆる場所で使われた。スポーツ，教育，経済，政治の場面においても"ONE TEAM"でわかり合える言葉となった。チームビルディングの最終形があるならば，まさしく"ONE TEAM"であろう。ジョセフHCは，インタビューのなかで，「今回のチーム31人にそれぞれ役割があった。各自，何で貢献できるかが重要。（アイルランド戦で）リーチを控えにしたのもそう。1人の選手に特化するものではなく，チームとして戦うということ」と答えている（森本，2020）。また，日本代表に外国籍や外国出生者がいることから，これからの日本社会の縮図として例えられ

ることもあった。そのことについては，「チームには様々な文化や背景を持つ選手がいます。ダイバーシティ（多様性）のなかで，どうチームを作るか。そのためにはまず，今プレーしている国の文化を知ることが重要。その上で，一人ひとりがチームに貢献しているという気持ちを持たせる。どの国の人間であれ，お互いを理解しなくては意思統一できない。それを「グローカル」と名づけ，チームの大きな力になりました」と述べており（森本，2020），多様性も "ONE TEAM" にとって必要なツールであったことを認識していた。

　日本代表がRWC 2019で残した足跡は大きい。その足跡が，次世代のアスリートサポートにつながるヒントになっているはずである。国際化を含め多様化していくスポーツにおいて，パフォーマンスを最大限に発揮させるアスリートの育成を追求していかなければならない（下園，2021）。

◎チーム目標の設定に通じた方法

　チーム目標をメンバーの個人目標と関係させながら設定することで，チームの全員がチーム目標に明確にかかわることを意識させる。チームビルディングにおいては共通の目標設定が重要になると思われるが，その目標設定をチームの誰かが常に先を見ながらリードしないとそこにたどり着けない。その先を見る力と，見えたものをチームの目標として理解させることで，2019年の日本代表は結果を残している（下園，2021）。

◎コーチの心理的準備

　RWC 2015で日本代表の強化に成功したエディ・ジョーンズ（Eddie Jones）HCから，日本代表を引き継いだジョセフHCは，日本開催のRWC 2019で前回以上の結果を残すことが使命とされた。RWC開催期間中に選手からは，「ハードワーク」「自分たちにフォーカス」「ディティールにこだわる」という言葉が，繰り返し発せられた（森本，2020）。大会本番までに3年余りの年月を費やしたが，その間，ジョセフHCの揺るぎない自信と綿密な計画によって，描かれたロードマップを代表チームは進んでいった。就任当初のテストマッチでは，以前の代表チームと異なる戦術を用い，

結果が出せない時期もあった。しかし，結果が出せない状況においても，常にRWCのことがイメージされ，「RWCでベスト8」に入るためという目標が揺らぐことはなく，常に修正と改善を繰り返しながら，代表チームが成長していった。前述した，選手が大会期間中に発した3つのワードは，日本代表チームがRWCベスト8に到達するために時間を費やし，意思統一された言葉であったと察することができる（下園，2021）。

2. ラグビー選手の認知的側面にかかわる状況判断のトレーニング

　ラグビーでは，プレー中にボールが静止する状況（静的状況）と，ボールが動いている状況（動的状況）が混在する。プレーの開始は，セットプレー（スクラムやラインアウトなど）でボールの争奪が行われ，ボールを獲得した側が攻撃を始める。攻撃側は，プレー中にボールが静止するラックやモールの状況と，ボールを保持した選手がパス，キック，ランニング，コンタクトのプレーを選択し動いている状況を繰り返しながら攻撃を継続させる。そのため，プレー中の静的な状況において，次の動的な状況を効果的に行うための状況の確認，効果的なプレーを選択するための情報収集などを瞬時に行わなければならない。ジョーンズHCは，日本代表の強化策を掲げたときに，「選手はリロードする能力を持つべきだ。リロードとは，1つのプレーから次のプレーへ判断して素早く位置取りすること（中略），ただ動くのではなく，動きのなかに判断の要素が加わることです」（ジョーンズ，2012）と述べている。すなわち，ラグビーでは動きながら，正確な判断をすることが必要となる。ラグビーにおいて効果的なパフォーマンスが発揮される条件として，思考的作業の状況判断と，その判断したプレーを遂行する身体的動作が，素早く的確に遂行されていることが挙げられる。

　しかし，ラグビーで状況判断を要する場面は，選択肢も多く，専門的な知識や戦術を理解していなければ対処することが難しい。そのために状況

判断を向上させるためのトレーニング法の構築や，個々の状況判断を的確に評価できる方法の検証が必要である（下園，2016）。

◎状況判断にかかわる認知的トレーニング法

状況判断には認知機能が大きく関与している。その認知機能は，「反応時間から記憶や学習，視空間認知，注意集中，問題解決，判断といった複雑な情報過程までの課題が含まれる。認知機能は身体機能同様，その『機能』を使うことにより維持・強化される」（中澤，2008）と示されている。また，中川（1984）は，状況判断は球技の選手に要求される重要な認知的技術の一つであると述べている。すなわち，状況判断を高める「認知的トレーニング法」は，状況判断という情報過程に対して，的確な判断を行うためのトレーニングであると捉えられる。

認知的トレーニング法の特徴は，実際に身体を動かしてプレーすることなく，選手自身や他の選手がプレーしている映像を活用し，状況判断の問題に焦点を当ててトレーニングを行うものである。認知的トレーニング法では，決定的場面を映像で観察すること，決定的場面で行うプレーを言語化することなどが重要な要素として挙げられる。

◎認知的トレーニング法の構成

図2-10では，具体的な認知的トレーニング法の構成と過程について示した。

認知的トレーニング法の準備（Step 1）としては，状況判断が必要な映像の収集から始まる。状況判断する場面の選択的注意にかかわるものや，状況判断の評価の内容に適している場面を収集する。とくにラグビーをはじめとするゴール型の球技では，ボールを保持している場面が重要である。場面の選択基準としては，試合状況，相手の状況，味方の状況が明確な場面を選択することが大事である。

次に映像の編集作業であるが，認知的トレーニング法の映像時間をある程度，統一したものにすることと，プレーを静止させる状況について検討することが必要である。また，映像の時間は，情報量に影響することが考えられるので，ある一定の時間を設定することが有効である。具体的には，対象となる競技のインプレー時間などを参考に設定する。ラグビーでは平均的なボールインプレー時間が20〜60秒程度なので，1場面の時間を20〜60秒にする。プレーを静止させるタイミングは，リプレイなどの機能を使いながら，ボールを保持した瞬間や，動き出しの瞬間などの決定的な場面

図2-10●認知的トレーニング法の構成と過程（下園，2016）

で静止する。

　トレーニングで使用する映像については，トレーニングの対象者が実際にプレーしている映像か，他の選手がプレーしている映像を選ぶのかも重要である。なるべく状況判断することに注意を向けることが重要なので，スキルレベルが高く，意図したトレーニングができるような映像が望ましい。しかし，チームに特化したトレーニングの場合やスキルレベルが高い場合は，対象者のプレーしている映像を使用することもある。

　トレーニングに使用する場面については，専門的な意見を反映させ，正解を準備する。プレーの選択肢が複数ある場合には順位づけを行い，どのプレーがどのような理由で最適なのかを明確にする。

　認知的トレーニング法の実際（Step 2）は，ビデオモニターなどに映し出された映像を確認し，その場面でもし自分がボールを保持した選手や，動き出す選手であるならば，次にどのようなプレーをするかについて，状況判断し，判断した内容を言語化する。言語化する手段としては，記録用紙への記入や，その場で説明させる。判断の基準として，試合状況での判断，相手の動きからの判断，味方の動きからの判断，自分でプレーできるかの判断などがある。

　その後，自身の状況判断を評価し理解を深める

ために（Step 3），状況判断した内容について選手間での検討があり，選手間で解答を導き出させる。その後，専門家（コーチなど）による問題場面の解説を行い，選手間での解答が最適であったのか，また他の状況判断についての説明などを行う。

　トレーニングの期間は，いくつかの状況判断の研究から，10 〜 20日間のなかで効果がみられる報告も多いので（下園・磯貝，2013b）（図2-11），トレーニングの環境や状況を踏まえて設定することとする。

　認知的トレーニング法において，選手同士による話し合いによって，自分たちがプレーしている状況であることをより強く認識させたり，ボールを持たない選手の動きを理解させたりすることも重要である。また，コミュニケーション型のトレーニングであり，選手同士，あるいは選手と指導者が双方向で考え，その場面での最適なプレーを共通理解するためのトレーニングでもある。

◎従来の評価法と問題点

　状況判断の評価法に関する従来の研究では，選手の状況判断に関する日常的観察，指定された選手の状況判断に関する眼前での自由観察，指定された選手の状況判断に関する眼前での組織的観察にもとづく評定法および行動目録法（カテゴリーシステム）などがある（中川，1984）。球技の状況判断を測定するためには，観察項目を計画・組織的に設定し，目的に沿う方向で観察を統制することが望ましいが，一方でこのような測定には非常に多くの時間と労力を費やすという欠点がある。さらに，認知機能である状況判断能力を評価するには，パフォーマンスの測定を行うよりも，状況判断の内容を評価することが重要である。状況判断を評価するために，試合やトレーニングを観察してプレー中の動き（パフォーマンス）を評価した場合，状況判断に関係なく，プレーの結果だけを評価する恐れがあり，評価の信頼度は低くなると考えられる。

　また，状況判断に対する自己効力感と，状況判断したプレーの遂行に対する自己効力感を分析し

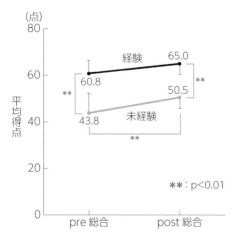

図2-11●認知的トレーニング前後での状況判断テストの変化（下園・磯貝，2013b）

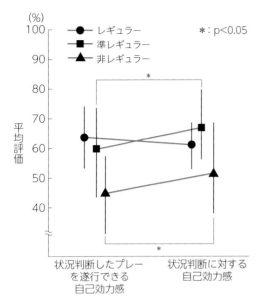

図2-12●状況判断したプレー遂行に関する自己効力感の違い（下園・磯貝，2013a）

た結果は，**図2-12**に示すように，準レギュラー群と非レギュラー群において，状況判断に対する自己効力感よりも状況判断したプレーの遂行に対する自己効力感が有意に低くなっていた（下園・磯貝，2013a）。一方で，レギュラー群においては，両方の自己効力感に差がなく，解答したプレーやそれを遂行するプレーについても思考的作業のなかで明確になっているのではないかと思われる。しかし，自己効力感について差がみられた準レギュラーと非レギュラーについては，単に状況を把握し，文脈的な説明はできるかもしれないが（解説者のように），実際の試合場面でそのプレーを遂行する自己効力感が低い。状況判断におけるこのような違いについては，「わかっているが，できる自信はない」という判断が存在し，レギュラー群との差につながっていることがうかがえる（下園・磯貝，2013a）。

◎今後の認知的側面のトレーニングについて

小笠（2023）は，最近のサッカーを対象としたVR（Virtual Reality）での実験やトレーニングについてまとめている。VRは，ゴール型の球技における認知的側面のトレーニングには有効な科学技術であると思われる。その利点として，実際

のリスクを冒さずに危険なスキルをリハーサルできること（Vine et al., 2015）や，現実では体験できない状況下での学習が可能であること（下森ほか，2016；奥山・角，2018）など，多数が挙げられる。また，多くの選手を悩ませているプレッシャーによるパフォーマンス低下（Choking under pressure）（Baumeister, 1984）を防ぐことにも役立つツールとなる可能性がある。つまり，VR環境内で試合のプレッシャーを疑似体験することで，選手に感情の高ぶりやそれに対する身体的な反応をコントロールする心理的技術を学ばせることができ，プレッシャーに対するストレス反応の軽減に貢献する可能性があるということである（Wood et al., 2021）。これまでのプレッシャーの研究では，実験室内で引き起こされるプレッシャーは本番の試合に比べて低い，といった問題点がしばしば指摘されていた（小笠ほか，2016）。この問題点を，将来的にVRを使用したトレーニングでは解決できるかもしれない。

以上のように，VRを用いた研究やトレーニングの知見が近年増えつつある。これらの知見の蓄積により，新たな実験手法やトレーニング方法の開発が進み，さらなるスポーツ分野の発展に貢献していくことと思われる。また，ラグビー特有のコンタクトスポーツのVR研究やトレーニング方法の開発も様々な視点から，進められていくと推察できる。

3. 選手のメンタルヘルス

ラグビー選手に限らず，多くのスポーツ選手は明朗活発，くよくよしない……など，ポジティブなイメージを持たれることも多い。しかしながら，選手自身の考えていることや感じていることは様々で，悩みや不安を抱えながら競技を行っていることもある（**図2-13**）。

「メンタルヘルス」とは，「心の不健康を予防し，心の障害や病気からの回復を早めて，より健康な心を作ること」（谷口，2006）と定義されている。スポーツや運動とメンタルヘルスに関する心理的な指標としては，不安や抑鬱度の低減，運動固有

■メンタルヘルス不調者の構成

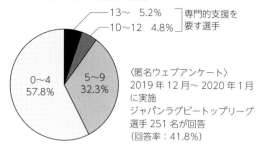

〈匿名ウェブアンケート〉
2019年12月～2020年1月
に実施
ジャパンラグビートップリーグ
選手251名が回答
（回答率：41.8%）

■メンタルヘルス不調・障害経験者の割合

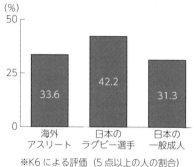

※K6による評価（5点以上の人の割合）

■死にたい気持ちを持つ選手の割合

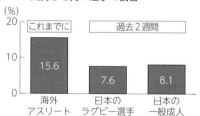

図2-13　ラグビー選手のメンタルヘルスに関する調査結果 （小塩，2021）

感情，自尊感情，身体的自己知覚などが挙げられる（荒井，2004）。

◎「よわいはつよい」プロジェクトについて

　「『よわいはつよい』プロジェクトでは，アスリートの心の健康・生涯の健康・幸福を築くという目的だけでなく，アスリートに情報発信の担い手になって頂き，これから社会を創っていく若者をはじめ，広く一般社会への貢献を目指します。オリンピック憲章には，『人間の尊厳の保持に重きを置く平和な社会の推進を目指すために，人類の調和のとれた発展にスポーツを役立てること』が掲げられています。スポーツの存在やアスリートの世の中の価値創造における役割は大きいと信じています」（小塩，2020）。

　このプロジェクトは，ジャパンラグビートップリーグ（現リーグワン）の選手会を中心に，現役の選手と専門家がメンタルヘルスの問題に向き合い，競技を続けていく上で必要となるメンタルのサポートや自身のメンタルについての向き合い方などを検討している（図2-14）。また，ラグビー以外の競技経験者や，現役選手だけではなく引退した選手，自身がメンタル的な問題を抱えていた選手などもこのプロジェクトに参加し，ワークショップやシンポジウムなどを通じ，メンタルヘルスへの関心や理解を促している。

（下園博信）

図2-14 ●アスリートのメンタルヘルス不調の傾向 （小塩，2021）

［文献］

・會田宏（2019）競技力の構造，球技における技術力．日本コーチング学会編　球技のコーチング学．大修館書店，pp.64-78.

・荒井弘和（2004）メンタルヘルスに果たす身体活動・運動の役割．日本スポーツ心理学会編　最新スポーツ心理学─その軌跡と展望─．大修館書店，p.89.

・有賀誠司（2001）競技スポーツのためのウエイトトレーニング─ポイント整理で学ぶ実践指導マニュアル─．体育とスポーツ出版社，pp.25-30.

・朝岡正雄（2017）競技力とは何か．日本コーチング学会編　コーチング学への招待．大修館書店，pp.66-71.

・Baker, D.G. and Newton, R.U. (2008) Comparison of lower body strength, power, acceleration, speed, agility, and sprint momentum to describe and compare playing rank among professional rugby league players. Journal of Strength and Conditioning Research, 22: 153-158.

・Baumeister, R.F. (1984) Choking under pressure: Self-consciousness and paradoxical effects of incentives on skillful performance. Journal of Personality and Social Psychology, 46(3): 610.

・Berton, R., Lixandrao, M.L., Silva, C.M.P., and Tricoli, V. (2018) Effects of weightlifting exercise, traditional resistance and plyometric training on countermovement jump performance: A meta-analysis. Journal of Sports Sciences, 36(18): 2038-2044.

・Bourne, M.N., Timmins, R.G., Opar, D.A., Pizzari, T., Ruddy, J.D., Sims, C., Williams, M.D., and Shield, A.J. (2018) An evidence-based framework for strengthening exercises to prevent hamstring injury. Sports Medicine, 48(2): 251-267.

・Crewther, B.T., Lowe, T., Weatherby, R.P., Gill, N., and Keogh, J. (2009) Neuromuscular performance of elite rugby union players and relationships with salivary hormones. Journal of Strength and Conditioning Research, 23: 2046-2053.

・Cunningham, D., Shearer, D.A., Drawer, S., Eager, R., Taylor, N., Cook, C., and Kilduff, L.P. (2016) Movement demands of elite under-20s and senior international rugby union players. PLoS One, 11(11): e0164990.

・藤本元（2017）判定スポーツにおける競技力．日本コーチング学会編　コーチング学への招待．大修館書店，pp.76-78.

・Gabbett, T.J. (2004) Reductions in pre-season training loads reduce training injury rates in rugby league players. British Journal of Sports Medicine, 38(6): 743-749.

・早坂一成・楢崎兼司（2017）現代ラグビーにおける勝敗チーム比較のゲーム構造～ジャパンラグビートップリーグ2016-2017レギュラーシーズンのゲーム分析～．ラグビー科学研究，28（1）：65-71.

・林雅人（2015）連続写真で見るラグビーの戦術（2）─アンストラクチャー編─．ベースボール・マガジン社，pp.12-20.

・Hendricks, S., Karpui, D., and Lambert, M. (2014) Momentum and kinetic energy before the tackle in rugby union. Journal of Sports Science and Medicine, 13(3): 557-63.

・平山邦明（2021）stretch-shortening cycleによるパフォーマンス増強とそのメカニズム．平山邦明編　トレーニングとリカバリーの科学的基礎．文光堂，pp.89-103.

・猪俣公宏（2008）スポーツメンタルトレーニングの定義．日本スポーツ心理学会編　スポーツ心理学事典．大修館書店，p.429.

・ジョーンズ，E.（2012）勝ち方なら知っている．ラグビークリニック，29：6-11.

・Kiuchi, M., Shimozono, H., Murakami, J., Hayasaka, K., and Hirotsu, H. (2019) Identification of team characteristics in rugby by using principal component analysis. Japanese Journal of Rugby Science, 31(2): 40-45.

・黒須雅弘・菅野昌明（2012）ラグビーフットボールにおけるコンタクトフィットネストレーニングの有用性．東海学園大学研究紀要 自然科学研究編，17：135-144.

・Lee, A., Garraway, W., and Arneil, D. (2001) Influence of preseason training, fitness, and existing injury on subsequent rugby injury. British Journal of Sports Medicine, 35(6): 412-417.

・Lombard, W.P., Durandt, J.J., Masimla, H., Green, M., and Lambert, M.I. (2015) Changes in body size and physical characteristics of South African under-20 rugby union players over a 13-year period. Journal of Strength and Conditioning Research, 29(4): 980-988.

・前大純朗（2021）エキセントリックトレーニング．平山邦明編　トレーニングとリカバリーの科学的基礎．文光堂，pp.44-57.

・真鍋芳明・横澤俊治・尾縣貢（2003）スクワット挙上重量変化が股関節と膝関節まわりの筋の活動および関節トルクに与える影響．体力科学，52：89-98.

・宮本直和（2021）筋力発揮と筋力増加のメカニズム．平山邦明編　トレーニングとリカバリーの科学的基礎．文光堂，pp.12-29.

・森本優子（2020）ワールドカップを語ろう．ラグビーマガジン，49（1）：8-12.

・中川昭（1984）ボールゲームにおける状況判断研究のための基本的概念の検討．体育学研究，28（4）：287-297.

・中川昭（2019）ラグビーのパフォーマンスに焦点を当てた科学的研究─今後の展望を考える─．フットボールの科学，14（1）：3-11.

・中澤謙（2008）認知機能．日本スポーツ心理学会編　スポーツ心理学事典．大修館書店，pp.503-505.

・日本ラグビーフットボール協会（2021）B級/A級コーチ講習会資料，普及育成委員会コーチング部門．

・小笠希将（2023）サッカーにおける認知スキル．フットボールの科学，18（1）：63-69.

・小笠希将・中本浩輝・幾留沙智・森司朗（2016）プレッシャーが知覚および運動プランニングに及ぼす影響．体育学研究，61（1）：133-147.

・小塩靖崇（2020）アスリートの，アスリートによる，みんなのためのプロジェクト，Japan Rugby Players Association. https://yowatsuyo.com/contents/concept/（参照2023年3月1日）

・小塩靖崇（2021）ラグビー選手におけるメンタルヘルスの実態～ジャパンラグビートップリーグ選手におけるメンタルフィットネスの調査からの報告～．国立精神・神経医療研究センター，pp.1-4.

・奥山凌・角薫（2018）視覚情報の俯瞰的視点変換トレーニングシステム．研究報告人文科学とコンピュータ(CH)，2018(2)：1-7.

・大塚潔（2009）ラグビー競技のスクラム動作時の筋活動解析．筑波大学大学院人間総合科学研究科体育学専攻修士論文．

・Ortega, E., Villarejo, D., and Palao, J.M. (2009). Differences in game statistics between winning and losing rugby teams in the Six Nations Tournament. Journal of Sports Science and Medicine, 8: 523-527.

・Padua, D.A., DiStefano, L.J., Hewett, T.E., Garrett, W.E., Marshall, S.W., Golden, G.M., Shultz, S.J., and Sigward, S.M. (2018) National athletic trainers' association position statement : Prevention of anterior cruciate ligament injury. Journal of Athletic Training, 53(1): 5-19.

・Pook, P. (2012) Complete conditioning for rugby. Human Kinetics, pp.31-64.

・Posthumus, L., Macgregor, C., Winwood, P., Darry, K., Driller, M., and Gill, N. (2020) Physical and fitness characteristics of elite professional rugby union players. Sports (Basel), 8(6): 85.

・Quarrie, K.L., Alsop, J.C., Waller, A.E., Bird, Y.N., Marshall, S.W., and Chalmers, D.J. (2001) The New Zealand rugby injury and performance project. IV. A prospective cohort study of risk factors for injury in rugby union football. British Journal of Sports Medicine, 35(3): 157-166.

・Schoenfeld, B.J. (2010) The mechanisms of muscle hypertrophy and their application to resistance training. Journal of Strength and Conditioning Research, 24: 2857-2872.

・シュティーラー・デブラー・コンツァク：唐木國彦監訳（1993）ボールゲーム指導事典．大修館書店，p.66.

・下森周平・棟方渚・小野哲雄（2016）HMDを用いた俯瞰的視点変換トレーニング効果の検証．エンタテインメントコンピューティングシンポジウム2016論文集．pp.289-294.

・下園博信（2016）ラグビーにおける競技力向上への取り組み～科学的な視点をフィールドへ～．Strength & Conditioning Journal Japan, 23（7）：11-16.

・下園博信（2021）第15章 近年のアスリート支援．黒田次郎・石塚大輔・萩原悟一編 スポーツビジネス概論4．叢文社，pp.157-162.

・下園博信・磯貝浩久（2013a）状況判断に関わるトレーニング方法の探求～状況判断に関わる判断時間とスキル水準の検討～．コーチング学研究，27（1）：45-57.

・下園博信・磯貝浩久（2013b）ラグビーの状況判断の向上に関する検討～授業を活用した取り組み～．運動とスポーツの科学，19（1）：23-33.

・新村出編（1986）広辞苑（第三版）．岩波書店，p.1370.

・Soligard, T., Myklebust, G., Steffen, K., Holme, I., Silvers, H., Bizzini, M., Junge, A., Dvorak, J., Bahr, R., and Andersen, T.E. (2008) Comprehensive warm-up programme to prevent injuries in young female footballers: Cluster randomised controlled trial. British Medical Journal, 337: a2469.

・Suarez-Arronez, L., lara-Lopez, P., Rodriguez-sanchez, P., Lazaro-Ramirez, J.L., Salvo, V.D., Guitart, M., Fuentes-Nieto, C., Rodas, G., and Mendez-Villanueva, A. (2019) Dissociation between changes in sprinting performance and Nordic hamstring strength in professional male football players. PLoS One, 14(3): e0213375.

・Suchomel, T.J., Nimphius, S., and Stone, M.H. (2016) The importance of muscular strength in athletic performance. Sports Medicine, 46: 1419-1449.

・宝田雄大（2002）ラガーマンの肉体改造法．ベースボール・マガジン社，pp.50-58.

・武井誠一郎（2021）オリンピックリフティング．平山邦明編 トレーニングとリカバリーの科学的基礎．文光堂，pp.78-88.

・谷口幸一（2006）メンタルヘルス．日本体育学会監 最新スポーツ科学事典．平凡社，p.812.

・谷本道哉（2019）スポーツの競技力向上には筋肉はあるほど良い？．谷本道哉ほか編 アスリートのための筋力トレーニングバイブル．ナツメ社，pp.232-236.

・谷中拓哉（2021）スピード獲得の力学的基礎とトレーニング方法．平山邦明編 トレーニングとリカバリーの科学的基礎．文光堂，pp.58-77.

・Tillin, N.A., Pain, M.T.G., and Folland, J.P. (2013) Explosive force production during isometric squats correlates with athletic performance in rugby union players. Journal of Sports Science, 31(1): 66-76.

・土屋裕睦（2008）チームビルディング．日本スポーツ心理学会編 スポーツ心理学事典．大修館書店，pp.304-305.

・Ueno, Y. and Araki, Y. (1990) Importance of lean body weight to gain anaerobic power indispensable for rugby football. 流通経済大学社会学論叢，1（1）：11-15.

・Vine, S. J., Uiga, L., Lavric, A., Moore, L. J., Tsaneva-Atanasova, K., and Wilson, M. R. (2015) Individual reactions to stress predict performance during a critical aviation incident. Anxiety, Stress, and Coping, 28(4): 467-477.

・若井正樹（2007）Strength & conditioning for rugby ～フィールドで戦うために～．Strength and Conditioning Journal Japan，14（8）：47-53.

・Wood, G., Wright, D. J., Harris, D., Pal, A., Franklin, Z. C., and Vine, S. J. (2021) Testing the construct validity of a soccer-specific virtual reality simulator using novice, academy, and professional soccer players. Virtual Reality, 25(1): 43-51.

・World Rugby (2016a) RWC statistical report 2015. http://pulse-static-files.s3.amazonaws.com/worldrugby/document/2015/12/17/4f81ca2f-a931-4d1f-aa1c-af37c68ef14a/151214_Rugby_World_Cup_2015_Statistcial_Report.pdf（参照2023年3月9日）

・World Rugby (2016h) レベル2コーチング（15人制）コースマニュアル．

・World Rugby (2020a) Rugby Ready：プレーの原則．World Rugby Passport：損傷予防・リスク管理．https://passport.world.rugby/ja/損傷予防-リスク管理/rugby-ready/（参照2023年2月7日）

・World Rugby (2020b) RWC statistical report 2019. https://resources.world.rugby/worldrugby/document/2022/01/26/9106cf21-9a5f-4b99-b386-3f13eaeb6183/RWC_Analysis_2019-1-.pdf（参照2023年3月9日）

・山本巧・中山光行・下園博信・梶山俊仁・大石徹・千葉剛・矢野広明・佐々木康（2021）Rugby World Cupにおける日本代表の軌跡―World Rugby Game Analysis Reportから―．ラグビー科学研究，32（1）：4-31.

・Young, W., Talpey, S., Bartlett, R., Lewis, M., Mundy, S., Smyth, A., and Welsh, T. (2020) 筋量の増加：どの程度がパフォーマンスに最適なのか．Strength and Conditioning Journal Japan，27（1）：45-48.

ラグビーの技術・戦術トレーニング
におけるコーチング活動

第1節　ラグビーのコーチング活動とコーチング過程

1. ラグビーのコーチング活動

　ラグビーの試合時におけるコーチング活動は限定的である。ラグビーの試合中継の映像では，観客席上方でIT機器を操作する複数のスタッフに囲まれながらスーツにネクタイを締めたコーチの姿を目にする。そして，ハーフタイムのロッカールームでは，選手の輪の傍らで傾聴し，語りかけ，ある時は鼓舞している姿が確認できる。その一方で，フィールド周辺で選手に指示を出すコーチは稀なのである。

　ラグビーの競技規則（World Rugby〈以下，WR〉，2023）第6条28項，29項では，試合中競技区域周辺に位置しながらフィールド内に入ることができる人員を制限し，コーチにはハーフタイムのみ選手に付き添うことを認めている。**表3-1**は，ゴール型ゲーム（内山，2019）であるラグビー，サッカー，アメリカンフットボール，バスケットボールの試合中のコーチとキャプテンの権限をまとめたものである。ラグビーを除く3つの競技では，試合中コーチはフィールドやコートに近接した場所に位置し，選手に指示することが認められている。また，バスケットボールではコーチによる審判とのコミュニケーションが許されているが，

ラグビーやアメリカンフットボールでは，選手であるキャプテンのみが審判とコミュニケーションを取ることができる。これらのことは，ラグビーが，試合中，選手に対してコーチが指示あるいはアドバイスすることを前提としない，選手自身の状況判断にもとづいて能動的にプレーを遂行する競技であることを示している。このような競技特性を有するラグビーにおいて，トレーニングにおけるコーチングの目的は，試合において能動的に状況を把握し，プレーを選択し，遂行する能力を選手に付与することである。

　また，ラグビーにおけるコーチング活動の領域は，ゲームの局面構造により明確化される。ラグビーの「ゲームの原則」は，「ボールの争奪」と「継続」である（WR，2023，p.7）。プレーは，ボールの争奪から開始され，ボールを獲得したチームは攻撃を仕掛け，相対するチームは防御に移る。すなわちボールの争奪局面の後には，攻撃局面と防御局面がそれぞれ同時進行する（p.8 図1-2参照）。それゆえラグビーの技術・戦術は，この局面構造により細分化されている（国際ラグビー評議会〈International Rugby Board：IRB〉，2009）。そして，このボールの争奪，攻撃，防御という局面構造はゲームマネジメントにより統合される。したがって，ラグビーにおけるコーチング活動の領

表3-1 ●コーチとキャプテンの試合中の権限

競　技	コ　ー　チ		キャプテンの権限
	試合中の指示	試合中の座席	
ラグビー	ハーフタイムのみ可能	競技周辺区域外	キャプテンは審判に質問することができる
サッカー	実施してもよい	テクニカルエリア（ピッチに近接）	キャプテンには特別な地位・権限はない
アメリカンフットボール	実施してもよい	コーチングボックスチームエリア（ピッチに近接）	キャプテンは4人，そのうちの1人は審判とコミュニケーションできる
バスケットボール	実施してもよい	チームベンチエリア（コートに隣接）	記載なし

域は，「ボールの争奪」「攻撃」「防御」「ゲームマネジメント」により整理することができる。そして，主要な球技のなかでも最大となる15人の選手と10のポジションから構成され，かつ状況判断が連続するラグビーというスポーツにおいて，能動的な選手に育てるコーチング過程を検討することこそが，コーチング活動において最も重要なポイントである。

（山本　巧）

2. コーチング過程

(1)コーチング・プロセス

　WRでは，コーチング・プロセスをコーチ育成プログラムの基礎に位置づけている（WR，2014a）。コーチング活動は，コーチと選手を中心として構成される空間と時間のなかで遂行される営みであるため，活動過程を構造的に捉えることが重要である。コーチング活動を構造的に捉える方法として，コーチング・プロセスに関する研究成果は有益な視点を提供している。

　ライル（2008）によれば，コーチング・プロセスとは「競技スポーツにおけるパフォーマンスの向上のための意図的な活動」であり，時間という制約とチームの文脈，すなわちチームが置かれている環境や文化，風土などの範囲のなかでマネジメントされ，「試合に向けた戦略・戦術の策定」と「計画されたトレーニング（準備）」によって構成される。また，コーチのスタイルや哲学，自身の価値観，そしてコーチングが行われる局面から生じる様々な要素にも影響を受けるため，自由度があることが指摘されている。

　Coté et al.（1995）は，選手育成に求められる実践的知識をカテゴリーに分類し，その相互作用や影響要因を概念化した。そのなかで，コーチング・プロセスを「選手の育成」という目標に向けた「組織化」「トレーニング」「試合」「選手の潜在的能力に関するコーチの見立て」から構成される過程と定義した。そしてその過程に影響を与える周辺要素として，「コーチの個人的特性」「選手の個人的特性と発達レベル」「状況的要因」を明らかにした。周辺要素を考慮しながら，コーチによる選手の能力判断を前提として，トレーニングにおけるスキルを習得するための知識，スキルを試合で発揮するための知識，そして組織化が相互作用するというコーチングモデルを提示した。

　コーチングの実際にあたっては，コーチングが組織化された過程であることに異論の立ち入る余地はない。しかし，周辺要素の影響を受けることを考慮すれば，その過程は常に周期的な評価にもとづく調整や改良を伴った動的過程と捉えることが大切である。

(2)自律性の支援

　選手が能動的になるための要素の一つとして，選手自身が競技に対して高いモチベーションを有している必要がある。選手が高いモチベーションを有する，もしくは保つためには，なんらかの事由により動機づけられていなければならない。動機づけに関しては，一般的に「外発的動機づけ」と「内発的動機づけ」に分けられるが，Deci and Ryan（2002）によって報告されている「自己決定理論」によれば，「無動機づけ」「外発的動機づけ」「内発的動機づけ」の3つに分けられ，外発的動機づけはさらに4つに分けて説明されている（図3-1）。自己決定理論では，外発的動機づけのなかの「同一化的調整」以降がより自律的（自己

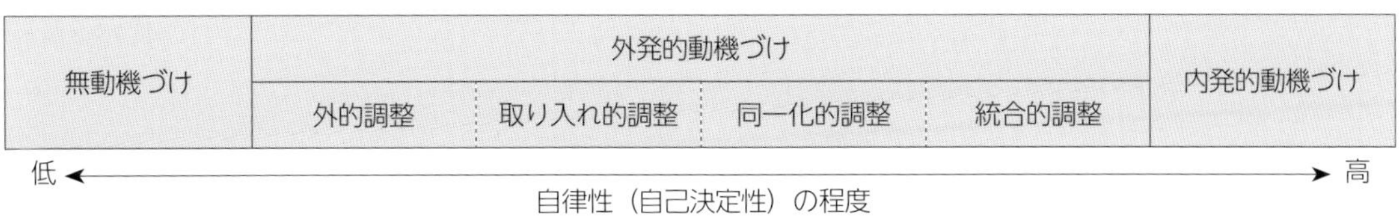

無動機づけ	外発的動機づけ				内発的動機づけ
	外的調整	取り入れ的調整	同一化的調整	統合的調整	

低 ←──────────────────────────────────→ 高
自律性（自己決定性）の程度

図3-1 ●自己決定理論（Deci and Ryan, 2002 を改変）

表3-2●自律性支援行動リスト（Mageau and Vallerand, 2003を改変）

番号	内　　　　　容
1	特定のルールや制限のなかで選択肢を提供する
2	タスクや制限についての根拠を明示する
3	タスクや制限に対して選手がネガティブな感情や観点を持つことを推察し理解を示す
4	選手が主体的かつ自主的に選択し行動する機会を提供する
5	非制御的に能力に関するフィードバックを提供する
6	以下の支配的な行為を避ける ・身体的（暴力など）や権力的（練習機会や役割の剥奪など）にコントロールするような行為 ・暴言や罪悪感を煽る批判などにより心理的にコントロールするような行為 ・有形な報酬を与えることで動機をコントロールするような行為
7	選手の自我関与（他者との比較によって自己を評価し自尊心を得ていくような考え方）を防ぐ

決定的）な状態にあり，その状態に近づけるためには，人間が持つ基本的な心理欲求（自律性，有能感，関係性）を高める必要があるとしている。なかでも自律性の欲求はとくに根幹をなすものであると述べられており，選手の自律性を高めるコーチング行動としてMageau and Vallerand（2003）の「自律性支援行動」（**表3-2**）が参考となる。

自律性支援行動はインターナショナルレベルのコーチングでも確認されている。例えば，Hodge et al.（2014）は，2004年から2011年までニュージーランド・オールブラックスのヘッドコーチだったグラハム・ヘンリー（Graham Henry）とアシスタントコーチのウェイン・スミス（Wayne Smith）を対象に「動機づけの雰囲気（Motivational Climate）」を明らかにするための研究を行った。その研究では動機づけの雰囲気を醸成させる2人のコーチング行動が自律性支援行動に合致していたと明らかにしている。また，2人が行ったデュアルマネジメントモデル（コーチと選手がともにチームづくりを行う方法）が，選手の自律性，有能感，関係性といった自己決定理論で強調されている動機づけの原則をとくに具現化していたと述べている。

このように，選手の能動性を高めるためには，チーム運営全般において選手の自律性を高めるコミュニケーションを取り続けることが重要であり，日々のトレーニングにおけるコーチング・プロセスにおいても意識し続ける必要がある。

(3)ゲーム中心の指導

青山（2017）は，合理的な競技トレーニングの計画立案にはトレーニング・ピリオダイゼーション（期分け）が重要であると述べている。トレーニング・ピリオダイゼーションとは，1年あるいは半年などの期間をコントロールしやすい小さな期間（1週間など）に区分してトレーニング内容を組み立てる手法である。ラグビーの場合は，筋力トレーニングの強度やランニングの強度（距離や速度など）だけでなく，競技特性上コンタクトの強度（回数や強さなど）や個人スキル，ユニットスキル，チームスキルといった要素を段階的かつ適時性に考慮しながら計画を立てることが望ましい。

コーチはトレーニング・ピリオダイゼーションに沿いながら，日々のトレーニング計画を立案していくが，1回のトレーニングの流れをどのように組み立てるかはコーチのスタイルに影響される。一般的には「ボールの争奪」「攻撃」「防御」の局面構造に分け，パススキルやキャリアスキル，タックルスキル，ブレイクダウンスキルなどの要素に分割して反復トレーニングを行い，ユニット戦術，チーム戦術を経て，試合形式のトレーニングを行うことが多いのではないだろうか。しかし，試合中に様々な場面で選手の状況判断が求められるラグビーでは，トレーニングの中心をゲームに置き，

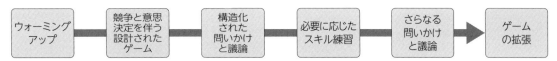

図3-2 ● Game Sense の基本的な順序　（Pill, 2013を改変）

効果的な問いかけを用いながら選手の意思決定能力やゲーム感覚を学習させるトレーニングが必要である（WR, 2014c）。

　ゲーム中心の指導アプローチの一つである"Game Sense"[*1]は，1990年代半ばにロッド・ソープ（Rod Thorp）とオーストラリアスポーツ委員会によって開発され，現在では団体競技における選手中心のアプローチとして高く認知されている（Light and Curry, 2021）。Kidman（2001）によれば，Game Sense は従来の指示型でテクニックを教え込むようなトレーニングモデルに疑問を投げかける挑戦的なアプローチである。コーチによって設計されたゲーム中心のトレーニングを行い，選手が積極的にトレーニングにかかわっている間に，自分のスキルと状況判断能力を向上させることを可能にする。また，Game Sence において最も重要なことは，選手に対して効果的な問いかけがベースとなっていることである（Light and Evans, 2010）。Game Sense で使用される問いかけに関して，Chen and Light（2006）は，答えを正すために問いかけるのではなく，ゲームを行うための絶対的な方法や解決策はないということを理解した上で，思考と相互作用を刺激するために行われると述べている。

　Game Sense によって得られる効果は様々な実践的な研究で報告されている（Light, 2004; Evans, 2006; Pill, 2013）。代表的なものとしては「選手の自律性」「意思決定能力」「モチベーション」「ゲームに特化したフィットネス」「コーチと選手の関係性」に関する効果が挙げられる。このように多くの効果が確認されている Game Sense は，イングランドやニュージーランド，オーストラリアなどのラグビー強豪国におけるコーチ育成の現場で活用されている。

　Game Sense を用いたトレーニングは，図3-2の順序を基本として進められる。すなわち，「ウォーミングアップ」「競争と意思決定を伴う設計されたゲーム」「構造化された問いかけと議論」「必要に応じたスキル練習」「さらなる問いかけと議論」「ゲームの拡張」である。コーチにとって，Game Sense を行う上で重要なポイントは，「選手が競争と意思決定を行えるゲームを事前に設計する」「構造化された問いかけのオプションをいくつか持ち，状況に応じて即興的に選択する」ことである。

＊1　Game Sense は指導アプローチの一つであり，試合に対する実践的な理解力（感覚）を意味するゲームセンスと混同しないよう注意が必要である。

（矢野広明）

第2節　ボール争奪局面のコーチング活動

1. ボール争奪局面としてのセットプレー

　ボール争奪を伴うセットプレーは，プレー開始および再開時に行われるキックオフおよび50mリスタートキック，ラインアウト，スクラムから構成される。これらのセットプレーにおけるボール獲得力と，得点や勝敗との間に関連性があることはこれまでの研究データによって示されている（Nakagawa, 2006; Ortega et al., 2009）。またラグビーワールドカップ（Rugby World Cup：RWC）2019で優勝した南アフリカは，自チームラインアウトの高い成功率と相手ボールのラインアウトとスクラムでも多くのボールを獲得していた（WR, 2020）。これらのことは，ラグビーにおいて試合を優勢に進めるためにセットプレーが非常に重要なプレーになっていることを示唆している。

2. キックオフ・50mリスタートキックにおけるボール獲得

(1) キックオフ・50mリスタートキックのコーチングポイント

　キックオフ・50mリスタートキックでは，キック側がボールを獲得した場合に，その後の連続地域支配時間が長くなり，得点機会の増加につながる（Nakagawa, 2006）。一方，RWC 2019決勝トーナメントにおけるキック側のボール獲得率は5％と非常に低い（WR, 2020）。この結果は，キックオフ・50mリスタートキックプレーにおけるキック側によるボール獲得の難しさを示す一方で，ボール獲得率向上のための技術的・戦術的工夫こそが重要なコーチングポイントであることを示している。

(2) 戦術的オプション

　近年は相手陣地10mライン付近に蹴り込むプレー（以下，ショートキック）から，相手陣地深くに蹴り込むプレー（以下，ロングキック）が頻繁にみられるようになった。競争課題としては，ショートキックはプレー開始または再開局面において攻撃側となることを目的にボールを直接獲得することを目標としており，ロングキックはボール獲得の可能性を下げても，できうる限り相手ゴールラインに近い地域でプレーすることを目標としている。このようにキックオフ・50mリスタートキックの戦術的意図は，「攻撃権の獲得」と「地域的アドバンテージの獲得」という，いわばトレードオフの関係のなかで大別され，キックの長さに依拠した「ショートキック」と「ロングキック」という戦術的プレーに分類される（図3-3）。

　また，防御側の空間構造，とくにポジショニングに着目すると，キック側の戦術的行動のオプションは広がる。相手10mライン中央付近にボールを転がすように蹴り込み再獲得を狙う，あるいはボールがタッチラインの外に転がり出るように相手選手がいないエリアに蹴り込んでいくプレーもある。これらのプレーには，相手布陣の薄いエリアへボールを蹴り込み，相手に直接ボールをキャッチさせないようにするという意図がある。レシーブ側は，自陣10mラインから自陣ゴールラインまでの地域全体をカバーしようとすると四隅の防御が薄くなり，反対に四隅を重点的に守ろうとすると競技空間の中央の防御が手薄となる。そして，全方位を守らせることは，レシーブ側にショートキック時のリフトプレーをさせない状況をつくり出すことができる（廣瀬・中川，2006）。すなわち，相手のポジショニングを踏まえ，キックで狙うエリアを工夫することで，「攻撃権の獲

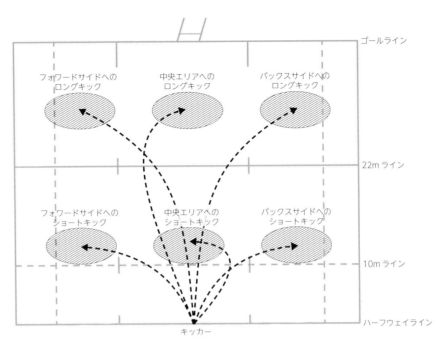

図3-3 ●キックオフ・50mリスタートキックの一般的な戦術オプション

得」や「地域的アドバンテージの獲得」をより確実に達成できるようになる。

(3) ボール獲得を高めるキーファクター

キックオフ・50mリスタートキックは，ボール落下地点へ走り込んでいく「チェイス局面」「空中でのボールコンテスト局面」「ボールが直接キャッチされなかった場合のルーズボール争奪局面」に分類され，ボール所有権が明らかになった後は攻撃局面，あるいは防御局面へと移行する。

チェイス局面では，戦術的意図によりプレーが異なる。地域的アドバンテージの獲得を意図しロングキックを蹴り込んだ場合は，防御側レシーバーに対する鋭いプレッシャーおよびコンタクト後に生起する密集でのボール再獲得を狙う隊形の整備が課題となる。ショートキックの場合には，攻撃権の獲得が戦術的意図のため，「空中でのボールコンテスト局面」や「ルーズボール争奪局面」との連続過程のなかで課題が設定される。

空中のコンテストにおいて，相手よりも早くボールに対して行動を取る重要性が指摘されている（グリーンウッド，1993）。そのためには，コンテストキックにおいて狙い通りの位置へ正確にキックを蹴ることが必須であり，また，スピードがあり，かつハイボールキャッチに秀でた選手にチェイスさせることも必要である。言い換えれば，空中でのボール争奪局面に関する熟達したスキルを備えた選手を有することがチームとしての課題である。そして，ショートキックによるコンテスト場面では，良質ボール獲得が最も望ましいが，相手にクリーンキャッチさせずにルーズボールを発生させてそのボールを確保した場合，もしくは相手にプレッシャーを与えノックオンを誘発させて間接的にボールを獲得した場合でも，ボールを獲得するという競争課題は十分に達成したことになる。ルーズボール争奪局面が発生することを想定し，空中でのコンテストに参加しない選手は，キック側・レシーブ側両陣地に向けてタップされたボールに相手より先に働きかけられるよう，どのようなポジションを取るか検討しておくことも大切である（**図3-4**）。さらに，どこのエリアに蹴るのか，レシーブ側はリフトプレーを使用するのか否かといったことは，実際にプレーしている選手にしか判断できない場合もあることから，試

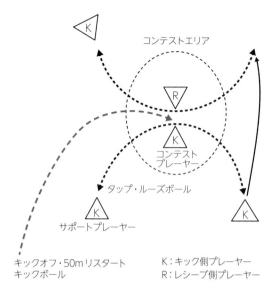

コンテストエリア

R

K
コンテストプレーヤー

タップ・ルーズボール

サポートプレーヤー

キックオフ・50mリスタート
キックボール

K：キック側プレーヤー
R：レシーブ側プレーヤー

図3-4●コンテストエリア付近でのポジショニングの一例

合中に適切な判断ができるようになるレベルまでコーチングしていくことも重要である。

　他方，レシーブ側は全方位を守ろうとすれば，複数の選手による安定したリフトプレーは困難になる。1人でキャッチャーを持ち上げるリフトプレーも用いられているが，チームとしてリフトプレーの配置場所やサポートする選手の役割分担・ポジショニングを明確化することもトレーニング課題である

3. ラインアウトにおけるボール獲得

(1)ラインアウトのコーチングポイント

　RWC 2019では，投入側のボール獲得率は88％であり，トライの起点として最も高い比率（49％）を占めている（WR, 2020）。このことから，ラインアウトはボール投入側にとって一定程度のボール獲得を見込めるセットプレーであり，その後の攻撃をデザインしやすく，自分たちが持つ攻撃オプションを繰り出していく効果的な起点になっていると考えられる。

　競技規則では，時系列的に「ラインアウトの形成」「ラインアウトへの投入」「ラインアウトの最中」と整理されているが，実践的には選手が並ぶ「セット局面」，ボール投入前に選手が移動や入れ替えを行う「ムーブ局面」，ジャンパーが最高到達点へ移動する「ジャンプ・リフト局面」，空中でボールを獲得する「ボールキャッチ局面」，獲得したボールをパスアウトする「デリバリー局面」のように分類できる。

　各局面で，投入されたボールを獲得するために，競技規則で規定された幅1m，長さ10mのエリアで鉛直方向と水平方向の空間を利用し，スローイングの精度を前提として，相手がコンテストできない「高さ」「タイミング」「ポジション」をつくり出すことが競争課題となっている。したがってラインアウトにおけるコーチングポイントは，この「局面」と「空間」の活用方法の創造にある。また，ボール獲得後の攻撃局面に着目すると，ボールをデリバリーする「位置」や「タイミング」も重要なコーチングポイントになる。

(2)ボール投入側に求められるスキルと戦術的課題

　セット局面では，相手が跳べない位置がどこにあるかを把握することが重要である。相手の並び方を観察するとともに，自らの並び方のパターンを準備しておくことも有効である。

　ムーブ局面では，ボール投入側は，ラインアウトに参加する選手の人数や並びに変化を加えるとともに，選手の移動やレシーバーとの入れ替えを行う。この目的は，ジャンパーをリフトして最高到達点に届くタイミングに相手がついてこられない，つまりコンテストされない状況をつくり出すことにある。例えば，少人数により構成するラインアウト（ショートラインアウト）は，5mラインから15mラインの間の空間への選手配置を少なくし，より移動しやすい状況をつくり出しながら，相手がコンテストできない位置とタイミングでボールを獲得することを意図している。また，ジャンパーとリフターで構成するミニユニット（ポッド）を離して配置するケースもみられる。この場合，ポッド間にスペースを創造することになり，それを利用してボール獲得を目指すもので

ある。ムーブ局面におけるラインアウトを構成する選手の課題は，ジャンパーやリフターの動きの速さと高い精度，そして相手が跳び上がれない位置やタイミングをつくり出すことである。

ジャンプ・リフト局面におけるラインアウトを構成する選手の課題は，ジャンプの方向，最高到達点の高さ，到達点までの速さとプラットフォームの安定性である（遠藤，2009；駒井，2010）。また，ジャンプするタイミングは，スローワー主導とジャンパー主導に大別され，前者はスローワーがボールを投げたタイミングに合わせてジャンパーが跳び，後者はジャンパーが跳び上がってからボールを投げ入れる方法である。また，非投入側に的を絞らせないように多くのオプションを持つことが効果的であるという指摘がある一方（上野，1998），オプションを半分に減らして，それぞれを習熟させる時間を増やし精度を高めることの重要性も指摘されている（浅野，2008）。

スローイングの正確性がボール獲得の前提であることに疑う余地はない。スローワーを選ぶ際には，何よりもまずボールを上手く投げられる者を選ぶべきである。

ボール獲得に加えて，ラインアウト後の攻撃を考えれば，デリバリーの位置やタイミングは重要な課題である。例えば，15mライン付近でボールを獲得することは，バックス（以下，BK）への展開にとって有利である。しかし，タッチラインから離れた位置へボールが到達するには滞空時間が長くなって，非投入側が対応しやすくなりプレーの難易度が高まる。ボールを獲得することを最優先にして投げ入れる位置を決定するのか，獲得後のデリバリーの位置を考慮して投げ入れる位置を決定するのかといった点もチームとして検討すべき課題であろう。

(3) ボール非投入側に求められるスキルと戦術的課題

ムーブ局面およびジャンプ・リフト局面におけるラインアウトを構成する選手のスキル課題は，ボール非投入側の目的もボールの獲得にあるため，

投入側と同様である。

しかし，ボール投入側に主導権があるため，非投入側の戦術的課題は，投入側の動きへの対応となる。対戦前に相手の動きを確認して予備知識を得ておくことも，対応力を高める助けになるため，相手チームの試合分析から対策を検討し，仮想相手を作成して攻防形式で行うシミュレーショントレーニングの重要性が指摘されている（工藤・勝田，2005）。その際には個人のしぐさ，例えばボールを獲りにいくとき必ずこういう動きをするというような癖をみつけ，チームで共有することも重要である（林，2009）。また，相手が想定した並びではなかった場合は，あえて一定の方法で対応し，相手の反応を探るとともに，もしボールの獲得が困難であればデリバリー位置の限定を試みることも有効である。

（廣瀬恒平）

4. スクラムにおけるボール獲得

(1) スクラムの特性

スクラムは，軽度の反則やプレーの中断後に行われるボールの争奪を伴う再開プレーであり，ラグビーの独自性を象徴するプレーの一つとして位置づけられている（WR, 2023, p.11）。RWC 2019では，1回平均80秒のスクラムが大会合計614回組まれ，決勝トーナメントにおいてはボールインプレー時間の18%を占めていた。また，トライの起点として，ラインアウトに次いで多く16%を占め，ペナルティやフリーキックの発生頻度はスクラム3.7回に1回と高い割合となっている（WR, 2020）。このように，スクラムはラグビーの試合において多くの時間を占有し，かつ試合の力動構造にも影響を及ぼしている。

その一方で，スクラムはラグビーにおいて発生した脊椎損傷の主要な受傷機転である（Quarrie et al., 2002）。そのため，組み合う際の衝撃の軽減を中心に安全性を向上するための検討がなされ（Cazzola et al., 2015; Preatoni et al., 2015），度々

競技規則の改正も行われてきている。RWC 2019においても，47%（286/614回）のスクラムが崩れた状態になったと報告されている（WR, 2020）。このようにスクラムの技術には，安全性の確保を前提とした高い専門性が求められていることを念頭に置き，コーチングに臨まなければならない。

(2)運動経過と力学的構造

　スクラムの開始はレフリーがマークを示すところから始まり，ボールアウトもしくはレフリーの笛（組み直しや反則など）によって終わる。その間の行為は，「スクラムの形成」「エンゲージメント」「投入」「スクラムの最中」「スクラムの終了」に分類される（WR, 2023, pp.106-112）。

　スクラムは双方8人の選手から構成され，「組み合う際の衝突」と「ボール投入後の押し合い」を前提としている。エンゲージメント局面で働く力は大きく，複数の方向に作用しており（Trewartha et al., 2014），スクラムの最中には最大8,000ニュートンの力がかかると推定されている（Martin and Beckham, 2020）。また，選手個々の押す力の総和が，必ずしも8人としての押す力と同じではない（山本，2009）。すなわち，対人のスクラムはダイナミックであり，増加する圧縮力と不自然な水平および鉛直方向の力に対応するため，体勢の継続的な調整が求められている（Green et al., 2019）。

　スクラムの競争課題は，投入されたボールを獲得することと相手を押し込むことであり，スクラムの運動経過と力学的構造を考察すると，スクラムにおける技術課題は表3-3の通りにまとめられる。スクラム形成時には，マークに集まり8人が揃って構えて静止し，エンゲージメントの際には衝突のタイミングを合わせることと，衝突直後には揺れを抑えながら8人で固まり静止することが技術課題となる。そしてボール投入に合わせ，フッキングと同時に8人の力を最大化し，スクラムが組まれている間，すなわちボールが出るまではボールをコントロールしながら，相手の弱点を探しながら継続的に力をかけ続ける技術が求められ

表3-3 ●運動経過と技術課題

順序	運動経過	技術課題
1	スクラム形成	揃える／構える／静止する
2	エンゲージメント	タイミングをコントロールする／固まる／静止する
3	ボール投入	力を発揮して最大化する／フッキングする
4	スクラムの継続	継続的に力を発揮する／力の方向性をコントロールする／ボールをコントロールする

る。

(3)コーチングポイント

　2014年以降に採用された「クラウチ・バインド・セット」の3段階のコールに着目すると，スクラム形成および押しの手順は，①セットアップ（自チーム同士でつかみ合う準備段階），②クラウチ（レフリーのクラウチコールによって両チームのフロントローがクラウチングスタイルを取る段階），③バインド（プロップが腕を使って相手チームのプロップとつかみ合い，組み合う直前段階），④ヒット（8人対8人で組み合う段階），⑤プッシュ（両チームが押し合う段階），と整理することができる。

　コーチングの実践においては，この手順を踏まえてキーワードが設定される場合がある。表3-4はキーワードの実例である。また，図3-5は，手順，レフリーの指示，キーワード，選手の動きをまとめたものである。

　熟達した指導者は，3段階のコール導入以降，

表3-4 ●スクラムのキーワード（鷲谷，2018）

順序	キーワード	意味
1	Set up	組む前の準備
2	Speed	相手と組み合う際のヒットスピード
3	Ring the bell	相手と組み合う瞬間の爆発力
4	Loading	相手と組み合った後の姿勢の準備
5	Explosion	押しをかける際の爆発力
6	Power	相手に押し勝つパワー
7	Attitude	気合，タフさ

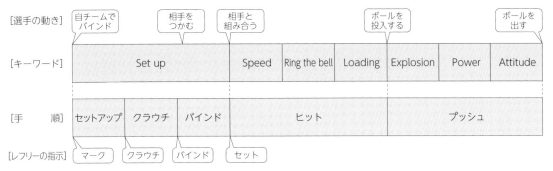

図3-5 ●スクラムの運動経過とキーワード（鷲谷，2018を改変）

組み合う前の準備を重視しながら，技術課題を達成するためにキーワードを用い，以下の点をコーチングポイントとして提示している（鷲谷，2018）。

◎セットアップ

・スクラムを上から見たときに，フロントロー3人の肩と尻のラインが，それぞれ直線かつ平行になっている。

・セカンドロー・サードローは自身のスパイクの前方4つのポイントを地面に突き刺す「4ポイント」の状態ができている。

◎クラウチ

・フロントローは「顎を引き，上目遣い」をした状態である。

・8人全員が胸を下に押しつける状態である。

◎バインド

・真横から見たときに，8人全員の膝からくるぶしまでのラインが地面と平行になり，地面から膝までの高さが10cmである。

・組み合った瞬間，8人全員の膝裏の角度が110〜120°になるようにフットポジションを調整し，足裏の地面に対する角度は70°になっている。

◎ヒット

・フルパワーの爆発力でヒットしている。

・ヒットの瞬間の8人の膝裏の角度は110〜120°になっている。

・Loadingにおいても，8人の膝裏の角度が引き続き110〜120°になっている。

◎プッシュ

・Explosionの瞬間の膝裏の角度は140〜150°と

し，セカンドロー・サードローは下から上へ突き上げるようにプッシュする。

・プッシュ後，再び全員が膝裏の角度を110〜120°に戻す。

　スクラムのトレーニングでは，運動経過と力学的構造から安全性の確保を第一に考え，その上で技術課題を明確にする必要がある。トレーニングの方法は，スクラムマシンを用いたものや人数を変えながらの対人によるものがある。セットアップの手順や，選手個々のボディーポジションと選手間のバインドが効果的に水平方向の押す力をつくり出し，また伝えているかを確認する場合には，スクラムマシンでのトレーニングは大変有効である。組み合う際のタイミングコントロールや組んだ後の彼我の押す力の大きさと方向性，そしてフッキングからボールアウトまでのボール操作などは，対人スクラムによるトレーニングが必要になる。そして，スクラムのどの局面にフォーカスしてトレーニングするのか，どのような意図を持ってトレーニングを実施するのかなどを常に考えることが重要であり，そうした際は，スクラムにかかわる課題や成功イメージを選手全員で共有するためにもキーワードを意識することも有効である。

（鷲谷浩輔・山本　巧）

第3節　攻撃局面のコーチング活動

1. ラグビーにおける攻撃の原則

すべての球技において攻撃の最終的な目的は得点を挙げることであり，ラグビーにおいては最も得点の高いトライを挙げることが第一の目的となる。WR（2016a）によると，トライを挙げるためには「ボールの争奪」「前進」「サポート」「継続」「プレッシャー」「得点」からなる攻撃の原則を実行する必要があるとされている。攻撃はボールを獲得することで始まり，ボールを相手ゴールラインに向けて前進させ，得点を挙げるまで攻撃を継続する必要がある。防御は前進を阻みボールの奪取を試みてくるが，サポートをすることで前進や継続の質を高めて対抗することができる。サポートを交えて前進と継続を繰り返すことが防御にプレッシャーを与えることとなり，その結果，防御に乱れが生じることで得点を挙げる好機をさらに広げることができると考えられる（図3-6）。

攻撃局面のコーチング活動はこの原則構造にもとづき，得点を挙げるために前進・継続・サポートの質を向上させることが目的となる。本節では「前進」の局面に焦点を当て，個人の競技力のみに頼るのではなく，チームとして攻撃の意図を定めて効果的な前進を図るための思考について整理する。

2. ラグビーの攻撃局面における優位性

會田（2019）は，球技におけるチームの競技力について，「競技力が高いチームの攻撃プレーでは，防御との均衡を打破し，相手に対して優位性を獲得した後，ボールを保持している選手とボールを保持していない選手の連携を連続させて，相手に対する優位性を大きくしていく"圧"をかけ続け，詰め将棋のように相手を追いつめていく行為の連続が見られる」と述べており，これは前述したラグビーの攻撃の原則にも深く通じている。

それでは，ここで示されている「優位性」について，ラグビーの攻撃局面においてはどのように捉えることができるであろうか。昨今フットボールの親類であるサッカーにおいて，「ポジショナルプレー」と呼ばれる戦術的思想が注目されており，その根幹をなす概念として3つの優位性が挙げられている（結城，2019）。この概念はサッカーのみに留まらず，数多のゴール型球技に共通するものであると考えられ，ラグビーの攻撃局面における優位性についてもこれに則り整理することができる。

（1）数的優位（オーバーラップ）

「数的優位」とは，フィールド上の切り取った

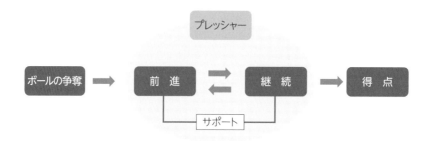

図3-6 ●攻撃における原則の構造（World Rugby, 2016a を改変）

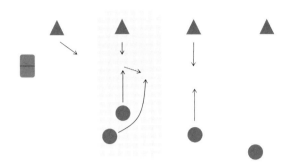

図3-7 ●局所的な数的優位の例

局面において，攻撃人数が防御人数よりも多い状況を指す。攻撃人数の方が多い場合は，いずれかの攻撃選手が防御からのプレッシャーを受けずにプレーできる可能性が高いため，大きな前進へとつながりやすい。退場者がいなければ，基本的にフィールド上でプレーする攻撃と防御の人数は同数であるため，「切り取った局面」における人数差が重要となる。数的優位が最もわかりやすい局面は，フィールドの外側に攻撃選手が「余った」状況である。対面の選手を引きつけて外側にボールを運ぶことがラグビーの基本戦術として古くから根づいていることからも，数的優位がラグビーにおける絶対的な攻撃機会であることをうかがい知ることができる。一方で，数的優位が生じるのはフィールドの外側に限った話ではない。一見すると攻撃と防御の人数に差異がないと思える状況においても，局面をさらに細かく切り取ることでより局所的な数的優位を様々な場所で生むことができる（厳密には後述する位置的優位とも関連する）（図3-7）。ただし局所的な数的優位を上手く活用して攻撃するためには，接近して防御を引きつけるスキルや，個々が狙うべきスペースやフリーとなる選手を見極める判断力などの高度な能力が要求されることとなる。

(2) 質的優位 (ミスマッチ)

　「質的優位」とは，選手の能力特性によって生じる優位性である。すなわち，攻撃選手がマッチアップする防御選手に対して，何らかの能力において上回っている状況を指す。例えば，走力の高いウイングの選手が重いフロントローの選手とマッチアップすれば，スピードの優位性を活かして防御を振りきることが考えられる。またそれとは裏腹に，フィジカルに秀でたフォワード（以下，FW）の選手が小柄なBKの選手とマッチアップすれば，コンタクトプレーにおいて優位性を生み出すことができる可能性が高い。これらの例のように，質的優位は切り取った局面における一般的なポジション特性による身体的能力差によって語られることが多い。しかしながら実際は試合を通したユニット戦術やチーム戦術にも大きくかかわる要素であるため，より属人的に捉える必要もあれば，複数の選手の相互作用から生まれる技術的・戦術的な優位性として捉える必要もある。自チームの「どの選手（たち）」の「どんなプレー」が「どこの局面」で相手チームに対して脅威となりうるのか，自チームのスタイルやゲームプランを策定するために質的優位は重要な概念となる。

(3) 位置的優位 (ポジショニング)

　「位置的優位」とは，効果的なポジショニングによって生じる優位性であり，その狙いはスペースを有効に使った攻撃を行うことにある。例えば攻撃と防御の人数に差がない状況であっても，内側に寄っている防御に対して攻撃が幅広くポジショニングすることで，外側のスペースにおいてフリーでボールを受けることが可能となる。昨今，頻繁にみられるようになった外側へのキックパスも位置的優位を活かした代表的な攻撃であるといえる。

　また位置的優位についても，外側だけでなく様々な場所で生み出せることを理解しておく必要がある。例えば，内側へのリターンパスやクロス（シザース）プレーも位置的優位によって生まれるスペースを活用したプレーであり，他にはカットイン・アウトのように角度を変えて走り込んでボールを受けるプレーも位置的優位を狙ったプレーとして捉えることができる。さらには平面の位置関係だけでなく，キックを駆使することによる立体的なスペースの攻防についても着目する必

要がある。前述した外側へのキックパスに加え，ロングキックやショートパントを駆使し，防御がクリーンキャッチできない位置や，攻撃がボールを再獲得できる位置にボールを蹴り落とすことができれば，それは立体的な位置的優位を活用することとなり，攻撃における好機を大きく広げることになる。

　位置的優位において重要な要素の一つは，攻撃選手のポジショニングの「歪さ」であると考える。攻撃選手がスペースに対して等間隔に広がったり常にラインの深さが一定だったりと，攻撃選手同士の位置関係に変化が乏しければ位置的優位は生まれづらい。したがって，防御の状況や攻撃の狙いに合わせてポジショニングを変更できる判断力を養うようにコーチングすることが重要となる。

　コーチは，これら3つの優位性がそれぞれ独立した概念ではなく，相互作用的にかかわり合っていることを理解した上でコーチングに臨む必要がある。例えば，内側へのリターンパスでラインブレイクを狙うようなプレーでは，内側の防御が届かない位置に走り込み位置的優位を生むことで，局所的な数的優位をつくり出している。なおかつ，防御がFW，攻撃がBKのマッチアップとなればスピードの質的優位も活用することができ，ラインブレイクに成功する可能性は高まると考えられる（図3-8）。コーチングにおいては，これら3つの優位性がどこで発生しているのか，またはどのようにしてつくり出すのか，そしてどのように

活用するのかを意識しながら攻撃をデザインすることが求められる。

3. トライに至る攻撃の様相

　RWC 2019の公式レポート（WR，2020）では，大会全トライの約半数（49％）がラインアウトを起点とした攻撃であったことが示されており，次いでスクラムが16％，キックカウンターが15％，ターンオーバーが12％という結果となっている。ラインアウトからのトライが群を抜いて多い理由は，ラインアウトが1試合あたりの発生回数が多いことや，ゴールラインに近い地点で発生することも多いこと，セットプレーであるため事前に準備したプレーを実行しやすいことなどが考えられる。

　また攻撃開始の起点から3フェーズ以内に挙げたトライが56％であり，半数以上のトライが攻撃開始から短いフェーズで挙げられている。加えて全トライの約3分の2（66％）をBKの選手が挙げていることから，パワープレーに終始するのではなく，ボールを効果的に動かしてトライを挙げていることがうかがえる。

　これらの事実からそれぞれの攻撃起点においてどのような優位性があるかを把握し，効果的にボールを動かし短いフェーズでトライを狙う手立てをデザインすることが攻撃局面における重要なコーチングとなると考えられる。ただし，競技レベルカテゴリーやチームスタイルによってトライに至る様相は異なることが考えられるため，トレーニングの配分については自チームの状況に留意する必要がある。

4. 起点別の攻撃デザイン

　主な攻撃起点となるスクラム，ラインアウト，キックカウンター，ターンオーバーの4つについて，それぞれの起点における特徴から攻撃にどのような優位性が存在するかを把握し，短いフェーズで防御の突破を図る手立てについて整理する。

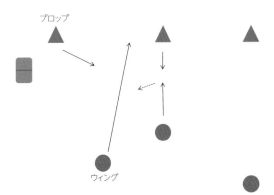

図3-8 ●数的・質的・位置的優位の複合例

(1)スクラム

　スクラムは退場者がいる場合を除き8人同士で組む義務があるため（WR，2023，p.106），互いのFWが1カ所に集まることで生じる広大なスペースがBKに与えられていることが，スクラムからの攻撃の最大の特徴である。基本的に防御はその広いスペースすべてを完璧に抑える配置を取ることは難しいため，スクラムからの1次攻撃においては数的優位や位置的優位を得やすいという利点がある。ただしスクラムは縦横の5mラインの外側を除いたグラウンド内のすべてのエリア（スクラムゾーン）で発生する可能性があり，縦横それぞれどの位置でスクラムが組まれるか，また攻撃と防御それぞれのBKがどのような配置を取るかによって，生じる優位性が変化する。したがって，スクラムの位置とそれに伴って配置される攻防互いのBKの位置関係を把握し，表裏の関係にある選択肢から，より大きな前進が見込めるものを見極めて実行することが重要となる。

　スクラムの縦位置からは，ランとキックを表裏の関係として検討する必要がある。基本的にはキックを警戒して防御が後方に人数を割けば数的優位を活かしてランで攻め，ランを警戒して前方に防御が集まればキックを使って位置的優位を活用するという思考がベースとなる。またランの場合には，数的優位のある外側を攻めると思わせて内側を攻めたり，キックの場合にはロングキックで陣地を挽回するとみせかけてショートパントでボールの再獲得を狙ったりと，ラン・キックそれぞれのなかでも表裏の関係の選択肢を持って防御と駆け引きを行うことが重要となる。ただし攻撃的な選択肢を実行するには，ボールを失う大きなリスクがあることを十分に把握しておく必要がある。

　スクラムの横位置からは，スクラムの両サイド，すなわちオープンサイドとショートサイドに攻防互いのBKがどのように立つか，そしてその配置から実際にどちらのサイドを攻めるかという表裏の選択が重要な要素となる。第1の前提として，スクラムの両サイドに攻撃の可能性があると，防御は両方に対応できる配置を取り注意を分散しなければならないため，守りが困難になると考えられる。第2の前提は，大人数対大人数の数的優位よりも少人数対少人数の数的優位の方が，より攻撃の優位性が高く攻略が容易であるという思考である（例えば，5対4よりも2対1の方が攻略しやすい）。ただしスクラムの横位置によってショートサイドに有効に配置できる人数は変動し，そもそもショートサイドに有効なスペースがない場合も数多くある。したがって，スクラムの位置によって攻撃BKの配置を柔軟に変更し，より少人数の数的優位を生み出すことを意識しながら，最終的にどちらのサイドに優位性があるかを判断して攻撃することが重要となる。

(2)ラインアウト

　ラインアウトはスクラムと異なり，参加人数が変動することが大きな特徴である。競技規則（WR，2023，p.96）において各チーム最低2人の選手の参加が義務づけられており，一般的に攻撃は4～7人のFWが参加し，防御もそれと同数のFWが参加することが多い。同様にスクラムと異なる点は，ラインアウトは必ずマークオブタッチと並行な5mラインと15mラインの間で行われるため，1次攻撃においてショートサイドにスペースはほとんどなく，特別なサインプレーを除けばオープンサイドを攻めることが基本となる。

　これらの特徴から，ラインアウトはスクラムに比べて1次攻撃における優位性を見出すことが容易ではない。ラインアウトの参加人数によって変動するが，基本的にはオープンサイドで大人数の数的優位しかつくることができず，スクラムに比べFWのブレイクが早く内側の防御が厚いことや，ショートサイドの危険性が低いことで防御を分散させることができず，後方のスペースを守るBKも動き出しが早くなることなどの理由から，ラインアウトの1次攻撃でラインブレイクを起こすには高度なスキルや戦術が要求される。

　そこで，ラインアウトからの攻撃においては「シークエンス」の思考が有効となりうる。この

シークエンスは「連続」「順序」という意味を持つ言葉であるが，ラグビーにおいては数フェーズ先まで各選手の動きをあらかじめ定めておく戦術を指す。シークエンスの利点としては，各フェーズでの選手個々の役割や配置があらかじめわかっているため動きに迷いがなくなり，防御よりも早く（速く）動くことで数的優位や位置的優位をつくることにつながることが挙げられる。また2次攻撃以降の防御の配置を想定し，攻撃の配置を意図的に設定することで質的優位を生むことも可能となる。例えば1次攻撃はフィールド中央付近でクラッシュし，2次攻撃でBKがショートサイドに移動して攻撃すれば，目の前の防御にはラインアウトに参加していたFWが並ぶ可能性が高いため，スピードの質的優位を生むことができる。

　シークエンスを取り入れる上で注意が必要なことは，選手がシークエンスの遂行にとらわれて目の前の状況を判断することを放棄してしまうことである。シークエンスの目的はフェーズを重ねるなかで意図的に優位性を生み出して防御を突破することであるが，毎回意図した通りの状況になるとは限らず，上手くいかないこともあれば，時には予想外の場所に優位性が生じる場合もある。そのときに予定した通りのプレーに固執するのではなく，より攻撃が優位に立てる判断を下せるように普段からトレーニングすることが重要である。

(3) キックカウンター

　相手からのキックをキャッチした後の選択肢は，基本的に「キックを蹴り返す」か「カウンター攻撃（以下，カウンター）を仕掛ける」かの二択となる。そこでまず重要となるのは，そのどちらも選択できる状況にある場合のカウンターを仕掛ける判断基準である。

　判断基準の1つ目は，カウンターを仕掛けた場合にどのエリアまでボールを前進させることができるかである。例えば自陣の深い位置で防御に捕まるようなカウンターでは，ボールを奪われた場合に一転してすぐさま失点につながるような大ピンチとなってしまう懸念がある。一方ハーフウェ

イラインを越えることができるようなカウンターであれば，攻撃の起点として役割を果たし，その後も敵陣で攻撃を継続することができ，万が一ボールを失ってもリカバリーする余地が残される。このことからチーム内で（もしくは試合ごとの戦略として）カウンターを仕掛ける目安のエリアについてあらかじめ共通認識を持っておくことが重要となる。

　判断基準の2つ目は，カウンターの局面で攻撃に優位性があるかどうかである。外側に数的優位があればパスを回してボールを運び，防御網の間隔が広いなどの位置的優位があればそのスペースに走り込み，正面の防御に対して質的優位があれば多少強引にでも勝負を仕掛けるなど，目の前の状況からどこにカウンターを仕掛けるのかを判断する必要がある。当然防御に穴がなかったり，攻撃の陣形が整っていなかったりすれば，カウンターを避けてキックを蹴り返すという選択も必要となる。

　カウンターではボールを前に運び継続できれば及第点とも考えられるが，理想はラインブレイクを起こすことであり，少なくともキャリアが前に出て素早いサポートからテンポよくボールを展開することが，短いフェーズでトライを挙げるためには重要となる。そのためには，キャリアの個人能力だけでなくチームとして組織的にカウンターへ備えることが必要であり，とくに大事な要素が前方にいる選手の「戻り方」である。例えば，防御ラインの外側にいた選手は数的優位をつくるために外側に張るように戻り，防御ラインの内側にいた選手は各自横の間隔を保ちながらまっすぐ戻ることで，カウンターの際にどこでキャリーが起きても素早くサポートに寄れる陣形を整えることができる。複数の選手が素早く戻り，攻撃の選択肢を増やしたりサポートの質を向上させたりすることで，キックカウンターはより一層有効な攻撃起点となりうる。

(4) ターンオーバー

　「ターンオーバー」とは攻撃と防御が入れ替わ

ることを指す。ターンオーバーが起こった直後は防御の陣形が整っておらず，攻撃が優位な状況となっていることが多く，とくに防御の「外側」と「後方」のスペースに位置的優位が生じている可能性が高い。防御は直前まで攻撃の陣形を取っていることから，パスに備えて外側の選手ほど後ろに下がっている状態となっているため，攻撃は余裕のある間合いのなかでボールを外に運ぶことができる。また防御が後方のスペースを埋める前にキックでそのスペースを攻めることができれば，エリアの前進のみならずボールの再獲得も狙える可能性がある。

　これらの優位性を活かすためには，ターンオーバー後にどれだけ早く攻撃に転じ，優位性のあるスペースにボールを動かすことができるかが重要な要素となる。前述したようにターンオーバー直後は防御の陣形が整っていないが，時間が経つほど防御は整備され攻撃の優位性はなくなってしまう。代表的な失敗例は，ターンオーバー後にパスをせずに近場を攻めてラックをつくってしまい，そのラックからボールが出る頃には防御に陣形を整えられてしまっているというパターンである。ターンオーバーが起きた場所の周辺に優位性が生じる場合もあるが，原則としてまず外側にボールを展開しながら余裕のある選手がより良い判断を下すことを基本とし，そのことをチームの共通認識とするようコーチングする必要がある。

　また攻撃の陣形もターンオーバー直後は防御のためのほぼフラットなラインになっていることが多いことから，攻撃にスピードが生まれにくい。したがって，外側に位置する選手はパスが回ってくるまでの間に少しでも後ろに下がったり外に開いたりしてポジションを修正する必要がある。加えて，キックに備えて後方に位置していた選手は例外的に後ろから走り込むことができるため，攻撃にスピードを生むキープレーヤーとして優先的にボールを渡すことを考えるとよい。いずれもターンオーバーに素早く反応して動き出すことが重要であり，リアクションスピードを高められるようトレーニングして習慣化させる必要がある。

5. フェーズプレーにおける攻撃

　起点から短いフェーズで防御を突破しトライを挙げることが攻撃において重要である一方で，半数近いトライ（44%）は4フェーズ以上を重ねた末でのトライである事実（WR，2020）から，起点の特徴が消失した後のフェーズプレーにおいてもいかにして攻撃の優位性をつくり出していくか，その手立てを準備しておかなければならない。昨今，フェーズプレーにおいて様々な戦術やシステムが存在するが，どのような手段を用いたとしても根本にある原則は「前進」と「継続」であり，より突き詰めると，フェーズプレーにおいて優位性を生み出すためには，各フェーズで「ゲインライン」を越えて前進することと，「クイックラック」（ボールアウトまでの時間が短いラックを指す）でボールを継続することが重要となる。

　攻撃に優位性が生まれる大きな要因の一つは防御陣形の乱れである。ゲインラインを越えることができればそれを止めるためにより多くの防御が集まり数的優位が生まれ，防御は後ろに下がる必要性が出るため正確なポジショニングが難しくなり，位置的優位や質的優位が生まれることにつながる。またクイックラックでボールを動かすことができれば防御がポジショニングする時間を奪うことになり，これも複数の優位性を生み出すきっかけとなる。さらにはラックにこだわることなくオフロードパスやポップパスなどでボールをつなぐことができれば，より早くボールを動かすことも可能となる。

　トライを挙げるためには優位性を活用して攻撃することが有効であり，フェーズプレーにおける攻撃で優位性を生み出すためにはゲインとクイックラックが重要となる。そしてゲインとクイックラックを実行するための手段として，戦術やシステムがある。コーチングにおいては選手が戦術やシステムの遂行に傾倒しないよう注視し，目的と手段の関係性を適切に把握し実践的な判断力を養えるよう指導することが重要である。（村上大記）

第4節　防御局面のコーチング活動

1. 防御の目的とコーチング活動

　ゲームの最終目的は，終了時点において相手チームよりも多くの得点を獲得していることにある（WR, 2023, p.2）。他の球技と同様に，ラグビーでもボールを保持する，すなわち攻撃権を保有している側にのみ得点機会が生じる。防御時に攻撃側が犯したペナルティによって得点機会が生じることについては，ペナルティによって攻撃権の移行が発生したと考えることができる。このことから，防御の目的は，相手側にある攻撃権を獲得すること，すなわちボールを獲得することになる。したがって，防御局面におけるコーチングでは，攻撃側の突破を許さないことや前進を阻むことを最終目的とすべきではなく，ボールを奪うことを最終目的として捉える必要がある。

　昨今のラグビーでは，ルール改正が繰り返し行われており，このことは攻撃側のよりスピーディーなゲーム展開と継続性を求める方向に寄与し，防御の観点からすれば相手のミスを待つような受動的な防御では攻撃権の再獲得が困難な状況に変化していることを示している。

2. 防御の局面構造とボールの再獲得

　攻撃権の再獲得を目的とした防御を検討するためには，防御の局面構造を理解することが求められる。図3-9は，一連の攻防における防御の開始をセットプレーとターンオーバーの2つに大別した上で，WRコーチングコースマニュアル（WR, 2016a）に示されている防御の原則を踏まえ，防御の局面構造を示したものである。どちらの開始局面も，ボールを再獲得するか失点するまで，防御の前進，タックル局面とブレイクダウン局面が

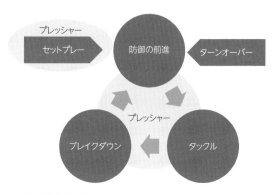

図3-9 ●防御の局面構造

繰り返し行われる。

(1)開始局面

①セットプレー

　防御開始時，ポジショニングが構造化された起点には，スクラム，ラインアウト，キックオフを含むリスタートキックのセットプレーがある。RWC 2019におけるボール投入側の獲得率は，スクラムで93％，ラインアウトでは88％（WR, 2020）であった。これらの数値は，相手側投入ボールの獲得が非常に困難であることを示しているが，セットプレーでプレッシャーをかけずに無抵抗のままボール投入側にボール獲得を許すことは，攻撃側がセットプレー開始前にあらかじめ準備した攻撃を許すことにつながる。ボール非投入側がプレッシャーをかけ，ボールの獲得がかなわなかったとしても，ボールの供給を乱し計画された攻撃を阻止することができれば，次の局面を有利に進める可能性が高まる。

②ターンオーバー

　ターンオーバーからの防御は，防御開始時のポジショニングが構造化されていない状況から開始される。すなわち，自チーム攻撃中のキックや，

ハンドリングエラーによるボールの逸失，タックル発生以後，ブレイクダウン局面でのボールの逸失など，攻防の切り替わりから開始される。

(2)前進局面とタックル局面

セットプレー，もしくはターンオーバーから防御側としての立場が確定した後は，攻撃側のスペースと時間的猶予を奪うために防御の前進が必要になる。

グラウンド横方向のスペースを埋めるために，前進を優先せず，攻撃側に対応しながら横方向のスペースを埋めることを優先することも一つの防御手段である。攻撃側に対して防御側が数的な不利状態となっている場面や，とくにコンタクトが関与する被ターンオーバーの場面で，このような防御を取り入れることも選択肢として考えられる。しかし，このような防御は，攻撃側の継続性を促進する近年のルール変更を踏まえると，リアクション型の防御の限界としてタックル局面で不利な状況になる。この不利状況は，攻撃側のスペースと時間的猶予から生まれる攻撃選択肢の数と前進方向への勢いによるものであり，攻撃側に前進を許し続けることは，防御の本来の目的であるボールの再獲得を困難なものにしてしまう。

(3)ブレイクダウン局面

タックル局面の直後にブレイクダウン局面でボールの争奪が行われるが，90%以上の比率で攻撃側がボールを確保し続けている（WR, 2020）。ブレイクダウン局面もセットプレー同様，防御側のボール再獲得が非常に困難であることは明らかだが，防御側が無抵抗に攻撃側のボール獲得を許し続けると，ブレイクダウンからの速いボールアウトが可能になり，その後の防御の前進局面を不利な状況で迎え，結果的に失点のリスクが増大することにつながる。コンタクトが関与するブレイクダウン局面でのターンオーバーは，トライ獲得率，攻撃による前進，キックでの陣地回復において有利な起点と報告されており（Nakagawa and Hirose, 2005），10%程度であったとしてもボール

の再獲得を目的に防御しなくてはならないことは明白である。

3. 起点ごとの防御構造の違い

(1)セットプレー

プレー開始時の防御のポジショニングは，ルールで定められた範囲にFWが局所的に集まり対峙し，BKはFWの後方に位置しながら選手同士が一定の距離感を保ち向かい合っている。この状況特性から，BKの選手には広いスペースの防御が求められることになる。また，プレー休止後にレフリーのコントロールのもと，止まった状態から防御を開始することから，セットプレーは準備に備える時間が長い防御起点と考えることができる。

(2)ターンオーバー

キックやハンドリングエラー，タックル局面やブレイクダウンなどで相手にボールが渡った場合に開始されることから，FWとBKの選手が混在した状態での防御となることが多い。ブレイクダウン周辺で求められる選手の防御範囲と比較して，防御組織の外側や後方の選手には広いスペースの防御が求められる。ターンオーバーは，途切れることなく一連の流れのなかで開始されることから，セットプレーと比較して即興性が高い防御起点である。攻撃の継続意図がある最中，相手防御のプレッシャーによってボールを失った場合の被ターンオーバー局面は，突如開始されるものであることから最も即興性が高く，背後スペースへのキックに対する防御も必要となり，とくに対応が難しい防御起点である。

(3)防御起点の特徴に沿ったコーチング

それぞれの起点や局面の特徴を踏まえたコーチングを検討するにあたり，共通事項としてブレイクダウン周辺の防御戦術のビジョンをトレーニング課題とすることが考えられる。加えて，外側や後方の防御スペースを担うウイングが，常にフル

バックと連動しながら，最初から防御ラインに参加するのか，あるいはキックに備えて後方に下がるのかという対応方法もトレーニング課題となる。

スクラムやラインアウトなどのセットプレー特有の状況として，局所に集合しているFWと広いスペースを防御しているBKのつなぎ目の防御が課題として挙げられる。誰が，どこまで防御対応可能かの原則を明らかにし，起点の発生位置に変化を加えることでトレーニング課題克服の質を高めることができる。さらに原則だけでは対応できない状況を想定し，もしこうなったらこうしよう，といったビジョンの共有が必要になる。実際の試合場面では，セットプレーが開始される前に原則の確認と，この原則を上回る可能性を選手同士が短時間の会話で確認しておくことも準備の質を向上させる。

最も即興性の高い被ターンオーバー局面の防御については，個人の能力と判断だけに依存するのではなく，組織的な防御を行うためにチームの防御ビジョンの共有が必要になる。具体的には，ボールが奪われたことをチーム全体で共有する方法，すなわち背後のスペースを誰が，そして何人で対応するかについてと，被ターンオーバー局面防御の目標，すなわち何次防御までに有利な状況に戻すことを目標とするのかについて，チームのビジョンを確立しトレーニングで徹底を図ることが大切である。

防御のフェーズが重なるほど，防御スタート時の特徴の影響は薄まるが，トライ全体の56％が3次防御終了時までに発生している（WR，2020）ことから，起点ごとの防御構造の違いを無視することはできない。また，RWC 2019におけるすべてのトライ発生起点を確認すると，ラインアウトとスクラム起点からが65％（49％，16％）を占め，ターンオーバー起点である相手チームのキックからの攻撃起点が15％，ブレイクダウン争奪からとハンドリングエラーによる攻撃起点からが12％となっている（WR，2020）。コーチング活動を行うチームが所属するリーグを対象にした同様のデータ分析を行うことで，トレーニング時間や量の配分を検討する際の参考値とすることができる。

---

4. 防御局面の有利状況と不利状況

試合に勝利するためには，防御局面において相手チームの得点を最小化してボールを再獲得し，攻撃局面で得点を最大化して相手との得点差を生み出すことである。この目的を達成するために，防御側が目指す有利状況と，問題解決が必要な不利状況を理解することが求められる。

（1）有利状況

有利状況は，複層的である。タックル発生後のボール争奪への参加について，ルールによって攻守双方が自陣ゴールライン側からの参加に制限されていることから，前進した側にボール争奪に参加しやすいメリットが生まれる。また，ブレイクダウン局面時のボール争奪に参加していない選手についても，オフサイドライン後方にポジショニングが制限されていることから，この局面についても前進した側に次の攻防への参加が容易になるメリットが生じる。このように，防御側がタックル局面やブレイクダウン局面を前方で生み出すことによって有利な状況に転換することができる。こうした状況自体がボールの再獲得を決定づけるものではないが，攻撃側へのプレッシャーを高めることを実現できる。高めたプレッシャーによって，攻撃側のミスや，サポートプレーヤーを途切れさせてボールキャリアーの孤立を誘発し，防御側が有利な状況に変わっていくのである。ボールの再獲得が結果的に実現できなかったとしても，攻撃再開までに時間をかけさせることや，ブレイクダウンへのサポート人数を投入させることにつなげられれば，防御組織を構築する時間を生み出し，また攻撃に参加できる人数を減らすことによって攻撃側の選択肢を減らすことになる。

世界屈指の強豪国であるニュージーランドの特徴について，他チームと比較してラック終了時にラック内に残っている人数が少ない上に，タック

ラーが起き上がっている比率が高いことが報告されている（嶋崎ほか，2019）。このことは，ニュージーランドは，防御ラインに多くの人数を揃えることで個々に求められる防御幅を狭め，防御側の優位性をつくり出していることを現している。防御時間が長くなりタックルやブレイクダウンの回数が増えたとしても，チームとしてリロード（タックル後に起き上がり防御に参加し直すこと）を優先し，高いプレッシャーを与えることで，相手がミスを犯すかキックをするまで我慢強く守り続けられる防御を実現していると考えられる。また，もう一つの世界屈指の強豪国南アフリカは，2人でのタックルの比率が他チームと比較して高く，ブレイクダウン局面のボール争奪への積極的な参加が少ない傾向も報告されており（嶋崎ほか，2019），個々の強いフィジカルを活かしてタックル局面でボール奪取を意図している傾向が示唆されている。この両チームの事例は，チームが持つ特徴によって，ボール再獲得の方法が異なり，目指すべき有利状況もそれによって変化することを表している。自チームの特徴に合ったボール再獲得方法を検討し，達成の可能性を高める有利状況を整理して原則づくりを行い，トレーニングに落とし込むことがコーチングのポイントとなる。

(2)不利状況

攻撃と防御の関係において，防御側が不利な状況は3つに整理される。「数的不利」「位置的不利」「質的不利」である。図3-10から図3-12はそれぞれの状況を単純化して表したものである。攻撃側はこのような状況を探索することや作為するのに対し，防御側は不利な状況をつくらずに有利な状況づくりをする努力を必要とする。

①数的不利

数的不利は，コーチング現場では「オーバーラップ」と呼ばれることが多い。シンビンなどの発生時を除き，基本的には15人対15人でゲームが行われていることから，この状況が生まれるのは，ブレイクダウンの位置を境界に左右の人数バラン

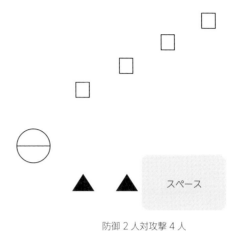

防御2人対攻撃4人

図3-10 ●数的不利状況

スを整えられなかった場合やタックル局面に人数を要した場合，ブレイクダウン局面のボール争奪への参加などにより防御組織に参加できなかった場合が考えられる。あるいは，ルールによって地面に横たわっている選手はプレーすることが許されていないため，倒れている選手の数が原因になっている可能性も考えられる。RWC 2015に出場した日本代表では，15人のうち14人が立ってプレーに参加できる状況をどれだけつくり出せているのか，試合やトレーニングのモニタリングを欠かさなかった（ジョーンズ，2015）。RWCを戦う世界レベルのチームにおいてもラグビーの原則である「立ってプレーする」ことを突き詰めており，いかなる競技レベルにおいても，タックルなどのコンタクトプレーの後，すぐさま起き上がってプレーに戻ることが重要な課題である。

②位置的不利

位置的不利の2つのパターンは，原因が異なる可能性が高い。攻撃側に対して防御側がブレイクダウン側に寄ってしまうケースについては，攻撃側に大幅な前進を許している最中，タックルに何人の選手がかかわらなければならないかがわからない状況のときに，ボールキャリアーやブレイクダウン方向に人が吸い込まれるように寄っていってしまうために発生する。この状況はコーチング現場では「ラックチェイス」と呼ばれることがあ

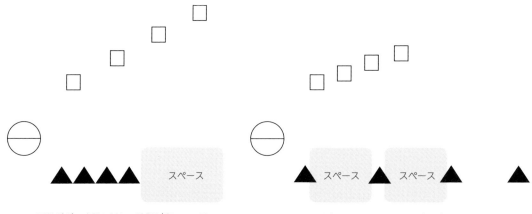

同数だが，攻撃に対して防御が寄っている　　　　　　同数だが，攻撃に対して防御が広がっている

図3-11 ●位置的不利状況

るが，チームに対して献身的な選手が多ければ多いほど起こりえる失敗ともいえる。他方，攻撃側に対して防御が広がり過ぎて防御ラインのなかにスペースを空けてしまうケースは，攻撃側のポジショニングを見ていないことなど，準備不足が原因として考えられる。タックラーの役割は，コミットした攻撃側選手を倒しきることであり，タックラー周辺の選手の役割は，ボールの争奪に参加すべきか判断し，参加しないのであればチームの原則に沿って防御組織を構築することである。その他の選手の役割は，自分たちの前に立つ攻撃側の陣形を見てチームの原則を守ってポジショニングすることや，防御組織のスペースを埋めることとなる。果たすべき責任や役割が目まぐるしく変化することから，位置的不利への対応には，それぞれの選手がその時に果たさなければならない役割を瞬時に判断し，確実に遂行することが重要なこととなる。

③質的不利

　質的不利は，コーチング現場では「ミスマッチ」と呼ばれることが多い。長いゲーム中では，FWの選手がBKの選手に，またはBKの選手がFWの選手に対してタックルが求められる状況は必ず生まれ，少なからず質的不利もしくは有利な状況が生じる。例えば，攻撃側の一番外側にスピード

に特徴がある選手が配置されているのに対し，防御側にスピードの遅い選手が配置された状態で，攻撃側のスピードがある選手にボールが渡った場合，防御側選手は外側からのサポートを得られず，かなり難しい状況での防御を強いられる。タッチラインまでの幅が広い状況では，さらに厳しい状況になる。質的不利への対応には，個人の質を補うためにボールキャリアーのランニング角度を左右片側に制限するためのトラッキングスキルや，タックラーが対応できない角度をタックラー周辺の選手が補うためのチームスキルが求められるが，可能な限り質的不利が生じない防御組織の構成が

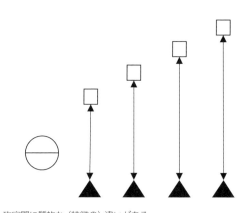

攻守間に質的な（特徴の）違いがある。
［例］攻撃側がスピードがあるのに対し，防御側にスピードがない。
　　　攻撃側が大きくて重いのに対し，防御側は小さくて軽い。

図3-12 ●質的不利状況

まず求められる。常に前を見ながら、自チームの選手同士が一言、二言でもコミュニケーションを取り続け、ポジショニングを代わるなどの行動を取ることが求められる。

④不利状況の解決の糸口

近年のラグビーでは攻撃側がブレイクダウンからボールアウトを行うまでの所要時間が2秒と3秒のブレイクダウンが増加し、6秒以上のボールアウト時間を要するブレイクダウンが減少していることが示されている（Shimasaki et al., 2017）。攻撃側のブレイクダウンからのボールアウト時間が短縮化されていることを踏まえると、防御側の組織構築時に問題になってくるのはボールアウトまでの時間的猶予である。攻撃側に2～3秒のボールアウトを繰り返された場合、防御組織構築、すなわちオフサイドラインを確認するために横を見て、攻撃側がポジショニングしている前を見て、さらに左右の自チーム選手とも必要なコミュニケーションを取ることは困難を極める。解決方法としては、ボールキャリアーと無関係になった瞬間から次の準備を始めることや、タックラーやアライビングプレーヤーによるブレイクダウン局面のボール争奪への参加により、攻撃側にボールアウト時間を費やさせ、防御の体制を構築する時間を生み出す他ない。防御側人数の過剰投入による数的不利や位置的不利、そしてペナルティを避けながら、タックラーを中心としたブレイクダウン局面のボール争奪への参加を行うことが、不利状況の解決の糸口になる。

(3) 自チームの選手間の能力差

試合を観察していると、身体が見た目に大きく体重が重たそうな選手、例えばフロントローの選手と、スピードがありそうなBKの選手が防御組織内で隣り合った位置にポジショニングした際に、防御ラインにスペースやギャップが生まれているのを目にしたことはないだろうか。攻撃側の相手チームとの相対的な比較として質的不利を取り上げたが、自チームの選手間の能力差（自チーム内における質的相違）も課題になる。この防御時のリスクについて、問題の所在を検討し解決に努める必要がある。

攻撃側のボールアウト（ボール争奪局面終了）の瞬間から防御ラインの前進を行う際、攻守間に20mの間隔が設けられているラインアウトでは、攻撃側の最初のパスの間に10m前後の防御ラインの前進が可能と想定され、また他の起点からでは最大見積もり5m程度の前進が考えられる。防御ラインを前進させた後は、タックルに備えるためにやや減速し相手の攻撃を見極め、前進スピードをコントロールする。その後2度目のパスが発生した場合には再度数mの前進や横移動が発生し、再びコントロール局面に入る。そしてパスの回数が重なるたびに漸進的に前進や横方向への移動とコントロール局面が繰り返される。最大スピードが10m/s、9m/s、8m/sを有するラグビー選手間の10m地点での比較では、ほとんど差が生まれないことが報告されている（若井、2007）。このことから、攻撃側の1度目のパスが行われた時点で、前進した防御ラインに意図しない凸凹が生まれることは、最大スピードの相違によるものではなく、前進するための準備、すなわち走り出しの構えに差異があると推察される。また、パスに合わせて防御ラインを前進する際に凸凹が生まれる原因は、減速局面でのスピードコントロール能力の差であり、結果として次のパスの加速局面の開始に差が生じている可能性が考えられる。この問題を解決するためには、ストレングス＆コンディショニングの側面からスピードコントロール能力の向上にアプローチすることや、スピードコントロール能力が低い選手に防御戦術の原則を合わせることなどが考えられる。自チーム内の質的相違を最小限にするためにも、タックラーなどによるブレイクダウン局面のボール争奪への参加によって、自チームの防御の原則を達成することを目的に防御組織を整える時間的猶予を生み出すことが重要である。

（千葉　剛）

第5節　ゲームマネジメントに関するコーチング活動

1. ゲームマネジメント

　ラグビーの競技の目的は「競技規則，および，スポーツ精神に則り，フェアプレーに終始し，ボールを持って走り，パス，キック，および，グラウンディングをして，できる限り多くの得点を挙げること」であり，「より多くの得点を挙げたチームがその試合の勝者となる」と得点と勝敗の関係が定められている（WR, 2023, p.2）。

　コーチングにおいて，ゲームがどのような特徴を持っているのかを明確に把握することは重要であり，その方法として「構造認識」の視点が挙げられる。「構造認識とは，活動の総体として現象的にとらえられるものの成立にかかわる主要因を分析し，それらがどのように関連し合い，作用するかを把握し，理解すること」である（吉田，1990）。構造的にゲームを認識することは，競技規則によって形づくられる時間，空間において相互作用が連続するというゲームのなかで，選手が意思決定する際のヒントを提供している。

　本節では，試合を競争過程と捉え，その過程を管理するという意味で「ゲームマネジメント」の視点を設定する。マネジメントを「一定の組織目的を基本方針に沿って合理的に実現させる営み」（柳沢，2017）と広義に捉え，ラグビーにおけるゲームマネジメントを「試合において競技力を合理的に運用しチームを勝利へと導く活動」と位置づける。ラグビーのゲームの特徴を時間構造と空間構造，すなわち局面とエリアという視点から捉えてから，相手のプレーやゲームの状況の変化に応じた適応過程に着目し，コーチングポイントについて検討する。

2. 局面の視点

(1)ボールの争奪と継続

　「ゲームを時間軸に沿って様々な意味を持つ文節に区切る局面構造の視点を持つことはコーチングの助けになる」（坂井，2019）。ゲームの原則によれば（WR, 2023, p.7），ラグビーはボールの争奪局面とボールの継続局面の循環によって形づくられている。また，この循環過程はより多くの得点を得ることに方向づけされている。攻防経過の局面構造に従えば（p.8図1-2参照），まずボールの争奪局面として，セットプレーが行われる。そしてボール継続局面に発展し，ボール所有権の有無により片方は攻撃へ，もう一方は防御に移行する。そしてコンタクトにより再度ボールの争奪局面であるラック/モールが発生し，ボール所有権を争う。場合により，ボール所有権の転換局面であるターンオーバーが発生する。そして，ボール所有権が定まると再びボール継続局面に移行し，攻撃と防御に分かれる。得点，反則，アンプレアブル，タッチが生起しない限り，この循環は続く。このように「ボールの争奪」と「ボールの継続」2局面から構成されるラグビーは，さらに「セットプレー」「攻撃」「防御」「ターンオーバー」局面に細分化される。

(2)優位な局面

　ラグビーにおいてチームのパフォーマンスは勝敗にもとづいて評価されており，そして，パフォーマンス指標は限定的ではあるがゲームの構造を考慮して設定されている。例えば，セットプレーではラインアウト・スクラムでのボール獲得率，リスタートでのボール再獲得率，攻撃では単位時間

あたりのパス数・キック数やラック・モール獲得率，防御ではタックル成功率，ターンオーバーでは単位時間あたりのターンオーバー数が挙げられる（Higham et al., 2014; Schoeman and Schall, 2019）。パフォーマンス指標と勝敗との関係を検討した研究では，パフォーマンス指標が勝敗に及ぼす影響は大会固有的であり，すべての大会を網羅しているものではないことが明らかにされている（Watson et al., 2017）。

　過去のRWC優勝国のゲーム様相を振り返ると，興味深いことに気づく。RWC 2015は，ポジティブなラグビーが繰り広げられたといわれ，優勝したニュージーランドは，ラインアウトとスクラムの高いボール獲得率を基盤に大会を通じて39トライを記録し，その得点は全得点の67%であった（WR, 2016b）。一方，RWC 2019で優勝を収めた南アフリカの戦いぶりは，「地域獲得，パワフルなセットプレー，攻撃的な防御力，非常に優れた選手交替」と評されている（WR, 2020）。これらのことは，優勝チームのプレースタイルの特徴，すなわち強みを示していると考えられる。また，ゲームマネジメントの視点から考えれば，優勝チームは前述した特徴・強みが表れるようにゲームをマネジメントしていたことを示唆している。両チームともボール争奪局面の優位さを前提に，ボールの継続局面では，各チームが優位である局面，ニュージーランドであれば攻撃局面，南アフリカであれば防御局面の優位さを前面に出すようにゲームをコントロールしていたといえよう。

　パフォーマンス指標およびRWCゲームスタッツを考え合わせると，チームを勝利へと導くために重要なことは，自チームの強みを増進させ，弱みを隠す，あるいは両者を組み合わせることである（IRB, 2004）。

3. エリアの視点

(1)得点手段とエリア

　ゴール型ゲームであるラグビーは，陣取りゲームである。ゴール型球技の得点はゴールを挙げることにより生起するが，サッカー，バスケットボールではゴールに対するシュートというプレーが伴う。これに対し，陣取り型ゲームであるラグビーでは，得点区域にボールをグラウンディングするトライというもう一つの得点方法が存在する。

　ゴール成功率は，ゴールまでの距離と角度に依存している（IRB, 2007）。ペナルティキックによる得点は，ボール争奪，攻撃，防御3局面において発生する可能性があり，ゴールを試みる位置，すなわち反則の発生地点の影響を受ける。攻撃チームが行うドロップゴールもボールがドロップされるフィールドポジションにより成功の難易度が変わる。したがって，ゴールによる得点において得点確率を向上させるためには，いかに相手の陣地に時間的に長く留まり試合を進めるかが重要になる。

　ラグビーの場合，得点区域，すなわちインゴールは横68〜70m，縦6〜22mと，ゴールに比べてはるかに広い。また，トライによる得点は5点であり，キックによるゴールの得点に対し1.7〜2.5倍の重みづけがされている。トライは，インゴールにボールをグラウンディングすることによって生起するため，攻撃局面では地域的前進が競争課題であり，地域的前進が得点確率を向上させることを示唆している（WR, 2020）。RWC 2011決勝トーナメントでは，勝利チームは地域獲得を重視した戦いぶりであったと報告されている（Bishop and Barnes, 2013）。日本国内トップレベルの試合では，リーグ戦順位上位群に相手陣22m区域でのプレー頻度が多いことが報告されている（古川・川邉，2022）。他方，防御局面では，味方ゴールラインに近ければ近いほど，防御に利用できるスペースと時間は制約される。したがって，防御局面が始まる起点は，より味方ゴールラインから遠ざけることによって，失点の確率を低減できる可能性を示唆している。このトライという得点方法が存在することも，地域獲得，すなわち相手陣地に留まり試合を進めることの重要性を示しており，ゲームマネジメントにおける主要な

目標と理解できる。

(2) プレーの選択とエリア

　エリアを規定する相手ゴールラインまでの物理的な距離は，プレーの選択の判断材料になる。ボールを手にした選手に与えられたプレーの選択肢は，ラン，パス，キックである。ボールを保持した選手はいかなる方向へも走ることができるが，オフサイドのルールがあるラグビーでは，味方のサポートを考えれば相手ゴールラインへ向かって前方から側方に走る，すなわちボールをその方向へ移動させることになる。これに対して防御は，必ずボールを保持した選手のランの阻止を試みる。ボールを保持していない選手に対するタックルが禁止されているラグビーでは，ランとその阻止による攻防の接近の結果，接近した選手の周辺に「すれ違い」が生まれる可能性は高くなる。パスは，相手ゴールラインに向かって側方から後方へ向かってボールを移動させることであり，グラウンド横方向にスペースがある場合に有効であるとともに，防御側の注意を横方向へ動かすことができる。キックは競技規則上いかなる方向へも行うことができる上，ボールの移動距離も大きく，防御の注意を縦横両方向へ分散することができる。また，3種類のプレーは，ボールの移動距離と方向を考えれば，プレーに伴うボール所有権の移行という点では，キック，パス，ランの順番でその可能性が高まる。

　こうしたプレー手段の特性は，各ゾーンのプレー選択にある程度影響を与えている。タッチキックの再開地点，マークの成立，50：22ルールの適用，攻撃側・防御側の定義を踏まえると，競技規則では自ゴールラインから自22mライン，自22mラインからハーフウエイライン，ハーフウエイラインから相手22mライン，相手22mラインから相手ゴールラインの4つのゾーンが想定されている。攻撃局面において，より自ゴールラインに近いゾーンでは反則やターンオーバーが発生した場合のリスクを考え，キックによる地域の挽回を優先する。自陣22mからのタッチキック

後のプレー再開が，タッチになった地点で行われることもキックによる地域挽回を後押ししており，50：22ルールは自陣からのキックを後押ししている。そしてより相手ゴールラインに近いゾーンでは，トライを獲得するためにボール所有権の継続を意図し，ランとパスを組み合わせる。これに対し防御局面では攻撃のゾーンごとの基本的意図を手がかりに，キックに備えたポジショニングやラン・パスに備えたポジショニングで対応する。さらにはこの基本的状況を踏まえ，攻撃，防御ともに発展的に相手の裏を取るプレーや虚を突くプレーを繰り広げる。

　地域の獲得を考える際には，キックプレーに関する競技規則上のアドバンテージと，「地域の挽回」と「ボール所有権の移行」がトレードオフの関係になることを認識し，キック，パス，ランの3種類のプレーを選択することが重要である。そしてその判断は，自他の競技力の差にもとづいてなされる，あるいは受け入れることのできるリスク（グリーンウッド，1991）として認識できるかによって決められる。

4. 変動要因と試合の流れ

　ゲームをマネジメントする上では，試合当日の変動要因にも留意する必要がある。相手との対峙，とくにコンタクトプレーがあるラグビーでは，試合当日に対戦してみて初めて自他の競技力差を認識し，それへ対応することは当然のことである。また，その他の変動要因には，気象条件，グラウンドコンディション，スコアと時間，レフリングが挙げられる（IRB, 2017）。風向きや風の強さは，空中におけるボールの軌道に大きく影響を与えるため，プレー選択の際の考慮要因になる。降雨はボール，服装，視野に影響を与え，グラウンドコンディションにも影響が及ぶことがある。また，プレー中のスコアと残り時間もプレー選択の際の考慮要因である。残り時間が短く，得点が劣っている場合には，リスクを覚悟した上で自ゴールライン付近からもランやパスによる攻撃を選択する

ことはよくあることである。競技規則は共通のものであるが，そのゲームへの適用はマッチオフィシャルに委任されている。そしてマッチオフィシャル間の連携やテレビジョンマッチオフィシャル・ルールの導入はあるものの，その適用は限定的であるため，レフリングも変動要因となる。

　選手は，プレー局面ごとやエリアごとに，相手との競争関係のなかで，ゲームプランに沿いながら変動要因を考慮し，場面ごとの競争目的を達成しながら，最終的には試合としての競争目的を達成すべくプレーする。その結果，ゲーム状況は刻々と変化するものとなり，流れや勢いを生み出し，すなわち力動構造をつくり出している。ゲームマネジメントとは，チームにとって優位な力動構造をつくり出すことであり，そのためには場面ごとの競争目的，すなわちゲームを巨視的に捉えれば競争課題を数多く，あるいは集中的に達成し，ゲームとしての競争目的である勝利へ導くことである。

（山本　巧）

5. 局面における優位性

　ゲームをマネジメントするためには，自チームの現状を知っていなければならず，そのためには，個人，チーム，ゲームのプロファイルをつくっておくことが重要である。ラグビーのゲームは，「幾つかの局面や要素により全体が構成されており，一つひとつの要素を解明できれば，複雑に見えるゲーム構造に内在する規則性を導き出せる可能性がある」（古川，2023）。このような観点から考えれば，自チームのプロファイルを踏まえ，局面において優位性を確立することが，ゲームマネジメントにつながるのである。

(1)セットプレー局面

　セットプレーとは，スクラム，ラインアウト，キックオフ・50mリスタートキック，ドロップアウトであり，この局面における優位性は2つの意味を持つ。シックスネイションズ（Six Nations Championship）では，勝っているチームは負けているチームに比べ，スクラムとラインアウトにおいて有意にボールを獲得しており，セットプレーを起点に効果的な攻撃をしていることが報告されている（Ortega et al., 2009）。セットプレーは攻撃と防御の起点となっており，ボールの獲得の成否のみならず，その質は，後に続く攻防局面にも影響を及ぼす。また，スクラムやラインアウト時のモールでは，個人のランプレー同様ボールを保持したまま前進することができるため攻撃の手段にもなりうる。したがって，セットプレーにおける優位は，攻撃権の安定的確保と得点手段としての2つの意味を持っているため，この局面で優位に立つことは，試合に大きな影響を与える。

(2)攻撃局面

　ラグビーの攻撃局面では，パス，キック，ランを選択しながらボールを前進させ，相手陣に侵入し様々な方法（トライ，ペナルティゴール，コンバージョンゴール，ドロップゴール）を用いて得点を重ねるかを考えながらプレーしなければならない（山本・藤森，2017）。パスやランだけでなく，キックも有効な攻撃の手段となる。国内エリートリーグの上位チーム群は，相手陣の22m区域へのランによる侵入攻撃が多く，そこから短時間かつ高い割合でトライを獲得していると報告されている（古川・川邉，2022）。また，防御ラインの裏のスペースにキックを蹴ると，相手チームはそのスペースに選手を配置することになる。その結果，防御ラインに立つ人数を減らすことになり，効果的にボールを前進させる機会を増やすことになる（Bennett et al., 2019）。このように，攻撃局面では攻撃手段を組み合わせながら，防御の注意を分散させ，優位な状況をつくり出すことが重要である。

　また，「攻撃権（ボールの所有）」と「地域の獲得」のバランスを考え，攻撃する必要がある。ボールを保持しながら前進を試みるが，前進ができないときにはキックを使ってエリアを獲得する。この「攻撃権（ボールの所有）」と「エリア」の関係は，どちらを重視するというものではなく，バ

ランスを状況に応じて変えていく必要があり，このことはゲームマネジメントの主要課題となる。このバランスの取り方は，チームの戦略や変動要因（天候，グラウンドコンディション，得点や残り時間など）によって異なってくる。

　得点で上回らない限り試合の勝者になりえないことを考えると，攻撃局面で優位性をつくり出すことは，ボール争奪局面と同様に勝利への絶対条件である。

(3)転換局面（ターンオーバー局面）

　球技において攻守が入れ替わる状況は「トランジション」や「ターンオーバー」と呼ばれており，ラグビーのゲームのなかでの重要な局面である。シックスネイションズにおいて，勝利を得たチームはターンオーバー回数が多いと報告されている（Ortega et al., 2009）。また，ターンオーバーすることが最終得失点差に対し優位に働くことも示されており（Sasaki et al., 2005），ターンオーバーが試合の力動構造に影響を与えていることを示唆している。ターンオーバー局面で防御から攻撃へ移る際に重要なことは，相手が組織されていない（アンストラクチャー）状況のうちに攻撃を開始することである。そのためには，ターンオーバーを想定し，どのように攻撃するかをチームとして統一しておくこと，すなわちターンオーバーしたチームは組織された攻撃を仕掛けることが重要である。そして，ターンオーバー局面からの攻撃を整備できれば，攻撃局面で優位に立てなくとも得点につなげることができ，防御局面の優位性を勝敗へつなげることができる。

6. 想定との差異への対応

　試合中，選手はゲームプランをもとにプレーするが，必ずしも試合はゲームプラン通りに進行するとは限らない。その原因は，試合において初めて遭遇する「試合前の想定との差異」である。この想定との差異への対応は，選手だけでは手に負えない場合もある。そうした場合，コーチが介入

することになる。

　ラグビーは激しい身体接触（コリジョン）を伴うスポーツであり，この身体接触による感覚がプレーに多大な影響を与えている。コリジョンは，身体の大きさや重さ，さらにはスピードなどがそのままパフォーマンスに影響する。ラグビーリーグの選手を対象とした研究では，選手のスプリント運動量（体重×10m走平均速度）が所属ディビジョン間の差異を示す指標と考えられている（Baker and Newton, 2008）。体重やスピードといった身体的能力は日々のトレーニングによって獲得されるものであり，試合中に向上できるものではない。そして，想定を大幅に超える相手の強さや速さに対応すれば，その分，選手の疲労は早まる。あるいは，1人での対応を考えていたプレーに複数の人数をかけることになれば戦術の変更も必要になるかもしれない。こうした場合，客観的に試合を観察しているコーチは，ゲームマネジメントに介入せざるをえない。

　また，ラグビーは心理的ゲームであるといわれており，選手の心理状態が如実にパフォーマンスへ現れてくる。身体接触による怪我や痛みへの恐怖心が，コンタクト場面での激しさや積極性にも影響を及ぼし，どれだけコンタクトプレーの技術を持ち合わせている選手でも，恐怖心が強いと積極的なプレーをすることはできず，無意識下でパフォーマンスを下げている可能性がある（蓑内，2003）。意識下でも無意識下でもこのような身体感覚が選手のパフォーマンスに影響を及ぼしていると判断した場合，コーチは介入すべきである。

　また，まったく同じプレーは一度たりとも生起しないので，レフリーの判定基準を試合前に知ることはできない。レフリーがどのようなところに注意を払っているか，どの程度ボールの争奪の時間を認めるかなど，選手は試合を通じて理解して，基準や視点を合わせる必要がある。そのためキャプテンは，レフリーと常にコミュニケーションを取り続けなければならない。それでも対応できない場合，コーチは選手交替などを通して介入する。

　試合中，プレーに集中する選手では対応できな

い事象が生起した場合には，グラウンドの外で試合を見ているコーチが，ハーフタイムを利用してゲームプランの変更を指示し，あるいは選手交替によりゲームマネジメントに介入する。このコーチが介入する状況について，選手，コーチともにコンセンサスをつくりあげておくことが重要である。

7.　ゲームマネジメント能力のコーチング

ゲームマネジメント能力はトレーニングによって高めることができる。ゲームマネジメント能力を身につけさせるためには，ここまで述べてきた理論的側面を理解させることに加え，ゲームのシミュレーションを行うことが重要である。シミュレーションは，通常，スタッツや映像を用いるミーティング形式と，実際にグラウンドでトレーニングや練習試合で行われるリハーサル形式のものがある。また，シミュレーションを行う上で重要なことは，ラグビーの特性に配慮した方法を用いることである。

ミーティング形式でのコーチングは，選手とコーチ，もしくは選手同士で試合をレビューし，その結果をフィードバックしながら，どのようにゲームをマネジメントしたらよいかを学ばせる方法である。その際にはチームの掲げたプレーパターンやゲームプラン，ゲームプロファイルと試合映像などを照らし合わせながら行う。そして，そこで抽出した課題を修正し，次の試合のゲームプランに反映させる。この過程において選手の主体性を重視するため，最初はコーチが課題をピックアップしたのち，リーダーたちとミーティングを行い，修正しなければならないポイントや次の試合に向けてどのように戦うのかを決定する。選手の人数が多いラグビーでは，攻撃や防御，ポジションなどによってグループがつくられ，それぞれのリーダーが中心となりプレーをリードする。そのため，ゲームプランは，リーダーたちから選手へ伝えられ，試合に臨むことになる。このように，ミーティングの主体性が時間経過とともに

コーチから選手へと委譲されていく理由は，ラグビーではプレーの遂行が選手に委ねられ，試合におけるコーチの指揮は限定的だからである。

一方で，リハーサル形式で行われるシミュレーションとは，攻防形式の練習や練習試合を通じて選手にゲームマネジメント能力を習得させる方法である。計画したゲームプラン通りに試合が進行することは難しく，状況に応じてゲームプランやプレーパターンを変更し，チームが最適に試合を展開できるようにマネジメントする必要がある。そのためにはチーム全員が同じ知識やイメージを持ってプレーしなければならない。RWC 2019のときに日本代表のジェイミー・ジョセフ（James Whitinui Joseph）ヘッドコーチがチーム内での意思疎通を図ることを「Same Pageを見る」と表現した（日本ラグビーフットボール協会〈以下，日本ラグビー協会〉，2019）。これはゲームを一冊の分厚い本に見立て，現在進行中の試合で行われている状況はどの章のどのページなのか，そしてチームの全員が同じページを開いて見ているかということを表現している。試合中にSame Pageを見るためには，試合までの間に綿密に練られたゲームプランとそれを遂行するための準備が必要である。戦術的プレーをチームに落とし込むためには，事前にチーム内で様々な場面を想定したシミュレーションを行い，チームの全選手が類似した場面や状況になったときに適切なプレーを選択できるようにしておく必要がある。しかし，練習ではそれぞれの状況を切り取ったトレーニングはできたとしても，試合全体を通じた流れのなかでその判断をすることは困難である。そのため練習試合などでは，本番のリハーサルとして試合のなかでマネジメントする能力を鍛えるのである。また，コーチ，リーダーはシンビン，ミスの連続，ペナルティ，点数を取られたときなどの想定される状況に対してどのように対応するかというシナリオをつくり，チーム内での共通認識を図る必要がある。

（八百則和）

第6節 女子選手へのコーチング活動

1. 日本の女子ラグビーの歴史

「女子ラグビー選手」と「ラグビー女子選手」は，どちらもラグビーをする女子選手のことである。これらの名称の背景には，「ラグビー」から排除された女性たち自らが築いた「女子ラグビー」の歴史がある。ここでは，日本の女子ラグビーの歴史について概観し，女子選手へのコーチング活動の歴史的意義について考える。

(1) 日本における「女子ラグビー」成立

日本において競技としての女子ラグビーのはじまりは，1983年とされている。この年に世田谷，松阪，名古屋で女子ラグビーチームが設立され，翌年にこの3チームによって試合（図3-13）が行われた（日本女子ラグビーフットボール連盟，2003）。それ以前には，学校や地域のラグビースクールにおいて，主にレクリエーションとしてのラグビーが行われていた。

1967年，大阪府立登美丘高校の体育の授業において，女子生徒たちがラグビーをしていた。指導にあたった男性教員は，雑誌の寄稿文のなかで「ラグビーは男だけのものときめてしまわなくてもいい」と主張している（仲谷，1967）。また，1968年に開校された大阪ラグビースクールでは，男子児童に混じって女子児童が複数存在していた。そのうちの1人は，小学校の学級担任に誘われて始めていた。

1970年代になると，ラグビースクールに通う子どもに付き添っていた母親たちが楕円球を抱えて走り出す。母親たちは子どもたちのラグビーに魅了され，見守る側から，する側に転向したのである。1979年から1982年までには，東北3県で5つの女子ラグビーチームが設立され，いずれも母親たちを中心とした主婦たちで構成された「ママさんチーム」であった。主婦たちは子どもたちの応援や男性コーチの支援を受け，1980年以降，近隣のママさんチーム同士で試合（図3-14）を行うようになった（兼松・來田，2023）。

このように，1960年代から1980年代初めには，学齢期の女子や主婦といった限定的な女性たちがラグビーをしていた様子がうかがえる。いずれの場所にも指導・支援する男性コーチの存在がありながら，女性たちの姿が日本ラグビー史に描かれることはなかった。

初めて日本ラグビー史に女性が登場したきっかけは，冒頭で述べた世田谷レディースら3チームの試合である。この試合は競技としての始まりだけでなく，組織化の嚆矢という意味を持つ。この試合を機に，当時世田谷レディース所属の岸田則子をはじめとした4人の選手たちは，全国の女子

図3-13●松阪レディースとブラザー女子（名古屋）の試合（1984年）（岩田誠郎氏提供，1984. 3. 18撮影）

図3-14●女川ママさんと盛岡ママさんの試合（1981年）（女川ラグビースクール，1989）

ラグビーチームを把握しようと考え，1985年に女子ラグビーの実績調査を行った。そして，1988年4月には16チームが加盟する「日本女子ラグビーフットボール連盟（以下，日本女子ラグビー連盟）」を創設し，同年11月には，初の全国規模となる同連盟主催の交流大会が開催された（日本女子ラグビー連盟，2003）。

このようにラグビーをする女性たちの輪が広がる一方，「ラグビーは男のスポーツ」という男性社会の風潮が後を絶たなかった。そこで「ラグビー」から排除された女性たち自らが，「女子ラグビー」という女性だけのラグビーを確立したのである。

日本女子ラグビー連盟は，2002年に日本ラグビー協会の傘下に入った。これは，日本の女子ラグビー史が一般的なスポーツ史の「女性だけのスポーツ組織の形成，男性のスポーツ組織への組み込みというプロセス」（來田，2016）をたどっていることを示唆している。同協会内には，「女子ラグビー部門」「女子委員会」と名称が変遷しながら「女子ラグビー」が存続し，2022年にはホームページ内に女子ラグビーに特化した「JAPAN WOMEN'S RUGBY」サイトが開設された。こうして日本ラグビー史上に女性たちが描かれるようになった現在も，「ラグビーは男のスポーツ」という社会の障壁と戦った女性たちが築いた日本女子ラグビー史は続いている。

(2)「女子ラグビー」から「ラグビー」へ

桜のエンブレム（以下，サクラ）は，ラグビー日本代表の象徴である。日本代表選手たちは，サクラをジャージの胸につけて世界で戦い，国を代表して戦った証としてキャップ（帽子）が授与される。ラグビーの世界最高峰の大会であるRWCの女子の第1回大会は，男子の第1回大会の4年後に"WOMEN'S RWC 1991"という名称で開催された。女子日本代表チームは第1回，第2回と連続出場しているが，選手たちの胸にサクラはなかった。

2002年3月，ある象徴的な出来事があった。

図3-15 ● "WOMEN'S RWC 2002"女子日本代表壮行試合
（2002年）（兼松由香提供，2002. 3. 17撮影）

それは，WOMEN'S RWC壮行試合（図3-15）が秩父宮ラグビー場で行われたことである。このラグビー場は，日本のラグビーのメッカと呼ばれ，それまで女子の公式試合が行われたことはなかった。この試合によって秩父宮ラグビー場の歴史が塗り替えられ，その2カ月後の第4回WOMEN'S RWCで初めて女子選手たちの胸にサクラが咲いたのである。この一連の出来事は，「女子ラグビー」日本代表から「ラグビー」女子日本代表へ社会の認識が変化し始めたことを意味している。それから約20年が経ち，2021年には"WOMEN'S RWC"という大会名から"WOMEN'S"という名称が外された。また，2022年には，これまで世界で戦ったすべての女子日本代表選手たちに初めてキャップが授与された。

このように近年，国内外の女子ラグビーに変化がみられる。ラグビーの女性コーチの数は増加傾向にあり，日本の女性コーチも国内外で活躍している。年齢，性別，国籍，障がいの有無にかかわらず，多様な人々が描かれるようになった日本ラグビー史。こうしたラグビーの時代の到来こそが，様々な障壁と闘いながら日本女子ラグビー史を築いてきた女性たちの願いだったのではないだろうか。

日本の女子ラグビーの歴史は，ラグビーをする女性たちを通して，社会の障壁と闘う人々の姿が映し出されている。以降，本節で示される女子選手へのコーチング活動に関する知識は，あらゆる障壁と闘う人々を包括する活動へと発展させることができると考えられる。

（兼松由香）

2. 女子選手へのコーチングをどう捉えるか

WRが掲げる「女子ラグビー戦略計画2017-25」のもと，女子ラグビーは世界的発展を加速させている。日本ラグビー協会においても，「女子ラグビー中長期戦略計画」が発表された。日本の女子ラグビーの目指すべき方向性が示されたなかで，課題として指導者の育成が位置づけられている（日本ラグビー協会，2023）。

男女には身体的な性差が存在する。女子選手は月経があり，男子選手との違いは明らかである。ここでは，「女子選手のコーチングに何か特別なものがあるのか？」という問いに対して，コーチングスタイルの観点から考察する。

(1)女子選手の特性

「女子選手」「男子選手」といったように選手を「生物学的な性別」で分ける考え方が一般的である。「女性」と「男性」の身体的特徴には性差が存在する。長期的選手育成の視点においても，成長過程の男女差は指摘されている（WR，2014b）。また，ラグビーに伴う外傷の発生状況や心理的・社会的な特徴においても男女で違いはあるだろう。このことを踏まえると，身体的側面に配慮したコーチングが必要であることに異論の余地はない。しかし，男女の生物学的な差異・性差をもって，ただちに「女子選手」に向けた特別なコーチングの方法論が存在するのかといえば，それは近視眼的である。男性のなかに個体差があるように女性のなかにも個体差が存在し，「女子」と一括りにしてコーチング方法を限定的にするのは難しい。

(2)コーチングスタイル

◎一貫性

「コーチング」では一貫性を保つことが求められる。一貫性のあるコーチングとは，刻一刻と変化する状況に柔軟性をもって対応しながらも，コーチのフィロソフィーは変わらないということである。「女子選手」を対象とするコーチングにおいても，この一貫性を持つことが求められる。「どうやって勝つのか？」という戦略の部分，「どうやって戦うのか？」という戦術の部分においても，チームとしての一貫性は求められ，チームの一貫した方針のなかで選手個々の個別性を発揮させるトレーニングを積んでいくことが，選手，チームの持つポテンシャルを最大限発揮させることにつながる。

◎公平性

2012年ロンドンオリンピックで女子バレーボールを銅メダルに導いた眞鍋政義は，女子選手のコーチングを「女子選手は監督の言葉が“命”なんです。大卒から実業団に入る男子と違い，女子は高卒が多く，バレーの世界しか知らない子がほとんど。いい意味で素直です。視点を変えれば監督への依存度が高い。だから，相当に平等を保たないと，二十数人いるチームは機能しなくなる」と語っている（高島，2013）。このことは，コーチにとって公平な態度が重要である指摘（WR，2021）と一致する。また，コーチへの依存度は，性別というより経歴の違いによることを示唆している。「女子選手はコーチに平等を求める」ということを耳にするが，男子選手もコーチに平等は求める。公平性の観点で考えれば，コーチングとは「個々に合わせて，その選手に合ったことをそれぞれにする」ことである。

◎個別性

同性である女子選手のなかにも年齢，競技力の差，競技経験など差異は存在し，そうした個別性を無視したコーチングは成立しない。また個別性を踏まえたコーチングを考えたとき，選手へのアプローチの仕方は，強み優先と弱み優先に大別され，その強みと弱みのどちらにアプローチすべきかは，その選手や所属するチームの状況によって異なる。大切なことは選手の個別性に向き合ったコーチングができるかである。人はそれぞれ違う。選手一人ひとりの特性を観察すること，その選手に合ったコーチングをすることが選手の可能性を引き出すためには必要である。すなわち，すべての女子選手に万能かつ定型なコーチングはないと

いうことである。

◎コミュニケーション

　コーチが一貫性を示し，選手の個別性を生かしながら，公平性を備えたコーチングを実施する上でコミュニケーションは重要である。2011年女子サッカーワールドカップで世界一に輝いた「なでしこジャパン」監督佐々木則夫は，「女子選手」のコーチに就任する際，娘さんからアドバイスされた「カッコつけない」ことを意識し，「鎧を着て『なんとかしてやろう』などと思われないよう心掛け，選手に対して一方的にならず，傾聴することを意識し続けた」と語っている（神原，2020）。選手を中心としたコーチングスタイルでは，「理解のための問いかけ，たずねる，聞く」行動が求められている（WR，2014c）。コーチには，選手と真正面からコミュニケーションを取ることが求められ，相手の考えを引き出す「質問」，選手から発せられる言葉を心から聴く「傾聴」を繰り返すことが必要である。「女子選手」はコーチに話を聴いてほしい，「女性」はとにかく話を聴いてほしいものであるといわれるが，それは男性も同様である。コーチにとって選手の話を傾聴することは，男女関係なく重要なコーチングプロセスの一部なのである。

(3)区別のないコーチングを求めて

　「女子選手のコーチングは難しいですか？」「女子選手をどのようにコーチングしますか？」という質問をしばしば耳にする。LGBTQ，ジェンダーフリーといった考え方が浸透しつつあるなかで，一律的に「女子選手」と「男子選手」に分けてコーチング活動を定義することの是非は今後ますます検討されることになるだろう。

　また，ジェンダーフリーの議論は除いたとしても，「女子選手のコーチング」という特別なコーチング方法は成立しない。コーチングを「コーチのフィロソフィー，チームの文化，選手個々の特性，年齢，何を目指しているのかなど，様々な要因をもとにプランを立て日々行う活動」と捉えれば，コーチングにはこれが正しいという唯一無二

のものが存在しない上に，コーチングへの影響要因としての女性の生物学的差異の影響も薄まる。「女子選手」に対してのコーチングが「男子選手」に通用しないのか，「男子選手」のコーチングがあるならば，それは「女子選手」に適さないものなのか，ということはない。すなわち，「女子選手のコーチング」という限定的なコーチング方法論が成立することの難しさを示している。

　コーチとして大切なことは，一人の人間として尊敬と信頼を持って選手と接することである。これは「女子選手」に限ったことではない。性別で区別する前に，選手は一人の人間である。そして，スポーツを通して何かしらの自己実現を求めている人間である。

　性別，年齢，競技力の差，競技経験の差など，コーチングを実施する上での様々なファクターを加味し，コーチング対象である選手の特性に合わせたコーチングをすること，すなわち女子選手だからというような区別した考え方がなくなることが，「女子選手のコーチング活動」のゴールとなるのであろう。

(4)競技環境の課題

　本稿では性差を超えたコーチング方法論の可能性を指摘したが，現在女子選手を取り巻く競技環境には課題が多い。生物学的性差以上に影響を及ぼす「環境要因が生み出す差異」に目を向けることが重要である。例えば，女子選手には，結婚，出産を機に引退するケースがみられる。日本の女子選手たちが長期的な競技力向上に寄与するためにも，今後は女子選手の出産前後のトレーニングプログラムの確立や，競技を継続しながら女性に求められる社会的役割を果たせる環境整備が求められる（鯉川，2017）。

（宮﨑善幸）

3.　月経とコンディション

　女子選手においては，近年，激しいトレーニングによる初経発来年齢の遅延，月経周期の異常，

無月経などの様々な健康問題が議論されるようになっている。とくにそのなかでも，①利用可能エネルギー不足，②運動性無月経，③骨粗しょう症を合わせた「女性アスリートの三主徴」が問題となっており，それぞれが相互関係を持ちながら影響し合いコンディションに大きな影響を与える。発端にあるのは，利用可能エネルギー不足であるとされており，運動や生活に必要なエネルギー量が摂取できていない状態を指す。とくに，成長期の選手は，骨や筋肉を成長させるためのエネルギーも摂取する必要がある。パフォーマンスを上げるための食事制限や過度なトレーニングにより，必要なエネルギー摂取量が慢性的に不足した状態が続くと，無月経となり，骨のリモデリングに必要な女性ホルモンの分泌が低下する。その状態でトレーニングを続けた結果，疲労骨折などの外傷・障害につながる危険性があり，競技パフォーマンスを低下させる（Goolsby and Boniquit, 2017）。「月経が来ないと楽」と考える女子選手の健康を守るためには，選手自身だけでなく，指導者が月経に関する正しい知識を得ることが重要である。15歳までに初潮が来ない，3カ月以上月経が来ていない場合には，婦人科の受診を勧めるべきである。

4. 女子ラグビーにおける外傷・障害発生の現状

(1) 外傷・障害の特徴と性差

女子の15人制，7人制における試合中の外傷・障害部位の特徴を表3-5に示した。15人制における試合中の受傷は，膝関節，肩関節/鎖骨，頭部/顔面に多く（Fuller and Taylor, 2023a），一方，7人制における受傷部位は，頭部/顔面，膝関節，足関節に多い（Fuller and Taylor, 2023b）。セブンズワールドシリーズ8年間の男女の外傷・障害の傾向を比較すると，脳振盪が最も多く発生していることが共通しているが（表3-6），発生率と重症度（復帰までに要する日数）を掛け合わせた外傷負担の割合は，女子において前十字靱帯損傷

表3-5 ●女子の15人制と7人制の外傷・障害部位 （Fuller and Taylor, 2023a, b）

15人制		7人制	
受傷部位	%	受傷部位	%
膝関節	23.9	頭部/顔面	22.3
肩関節/鎖骨	17.4	膝関節	19.6
頭部/顔面	15.2	足関節	11.8

表3-6 ●セブンズワールドシリーズ8年間における外傷・障害の発生部位の割合 （Fuller and Taylor, 2022, 2023b）

バックス		フォワード	
外傷・障害	%	外傷・障害	%
男　子			
脳振盪	13.8	脳振盪	13.4
ハムストリングス肉離れ	11.4	足関節捻挫	5.9
足関節捻挫	5.6	ハムストリングス肉離れ	5.6
女　子			
脳振盪	14.2	脳振盪	20.1
足関節捻挫	7.2	ハムストリングス肉離れ	7.1
膝内側側副靱帯	6.9	足関節捻挫	7.1

表3-7 ●セブンズワールドシリーズ8年間における外傷・障害の発生部位の外傷負担 （Fuller and Taylor, 2022, 2023b）

バックス		フォワード	
外傷・障害	外傷負担(%)	外傷・障害	外傷負担(%)
男　子			
ハムストリングス肉離れ	10.2	前十字靱帯損傷	15.0
前十字靱帯損傷	10.2	肩関節脱臼/不安定症	7.7
前脛腓靱帯損傷	7.3	脳振盪	5.4
女　子			
前十字靱帯損傷	20.1	前十字靱帯損傷	30.8
膝内側側副靱帯	8.2	ハムストリングス肉離れ	9.2
足関節捻挫	6.6	脳振盪	6.9

が高いことがわかる（Fuller and Taylor, 2022, 2023b，表3-7）。脳振盪は，選手の健康な生活を長期的に守るために深刻に扱うべき外傷であり，安全対策が求められる。また，前十字靱帯損傷は復帰までに長期間を要し，競技人生を絶たれかねない外傷であることから，予防への取り組みが重要であるといえる。

(2) 脳振盪の特徴と予防

男子よりも女子の方が脳振盪の受傷リスクが高く，その影響もより深刻であることが最近の研究で示されている。受傷起点においては，男子の頭

部への衝撃は選手同士のコンタクトが原因である一方で，女子は地面あるいは相手の膝に頭部が衝突して起こることが多く，男女で受傷メカニズムが異なることが示唆された（Williams et al., 2022）。加えて，地面への衝撃の際，女子は制御不能のむちうちを起こす傾向が高く，その背景として頸椎の安定性が男子よりも低く，慣性負荷や極端な動きへの抵抗能力が低いことが報告されている（Stemper et al., 2008）。

　脳振盪は頭部への直接的な衝撃がなくても発生するため，注意するべきである。頸部や上半身が細く筋力が弱い女子では，頭部を安定させるための頸部，体幹のトレーニングが重要である。また，反射的に頭頸部を守れるように転倒時の受け身の姿勢を習得し，コンタクトがあったときに後ろに倒れるのではなく前方に倒れるなど，姿勢をコントロールするスキルを身につける必要がある。WRから発表された外傷予防エクササイズのプログラムである"Activate"は，トレーニングまたは試合前のウォーミングアップの一環として使うためにデザインされており，脳振盪の発生を29〜60％減少させると報告されている（Hislop et al., 2017）。

(3)前十字靱帯損傷の特徴と予防

　前十字靱帯損傷は競技種目などによって異なるものの，女子は男性に比べて約2〜7倍多く発生していると指摘されており，解剖学的，内分泌学的，運動学的な性差があることが影響していると考えられている。

　前十字靱帯損傷のメカニズムは，タックルなどによる膝への直接的な衝撃による接触性損傷，方向転換や着地，減速動作時に起こる非接触性損傷に分けられる。ラグビーにおける前十字靱帯損傷の研究は少ない。国内トップレベルの女子ラグビー選手を対象とした疫学調査では，ボールを持った攻撃時の受傷が89.5％であり，サイドカッティング時の受傷が57.9％と，全体の過半数であったことが報告されている（平井ほか，2017）。海外の男子プロリーグの試合中に起こった損傷の

メカニズムは43％が非接触性損傷であり，サイドカッティングによる損傷の90％が踵からの着地であることが明らかとなった（Montgomery et al., 2018）。また，膝軽度屈曲位での着地，動作時の膝の外反，股関節の外転筋力の弱さ，体幹の不安定性などが前十字靱帯損傷につながるリスクの高い動作や特徴と考えられ，これらを修正することをターゲットとした予防戦略が必要になると考えられる（Larwa et al., 2021）。

　様々な競技，競技レベル，年齢で予防プログラムが実施されているが，女性における非接触性損傷はプログラムの実施によって67％が減少し（Webster et al., 2018），なかでも18歳未満の予防効果が高いと報告されている（Myer et al., 2013）。若年女性の非接触性損傷を効果的に予防するために推奨されているのは，ノルディックハムストリングスやランジ，カーフレイズなどの下肢筋力向上のためのエクササイズと，ジャンプと着地，ドロップジャンプなどの着地安定化エクササイズであり，これらをウォーミングアップに取り入れるとよいとされている（Petushek et al., 2019）。女子日本代表ではユースカテゴリーを中心に，動作の安定性を高め，安全なカッティングを促す目的で"SKIP（Sakura Knee Injury Prevention）"をプレウォーミングアップとして導入し，予防に取り組んでいる（平井，2018）。

（平井晴子）

［文献］
・會田宏（2019）競技力の構造．日本コーチング学会編　球技のコーチング学．大修館書店，pp.64-70.
・青山亜紀(2017)トレーニングピリオダイゼーション．日本コーチング学会編　コーチング学への招待．大修館書店，pp.218-228.
・浅野良太（2008）おしえて，小さな達人たち．ラグビークリニック，15：11-21.
・Baker, D.G. and Newton, R.U. (2008) Comparison of lower body strength, power, acceleration, speed, agility, and sprint momentum to describe and compare playing rank among professional rugby league players. Journal of Strength and Conditioning Research, 22(1): 153-158.
・Bennett, M., Bezodis, N., Shearer, D.A., Locke, D., and Kilduff, L.P. (2019) Descriptive conversion of performance indicators in rugby union. Journal of Science and Medicine in Sport, 22(3): 330-334.

・Bishop, L. and Barnes, A. (2013) Performance indicators that discriminate winning and losing in the knockout stages of the 2011 Rugby World Cup. International Journal of Performance Analysis in Sport, 13(1): 149-159.

・Cazzola, D., Stokes, A.K., Preatoni, E., England, E.M., and Trewartha, G. (2015) A modified prebind engagement process reduces biomechanical loading on front row players during scrummaging: A cross-sectional study of 11 elite teams. British Journal of Sports Medicine, 49(8): 541-546.

・Chen, S. and Light, R. (2006). 'I thought I'd hate cricket but I love it!', Change: Transformations in Education, 9(1): 49-58.

・Coté, J., Saimela, J., Trudel, P., Baria, A., and Russell, S. (1995) The coaching model: A grounded assessment of expert gymnastic coaches' knowledge. Journal of Sport and Exercise Psychology, 17(1): 1-17.

・Deci, E.L. and Ryan, R.M. (Eds.) (2002) Handbook of self-determination research. University of Rochester Press.

・遠藤隆夫（2009）ラグビー ゲーム＆プレー．ナツメ社．p.49．

・Evans, J.R. (2006) Elite level rugby coaches interpretation and use of game sense. Asian Journal of Exercise and Sport Science, 3(1): 17-24.

・Fuller, C. and Taylor, A. (2022) World Rugby injury surveillance studies: Sevens Series (men), Summary of results: 2021/22.

https://resources.world.rugby/worldrugby/document/2023/02/17/764bf617-bab0-4a9a-a737-09eab2dba540/Rugby-Sevens-Men-2021-22-Review-12-December-2022-.pdf（参照2023年4月23日）

・Fuller, C. and Taylor, A. (2023a) World Rugby injury surveillance studies: Women's Rugby World Cup 2021, Summary of results.

https://resources.world.rugby/worldrugby/document/2023/02/17/73ffed3a-7424-4387-8920-f287b92c76d4/Women-s-Rugby-World-Cup-2021-in-2022-Review-16-February-2023-.pdf（参照2023年4月13日）．

・Fuller, C. and Taylor, A. (2023b) World Rugby injury surveillance studies: Sevens World Series (women), Summary of results: 2021/22.

https://resources.world.rugby/worldrugby/document/2023/02/17/698e242c-698b-4e65-82d0-a112397af6f0/Rugby-Sevens-Women-2021-22-Review-25-August-2022-.pdf（参照2023年4月13日）．

・古川拓生（2023）フットボールのゲーム分析：ラグビー15人制．フットボールの科学，18（1）：111-121．

・古川拓生・川邉大督（2022）国内エリートラグビーユニオンにおける相手陣22m区域ゲームパフォーマンスに着目したリーグ戦上位チームの特徴．Football Science，19：38-48．

・Goolsby, M.A. and Boniquit, N. (2017) Bone health in athletes. Sports Health, 9(2): 108-117.

・Green, A., Coopoo, Y., Tee, J., and McKinon, W. (2019) A review of the biomechanical determinants of rugby scrummaging performane. South African Journal of Sports Medicine, 31(1): 1-8.

・グリーンウッド：江田昌佑・川島淳夫・河野一郎・中川昭訳（1991）シンクラグビー．ベースボール・マガジン社．p.105．

・グリーンウッド：江田昌佑・伊与田康雄訳（1993）トータルラグビー（新装版）．泰流社，pp.121-122．

・林雅人（2009）ラインアウトは「速さ」で獲る．ラグビーク

・リニック，19：20-23．

・Higham, D.G., Hopkins, W.G., Pyne D.B., and Anson, J.M. (2014) Performance indicators related to points scoring and winning in international rugby sevens. Journal of Sports Science and Medicine, 13: 358-364.

・平井晴子（2018）SKIP 女子7人制日本代表　前十字靱帯損傷予防プログラム．

http://en.rugby-japan.jp/RugbyFamilyGuide/_src/sc3691/skip_201820.pdf（参照2023年4月13日）

・平井晴子・田崎篤・田島卓也・石山修盟・中村明彦（2017）7人制ラグビー女子日本代表における膝前十字靱帯損傷の発生調査．臨床整形外科，52（4）：397-401．

・廣瀬恒平・中川昭（2006）ラグビーのキックオフ及び50mリスタートキックプレーに関する新戦術の考案とその有効性の検証．スポーツ運動学研究，19：29-44．

・Hislop, M.D., Stokes, K.A., Williams, S., McKay, C.D., England, M.E., Kemp, S.P.T., and Trewartha, G. (2017) Reducing musculoskeletal injury and concussion risk in schoolboy rugby players with a pre-activity movement control exercise programme: A cluster randomised controlled trial. British Journal of Sports Medicine, 51(15): 1140-1146.

・Hodge, K., Henry, G., and Smith, W. (2014) A case study of excellence in elite sport: Motivational climate in a world champion team. The Sport Psychologist, 28(1): 60-74.

・International Rugby Board：川島淳夫訳（2004）ゲームプランニング講習会ハンドブック．日本ラグビーフットボール協会，p.6．

・International Rugby Board (2007): Statistical review and match analysis. p.29.

https://resources.world.rugby/worldrugby/document/2022/08/24/0e905c52-0b30-48c0-9632-1d5fac5ab05e/RWC_Analysis_2007.pdf（参照2024年1月11日）

・International Rugby Board：日本ラグビーフットボール協会訳（2009）Level 2 Coaching Developing Rugby Skills．2009強化コーチ教本．pp.20-38．

・International Rugby Board：日本ラグビーフットボール協会訳（2017）レベル3コーチング：コーチのための分析と準備．講習会用参考マニュアル2017．p.129．

・ジョーンズ，E.（2015）エディー・ジョーンズ最終講義．ラグビークリニック，43：6-13．

・神原英彰（2020）女子選手の指導に悩む男性コーチ問題　名将・佐々木則夫は「カッコつけない」を貫いた．

https://the-ans.jp/coaching/119915/2/（参照2023年4月30日）

・兼松由香・來田享子（2023）日本の女子ラグビー統括組織創立（1988年）以前設立の女子ラグビーチームに関する検討─1979年から1982年までに東北地方で設立されたチームに着目して─．スポーツ史研究，36：1-18．

・Kidman, L. (2001) Developing decision makers: An empowerment approach to coaching. Innovative Print Communications, p.50.

・鯉川なつえ（2017）私の考えるコーチング論：女性アスリートのコーチング．コーチング学研究，30（3）：45-50．

・駒井孝行（2010）ラグビー必勝のコツ50．メイツ出版，pp.56-57．

・工藤俊輔・勝田隆（2005）ラグビーフットボールにおけるラインアウトパフォーマンス向上に関する研究─アウトオブプレータイムに着目して─．仙台大学大学院スポーツ科学研究科研究論文集，16：85-90．

・Larwa, J., Stoy, C., Chafetz, R.S., Boniello, M., and Franklin, C. (2021) Stiff landings, core stability, and dynamic knee valgus: A systematic review on documented anterior cruciate ligament ruptures in male and female athletes. International Journal of Environmental Research and Public Health, 18(7): 3826.

・Light, R. (2004) Coaches' experiences of Game Sense: Opportunities and challenges. Physical Education & Sport Pedagogy, 9(2): 115-131.

・Light, R. and Curry, C. (Eds.) (2021) Game sense for teaching and coaching: International perspectives (1st ed.). Routledge, pp.1-11.

・Light, R.L. and Evans, J.R. (2010) The impact of game sense pedagogy on Australian rugby coaches' practice: A question of pedagogy. Physical Education and Sport Pedagogy, 15(2): 103-115.

・ライル（2008）コーチング・プロセスとは何か．クロス・ライル編：川井昂ほか訳・監　コーチと選手のためのコーチング戦略．八千代出版，pp.3-22.

・Mageau, G.A. and Vallerand, R.J. (2003) The coach–athlete relationship: A motivational model. Journal of sports science, 21(11): 883-904.

・Martin, E. and Beckham, G. (2020) Force production during the sustained phase of rugby scrum: A systematic literature review. BMC Sports Science, Medicine and Rehabilitation, 33. https://doi.org/10.1186/s13102-020-00174-Z

・蓑内豊（2013）ラグビーの競技特性と心理的要因─個人に求められる要因─．北星論集（文），50：45-54.

・Montgomery, C., Blackburn, J., Withers, D., Tierney, G., Moran C., and Simms, C. (2018) Mechanisms of ACL injury in professional rugby union: A systematic video analysis of 36 cases. British Journal of Sports Medicine, 52(15): 994-1001.

・Myer, G.D., Sugimoto, D., Thomas, S., and Hewett, T.E. (2013) The influence of age on the effectiveness of neuromuscular training to reduce anterior cruciate ligament injury in female athletes : A meta-analysis. American Journal of Sports Medicine, 41(1): 203-215.

・Nakagawa, A. (2006) Re-examination of importance of kick-off and 50m restart kick play in rugby football. International Journal of Sport and Health Science, 4: 273-285.

・Nakagawa, A. and Hirose, K. (2005) Turn-overs in contact situations in rugby football: The effectiveness as attacking point and the mechanism of occurrence. Football Science, 2: 8-19.

・仲谷武夫（1967）女子のラグビー．日本ラグビーフットボール協会機関誌 Rugby Football，17（6）：46.

・日本女子ラグビーフットボール連盟（2003）女子ラグビー15年の歴史．p.3.

・日本ラグビーフットボール協会（2019）Japan Men's National Rugby Team (Brave Blossoms). http://en.rugby-japan.jp/2019/09/27/japan-ready-for-ireland-clash/（参照2023年4月25日）

・日本ラグビーフットボール協会（2023）女子ラグビー中長期戦略計画．https://rugby-japan.s3.ap-northeast-1.amazonaws.com/file/html/163911_6436a4d322662.pdf（参照2023年5月9日）

・女川ラグビースクール（1989）女川ラグビースクール開校10周年記念誌，p.10.

・Ortega, E., Villarejo, D., and Palao, J.M. (2009) Differences in game statistics between winning and losing rugby teams in the Six Nations tournament. Journal of Sports Science and Medicine, 8: 523-527.

・Petushek, E.J., Sugimoto, D.,Stoolmiller, M., Smith, G., and Myer, G.D. (2019) Evidence-based best-practice guidelines for preventing anterior cruciate ligament injuries in young female athletes: A systematic review and meta-analysis. American Journal of Sports Medicine, 47(7): 1744-1753.

・Pill, S. (2013) Play with purpose: Game sense to sport literacy (3rd ed.). Australian Council for Health, Physical Education and Recreation (ACHPER).

・Preatoni, E., Stokes, K.A., England, M.E., and Trewartha, G. (2015) Engagement techniques and playing level impact the biomechanical demands on rugby forwards during machine-based scrummaging. British Journal of Sports Medicine, 49(8): 520-528.

・Quarrie, K.L., Cantu, C.R., and Chalmers, J.D. (2002) Rugby union injuries to the cervical spine and spinal cord. Sports Medicine, 32(10): 633-653.

・來田享子（2016）女性のスポーツ参加，体育・スポーツ史概論（第3版）．市村出版，p.150.

・坂井和明（2019）球技におけるゲームの特徴．日本コーチング学会編　球技のコーチング学．大修館書店，p.34.

・Sasaki, K., Murakami, J. M., Shimozono, H., Furukawa, T., Miyao, M., Saito, T., Yamamoto, T., Nakayama, M., Hirao, S., Hanaoka, N., Katsuta, T., and Kono, I. (2005) Defense performance analysis of rugby union: The turnover-play structure. In: Reilly, T., et al. (Eds.) Science and Football V. Routledge, pp.243-246.

・Schoeman, R. and Schall, R. (2019) Team performance indicators as predictors of final log position and team success in Aviva Premiership, Guinness Pro 14, French Top 14 and Super Rugby. International Journal of Performance Analysis in Sport, 19(5): 763-777.

・Shimasaki, T., Chiba, G., Furukawa, T., and Nakagawa, A. (2017) Change in ball continuity situations in breakdown in world-class rugby: Focusing on the number of players involved and time required to get the ball out. Football Science, 14: 24-33.

・嶋崎達也・千葉剛・古川拓生・中川昭（2019）南半球強豪3カ国のブレイクダウンにおける防御プレーの分析〜ニュージーランドの特徴に着目して〜．大学体育研究，41：25-35.

・Stemper, B.D., Yoganandan, N., Pintar, F.A., Maiman, D.J., Meyer, M.A., DeRosia, J., Shender, B.S., and Paskoff, G. (2008) Anatomical gender differences in cervical vertebrae of size-matched volunteers. Spine (Phila Pa 1976), 33(2): E44-E49.

・高島三幸（2013）女子バレー真鍋監督に学ぶ「女子力」の引き出し方．https://style.nikkei.com/article/DGXNASFK2201I_S3A520C1000000/（参照2023年4月30日）

・Trewartha, G., Stokes, K.A., and Preatoni, E. (2014) Injury and biomechanical perspectives on the rugby scrum: A review of the literature. British Journal of Sports Medicine, 49(7): 425-433.

・上野裕一（1998）ラグビーフットボール．叢文社．pp.95-98.

・内山治樹（2019）球技の分類．日本コーチング学会編　球技のコーチング学．大修館書店，p.19.

・若井正樹（2007）Strength & Conditioning for Rugby ～フィールドで戦うために～．Strength & Conditioning Journal Japan, 14（8）：47-53.

・鷲谷浩輔（2018）ラグビーにおけるスクラム基本動作の言語化．千葉商科大学紀要, 55（2）：143-151.

・Watson, N., Durbach, I., Hendricks, S., and Stewart, T. (2017) On the validity of team performance indicators in rugby union. International Journal of Performance Analysis in Sport, 17(4): 609-621.

・Webster, K.E. and Hewett, T.E. (2018) Meta-analysis of meta analyses of anterior cruciate ligament injury reduction training programs. Journal of Orthopaedical Research, 36: 2696-2708.

・Williams, E.M.P., Petrie, F.J., Pennington, T.N., Powell, D.R.L., Arora, H., Mackintosh, K.A., and Greybe, D.G. (2022) Sex differences in neck strength and head impact kinematics in university rugby union players. European Journal of Sport Science, 22(11): 1649-1658.

・World Rugby：日本ラグビーフットボール協会訳(2014a)　コーチング入門．
https://99292875-899b-4e4c-b756-888f6602ded4.filesusr.com/ugd/21408f_fb3c6b8a16084c2d97625d74fa5bdf5a.pdf（2023年1月14日参照）

・World Rugby：日本ラグビーフットボール協会訳（2014b）長期的プレーヤー強化（LTPD）．
https://www.jrfu-coach.com/_files/ugd/21408f_23e36997380d45b09a6b296522f4bdfe.pdf（参照2023年5月9日）

・World Rugby：日本ラグビーフットボール協会訳（2014c）コーチングスタイル．
https://www.jrfu-coach.com/_files/ugd/21408f_2dbdb672ad1b4d77a1ccecb852a5e22e.pdf（参照2023年5月9日）

・World Rugby（2016a）レベル2コーチング（15人制）コースマニュアル．pp.1-72.

・World Rugby (2016b) Rugby World Cup 2015 statistical report. pp.7-9.
https://resources.world.rugby/worldrugby/document/2022/08/24/3347ffaa-c77b-45df-9595-7b43bfa3a5b2/RWC_Analysis_2015.pdf（参照2024年1月15日）

・World Rugby (2020) Rugby World Cup 2019 statistical report.
https://resources.world.rugby/worldrugby/document/2022/01/26/9106cf21-9a5f-4b99-b386-3f13eaeb6183/RWC_Analysis_2019-1-.pdf（参照2024年1月15日）

・World Rugby：日本ラグビーフットボール協会訳（2021）B級/A級コーチ講習会　World Rugby レベル1．p.41.

・World Rugby（2023）競技規則 Rugby Union 2023．
https://www.rugby-japan.jp/future/rule/（参照2024年1月3日）

・山本巧（2009）ラグビー――押す力――．体育の科学, 59（6）：392-395.

・山本巧・藤森啓介（2017）考えて強くなるラグビーのトレーニング　戦術アプローチに基づく練習プログラム．大修館書店, pp.10-16.

・柳沢和雄（2017）スポーツマネージメントの目的．柳沢和雄・清水紀宏・中西純司編著　よくわかるスポーツマネージメント．ミネルヴァ書房, p.4.

・吉田茂（1990）運動構造の運動学的認識．金子明友・朝岡正雄編著　運動学講義．大修館書店, p.89.

・結城康平（2019）欧州サッカーの新解釈。ポジショナルプレーのすべて．ソル・メディア, pp.28-37.

第 4 章

ラグビーの試合とコーチング活動

第1節　ラグビーの試合の種類と特徴

1. 公式試合

(1) 国際試合

　他国（協会：Union）のチームと対戦する国際試合は，大会の一部として組み入れられる場合と対戦国（協会）間で設定する場合がある。ラグビー界にあって最高峰の大会は，4年ごとに開催されるラグビーワールドカップ（Rugby World Cup：RWC）である。RWCは，リーグ戦形式で行われる予選プール戦と決勝トーナメントから構成され，期間は約6週間（2023年度フランス大会は7週間）である。期間が限定されているため，試合間隔の設定は競技運営上，重要なテーマであり，選手の立場で考えると，試合実施後の疲労のリカバリー時間の確保や試合会場への移動に伴う身体的負担は，競技結果に重大な影響を与える。RWC 2023では，選手のウエルフェアを最優先にするためのいくつかの処置が決定されている（World Rugby〈以下，WR〉，2021）。

　RWCに続く規模の大会としては，伝統的な大会である北半球のシックスネイションズ（Six Nations Championship）と南半球のラグビーチャンピオンシップ（The Rugby Championship）が行われている。この2大会は，ホーム＆アウェイを基本とし，リーグ戦形式で毎年開催されている。

　対戦国（協会）間で設定される試合では，代表同士の試合を「テストマッチ」と呼んでいる。ラグビーでは対抗戦として発展してきた歴史的経緯があり，代表選手に帽子を贈り，代表選手としての試合出場歴を「キャップ（Cap）」と呼ぶ習慣も，このテストマッチとともに育まれてきた。

　WRでは国際ランキングを導入し，各国（協会）の競技力を評価している。その一方で，試験的実施競技規則の導入や競技規則の改正は，RWC終了から次のRWCへ向けた4年周期で実施されており，国際競技力の強化はRWCにおける競技成果を目標に実施されている。

(2) 国内試合

　国内試合は，地域やグループ単位で様々な形式の試合が行われている。国内最高峰の大会は，ジャパンラグビーリーグワン（以下，リーグワン）であり，5カ月間にわたり，2カンファレンスのホーム＆アウェイのリーグ戦と各カンファレンス上位チームによるトーナメント戦が行われている。大学については，トーナメント形式の大学選手権を頂点に，各地域で行われるリーグ戦形式の大会が大学選手権予選を兼ねている。また，テストマッチ同様に任意の大学間による定期戦や親善試合がホーム＆アウェイ形式で行われている。

　これらの国内試合は，国際試合と時期が重なることがあるため，コーチは，自チームの試合カレンダーと代表カレンダー間で選手起用を調整しなければならない。その際に重視することは，選手のウエルフェアであり，またキャリアプランである。

(3) リーグ戦形式とトーナメント形式

　大会形式には，リーグ戦形式とトーナメント形式がある。リーグ戦形式では，リーグ戦に参加するすべてのチームと対戦し，勝ち点，総得失点や総トライ数，トライ数や点数差にもとづき決められたボーナスポイントなどで順位を決定する。一方，トーナメント形式は負ければ終わりの大会で，ノックアウト形式と称される場合があり，最後まで勝ち残ったチームが優勝となる。

　トーナメント形式の試合は，手堅い試合様相となると考えられている。RWCの決勝では，優勝

チームのタックル数が多く，攻撃局面よりも防御局面が勝利に影響を与えていることが報告されている（Vaz et al., 2019）。一方で，ジャパンラグビートップリーグ（現リーグワン）においては，リーグ戦形式のプールステージ（予選）とその後のトーナメント形式のファイナルステージでは得点や反則などに差はみられず，両方のステージにおいてトライによる得点が高いことが明らかにされ，リーグ戦やトーナメントに参加するチーム間の競技力の均一性がその要因と考察されている（Yamamoto et al., 2023）。

(4)ホーム＆アウェイ

ホーム＆アウェイ形式で行われる国際試合では，ホームアドバンテージの影響についての検討がなされている（García et al., 2013）。ホームチームの勝率は60％程度となっており，統計的に有意に高い確率である。また，シックスネイションズではホームチームに有利な影響を与える傾向があり，ホームであることが選手やレフリーの心理状態に強く影響を及ぼしていることが示唆されている（Vaz et al., 2012）。国際試合では，ホームアドバンテージの存在を認識しておくべきである。

2. 練習試合

トレーニングの延長として練習試合を行う目的は，大きく次の3つに分けることができる。

(1)選手やコーチの評価

選手のパフォーマンスは，グラウンドでのトレーニング時のプレーやフィジカルトレーニングなどから評価することが可能である。しかし，ゲームセンスは実際の試合でなければ評価することはできない。

また，試合でのチームや選手のパフォーマンスはコーチの評価にもなりうる。コーチがなぜその選手を起用したのか，また，なぜその戦術を取り入れたのか，どのようなトレーニングをしてきたのかが，試合におけるパフォーマンスとして現れ，それらを数値で客観的に見ることによってコーチの指導力としての評価にすることができる。

(2)トレーニング効果の検証

練習試合は，トレーニングの効果を検証する場としても使われる。トレーニングは，スキルトレーニングなど目的に応じて分類され，時期によりその習熟レベル・到達目標が異なる。トレーニングを評価する際に重要なことは，費やした時間や労力が効果として現れているかである。球技においては，試合中の走行距離，スプリントの回数や速度，コンタクトの衝撃度などのデータはGPSで測定され（古川ほか，2013；Bridgeman and Gill, 2021），プレーの回数や精度はビデオにより分析されている。また，チームとして有効な戦術であるのか，選手構成によりどのような戦術が効果的であるのかなど，戦術トレーニングの効果を検証する際にも試合は活用される。このように様々なトレーニングの効果を検証するためには，試合におけるパフォーマンスの発揮状況を測定することが非常に有効である。

(3)実践的なトレーニング（ゲームシミュレーション）

練習試合は，目標とする試合のシミュレーションとしても位置づけられる。公式試合において，戦術や選手の組み合わせなどを試したりすることには大きなリスクを伴う。コーチが悩む点として，トレーニングと試合のパフォーマンスが乖離している，もしくはトレーニングでできていたプレーが試合ではみられないことがある。球技においては状況判断をしてプレーを選択することが重要であるが，この状況判断を養うことは容易なことではなく，分習法を基本としたトレーニングやミーティングだけで高めることは限定的である。しかし，様々なシチュエーションを想定したトレーニングを行った上で試合を行うことは，目標となる試合に向けたシミュレーションとなる。またこのことは，コーチだけでなくチームスタッフにも当てはまる。　　　　　　　　　　（木村季由）

第2節　試合に向けての準備

1. シーズンに向けての準備とコーチング活動：長期

(1) 目標となるチーム戦略

　チームがシーズンに向けて準備を進める上で，どのようにゲームをするか，明確なモデルとなるチーム戦略を持つ必要がある。チーム戦略を決める上で，自チームの選手，与えられた時間，目標となる対戦相手や大会の性質，クラブの文化，理想のラグビー，使えるリソース（予算，スタッフ等）など，多くの要素が影響する。そのなかで，チームが目標とする大会や試合で勝利するために，それぞれのチームが理想とする戦略を立てない限り，良い準備は困難である。

　チーム戦略をつくる上で，コーチの理想も一つの重要な要素である。しかし，コーチは理想のゲーム観を持ちながらも，素材を活かし，勝てるラグビーを追求することが求められる。その結果，それらの要素を練り上げて形づくられたチーム戦略は，対戦相手のチームと異なるはずである。そして，チーム戦略の目的に応じて，チーム独自のトレーニングセッションを準備する必要がある。

　理想とする戦略がないとよく陥る間違いとしては「意図のない強豪の模倣」（勝田，2002）や，「流行への過度の信頼」（グリーンウッド，1991，p.327）といった危険性が存在する。コーチはチームを率いる上で，誰かと違うことをすると，失敗したときに非難にさらされる。だからといって，そのことを恐れていてはより良いチーム戦略を策定し，チーム力を最大化することはできない。

　さらに，そのチーム戦略もシーズン前に，早期に戦い方を絞り過ぎたり固定化し過ぎると，狙った試合のときはさらに限定的にならざるをえない。当初から，キックを主体にして防御中心に考えているチームが，試合前にキッカーの怪我による離脱があった際には，ボールを展開するスタイルを押し出すことは困難になる。

　各々のチーム戦略を計画的に発展させ，基本的な戦い方を浸透させ，シーズンを迎える前にチームを成熟させておくことは重要な点である。シーズンに入れば，直近の相手の対策も限られた時間のなかで行う必要がある。また，15人が様々な状況で同じビジョンを持ってプレー選択していくようになるには時間がかかる。チーム戦略について「目の前のミクロな状況を処理するのに注意を奪われることが少なければ少ないほど，より自由にチームあるいはゲームの目的を実行することに注意を集中させることができます」（グリーンウッド，1991，p.84）とも言及されている。これは，チーム戦略が整理され，その状況をトレーニングで準備することができれば，ミクロな状況でも，意思決定を単純化して戦うことができることを示している。

(2) セレクション

　チーム戦略に沿って，メンバーのセレクションをすることはコーチの責任ある仕事である。メンバー選考は指導者の大きな権限であり，選手にとっては脅威にもなると言及されている（山田，2019）。だからこそ，指導者はその意図が選手にとっても明確なチーム戦略にもとづいていることやメンバー選考に一貫性を持つことが重要であるといえる。

　シーズンを迎える前は，目標とする大会から離れていることもあり，選手を実践の場で試す期間として重要である。どの段階で，メンバーを固定化するかは時期やチームの状況によって変わるが，山田（2019）は，メンバーを固定化すると選手は高いモチベーションを維持できることや効率的に

トレーニングができる利点を指摘しつつ，控えメンバーのモチベーションの低下について言及している。目標となる試合で目標を達成するために，どのような選手に経験を積ませ，チャンスを与えるのか，チームや指導者の考えによって左右する部分である。選手を多く抱えたチームでも，パフォーマンスによってメンバーを積極的に変更していき，選手のモチベーションを維持する手法もあれば，固定化してチームの成熟度を優先する場合もある。どちらにせよ，コーチがメンバーを決める際に，全員が納得し，気持ちの良いメンバー決めが起こるのは稀である。そこでのネガティブな感情に対しての対応と基準を持ち，その感情に左右されないコーチのタフネスも重要である。コーチが選手を理解し，コーチングする環境で何を選手に与えられるのか，どのような経験をさせれば成長させられるのかというビジョンを持ち，シーズン前に他のメンバーからは理解されないメンバー選考でも，自分の考えを信じて抜擢するべきである。多くの人の顔色をうかがうのではなく，勇気を持って選考することがコーチには必要である。

また，選手個人のセレクションに加えて，山田（2019）は，同時に選手間で生じる「化学反応」について触れている。シーズン前の準備の時期に，一定以上のレベルをクリアした選手たちのなかで組み合わせを試すことも重要であると考える。これに加えて，チーム戦略のなかで，ジャンパーを揃えていくのか，ペネトレーターを並べるのか，またはキッカーをどのポジションに託すのかなどについて，コーチに判断が求められる。さらにチームの総合力は個人の数値を足した結果として現れるものではなく，その選手起用によってチーム全体がどう作用するか，目に見えない部分も指導者が把握することの重要性が指摘されている（平尾，1998）。

さらに，競技特性上，怪我での離脱を想定しておく必要がある。そのなかでセカンドポジションを持つ選手は貴重である。RWC 2019では，優勝した南アフリカはバックス（以下，BK）のリザーブを2人のみにした。これは複数のポジションができる選手をBKで準備できるので，フォワード（以下，FW）を1人多くリザーブにした方がチーム戦略を最大化させるために有効であると判断した結果である。

(3) ピリオダイゼーションとトレーニング

目標となる大会やリーグのスケジュールの予定を年間のスケジュールに入れると，チーム戦略の強化に使える時間を想定することができる。その時間制約のなかで良い計画を立てることは最も重要で，適切な計画がなければ，チームは失敗する可能性が高まってしまう（Bompa and Claro, 2009, p.97）。1年間の計画を立てるときに，目標となる対戦相手とのギャップを分析し，どれくらい時間があり，各課題にどれくらいの時間を割くかは計画を立てる上で重要な考え方になるだろう（生島，2015）。課題の内容によっては，コーチが最初から確信を持って，計画のなかに時間を確保していくことは非常に難しい作業になる。Bompa and Claro（2009, p.42）は「トレーニングは独断的であるべきではなく，科学的知識によって提供される洗練された芸術であるべきです」と述べており，科学的な要素を重要視しつつ，それぞれのコーチの経験や環境要因を複合的に捉えながら，自身のチーム戦略を発展させるために独自の計画を立てることが重要になるだろう。その後，計画を実行していくなかで，コーチの観察や評価にもとづき，スケジュールの詳細は変更されるべきだろう。

年間トレーニングをいくつかの期に分けて実施する「ピリオダイゼーション」の基本的な考え方は，低強度で量の多いトレーニングから，より競技特性に近い高強度で量を絞ったトレーニングへ移行していくものである（ホフマン，2011, p.136）。準備期間が長ければ，量の多いトレーニングが実施でき，個人やチームスキルを磨く時間が与えられ，基本的な能力を向上させるために必要な時間を得ることが可能となる。そのような準備ができることで，パワーやアジリティー，スピードのト

表4-1 ●ラグビーの年間計画と身体運動能力の期分けのガイドライン （Bompa and Claro, 2009, p.88を改変）

月/期分け	1	2		3	4	5	6	7	8	9	10	11	12
トレーニングフェーズ	準　備				試合期								移　行
技術的トレーニング	個人スキル	個人スキルのチーム戦術への統合			個人スキル統合 攻撃　防御 相手チームへの適応								—
戦術的トレーニング	—	攻撃と防御の基本を育成			攻撃と防御の戦術的スキルを磨く 相手に応じて柔軟にチーム戦術を構築								
ストレングス&パワー	アナトミカルアダプテーション（解剖学的適応）	最大筋力	最大筋力 筋持久力	パワー 最大筋力の維持 筋持久力の維持	最大筋力とパワーの維持								アナトミカルアダプテーション（解剖学的適応）
アジリティートレーニング	—	新しいスキルを学習		アジリティーと クイックネス	具体的なアジリティー訓練の維持								
スピード	—	最高速度を開始（ATP-CP系） ・ATP-CP系と乳酸系の戦術ドリル ・最高速度の短い繰り返し（ATP-CP系）			維持 ・マックススピード ・ポジションに特化した訓練								—
持久力	有酸素系（好気性）	ゲームとポジションに固有の持久力		ゲームとポジションに 固有の訓練 ・乳酸系・有酸素系	ゲームとポジションに固有の持久力 （エネルギー生成）								有酸素系（好気性）

レーニングを始める前に，健全なストレングスベースが獲得できる（Bompa and Claro, 2009, p.59）。

また，年間計画のピリオダイゼーション（期分け）は，オーバートレーニングを防ぎ，トレーニング効果を最大限効率よく発揮できるようにすることでもある。**表4-1**は，技術，戦術，筋力とパワー，敏捷性，スピード，持久力に関する年間計画の一例である。

(4) トレーニングのバランス

試合の予定から逆算し，シーズン前にどんな準備をしておくのかを計画する必要がある。特にラグビーのコーチは，技術的なトレーニングや戦術的なトレーニングと同様に，体力的な要素についても理解が必要である。どんなにタックル技術やスクラム技術が卓越していても，筋力や体重の影響を受け，技術が発揮できない場面があり，技術を発揮するための最低限の筋力や体力がないとパフォーマンスを発揮できないことがあることをコーチは理解する必要がある（杉原，2003）。また試合の終盤などでは，持久的能力やコンタクト耐性が低い選手の場合，普段の技術が発揮されないケースも発生する。つまり，ラグビーの競技特

性的にパフォーマンスを発揮するにはこれらの点が重要である。ラグビーをしていれば，その運動能力が自然と身につくという考えも存在するが，競技レベルが高くなると，ラグビーだけをしていても体力要素として必要とされる筋力や筋肥大が獲得できないという競技特性があるとされている（Bompa and Claro, 2009, p.100; Tee et al., 2019）。

このことと関連し，ポル（2017）は「人間の動きを分割して考えることはできない」と述べ，またラグビーにおける戦術ピリオダイゼーションの知見では「トレーニングにおいて，準備の身体的，戦術的，技術的および精神的要素を切り離してはならない」（Tee et al., 2019）といわれている。現状のチームパフォーマンスを把握し，必要な差を埋め，目標とする大会で理想のチーム戦略を発揮するためには，長期的に技術や戦術，体力要素を分けずに統合する視点を持つことがラグビーコーチにはより求められる。チーム戦略を目標の試合や大会で発揮するために，必要となる具体的な技術や戦術の能力をシーズン前に準備する必要がある。

ラグビーの戦術的な攻撃と防御に関して，林（2015b）は「ラグビーはディフェンスよりもアタックの方が難しいので多くの時間をかけるべ

き」と言及している。RWC 2015で南アフリカを破った日本代表もまずは攻撃面に着手したともいわれており，シーズンへ向けたチームづくりを進める上で参考となる見解である。また，防御に関しては，チームの防御システムと個人のタックルスキルのそれぞれの習得時間には違いがあり，チームに与えられている時間や選手の個人スキルの成熟度などを考慮する必要がある。すなわち，個人スキルの成長に時間が取れるのか，それが難しい場合にはシステムやスケジュール，セレクションを見直すことも必要になる。

ラグビーの競技における特徴の一つであるコンタクトに関しては，より安全面への配慮が進んでいるが，2022年にWRによってコンタクトの負荷に関するガイドラインが出された。このガイドラインでは，コンタクトを「強度」「量」「密度」「予測可能性」の4つの要素に分けて提示しており，これらの相互関係を理解しコンタクトの負荷を管理する重要性を述べている。また，**表4-2**にあるように，フルコンタクトの負荷のかけ方の原則を5つ提示している。

コンタクトは安全面の他に，回復という点でも負荷の管理が必要である。表4-2で示されているように，フルコンタクトの負荷をかける日が週に2日，最大15分となると，どのような状況でフルコンタクトやコンタクトのトレーニングを取り入れるのかによって，チームのパフォーマンスに与える影響は大きくなる可能性がある。その内容はコーチによって意見が分かれるところだろうし，

表4-2 ●トレーニングでのフルコンタクトの負荷のかけ方の原則（World Rugby, 2021, p.6）

1．トレーニングでフルコンタクトの負荷をかけるのは，週に2日のみとする。
2．月曜日は，前の週末の試合からのリカバリーを考慮して，フルコンタクトの負荷をかけない日とする。
3．金曜日は，次の試合に向けたトレーニングからのリカバリーを図るために，フルコンタクトの負荷をかけない日とする。
4．したがって，週に2回のフルコンタクトの負荷がかかる日は，火曜日，水曜日，木曜日のなかから選ぶ。
5．フルコンタクトトレーニング（高強度のコンタクト）の量は，週に最大15分とする。

チームの成熟度や人数，リカバリー環境によっても違うかもしれない。ただし大事なのは，コーチはフルコンタクトでのトレーニングをしないと実践につながるスキルが身につかないという思考にならず，コンタクト負荷を下げてでもできるトレーニングを組み，必要な時間に集中力を持ってフルコンタクトを行うことであり，このことは安全面と疲労回復という2つの意味で重要である。目標とする試合までに期間がある時期に避けたい事例としては，フルコンタクトを取り入れ過ぎて怪我をしたり回復できない状態が続き，他のトレーニングがおろそかになる事態が挙げられる。

RWC 2007で優勝した南アフリカ代表スプリングボクスが大会前からのテーパリングに成功したという事例があり，いかにコンディションを保ったか，いかに練習量をコントロールしたかという報告がある（ムジカ，2017）。傷害の負担とチームの成功には負の相関があるとされており（West et al., 2020），練習量をコントロールし，怪我人を少なくすることはチームを勝利に導くために重要である。したがって，長いシーズンを戦っていく上で，疲労の制御と強化のバランスは考慮すべき重要な点といえるであろう。

(5) ラグビーとエネルギー供給システム

ラグビーの技術的，戦術的なトレーニングに合わせて，ラグビーで使われるエネルギーについても理解しておくことが重要である。**表4-3**は，ラグビーの一般的なエネルギー生成の割合を表したものである。ゲーム中はこの3つのエネルギーシステムすべての負荷がかかる。

ホフマン（2011, p.102）は，「ラグビーのようなチームスポーツ選手の競技中の生理学的変化はより複雑になり，ゲーム展開によって多様化して一定にならない」と述べている。それに加えて，

表4-3 ●ラグビーのエネルギー生成（Bompa and Claro, 2009, p.43）

	エネルギー供給システムの割合（%）		
運動	ATP-PC系	解糖系	有酸素系
ラグビー	10	30	60

ラグビーはポジションの特異性があり，FWはエネルギー生成の解糖系（乳酸系）に大きく依存し，BKはより多くのATP-CP系に依存するともいわれている（Bompa and Claro, 2009, p.42）。

シーズン前には，どのような展開においてもベースとなる有酸素系の能力を獲得しつつ，ポジションに特化したエネルギーのトレーニングを上手く取り入れ，複雑なゲーム展開の基礎となる3つのエネルギー回路のすべてを鍛錬しておくことは重要になるだろう。実際には多様な能力が求められるラグビーにおいて，トレーニングに費やすことができる時間は制限される。時間を有効に活用する上で，Gamble（2006）は，単一のセッションで競技のトレーニングと生理学的トレーニングの効果を組み合わせるための様々なアプローチが有効だと言及している。さらに，Tee et al.（2019）も，戦術的なトレーニングセッションは試合に特異的なスピードや持久力，そして試合そのものの状態で高強度運動を反復する能力を向上させる有効な機会であると述べている。例えば，タッチを割らないキックが繰り返し起こる内容のトレーニングであれば，キックチェイスやカウンターアタックが頻繁に起こり，スピードが上がるスプリントを繰り返す可能性が高い。逆に，自陣深く侵入されて防御しているケースでは，個人と集団のコンタクトの技術や戦術が重視され，かつ防御側にシンビンの設定などの状況を設定し人数を減らして防御させる状態をつくることで心理面が刺激され，それを繰り返すようにトレーニングをデザインすることで高強度運動の反復を起こすことも可能である。つまり，ラグビーの技術的・戦術的なトレーニングに加えて，生理学的な効果を意図し，さらに心理的な状況も付け加えてトレーニングを設定することは，競技が要素還元的に分けられないものであり，分けない方が記憶に残るという点やトレーニングのための潤沢な時間は限られていることを想定すると，時間効率と同時にトレーニング効果をグラウンドで発揮するためにも重要となる。

(6)負荷の調整とモニタリング

日々のトレーニングで，オーバートレーニングになっていないか，または適切な負荷がかけられているかをコーチが主観的に見極めることは困難である。さらに，ラグビーはストレングストレーニングなど，グラウンド以外のトレーニングに時間をかける競技でもあるから，なおさら把握することは困難といえる。そこで，主観的運動強度（RPE）にトレーニング時間をかけあわせた「セッションRPEシステム」を使って，週の全体を把握することが有効となる。表4-4にその一例を示す（Comyns and Flanagan, 2013）。

表4-4 ●週のトレーニング負荷，単調性，緊張度を計算するための例（Comyns and Flanagan, 2013）

曜日	セッション	セッションRPE	セッション時間(分)	セッションTL	デイリーTL
月曜	ウエイト/ストレングス	4	45	180	300
	スピード	4	30	120	
火曜	ラグビートレーニング（ユニット）	6	80	480	480
水曜	ウエイト/ストレングス	4	35	140	290
	コンディショニング	6	25	150	
木曜	ラグビートレーニング（チーム）	5	65	325	325
金曜	OFF	0	0	0	0
土曜	ラグビーの試合	8	65	520	520
日曜	OFF	0	0	0	0
	週のトレーニングの負荷				1,915
	1日のトレーニングの平均負荷				274
	トレーニングの単調性				1.32
	トレーニングの緊張度				2,533

注）RPE：主観的運動強度
　　TL　：トレーニング負荷

これらはアスレティックトレーナーやS&Cコーチだけが把握するのでなく，ラグビーのコーチも練習負荷や週全体での選手の負荷を把握することは，グラウンドでのトレーニングプランを立てる上でも必要であるし，選手の状態を把握することにも非常に役立つ。どのチームやどの選手も同じような環境で生活しているわけではない。実際にそれぞれにどのように負荷がかかっているか，逆にいえば狙い通りに負荷がかけられていないのか，試合日に高い疲労感を残した状態で臨んでいないかを実際にモニタリングできると，それぞれのチームに合った準備がさらに良いものになるはずである。例えば，ハードなスケジュールで成功しているチームの裏には，その負荷をリカバリーするための環境や選手のセルフリカバリーの理解度を高めるための教育をしている背景があるかもしれない。選手の負荷をモニタリングできていない場合，同じようにハードトレーニングを課しても負荷が蓄積されていき，怪我につながる可能性がある。チーム環境によってできることは違うが，そのようなリスクを回避するためにも，選手の負荷を可能な範囲でモニタリングしていくことや，それをチームスタッフで情報共有すること，さらに選手の自己管理能力を高めることは非常に重要になる。

(7)チームの組織化

中川（2011）は，エリートスポーツでのコーチングにかかわるマネジメント活動のなかで，最も重要なものはクラブやチームの組織化であると述べている。この指摘のように，そもそもどのような役割を担うスタッフが何人いるのかによって，またそれらの役割や協力体制などによっても，チームが目指すべき戦略の実現可能性が影響を受ける。どのような選手がいるかも重要であるが，どのようなスタッフをリソースとしてチームが抱えているのかも影響が大きい。同時に，どんな役割を担ってくれるスタッフが必要で，それを育成するのか，外部から招くのかといったスタッフのチームづくりも現場の責任者には戦略が必要にな

る。そして，そのスタッフチームの能力発揮にはスタッフ間や選手との関係性の質が重要であり，スタッフの能力発揮ができるようにスタッフチームを育てる必要がある。スタッフは長期にわたりチーム戦略を支えて育てる大きな基盤である。

(8)リーダーシップ

ラグビーという競技の特性上，意思決定をするリーダーの選手を数人，チームで育成することがコーチにとって重要になる。それは，ラグビーでは，グラウンド内はコーチの手を離れてリーダーが意思決定することが勝敗の鍵を握るからである。この戦術的意思決定者の判断ミスというのは，個人的な意思決定を下している個々の選手の判断ミスに比べて，より大きな損失をもたらす傾向にある。

シーズンに入る前にチーム全体の自律性に加えて，リーダーのリーダーシップの育成を計画的に考えることが必要であり，とりわけラグビーのコーチには重要である。そのためには，シーズン前の練習試合や普段のトレーニングからリーダーを巻き込んで意思決定を行い，その能力を育てていく必要がある。とくにラグビーというゲームでは，多様な得点方法があり，ペナルティを得た場合に複数の選択肢が与えられる。速攻，タッチでラインアウト，スクラム選択，ペナルティゴールなどから，試合展開や得点，天候，自チームの特徴と相手のチーム相性などから選択が必要になる。したがってシーズン前から，意思決定者のリーダーには，コーチと方針を整えることが重要になる。時期によっては，練習試合ではすべて速攻，モールでのトライは狙わないなどのチームの方針を取る場合もあるが，勝ち点などが影響するリーグ戦，勝敗がすべてのトーナメント戦などを想定して，マネジメントしておく必要もある。

ゲーム中のリーダーシップを育成することと同様に，普段のトレーニングからリーダーを育成していくことがラグビーの競技性からも重要であり，様々な成功事例がある(Hodge et al., 2014)。グラウンドはもちろんクラブにおいても選手がコント

ロールする時間を持たせること，そして意思決定に巻き込むことが選手の主体性や自律性を育てることになる。組織は，責任と権限を持たせ情報を開示しないと，自律性を持たすことが難しいとの見解もある（堀，2010）。指導対象にもよるが，指導者がリーダーを育てる視点を持ち，トレーニングと同様に失敗を繰り返しながら育てていくことが，長いリーグ戦やトーナメントを勝ち抜く上で必要となる。

2. 目標となる試合に向けての準備とコーチング活動：短期

(1)ゲームプラン

シーズンに入っての試合に向けての準備は，基本的にシーズン前に準備したチーム戦略でリーグ戦やトーナメントを戦っていくことが根幹になる。それに加えて，対戦相手を考慮した個別のゲーム戦術を準備していくことになるが，「個別に対応しなければ勝利することが難しい場合のみ，個別のゲーム構想を準備する」（倉石，2019）という主張が参考となるだろう。

相手の分析については，試合映像から相手チームの個性や特徴をつかむ必要がある。どの球技にとっても，得点パターンや失点パターンが分析対象になる。得点にはつながっていないものの，相手チームが「何を意図しているのか」「どんなゲーム展開を狙っているのか」「どのように得点したいのか」を予測していく力が準備に影響を与える。

それに加えて，ラグビーの場合は，ボールの争奪という点に特殊性を持つ。ラグビーゲームの原則は，プレーの継続とボールの争奪にある。このボールの争奪がラグビーユニオンたる所以の一つである。つまり，ラインアウト，スクラム，キックオフ・50mリスタートキック，ラックなどの争奪がどのような状態かを把握するための分析が重要である。スピード豊かで多彩な攻撃力を持つ強いチームが相手の場合，この相手チームの強みに対応するには，その攻撃を止めること，自分たちが攻撃することで攻撃時間を奪うこと，セットプ

レーを中心としたボール争奪局面でボールを奪うあるいは配球を乱すこと，などが対策として考えられる。最後のボールの争奪局面でボールを奪ったり乱すというのは，ラグビーユニオンの特徴である。

林（2015a）は，ラインアウトを考える上で最初の選択肢は，ボール獲得を優先するか，その後の攻撃を優先するかであると述べている。もし，その後の攻撃を優先する考え方のチームであれば，防御側はどう止めるかよりは，ラインアウトでどうボールを奪うかに着目することができる。実際は，自分たちと相手との力関係と，ラインアウトでボールを奪うためにどれくらい時間をかけられるのかを考慮して，どんな配分でトレーニングを準備した方が勝利に近づくかをコーチが決めることになる。すなわち，コーチは自チームを把握していることを前提にして，相対的にベストな選択をする必要がある。

また，中6日や5日の約1週間で次の対戦相手の準備をするケースが多いラグビーでは，与えられた時間のなかで，対戦相手の情報や自チームが行う個別戦術をどう選手に伝えていくかも重要である。あまりに処理しきれない情報を与えてしまったり，メンタル的に不安定な方向に導く情報提供をしてしまったりするなどの良くないケースもある。さらにトーナメント形式の大会では，会場や時間は把握できているものの，対戦相手が予想外になることもあり，準備が難しく，さらに怪我や疲労もある。いかにコーチが情報量と情報の伝え方の工夫をするかは，良い準備に必須である。選手によっては，どんな方法が伝わりやすいかについても違いがあり，コーチは映像や図を用いて直接的にまたは遠隔で情報を与えたり，歩きながら自らの視野で体感させるというやり方を使ったりしながら，選手に伝えたい情報をインプットする形が一般的だろう。時間的制約のなかで，様々な方法を使い，短時間で選手に理解させなければならない。

コーチは自身で様々な準備を何度もしているため，自身の考えを伝えたら，選手が理解している

と錯覚するというギャップが発生することもある。コーチは選手が理解したかを確認し，できていなければ様々な伝達方法でアプローチして，選手に伝える必要がある。トーナメントやリーグ戦が毎週あるなかで，情報とその伝え方を計画し，トレーニング内容と一致させて，パフォーマンスを試合で発揮させていくことが重要になる。

(2)目標となる試合に向けてのトレーニング

　目標となる重要な試合にベストコンディションで臨めるようにコンディションを上げていく「ピーキング」と呼ばれる方法が必要になる（河森，2018）。それを達成する一つの方法として，トレーニングを軽減させる「テーパリング」と呼ばれるやり方は，激しいコンタクトスポーツであるラグビーには重要と考える。そもそもテーパリングとは，実際の試合に先立つ枠組み（数週から数日）のなかのトレーニング最終期を指し，トレーニング変数である強度，頻度，継続期間を操作することによるトレーニング負荷の軽減を伴っている（ムジカ，2017）。最終期のどこからトレーニング負荷を落とすのか，その上で強度の高い練習を何回入れられるのかといった逆算した思考がコーチには必要である。ラグビーはその激しい競技性から，同じフットボールのサッカーと比較し，トレーニング回数を1日少なくするのが一般的ともいわれている（Tee et al., 2019）。

　このようにラグビーでは，目標となる試合に向けてテーパリングをどのようにするかが，シーズン前から練られたパフォーマンスを発揮するためには重要である。目標となる試合が間近に迫ると，休息やテーパリングにより，限られた時間のトレーニングがさらに制限される。そのなかで，何に時間を割いて準備をしていくのか。林（2015b）は，練習の割合は「試合中にそのプレーが起こる頻度」×「難度」によって決めるべきだと述べている。この場合，対戦相手と自チームを想定しての「頻度」と「難度」を予測しないといけない。例えば，自チームの試合を分析し，どのような攻撃機会がどれくらい発生するのか。頻度として，

キックオフ・50mリスタートキックが増えるのか，ラインアウトが多いのか，キックをキャッチした局面が多いのか。難度として，相手と対戦する上で，どこが脅威になり，チャンスになるのか。これらを予測することが必要となる。そして，キックキャッチ場面が多く発生し，相手のキックした後の防御が強く，優秀なキッカーがいるならば，その対応に時間を割くことが必要となるだろう。一方で，試合中に一度あるかないかのプレーについては，対応が簡単なものであれば，確認を数度入れるだけに留めることになるだろう。テーパリングで言及したように，強度と時間を確保したトレーニングができる機会は限られているので，頻度と難度を明確にし，また相手とのバランスのなかでどこが脅威であり，どこがチャンスになるかを明確にして，目標となる試合に向けて優先順位を計画する必要がある。

(3)目標とする試合へのセレクション

　現在のラグビーは23人の選手が試合に出場可能であり，そのリザーブ8人にスクラムを組める3人が含まれなくてはならない。その結果，80分間プレーし続ける選手が減少し，15人で行うスポーツではあるものの，エリートレベルでは23人で80分間をカバーするスポーツに変化してきている。加えて，フロントローで入れ替えをした選手が負傷した場合には，先発した選手が戻れるルールになっており，積極的で安全な入れ替えが実施できるようになってきた。実際に目標とするリーグやトーナメントになれば，チーム戦略が最も発揮されるメンバーを軸にしながら，目標とする対戦相手への個別のゲーム戦術にベストなメンバーをセレクションするのが重要である。練習試合などであれば，一貫した基準で選手をセレクトしてもよいが，目標となる目前の試合に関しては，その試合で勝利する上でのベストなセレクションが優先されるべきだろう。だからこそ，すべてのスタッフが多くの情報を共有し，メンバーをセレクションしていく必要がある。

（嶋﨑達也）

第3節 試合での指揮

1. 試合での指揮の捉え方

マネジメント理論において著名なピーター・ドラッカー（Peter Drucker）は，マネジメントの責任者であるマネジャーの役割について，「オーケストラの指揮者に似ている。オーケストラでは，指揮者の行動，ビジョン，指導力を通じて，各パートが統合され生きた音楽となる」（ドラッカー，2001）と述べている。

ここでは，このドラッカーの考え方を参考にする。なぜならば，ラグビーの試合では，FW（1列，2列，3列）やBK（ハーフバック，スリークォーターバック，フルバック）といった異なる専門性を有するパート（ユニットやポジション）が，スクラムやランアウト，パスやキックによる攻防など多様な局面において，1つのボールをめぐりチームパフォーマンスを一体化させていく。この構造や様相は，オーケストラの指揮という概念と共通するものがあると考えるからである。

そして，試合でのキャプテンの行動や試合に向けたヘッドコーチの活動には，チームにかかわる個々の能力を最大限に引き出し統合していく役割を託されたオーケストラの指揮者と重ね合わせてみることもできるのではないかと筆者は考えている。例えば，オーケストラの指揮者の役割には「演奏会本番の指揮だけでなく，リハーサルで音楽のイメージを演奏者に伝えることも重要な仕事」と伝えられている。また，ヘッドコーチが試合においてチームスタッフらと協働する際には，組織マネジメント的な能力も求められると考える。このような活動は，ラグビーの試合での指揮にかかわるコーチング活動について考える際に参考になる他分野からの学びとして示しておきたい。

ちなみに「指揮」という和語に該当する英単語

"conduct" について，辞書には，「誰かに対して案内をしたり何かを実施したりすることを意味する表現」とあり，また「名詞として使われる場合には行為，振る舞い，品行と訳す」と示されている（実用日本語表現辞書，オンライン）。このような意味や言葉の成り立ちなどから，筆者は，ラグビーの試合での指揮にかかわるコーチングのあり方には，キャプテンを中心とした選手個々の主体性や自発性，創造性あるいは専門性や特徴を尊重し，チーム全体の目的達成に向けて行動する手腕が必要と考える。そして，そこには「品位（integrity）」や「立ち振る舞い（behavior）」といった言葉から紐解かれる態度や行動が常に求められる。

一方，イングランドラグビー協会（Rugby Football Union：RFU）の "Code of Conduct（行動規範）" には，「RFUは，すべての参加者のウエルフェアを継続的に促進することを約束する」「私たちは，ゲームに関わるすべての人のウエルフェアと健康に対する責任を真剣に受け止め，ラグビー環境が包括的で安全で楽しいものであることを望む」と明記されている（RFU, 2022）。その上で，英国のコーチング実践規範（The UK Coaching Code of Practice）（UK Coaching, 2022）について言及し，次のように紹介している。「UKコーチング実践規範は，コーチングにおける優れた実践を構成する原則を概説している。これらの原則の一部には，権利，関係，個人的および職業的基準が含まれている」（RFU, 2022）。

このような一文から，コーチングの実践は参加者のウエルフェアや健康，あるいは権利にまで及ぶという認識が必要と考える。当然，「試合」はその範疇に含まれる。

2. 試合での指揮について考える際の本質的視点

(1) ゲーム (game) の語源から紐解く

試合の抽象概念に該当する「ゲーム (game)」のもともとの意味は,「人が集まること」だったという。amana, gamen, gomen, gaman などといった言葉を経て今に至っているなどとの諸説があり, このなかの単語には「参加, 関係, 共同」といった意味があったと伝えられている。一方, スポーツは,「まじめな仕事から一時的に離れる」という意味を持つ中世ラテン語の「デポルターレ (deportare)」に由来し, 本来, 休養, 楽しみ, 遊びといった活動, すなわち「それ自体を楽しむための生活文化」であったと思われる。

このような語源に関連する諸説から考えると, スポーツのもともとの意味は, 日常からの離脱であり, 楽しむことであり, そして, ゲームは, 共同してより良き関係を創り出すものと解釈する。

スポーツやゲームの語源は, スポーツによって人が集まることの本質や, そこに参加する者のあり方を極めてシンプルに表しているのではないだろうか。これは, ラグビーのゲーム (試合) にも当てはまる。

ちなみに, 競技規則とともに, すべてのレベルでプレーする人たちのための基準を示す「ラグビー憲章 (Playing Charter)」には, 次のように記されている。「競技規則は, プレーをしても楽しく, 見て楽しむこともできるゲームの構造を供給するものである。時として, この二つの目的が両立できなくなることもあるが, そのような時は, プレーヤーに彼らの持つスキルを自由に発揮できるようにさせることで, 喜びと楽しみが大きくなる。この適切なバランスを実現するため, 競技規則は定期的な見直しが行われている」(WR, 2023, p.11)。

このようなことからも, ラグビーの試合が, 単なる競い合う「場」で終わることなく, 参加者が楽しみや喜びを享受し, 良き関係を創る「舞台」となるよう関係者すべてがそのかかわりに応じて努めることが肝要である。

(2) ラグビー憲章から紐解く

ラグビー憲章とは,「ラグビーというスポーツをプレーし, 指導し, 競技規則を作り, 適用する際の基本原則を網羅している。この憲章は, 競技規則とともに欠かすことのできない重要なものであり, すべてのレベルでプレーする人たちのための基準を示すものである」(WR, 2023, p.4)。

ラグビー憲章は, 日本ラグビーフットボール協会 (以下, 日本ラグビー協会) を代表して筆者も参加した1996年の第1回カンファレンス "Annual Conference on the Game" (ロンドン) と1997年の第2回カンファレンス (ケープタウン) などを経て, 1997年に発表された。

ここでは, 1997年に発表された初版の『ラグビー憲章1997』を中心に, 試合での指揮にかかわるコーチングのあり方について紐解いていく。

『ラグビー憲章1997』の内容は, ラグビーの目的を基本として次の3つの原則によって体系化されている。①ゲームの原則, ②競技規則適用 (レフリング) の原則, ③ルール形成の原則である。筆者は, 試合での指揮にかかわるコーチングについて考える際に, この目的や原則に示された内容を念頭に置くことが重要と考えている。なぜならば, ラグビー憲章は「ラグビーとは何かを説明する競技規則を補う重要な性格を担うものであり, プレーヤー, コーチ, レフリー, そして競技規則を制定するものに, 一定の規範を示すもの」(日本ラグビー協会, 2010) であるからである。つまり, 憲章は "Law of the Game" であり, そこに記されているのは, 単なるルールではなく, ラグビーゲームのあり方そのものが示されていると解釈できる (**表4-5**)。そして, これを読み解き具現化することで, 試合におけるパフォーマンスの発揮はもより, ゲームの安全やゲームを通じた楽しみ, 喜び, あるいは学びの機会を最大化することができると考える。

『ラグビー憲章1997』策定当時, ラグビー (ユ

表4-5●ラグビー憲章　Plaiyng Charter（1997年当時）の概要

ゲームの目的（The Object of the Game）

目的を達成するための2つの根本原則
・ボールを争奪すること（contesting possession）
・プレーの継続性を維持すること（maintaining continuity of play）

ゲームの原則（The Principle of The Game）

・ボールの争奪（Contest for Possession）
・攻撃/プレーの継続（Attack/Continuity of Play）
・防御/ボールの再獲得（Defence/Regaining Possession）
・多様性（A Multi-Faceted Game）
・報賞と罰（Rewards and Punishments）

競技規則適用（レフリング）の原則（The Principle of Law Application〈Refereeing〉）

・公正さ（Fairness）
・一貫性（Consistency）
・アドバンテージ（Advantage）
・優先順位（Priorities）
・マッチオフィシャルのゲームマネジメント（Management of the Game by match officials）
・適用（Application）

競技規則制定の原則（The Principle of Rugby Law Making）

・安全性（Safety）
・平等な参加機会（Equal Opportunity to Participants）
・独自性の維持（Retention of Identities）
・プレーの継続（Continuity of Play）
・プレーする喜びと観る楽しさ（Enjoyment and Entertainment）
・スペースの確保/報賞，失敗と罰則（Provision of Space/Rewards, Errors and Punishments）
・一貫/適切/簡潔（Consistency/Compliance/Conciseness）
・ルール（ロー）ブックの普遍性（Universality of the Law Book）

※「IRB Playing Charter (IRB, 1997)」，「日本ラグビー協会コーチングの指針」（日本ラグビー協会，2010）など当時の資料を参考に筆者が作成。

ニオン）は，これまでにない大きな変化と向き合っていた。例えば，現在の国際統括団体であるWRの前身である国際ラグビーフットボール評議会（International Rugby Football Board：IRFB）」は，1995年，アマチュアリズムで制限されていた選手の報酬やメディア活動などの制限を撤廃するいわゆる「オープン化（プロ化）宣言」を行った。この背景には13人制ラグビーリーグへの選手流出などが要因の一つとして伝えられている。また，

1996年には，オーストラリア，ニュージーランド，南アフリカの南半球3協会が，"SANZAR"（現在はアルゼンチンを加えSANZAAR）という合弁事業を設立し，実質的なプロリーグ（スーパー12）を開始した。

　このような状況のなか，IRFBは，1997年に組織設立（1886年）以来の名称を「国際ラグビー評議会（International Rugby Board：IRB）」に改称し，ラグビー憲章を発表した。この憲章が，1996年と1997年に開催されたカンファレンスの議論などを経て策定されことは先述の通りである。

　カンファレンスでは，「What is RUGBY？」というテーマでディスカッションが行われたことがあった。そのとき，参加者の一人が次のような内容の発言をした。「試合会場に到着した代表チームのバスから選手たちが降りてくる光景を想像してほしい。背の高い選手，小柄な選手，大柄な選手，俊敏な選手，力持ち，……。様々な体型・能力を持った選手が降りてくる。これがラグビーだ」と。このような議論は，『ラグビー憲章1997』の次のような記述に反映されているように思われる。「ゲームの原則：多様性——選手は試合において，広範囲にわたる個人スキルおよび他の選手のサポートとなるスキルを総合的に用いて，多様な体型の集まりであるチームの能力を高めることができる。これらの広範囲に及ぶスキルによって，異なる能力・体型を持つ選手が一つのチームのなかで一緒にプレーすることが可能となる。選手は共通のスキルを持つ一方，ラグビーが多面性を持つという性質上，個々人それぞれの能力を最大限活かすことができる様々なポジションがあり，そのポジションに要求される専門的スキルを身につけて専門家としてプレーすることができる」。

　この他にも，カンファレンスでは多様な議論が展開されたが，とくに「安全性の優先」や「プレーの継続性」にかかわることは非常に重視され議論が行われた。これについては，「競技規則適用（レフリング）の原則」や「ルール形成の原則」の次のような記述からもみて取れる。「競技規則適用（レフリング）の原則：優先順位——プレーヤー

の安全性を保証することに第一の優先順位を置く。次に、プレーの継続に優先順位を置く」。また、「ルール形成の原則」には、「安全性」が最上位に明記され、そして「プレーする喜びと観る楽しさ」の項には、「競技規則は、プレーヤーが安全に楽しめ、プレーする喜びを味わえるような、そして観客も観て楽しめるような試合を作り出すための枠組みを示すものでなければならない」と記述されている。

　以上のようなことから、ここでは、試合での指揮にかかわるコーチングのあり方について、次のような視点をそのポイントとして提示する。

①試合に参加するすべての者（選手）が活躍できる場面を提供するよう努める。

②選手の安全性を第一の優先順位とする。それを踏まえ、選手が安全に楽しめ、プレーする喜びを味わえ、そして観客も観て楽しめる試合を創り出すことを念頭に置く。

(3)「コーチングの実践に関する文献」から紐解く

　日本ラグビー協会コーチング指針は、日本ラグビーにかかわるすべての指導者に対して「この指針に沿った思想の展開が求められる」とした上で、ラグビーという競技の目的を達成するための「コーチの役割」について次のように示している。「①動機づけを高める、②スキルを高める、③フィットネスを高める、④戦略・戦術を授ける」。また、選手の育成指導という観点から、以下の役割についても言及している。「①コーチは、選手の意欲を促進させるために存在する、②コーチは、選手の自立を助けるために働く、③コーチは、選手の目的を達成させるために支援する、④コーチは、選手に適切な誇りを与えることを大切にする、⑤コーチは、選手がグラウンドのなかでも外でも幸せになるように導く」。

　以上のような記述は、当然、試合での指揮にかかわるコーチングについても当てはまる。

　また、職業としてのコーチの地位や知識・技能育成の枠組みなどについて、国際的な整備と向上

を目指す国際コーチングエクセレンス評議会（International Council for Coaching Excellence：ICCE）は、「コーチング能力は、コンピテンシー（competency：与えられた状況のなかで示す能力）とそれを支える知識を含む」とした上で、「スポーツコーチングの機能とコンピテンシー領域」を示している（ICCE, 2012）。そこには、「練習の実施と大会の構成」の項を設け、「適切な実践を通じて改善を促進し学習機会を提供する」ことや、「アスリートの継続的な成長に寄与するために、適切な競技の機会を特定し管理する」ことなどがコーチング・コンピテンシーとして示されている。

　以上、日本ラグビー協会コーチング指針および「ICCE国際スポーツコーチングフレームワーク」の内容から、次のような視点を試合での指揮にかかわるコーチングのあり方について考える視点として提示する。

①ラグビーの競技規則に示されるゲームの目的（できる限り得点を多く挙げることであり、より多くの得点をしたチームがその試合の勝者となる）を達成するために、コーチングには試合を通して、「動機づけ」や「スキル」「フィットネス」を高め、「戦略・戦術」を授けるといった役割がある。

②試合におけるコーチングには、その実践を通じた「学び」や「成長」を促進するための適切な機会が提供されることが求められる。

3. 試合での指揮にかかわるコーチングのあり方

　日本ラグビーの歴史的名指導者として著名な大西鐵之祐は、「ラグビーには、ゲームの中でしか覚えられないことが多い」（大西, 1972）と述べている。筆者は、「学んだことを、必要な時に、必要な場面で、活用できる能力」がコーチングの実践において極めて重要と捉え、これを「コンピテンシー」と関連づけ、「学びの結集力、活用力、発揮力、あるいは実践力」などと意訳している。このような考えに至る原点に、この大西の言葉がある。

　ラグビーの試合では，キャプテンを中心に選手自らが判断して試合を進めることが基本であり，コーチングに関しては，選手の主体性や自発性，自律性や創造性を重要視することを忘れてはならない。

　私たちは今，様々な社会的課題に向き合っており，一方では，これまでとは異なる国際社会の多極化も進んでいる。このような時代においてラグビーの試合が，多くの人たちに健全な楽しみや喜びを提供し，そして良き学びや成長の「場」としてさらに発展していくために，その舞台での指揮にかかわるコーチングの役割はさらに重要となっていくだろう。

（勝田　隆）

4. 試合での指揮の実際

(1)試合前

　試合前には，直接的な指揮に加え，試合中に発揮される指揮を前提とした準備的活動が重要になる。

◎試合環境の確認

　試合に臨むにあたって，選手・コーチはゲームプランを作成しているが，当日そのゲームプランの修正を余儀なくされる場合がある。例えば，降雨量，風向き，風の強さなどの気象条件やグラウンドコンディションは，試合当日に判明するものであり，時には選手のプレー精度に影響を及ぼし，あるいはゲームプランに影響を及ぼす変動要因にもなりうる。また，競技環境の安全性の確認もコーチの役割であり，グラウンド表面，ゴールポスト，周辺区域の幅などについて確認する必要がある。とくに，ラグビー専用グラウンド以外で試合を行う場合には，安全性の確保のみならず戦術的な影響も検討しておく。

◎ウォーミングアップ内容の計画と実行

　コーチは，試合当日のウォーミングアップ内容を計画し，実行を見守る。ルーティンワークとその日の試合でフォーカスする内容のバランスを取りながら，ウォーミングアップ環境，グラウンド表面，広さ，相手チームとの位置関係などを考慮し実行する。また，目的は競技力発揮の準備であることは明らかであるが，それに費やす時間や士気の高揚のタイミングはチームによって異なる。

◎チームトーク

　ウォーミングアップを終えると，選手・コーチはいったんロッカールームに戻り，試合直前の準備をする。ロッカールームがない場合には，チームが集まることのできるスペースを確保する。そして，ピッチに出る段になると，コーチが最後の心構えなどを伝えることがある。ここでの目的は，キックオフと同時にパフォーマンスを十分発揮できるように環境を整えることである。また，こうしたコーチによるチームトークは，試合の直前というよりも試合当日の朝や宿舎出発前に行われることも多い。

(2)試合中

　ラグビーにおいて試合中の指揮介入は，競技規則により，ハーフタイム中の指示と選手交替に限定されている。そして，目的は，事前に準備したゲームプランをもとに実際のゲーム状況を査定し対応することである（加藤，2019，p.270）。

◎ハーフタイム中

　ハーフタイムでは，コーチは，担当するエリアごとにグループを分け，例えばFWとBKに分けて戦術の修正や確認を行う（藤井・藪木，2020）。この際，アナリストによってリアルタイムに届けられた映像やスタッツが活用される場合もある（古川，2023；岩井，2023）。また，そうした指示を適切に選手に伝えるためには，コーチが場の雰囲気を読むことも大切である（ジョーンズ，2018，p.146）。選手が興奮した状態でハーフタイムを迎えた場合には，冷静になる時間を設けるため，あえて最初の数分間コーチは話さずに，選手各自が身体や服装のケアに費やすよう促す。また，後半からゲームプランを変更する場合には，リーダーを集めて話す時間を設ける。このように場の雰囲気を読んだ対応をするためにも，目的を明確にしたハーフタイム時間の配分をコーチは考えておか

なければならない。

◎選手の入れ替え

　試合中の選手交替は，戦術的観点，体力的観点，精神的観点，育成的観点，人員補充的観点から行われる（安保，2019）。RWC 2019において，ティア1国（協会）間の13試合では，試合あたり15.6回の選手交替が行われ，8人の交替選手すべてを交替させたケースが81％であった。また，96％の交替は後半に行われ，残り25分の交替が60％を占めていた。両チームのフロントローがすべて交替した試合が11回あり，タイトヘッドプロップは毎試合，ルースヘッドプロップとスクラムハーフは1.1試合に1回交替している（WR，2020）。プロップは，スクラムの成否を左右するポジションであり，スクラムハーフはゲームのテンポやリズムを差配するポジションである。GPSによる分析では両ポジションともに加速度センサーから得られたインパクト回数が多く，プロップでは強い衝撃が，スクラムハーフでは急な加・減速や方向転換が多い（古川ほか，2013）ことを考慮すると，RWC 2019における選手の入れ替えは戦術的観点および体力的観点から行われていることを示唆している。

　競技規則上，交替選手を含め23人の選手登録をする場合には，ルースヘッドプロップ，タイトヘッドプロップ，フッカーはそれぞれ2人の登録が求められており，また，いったん交替したそれらのポジションの選手は，交替出場した同じポジションの選手が負傷退場などをした場合には再び出場することが認められている。こうした交替は人員補充的であるが，反面，フロントロー選手の交替のタイミングは戦術的な意味合いが含まれていることを示している。選手の入れ替え理由が負傷に限定されない現行のルールにおいて，とくにプレー時間を限定した場合に高いパフォーマンスを発揮する選手は，戦術的交替選手としての起用が有用であることが示唆されている（古川ほか，2013）。また，交替選手の役割を明確化するために，チームによっては特別な呼称を付けていることもある。

(3)試合後

　ラグビーのコアバリュー（品位，情熱，結束，規律,尊重）は，ラグビーに関与するすべての人々によって体現されるものであり，コーチも体現者の一員と考えられている。そのため，ラグビーでは試合後のコーチの立ち振る舞いが注視される。コアバリューの体現者として，選手をねぎらい，対戦チームとレフリーへの敬意ある言動は，とくに重要である。試合後，キャプテンとともに記者会見をする機会は，インテグリティ（品位）やリスペクト（敬意）を伝える重要なプロセスとなっている。

　試合が連続する場合には，直ちに次の試合に向けた準備に着手することも欠かせない。結果に一喜一憂することなく，次の試合に向けて選手にマインドセットやコンディション調整などを促すこともある。そして，コーチ自身も終了した試合を事実として客観視することが重要である（ジョーンズ，2018，p.100）。その際，アナリストが提示するスタッツや客観的数値と試合中のコーチの感覚の擦り合わせが行われる。その後，各コーチングエリアを担当するコーチのレビュー，選手のコンディションの情報，アナリストによる対戦相手の情報などを統合し，次の試合に向けたゲームプランの策定と選手起用などについて考え，トレーニング計画を作成する。次の試合までという時間的制約下でこの一連のプロセスを指揮するのもコーチの重要な役目である。

（山本　巧・千葉　剛）

［文献］
・安保澄（2019）試合中における選手交代．日本コーチング学会編　球技のコーチング学．大修館書店，pp.281-284.
・Bompa, T. and Claro, F. (2009) Periodization in rugby. Meyer & Meyer Sport.
・Bridgeman, L.A. and Gill, N.D. (2021) The use of global positioning and accelerometer systems in age-grade and senior rugby union: A systematic review. Sports Medicine Open 7(15), DOI: 10.1186/s40798-021-00305-x.
・Comyns, T. and Flanagan, E. (2013) Applications of the session rating of perceived exertion system in professional rugby union. Strength and Conditioning Journal, 35(6): 78-85.
・ドラッカー：上田惇生訳(2001)マネジメント 基本と原則　エッ

センシャル版．ダイヤモンド社，p.128.
・藤井雄一郎・藪木宏之（2020）ラグビー日本代表 ONE TEAMの軌跡．講談社，pp.141-142.
・古川拓生（2023）フットボールのゲーム分析：ラグビー15人制．フットボールの科学，18（1）：111-121.
・古川拓生・鷲谷浩輔・小柳竜太・Nemes Roland（2013）ラグビーコーチングにおけるGPSの活用と可能性．コーチング学研究，26(2)：187-196.
・Gamble, P. (2006) Periodization of training for team sports athletes. Strength and Conditioning Journal, 28(5): 56-66.
・García, M.S., Aguilar, Ó.G., Lazo, J.C.V., Marques, P.S., and Romero, J.J.F. (2013) Home advantage in Home Nations, Five Nations and Six Nations rugby tournaments (1883-2011). International Journal of Performance Analysis in Sport, 13(1): 51-63.
・グリーンウッド：江田昌佑・川島淳夫・河野一郎・中川昭訳（1991）ジム・グリーンウッドのシンク・ラグビー．ベースボール・マガジン社.
・林雅人（2015a）連続写真で見るラグビーの戦術1：セットプレー編．ベースボール・マガジン社，p.68.
・林雅人（2015b）連続写真で見るラグビーの戦術2：アンストラクチャー編．ベースボール・マガジン社，p.9.
・平尾誠二（1998）勝者のシステム 勝ち負けの前に何をすべきか．講談社α文庫，pp.190-198.
・Hodge, K., Henry, G., and Smith, W. (2014) A case study of excellence in elite sport: Motivational climate in a world champion team. The Sport Psychologist, 28(1): 60-74.
・ホフマン：福林徹・小西優・佐藤真葵訳（2011）スポーツ生理学からみたスポーツトレーニング．大修館書店.
・堀公俊（2010）チームファシリテーション　最強の組織をつくる12のステップ．朝日新聞出版，p.81.
・生島淳（2015）コーチングとは「信じること」．文藝春秋，p.105.
・International Council for Coaching Excellence (2012) ICCE international sport coaching framework (version 1.1). https://icce.ws/wp-content/uploads/2023/01/ISCF_1_aug_2012.pdf（参照2023年3月日）
・International Rugby Board (1997) IRB Playing Charter (revised July 1997).
・岩井優（2023）フットボールのゲーム分析：ラグビー7人制．フットボールの科学，18（1）：122-125.
・実用日本語表現辞典（Weblio辞書）conduct. https://www.weblio.jp/content/conduct（参照2023年3月31日）
・ジョーンズ，E.（2018）ハードワーク　勝つためのマインド・セッティング．講談社.
・加藤朋之（2019）ゲーム状況の査定と指揮．日本コーチング学会編　球技のコーチング学．大修館書店，pp.264-273.
・勝田隆（2002）知的コーチングのすすめ．大修館書店，p.20.
・河森直紀（2018）ピーキングのためのテーパリング．ナップ，p.12.
・倉石平（2019）対戦相手に応じた個別のゲームプランの作成．日本コーチング学会編　球技のコーチング学．大修館書店，pp.233-234.
・ムジカ：水村真由美・彦井浩孝・寺本寧則監（2017）テーパリング＆ピーキング．ブックハウス・エイチディ，pp.172-177.
・中川昭（2011）私の考えるコーチング論：エリートアスリートのコーチング．コーチング学研究，24（2）：89-93.
・日本ラグビーフットボール協会（2010）JRFUコーチングの

指針．pp.1-14.
・大西鐵之祐（1972）スポーツ作戦講座3　ラグビー．不昧堂出版，p.16.
・ポル：坪井健太郎・小澤一郎監訳（2017）バルセロナフィジカルトレーニングメソッド．カンゼン，p.9.
・Rugby Football Union (2022) Code of conduct. https://www.englandrugby.com/participation/running-your-club/code-of-conduct（参照2023年3月31日）
・杉原隆（2003）運動指導の心理学．大修館書店，p.12.
・Tee, J.C., Ashford, M., and Piggott, D. (2019) ラグビーユニオンのための戦術的ピリオダイゼーション．Strength and Conditioning Journal Japan, 26(3): 18-29.
・UK Coaching (2022) Code of practice for sports coaches. https://www.ukcoaching.org/resources/topics/guides/code-of-practice-for-sports-coaches．（参照2023年3月31日）
・Vaz, L., Carreras, D., and Kraak, W. (2012) Analysis of the effect of alternating home and away field advantage during the Six Nations Rugby Championship. International Journal of Performance Analysis in Sport, 12(3): 593-607.
・Vaz, L., Hendricks, S., and Kraak, W. (2019) Statistical review and match analysis of Rugby World Cups finals. Journal of Human Kinetics, 66: 247-256.
・West, S.W., Williams, S., Kemp, S.P.T., Eager, R., Cross, M.J., and Stokes, K.A., (2020) Training load, injury burden, and team success in professional rugby union: Risk versus reward. Journal of Athletic Training, 55(9): 78-85.
・World Rugby (2020) Rugby World Cup 2019 statistical report. https://resources.world.rugby/worldrugby/document/2022/01/26/9106cf21-9a5f-4b99-b386-3f13eaeb6183/RWC_Analysis_2019-1-.pdf（参照2024年1月11日）
・World Rugby（2021）接触荷重に関するドキュメント：コンタクトの負荷．World Rugbyプレーヤー・ウエルフェア：メディカル，プレーヤーの負荷，コンタクトの負荷．https://www.world.rugby/the-game/player-welfare/medical/player-load/contact-load（参照2023年4月25日）
・World Rugby（2023）競技規則 Rugby Union 2023. https://www.rugby-japan.jp/future/rule/（参照2024年1月3日）
・山田永子（2019）トレーニング計画の実行と修正．日本コーチング学会編　球技のコーチング学．大修館書店，pp.213-219.
・Yamamoto, T., Sasaki, K., Murakami, J., Watanabe, I., Shimozono, H., and Chiba, G. (2023) Comparison of match outcomes between the pool and final stages of the Japan Rugby Top League. Proceedings of WCPAS 2022 & IACSS 2022: 130-133.

第 5 章

ラグビーにおけるパフォーマンスの分析

ラグビーのコーチング活動での パフォーマンス分析の意義と目的

ゲームパフォーマンス分析は大きく「定量分析」と「定性分析」の２つに分類されるが，本節ではデータ収集や解釈の手法が比較的容易で専門性を必要としない定量的な手法を中心に扱うこととする。

1. コーチング活動でのパフォーマンス 分析の意義

「パフォーマンス」とは，選手やチームの能力（競技力）が実際に発揮されたプレーおよび運動行為の過程と結果を示す概念である。「ゲームパフォーマンス」は，そのパフォーマンスがラグビーをはじめとする球技のゲームで発揮されたものとして捉えることができる。ゲームパフォーマンスには競技力を構成する，体力，技術力，戦術力，心的・知的能力（バイヤー，1993）といった要素が複雑に影響するため，事象間の因果を単純に捉えることは容易ではない。

しかし，この課題解決の一つの手段として「パフォーマンス分析」が活用できる。パフォーマンス分析は，ゲームへの影響が予想される要因に関する「パフォーマンス指標（Performance Indicator）」（Hughes and Bartlett, 2002）を検討・設定し，その頻度やパターンに関する情報からプレーの成功や勝敗に関連する指標や因果を検証する分析法である。これらの過程で，競技を深く鋭く観察する能力が養われ，ゲームに潜む本質的構造や法則への理解が深まる。ここにコーチング活動におけるパフォーマンス分析の一つの意義があると考えられる。得られる結果は新たな発見だけではなく，判断の拠り所や考えを補強するものも含まれ，その後のトレーニング方法や選手選考，戦術に関する意思決定を行う上で役立てることができる。

ただし，「過去のゲーム分析から歴史的に勝つために重要とされてきた重要業績評価指標（Key Performance Indicator：KPI）のほとんどは，少なくとも１つの大会での勝者と敗者を区別しているが，別の大会においてもKPIとなっているものはほとんどなく，すべての大会で勝者と敗者を確実に区別する一握りのKPIは，利害関係者にとって実用的な情報をもたらさない」（Watson et al., 2017）とも報告されている。これは，球技が多面的で複雑な構造を有していることに起因しており，勝敗には多くの要素が影響することと，試合相手との相対的な力関係によってKPIやその基準が変化することが理由として挙げられる。このことから，ゲームパフォーマンスを精確に評価するには，様々な観点から分析することが必須となる（中川，2019）。

今日では，映像・分析機器やIT技術の進歩により，扱える情報が膨大となっており，情報を扱う視点や取捨選択はコーチング活動においても，より重要なものとなっている。

2. コーチング活動でのパフォーマンス 分析の目的

コーチング活動の目的は，選手やチームの有能さを向上させることである。とくに競技スポーツにおいては，勝利することが達成すべき直接的な目的となることから，パフォーマンス分析の目的は，コーチング活動の目的を達成するための有用な手段となることにある。

パフォーマンス分析自体には大きく「試合分析」と「ワークレート分析」の２つがあるとされている（オドノヒュー，2020）。試合分析は，試合中のパフォーマンスを手作業やコンピュータを用いてデータ化し，選手やチームのパフォーマンスを評価するものであり，ワークレート分析は，選手やボールの経時的位置情報データ（トラッキング

データ）から，球技における身体負荷またはゲーム負荷（Physical Demands）としてのプレー様相の評価を可能とするものである。これらの分析方法を用いて，コーチング活動では「選手の技術や動きの評価」「チームの強みや弱みの特定」「戦術の有効性」「意思決定や状況判断の分析」などを横断・縦断的に行い，目的達成のための戦略やトレーニング計画の立案および改善に役立てることができる。ラグビーのコーチング活動においてもパフォーマンス分析は非常に重要な役割を担っている。

3. パフォーマンス分析の方法とパフォーマンス指標

　一般的に，定量的なゲームパフォーマンス分析はゲーム中のプレー事象やイベントを「5W1H」の観点で定量化し，解析する分析手法である。具体的には，何を（What）・いつ（When）・どこで（Where）・誰が（Who）・なぜ（Why）・どのように（How）行ったかの分析を行う（**表5-1**）。

　表5-2に実際の国際試合などで用いられる主なパフォーマンス指標の例を示した。分析自体は選手個々やチームのパフォーマンスに対して行われるが，パフォーマンスデータの一部は試合単位の計数データにまとめ，ゲームスタッツ（またはマッチスタッツ）としても用いられる。

4. ゲームパフォーマンス分析の事例

(1) 選手の能力の特定・評価

　個々の選手の能力を明確にすることで，その選手に最適な役割やプレースタイルを決定することができる。通常，ラグビーでは試合の開始から出場する先発メンバーに対し，交替要員の選手を「リザーブ」と呼ぶが，後半残り20分くらいから出るパワーやスピードに長けた選手を「インパクトプレーヤー」と呼ぶこともある。

　ラグビーで選手交替が認められるようになったのは，負傷による交替が1968年，戦術的な交替

表5-1 ●パフォーマンス指標の基本項目

（古川，2023を改変）

5W1H	関連する情報
What	プレー事象・パフォーマンスに関する情報 （例）トライ，スクラム，タックル
When	時間に関する情報 （例）前後半，時間区分，プレー所要時間
Where	位置に関する情報 （例）自陣・相手陣，飛距離・前進距離
Who	行為者に関する情報 （例）個人，ポジション，勝敗チーム
Why	状況判断に関する情報 （例）プレー選択，判断の意図
How	結果・質に関する情報 （例）結果，良質・悪質，安定・非安定

表5-2 ●ラグビーの主なパフォーマンス指標

攻撃
・トライ（起点プレー，起点エリア，所要時間） ・ボールキャリー（前進距離） ・防御突破（タックラー，防御ライン） ・パス（オフロード，質別） ・被ターンオーバー（状況別）

防御
・タックル（種類・質別） ・ターンオーバー

キック
・プレー中のキック（種類別，前進距離） ・ゴールキック（種類別）

ブレイクダウン
・ラック（リサイクルスピード） ・モール

セットプレー
・ラインアウト（相手ボール獲得） ・スクラム（被反則）

規律（反則）
・被反則（発生状況別，攻撃・防御別） ・カード（イエロー，レッド）

ポゼッション・テリトリー
・ポゼッション（エリア別の時間・割合） ・テリトリー（エリア別の時間・割合）

注1）各指標では主に頻度，成功数，成功率が分析される。
　2）（　）内に頻度，成功数，成功率以外の項目を記載。

が1996年で，現在の最大23人登録下では8人の交替が可能となり，選手交替のタイミングは試合を優勢に進めたり，流れを変えたりする上でも，重要な駆け引きの一つとなっている。

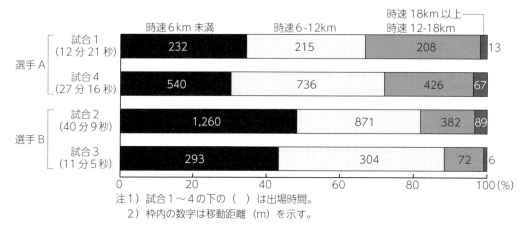

注1) 試合1〜4の下の（　）は出場時間。
2) 枠内の数字は移動距離（m）を示す。

図5-1 ●途中出場した選手のスピードゾーン別移動距離の割合（古川ほか，2013を改変）

　試合の途中から出場する選手に対する要求は
チームやポジションによって一様ではないが，短
い時間でチームに勢いをもたらすことが期待され
る。古川ほか（2013）は，この戦術的な交替の問
題に対してゲームパフォーマンス分析のデータを
活用する実践的研究を報告した。その研究の一部
を紹介すると，途中出場した同ポジションの2人
（選手A，選手B）の速度別の移動距離を比較し
たところ，出場時間の長短に関係なく高速域（時
速12km以上）での移動距離の割合に違いがみら
れた（図5-1）。走パターンは試合展開によって
も異なるため，一概に選手Aのパフォーマンス
が高いとはならないが，3,000m走の記録では選
手Bの方が速いことから，試合でのパフォーマン
スにはフィットネステストでは評価できない要素
も含まれていることが考えられる。そのため，実
際のゲームパフォーマンスと比較しながら，選手
の能力を特定・評価することが重要となる。

(2)チームの強みの特定・評価

　チームの強みは，スクラムやモールといった特
定のプレーだけでなく，先行（前半）型や追い上
げ（後半）型といった，時間経過によるパフォー
マンスの変化としてみられることがある。前述の
選手交替とも重複するが，2019年のラグビーワー
ルドカップ（Rugby World Cup：RWC）で優勝
した南アフリカは，チーム内で控え選手たちを「ボ

ム・スコッド（Bomb Squad：爆発的な集団）」
と呼び，途中出場でインパクトを与える貢献ぶり
を称えている。この他，「フィニッシャー
（Finishers：仕上げ役）」や「クローザー（Closers）」
という呼称を用い，その役割を明確に表している
例もみられる。国内でも，最高峰リーグに所属す
るパナソニックワイルドナイツ（以下，ワイルド
ナイツ）が，後半開始からフロントロー（スクラ
ム最前列の3人）全員を交替させるなどの積極的
な選手の起用を行っている。

　表5-3はワイルドナイツが全勝で優勝した2022/23
シーズン全16試合のスタッツの一部を対戦相手
と前後半で比較したものである。得点結果から，
ワイルドナイツは前半に比べて，後半で対戦相手
を圧倒していることがわかる。実際に前半でのビ
ハインドは5試合あったが，後半では決勝の1試
合のみ8（1トライ，1ペナルティゴール）対9
（3ペナルティゴール）であった。具体的なパ
フォーマンスでは，セットプレーや攻撃継続（ラッ
ク成功率）の安定に加え，防御パフォーマンスが
後半になっても低下することなく，むしろ高い値
を示す項目もみられる。また，反則数も少なく，
規律の点においてもレベルの高いパフォーマンス
が試合を通して維持されていることが分析の結果
からわかる。これは，前述した選手交替を含む選
手の起用法において，ワイルドナイツが優れた
ゲームプランのもとでシーズンを戦えていたこと

表5-3 ● パナソニックワイルドナイツの前後半のゲームパフォーマンス（2022/23シーズン全16試合）

パフォーマンス指標	前　半			後　半		
	PWK	対戦相手	差	PWK	対戦相手	差
得　点	13.7	10.2		21.9	7.2	**
トライ数	1.5	1.1		3.1	1.0	**
ゴール成功率	70.8%	83.3%		75.5%	75.0%	
PG・DG数	1.1	0.8		0.9	0.4	
スクラム攻撃数	2.8	2.4		3.6	2.3	†
スクラム成功率	88.2%	86.4%		98.3%	74.0%	**
ラインアウト攻撃数	6.6	4.5	*	6.5	5.6	
ラインアウト成功率	88.2%	78.3%	†	84.6%	80.2%	
ラック攻撃数	31.5	36.9		37.8	37.8	
ラック成功率	97.3%	98.7%		98.4%	96.6%	†
ターンオーバー数	6.0	6.0		7.1	5.5	*
タックル数	72.3	68.1		75.5	79.5	
ミスタックル数	15.1	15.6		14.5	19.4	*
タックル成功率	79.2%	77.0%		80.8%	75.6%	**
反則数	4.6	5.5		5.3	6.9	†
カード（合計）	0	1		1	2	

注）＊＊：p<0.01，＊：p<0.05，†：p<0.1

を示唆しており，チームの強み（特徴）と評価できる。

(3) 戦術の特定・評価

　パフォーマンス分析によって，自チームや相手チームの戦い方の特徴や意図を特定・評価すること

とができる。シックスネイションズ（Six Nations Championship）の公式ウェブサイト（https://www.sixnationsrugby.com/）には，ゲームスタッツや選手個々のパフォーマンスデータが掲載されており，このデータをもとに各チームのゲームパフォーマンスを比較した分析例を紹介する。

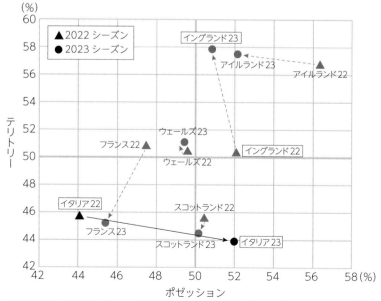

図5-2 ● シックスネイションズ2022・2023のポゼッションとテリトリーの変様

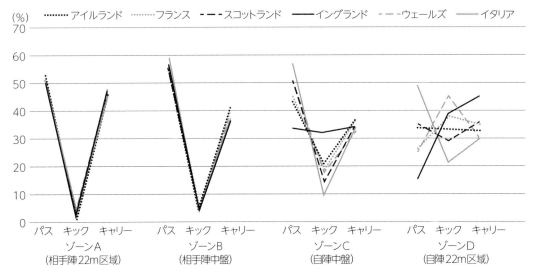

図5-3●シックスネイションズ2023のエリア別プレーアクティビティ割合の比較

表5-4●シックスネイションズ2023のセットピース成功率と自陣プレー頻度・割合

	アイルランド	フランス	スコットランド	イングランド	ウェールズ	イタリア	全　体
セットピース成功率	71%	64%	67%	73%	63%	67%	67%
スクラム	91%	90%	89%	96%	81%	86%	89%
ラインアウト	86%	88%	85%	92%	85%	89%	87%
リスタートキック	4%	3%	6%	10%	11%	3%	6%
自陣プレー頻度	576	586	687	431	584	860	3,724
%パス	40%	39%	46%	30%	45%	54%	44%
%キック	25%	26%	19%	33%	24%	13%	22%
%キャリー	35%	36%	35%	37%	32%	33%	34%

　図5-2は，各チームのポゼッション（ボールを保持している時間）とテリトリー（相手陣でプレーしている時間）の割合を，2022シーズンと2023シーズンの推移で示したものである。イタリアはテリトリーが減少しているものの，唯一ポゼッションが大幅な増加を示している。一方，イングランドはややポゼッションは減少しているものの，テリトリーが大きく増加する対照的な変化を示した。

　図5-3で，2023シーズンの各チームのエリア別のパス，キック，キャリー（ボールを持ってコンタクトすること）の頻度割合をみたところ，相手陣となるゾーンA・Bでは6カ国が類似した様相となる一方，自陣，とくに22m区域のゾーンDではチームによって大きく異なっている。前述のイタリアとイングランドはこの自陣での戦い方が対照的で，イタリアはキックの少ないパス主体のポゼッションベースであるのに対し，イングランドはパスの少ないキック主体のテリトリーベースの戦い方となっている（表5-4の自陣プレー頻度）。RWC 2015決勝トーナメントの勝敗者間比較では，テリトリーベースが勝利に最も効果的な戦術であることも報告されており（Hughes et al., 2017），半年後に臨むRWC 2023を意識した戦い方に移行していることも考えられる。ただし，キックの多用はポゼッション低下を招く可能性が高くなる。表5-4に示した各チームのセットピース（スクラム，ラインアウト，リスタートキック）全体の成功率をみると，イングランドとアイルランドはともに70%を超えており，このボール獲得率の高さがテリトリーベースの戦術を支える要因になっていることが推測される。

5. 目的に応じたパフォーマンス指標の設定

　ラグビーはルールで試合時間が定められているが，前後半の終了時間を経過しても，プレーが続く間，試合は終了しない。さらに，選手交替や負傷対応の際にレフリーが試合時間を止めるため，試合の開始から終了までの時間（ランニングタイム）はルール上の時間を超えることがほとんどである。現在，エリートレベルの試合では，判定精度や選手の安全性を確保するために，2021年から審判判定補助システム（Television Match Official：TMO）を採用しており，ランニングタイムがより長くなる傾向にある。

　ラグビーでは，プレーが行われている「ボールインプレー（Ball In Play：BIP）」時間とプレーが止まっている「アウトオブプレー（Out Of Play：OOP）」時間から，プレー継続の指標として試合時間あたりのBIP時間を割合で示した%BIP時間が用いられている。%BIP時間が高ければ，一見，身体（ゲーム）負荷も高いように解釈されるが，%BIP時間の算出はランニングタイムではなく，ルール上の試合時間（15人制では80分間）が用いられているため，実際の身体（ゲーム）負荷を示す指標とはなっていない。表5-5はTMO正式導入後のシックスネイションズ2022全15試合の試合時間とTMOに要した時間，負傷対応による停止時間，BIP時間，および2つの%BIP時間を示したものである。80分間を基準とした公式記録での%BIP時間①は平均で47.6%となっているが，実際のランニングタイムによる%BIP時間②は40%を切っていることがわかる。

　運動パターンを運動（Work）と休息（Rest）の時間比で表すWR比は，通常ルールに準じたプレーの開始と停止によりプレー頻度とプレー時間を求めて算出される。例えば，1分間のプレー中に10秒程度の休息が2回生じた場合，平均BIP時間は約13秒（40秒÷3），WR比は2：1（40秒：20秒）となる。しかし，ラグビーの試合ではクイックスローや反則後の素早いタップキック攻撃など，短いOOP時間後，直ちにプレーが再開されるケースがある。この場合，選手にとってOOP時間は休息とはならず，1分間動き続ける場合も生じる。トレーニングを計画する場合，実際の身体（ゲーム）負荷に準じることが望ましいため，コーチング活動において，短いOOP時間の捉え方は重要となる。7人制の研究であるが，反則直後の素早いタップキック攻撃が多い特性から，選手が動き続けている6秒未満のOOP時間を一連のBIP時間として定義・評価したところ，BIPとOOPの平均頻度はわずかに減少する一方で，平均時間は1.3倍増加することを実証的に裏づける研究も報告されている（古川・首藤，2022）。

　パフォーマンスを評価する場合，球技としての様相か，身体（ゲーム）負荷に着目した様相かによって，その意味は大きく異なることが考えられる。シーズン中の連戦時は，過負荷より，回復やコンディショニングに重点を置くことも必要となるが，実際の試合での身体（ゲーム）負荷が低ければ，シーズン中のフィットネスは低下する可能性が生じる。このようにコーチング活動におけるパフォーマンスの評価は目的に応じて妥当な指標を設定することが重要となる。

（古川拓生）

表5-5 ● シックスネイションズ2022の試合時間とボールインプレー（BIP）時間

	試合時間 ランニングタイム：RT	TMO	負傷対応	BIP時間	%BIP時間① (per 80分)	%BIP時間② (per RT)
平　均	1時間36分52秒	04分17秒	05分38秒	38分05秒	47.6%	39.3%
最　大	1時間46分24秒	08分55秒	12分20秒	45分35秒	57.0%	47.6%
最　小	1時間32分16秒	00分55秒	00分58秒	31分13秒	39.0%	33.1%

第2節　**パフォーマンス分析を用いた
ルール変更の影響の検討**

1. ラグビーにおけるルール変更

　ラグビーは軽微なものを含めると，ほぼ毎年ルール変更が行われており，他競技と比べ頻繁にルール変更が行われる競技である。ルール変更はゲームのスピードアップや継続性の向上，イコールコンディション（公平性）の確保，選手のウエルフェア（安全性）を促進させることで，より魅力的で安全性の高い競技となることを目的としている。

　一方，ルール変更が繰り返される理由として，Kew（1987）は，「ルールは，ゲームの立法者が，その立法行為が選手やコーチによってどのように解釈されるかを完全には予測せず，また予測できないために変更を余儀なくされる」と述べている。例えば，安全性を重視した結果，プレー継続の低下をもたらしたり，スピードアップを意図したことで安全性が損なわれたりすることがあれば，新たな変更（改善）が必要となる。また，ある側面から競技をより良くするためにルールをつくる側と，その条件下で勝利を最優先事項としてプレーする側の利害が必ずしも一致するとは限らず，競技が予期せぬ方向に進む可能性もある。とくに競技現場においては，ルールが変わることで有効な

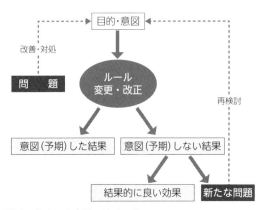

図5-4●ルール変更のサイクル

戦術やスキルが変わり，それに付随してゲーム構造に影響を及ぼすことも考えられる。それらの変化にうまく適応できるか否かが勝敗に影響するため，ルール変更前後で生じるゲーム構造やゲーム様相の変化を理解・予測することが重要となる。

　これらのことから，ルール変更の影響は2つの観点から検討することが必要と考えられる。一つはルール変更による意図した変化がみられたかを検討すること。もう一つは，ルール変更により意図せぬ変化が生じていないかを検討することである（図5-4）。

　次にパフォーマンス分析を用いたルール変更の影響を検討した事例を紹介する。

（1）ルール変更の検討①──意図した変化

　ラグビーでは正式なルール変更の前に，ルール変更を試験的に実施し，その効果を検討することがある。過去20年間で最も大幅な試験的実施ルール（Experimental Law Variations：ELV）が2008年に行われ，その内容は13項目に及び（日本ラグビーフットボール協会〈以下，日本ラグビー協会〉，2008），今日のラグビーに多大な影響を及ぼしたといえる。このELVの目的のなかには，ラグビーをグローバルスポーツとしてより発展させるために，試合の継続性向上による観客へのアピールを重視する傾向があった。Malan and Van den Berg（2012）は，南半球プロクラブのELV前後の分析から，スクラムとラインアウトの回数が有意に減少した一方で，タックル数，ボール前進距離，ペナルティ獲得数の増加により，試合の継続が促進され，ELVがゲームの魅力を高めるという目的に成功したと報告している。

　ただ，2008年ELVは当時のラグビーが抱える，ある問題に偏った内容であったともいえる。13項目にはラインアウトに関連した7項目と，その

後に続くモールの2項目が含まれている。背景には前年のRWC 2007において，後述するラインアウトを起点としたトライ増加によるラインアウトプレー偏重の兆しや，その後のモール形成によるプレー停滞の問題が生じていた。これらの対処として，次の2項目の変更が試みられた。「いずれのチーム側にもラインアウト構成人数に制限はない（最低各チーム2人で成立する）」「モールを引き倒して防御してもよい」。従来は明らかな反則として扱われていたプレーであるが，ラインアウトに並ぶ人数確認やモールが崩れる原因の判定（故意か正当か）の難しさは，レフリーや観客にとってもストレスとなる問題であった。

　古川ほか（2008）は，この2つのルール変更から想定される影響を，ゲームパフォーマンス分析による実践的研究で報告している。**表5-6**は当時の国内最高峰リーグ，ジャパンラグビートップリーグの2008年ELV前後のトライ起点プレーを

表5-6 ● ジャパンラグビートップリーグにおける2008年 ELV前後のトライ起点プレーの比較（古川ほか，2008を改変）

	ELV前	ELV後	増減
総トライ数	673	625	-48
スクラム	132	141	9
ラインアウト	238	137	-101
―モール	137	25	-112
―モール以外	101	112	11
タップキック（反則）	54	69	15
リスタートキック	11	30	19
キックカウンター	68	73	5
ターンオーバー	170	174	4
―ブレイクダウン	117	64	-53
―ラインアウトスティール	3	27	24
―ハンドリングエラー	33	70	37
―その他	17	13	-4
試合数	94	94	

注）段落下げの小項目（冒頭に―を付した）は大項目の内訳を示す。

表5-7 ● ジャパンラグビートップリーグにおける2008年 ELV後の攻防人数差別のラインアウト争奪のプレー様相 （古川ほか，2008を改変）

	防御側人数		
	同　数	少ない	多　い
発生割合	23.7%	4.6%	70.9%
ラインアウト成功率	79.9%	84.2%	76.5%
コンテスト率	50.2%	35.8%	61.8%

示している。他11項目の影響の可能性もあるが，ラインアウトモールからのトライが大幅に減少し，これまでほとんどみられなかった相手ラインアウトを奪うラインアウトスティールの増加が確認される。

　さらに，ラインアウト争奪に関しては，全体の成功率とコンテスト率（防御側が相手ボールを奪おうとする行為）の平均はそれぞれ78〜80%と57%で差はみられないが，人数制限がなくなったことで防御戦術に変化がみられた。全体の約7割で防御側が人数を多くしており，その場合のコンテスト率は他の場合に比べて高く，ラインアウト成功率は低い結果を示している（**表5-7**）。また，攻撃側はボールを獲得しても人数が少ないことと引き倒しが認められていることから，効果的なモールが形成できず，このことがモールからのトライが大幅に減少する直接的な原因になったと考えられる。

　試験的実施から正式採用となるまでの経緯は公表されていないが，結果的にこの2つのルールは採用されなかった。エリートレベルにおけるモール引き倒しによる怪我の発生に変化はなかったと報告されたが（Fuller et al., 2009），安全性の観点から正式採用されなかったことが推察される。防御人数はボール争奪における公平性が重視されたと考えられるが，ボール争奪にかける人数はチーム戦術によるところが大きく，安全性に問題をきたさなければ，今日のゴール前モール偏重スタイルの打開策となる可能性があると筆者は考える。実際に表5-7の防御人数が少ない割合は4.6%であったが，ラインアウト防御を得意としないチームは，その後の防御で人数を多くかけることでボールを奪い返す可能性が高くなる。当時はわずかなチームしかこの戦術を採用していなかったが，最近では意図的にこの方法を用いるチームもみられる。もし，このルールが再び採用された場合には，自チームおよび対戦相手との相対的な力関係から，エリアや選手の配置などを考慮した有効な戦術を決定する上で，ゲームパフォーマンス分析は一つの有用な手段となる。

(2) ルール変更の検討②——意図せぬ変化

スクラムはこれまでルール変更が最も多く行われたプレーの一つである。とくに，正当かつ公平なスクラムの維持やフロントローの安全性の観点から，過去20年間で40回以上のルール改正が行われており，ラグビー競技においてこの領域の重要度の高さがうかがえる。**表5-8**にスクラムに関連する主なルール変更の一部を示した。

例えば，2000年にELVとして，「スクラムが停止して再び動き始めない場合，ボールは直ちに出されなければならない」「スクラムが停止したままでボールが直ちに出ない場合，停止したときにボールを保持していなかったチームがボールを投入する」という変更が行われた。この意図は，スクラムの崩れやホイール（スクラムが90度以上回ること）による組み直しと，負傷対応に費やされる時間を減らすことにあり，プレーのスピードアップと継続化，さらには安全性の確保というルールの基本理念に沿ったものとなっている。しかし，防御側にとってはスクラムをホイールさせることで攻撃権を獲得できるため，イリーガルなアングルでの組み方や押しが行われるようになり，スクラムの安全性に新たな問題が浮上した。2000年以前は，「組み合うのはレフリーの声による指示のあった後に限る」とされていながらも，組み合う際のレフリーによる明確なコールは示されておらず，ほとんどが選手同士の間合いで行われている。RWC 1999においても，レフリーによる明確なコールは確認できない。しかし，2000-01年の競技規則にはじめてレフリーによる具体的なコールが競技規則に明記され，スクラムの形成において，レフリーが介入しコントロールすることがルール化された。

具体的には，スクラムを組む際の衝撃を小さくするため，スクラムの最前列を形成する両チームのフロントローが離れ過ぎないように，組む前に相手に触れさせる「タッチ」に始まり，タッチか

表5-8 ● スクラムに関連する主なルール変更

スクラムコールの変遷	
1991-92年	安全のために，それぞれのフロントローは，相手の上腕に触れ合い，それから組み合う前に静止する。つまり，腰を落とした姿勢，上腕の触れ合い，静止，組み合いという**一連の動作となる**。
1992-93年	安全のために，それぞれのフロントローは，腰を落とした姿勢，静止，組み合いという一連の動作により組み合うものとし，**組み合うのはレフリーの声による指示のあった後に限る**（具体的なコールの記載なし）。
2000-01年	双方のフロントローは，腰を落とし（クラウチ），静止し（ポーズ），レフリーの「エンゲージ」の声があってはじめて組む。 **レフリーコール：「クラウチ・ポーズ・エンゲージ」**
2007年	レフリーは「クラウチ」そして「タッチ」をコールする。（中略）レフリーは「ポーズ」のコールで十分な静止状態を確保した上で，「エンゲージ」をコールする。 **レフリーコール：「クラウチ・タッチ・ポーズ・エンゲージ」**
2013年（通達）	「タッチ」「セット」間で互いの準備ができていることを確認（間を置いた後，セットをコール）。 **レフリーコール：「クラウチ・タッチ・セット」**
2014年（試験的実施） 2015年（正式変更）	レフリーは，「クラウチ」そして「バインド」をコールする。（中略）フロントローの準備ができたら，レフリーは「セット」をコールし，フロントローは組み合ってよい。 **レフリーコール：「クラウチ・バインド・セット」**
スクラムホイール後の再開	
1999-00年	停止（ホイール）時にボールを**保持していたチーム**が投入する。判定できない場合は最初にボールを投入した側が投入する。
2000-01年（試験的実施） 2009年（正式変更）	停止（ホイール）時にボールを**保持していなかったチーム**が投入する。判定できない場合は最初にボールを投入しなかった側が投入する。
2016年	前のスクラムでボールを投入したチームが投入する。

注1）スクラムコールの「エンゲージ」「セット」は命令ではなく，準備ができたら組み合ってよいという意味。
2）西暦はルールの変更を確認した競技規則の発行年であり，正確なルール変更の年とは限らない。

らセットまでに勢いがつかないようポーズ（静止）の時間を長くすること，さらに落下による組み直しやペナルティを減らすことを目的とした，現行の組む前にあらかじめ相手をつかむ「プレバインド」ルールとなっている。実際にプレバインドを行うことで，組み合う際の衝撃が15 ～ 25％減少することも報告されている（Cazzola et al., 2014）。ただ，現状の「プレバインド」ルールでは，スクラムを組む前に両チームが近づく（近づき過ぎる）ことから，既にフロントローの頭部が相手選手の肩に接触しており，両チームフォワードの総体重が1,600 ～ 1,800kg前後となるエリートレベルでは，その重量を頭頸部で支えることになり，頸椎への負担が問題視されていた。そのため，2022年7月1日よりELVとして，フッカー（フロントローの中央の選手）がスクラムの安定性を高め，軸方向への負荷を避けることを目的として，片足を前方に置く「ブレーキフット」が導入されている（日本ラグビー協会，2022）。ラグビーに限らず，コンタクトスポーツにおける頭頸部への負荷は大きな問題となっているため，今後も変更が行われることが予想される。

一方，スクラムの安全性を高めるためのルール変更は別の問題を引き起こしている。選手同士の間合いで行われていた頃は，スクラムの準備からボールが出るまで10秒を要しないこともあったが，現在はレフリーが一つひとつの動作に介入してチェックするため，スクラムのセットアップ（準備）からボールが出るまでの所要時間は30秒を超えることも珍しくない。実際にレフリーによるチェックポイントは20項目以上にも及ぶ（日本ラグビー協会,2021）。さらに，2016年に再びホイール後の再投入権が前回投入側に戻ったことで，スクラムに自信のあるチームはゲームを有利に進めるために，スクラムでアドバンテージを得てからボールをプレーする選択が多くみられるようになり，防御側の反則がより多く発生する様相となった。その結果，シックスネイションズ2016では，スクラム12回中8回がペナルティとなった試合や，組み直しによりスクラムが27回に達し，全スク

ラム所要時間が23分43秒と，80分の試合時間の30％を占める試合もみられた。また，1回あたりのスクラムに要する平均時間も66秒と長くなり，ラグビー競技の魅力を損なう問題が生じている。

このように，スクラムの崩れや組み直しの増加，意図的にボールをスクラムに留める問題に対処する形で，フッキングの義務化やこれまで認められなかったスクラム内のボールを手で扱う行為の推奨，ユーズイットコールによるボールアウトの強制，さらにはボール投入側にやや有利となるボール投入方法といった，ボール争奪時のイコールコンディションの放棄と捉えられるような対処に至るまで，多くのルール変更が繰り返されている。

2. ルール変更がもたらしたゲーム構造の変化

1つのルール変更がゲームに大きな変化をもたらすことがある。ラインアウトでのボール争奪において，1997年に重要なルール変更が行われた。ボール獲得のためにジャンプした選手を周囲の選手が支えるサポーティングが認可され，その後2009年には選手を持ち上げるリフティング，つまりジャンプ自体をサポートするプレーが正式に採用された。

図5-5はRWCにおけるラインアウトとスクラムの1試合平均の頻度と成功率を示したものである。ラインアウトでのサポーティングが認められる1997年以前の成功率は70％前後であったが，サポーティングが認められた直後の1999年大会では82％と大幅な上昇を示し，2009年のリフティング正式採用後も継続的に上昇して，直近の2019年大会では91％に達している。2015年大会以降はほぼスクラムと同程度の成功率となっており，ボール獲得の確実性とペナルティキックから比較的容易に相手ゴール前で形成できることから，セットプレーが減少傾向にあるなかでも，ラインアウトはスクラムの約2倍の生起数となっている。また，スクラムは8人で組むことが義務づけられている一方，ラインアウトは2人以上で形成できるため，戦術的オプションをチームやエリアごと

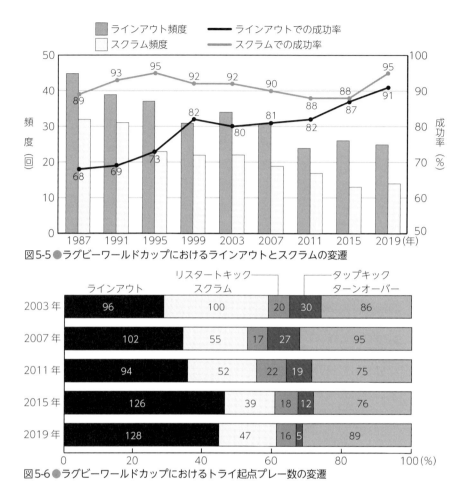

図5-5●ラグビーワールドカップにおけるラインアウトとスクラムの変遷

図5-6●ラグビーワールドカップにおけるトライ起点プレー数の変遷

に工夫することが可能となる。

　図5-6はRWCにおいてトライの起点となったプレーの割合を示したものであるが，ラインアウトの優位性がうかがえる。2003年大会ではトライの起点となったラインアウトとスクラムの割合はともに30％程度であったが，大会を重ねるごとにラインアウトの割合は増加し，2015年大会では50％近くにまで増え，その傾向は2019年大会でも変わっていない。

　このように，現代ラグビーにおいてラインアウトは極めて重要なプレーとなっており，ラインアウトの優劣が勝敗に大きく影響を及ぼす一つの要因となっている。ただし，防御側の戦術的・技術的理解も向上していることから，攻撃側はスローの長さ，人数，リフティングのオプションなどを，試合中，試合間で大きく変えることが必要となっている。かつてはプレー再開のための1プレーで

あったラインアウトが，1つのルール変更により，その戦術的・技術的開発と習熟のために多くの時間が費やされるようになり，ゲーム構造にも大きな変化をもたらしている。

　ラグビーは多面的で複雑な構造を持つ競技であることから，1つのルール変更から予期せぬ（予期できない）変化が生じた事例である。実際の競技の世界では，ルール変更から「予期せぬ変化」を予測し，具体的な見通しを立て，戦術に落とし込むことができなければ後塵を拝することになる。ゲームパフォーマンス分析は問題解決の糸口となる重要なエビデンスをもたらす役割も担っている。

〈付記〉本節は，「古川拓生（2023）フットボールのゲーム分析：ラグビー15人制，フットボールの科学，18（1）：111-121」の一部（第2項）を加除修正したものである。

（古川拓生）

選手・チーム評価のためのパフォーマンス分析

第1節で，コーチング活動におけるパフォーマンス分析の目的は，コーチング活動の目的を達成するための有用な手段となることにあると述べたが，改めて重要なことはコーチング活動の目的は何か，ということである。例えば，試合で勝つことが目的であれば，目的達成に必要とされるKPIを設定し，その分析・評価から現状を把握し，改善を図ることになる。

本節では，RWC 2015で躍進を遂げた日本代表の事例をもとに，選手やチーム評価のためのパフォーマンス分析の活用について解説する。

1. 目指すべきゲームモデル

2011年12月にラグビー日本代表ヘッドコーチに就任したエディ・ジョーンズ（Eddie Jones）は，日本代表の目指す方向性として「ポゼッション・アタッキング・ラグビー」を掲げた。同氏はRWC 1991でのジンバブエ戦以降，勝利のない日本代表の指導において，「コピーをしてしまうと，オリジナルには絶対に敵わない」（神原，2018）という考えのもと，「日本人は体つきが決して大きくない。個人ではなく，全体，チームでスピードを上げてプレーすること。頭を使って戦術的にプレーすること。ものすごいファイティングスピリットを持って戦うこと」（神原，2018）と，日本らしさの追求を強調した「ジャパン・ウェイ」と呼ばれる独自のスタイルにより，チーム強化をスタートさせた。この独自のスタイルを構築するには，既にある基準や何かの模倣ではなく，自分たちにとっての最適解を見出すことが必要となる。

2. ゲームモデルにもとづく指標の設定

ポゼッション・アタッキング・ラグビーとは，字のごとく，ボールを保持した攻撃主体のラグビーである。しかし，体格的な劣性が予想される日本代表が，このゲームモデルを目指す上でリスク（課題）とされたことは，ボールを奪われる機会が増えることであった。この課題に対してパフォーマンス分析を活用し，フィードバックとフィードフォワードを繰り返し，チーム強化が行われた。

通常，球技におけるパフォーマンス分析は，ボールへのアクションに着目した「オンザボール」の分析を行うことが多く，ボールに関与していない「オフザボール」のパフォーマンスを定量化することは少ない。次では2つの事例を紹介する。

(1)オンザボールの指標──パス：キック比

ラグビーにおいて，キックは直接ボールを前方に進めることのできるプレーであるが，ボールを再獲得できなければ攻撃権（ポゼッション）を失うことになる。一方，キックを用いないパス・ラン中心の攻撃を継続した場合，相手はそれに対応した防御陣形を敷くため，前進することが難しくなる。そのため，相手にパス・ランかキックかの的を絞らせないような攻撃を行うことが重要となる。「RWCに参加する世界のチームでは4回パスしたら，1回はキック，というのが一般的な比率」（生島，2015）となっており，実際に勝敗チーム間の比較から，キックを用いたテリトリー型のチームの勝率が高いことを示す実証的研究も報告されている（Hughes et al., 2017）。しかし，体格的劣性が予想される日本代表が同じような比率でキックを蹴った場合，一度手放したボールの再獲得が難しいため，防御時間が長くなる。そのため，必然的にパス・ランの比率を高くする必要があることから，日本代表は「シェイプ」と呼ばれる攻撃布陣（**図5-7**）を敷き，パス・ラン攻撃でも相

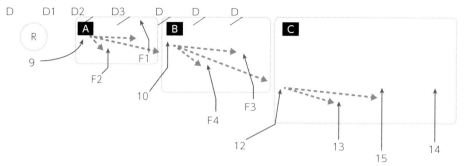

攻撃のオプションを多く持ち，スペースへボールを運ぶ

図5-7●シェイプ：ポジショニングの配置と役割を明確にする

手が的を絞りにくくなるように，オプションを多く持ってスペースにボールを運ぶ戦術を採用した。

このような攻撃布陣を敷く利点は，ポジショニングの配置と役割を明確にしたことで，ミスを最小限にできることである。図5-7では，最初にボールを持ち出した9番がAエリアで相手陣形を見ながらF1かF2の前にスペースがあればパスし，なければ10番にボールを渡す。ボールを受けた10番は同じくBエリアにポジショニングしているF3とF4の前方を見て判断し，スペースがなければCエリアの12番にボールを回し，引き続き12番が外側の状況を見てプレーを選択することになる。パフォーマンス分析では，A・B・Cエリアでの攻撃頻度と前進率を分析・評価し，オプション選択やプレー精度の問題点を抽出し改善を行った。その結果，2012/13シーズンでの日本代表のパスとキックの1試合平均回数は，パス190回，キック9回，パス：キック比は約21：1となった。そして，このパス：キック比をポゼッション・アタッキング・ラグビーに取り組む上で，より効果的なスタイルとするためのオンザボールのパフォーマンス指標として活用した。ただし，この攻撃を維持するには選手全員が休むことなく，絶えず動き続け，攻撃のオプションとなることが必要であり，80分間継続するフィットネスが求められる。もし，この陣形や状況判断（プレー選択）の精度が維持できなければ，キックの少ないパス・ラン一辺倒の攻撃となり，前進できずに体力だけ

を消耗することになる。

（2）オフザボールの指標──リロード率

次に日本代表はこのフィットネス向上の対策として，「リロード」と称するアクション，すなわちグラウンドに倒れている時間を短くし，すぐに動き出すアクションに焦点を当てた。つまり，ボールに関与していないオフザボールのパフォーマンスに着目し，勝敗には直結しないがチームの原則にもとづく指標として普段のトレーニングから習慣化し，パフォーマンスの分析と可視化を繰り返して改善に取り組んだ。また，トレーニング時の負荷についても試合の分析データを活用し，ハイスピードな動きを中心とした"FAST DAY"と激しいコンタクトを繰り返し行う"PHYSICAL DAY"に分け，目的を明確にしたプログラムを実施した。例えば，FAST DAYでは試合での平均移動速度が80m/mであれば，トレーニングでは110m/m，トップスピードを9.0m/sと設定しつつも，1分以上は継続しないように計画していた。PHYSICAL DAYにおいても，実際の試合で最も負荷の高い時間帯の分析データをもとに，20〜30％の過負荷レベルとした1分間に7回のコンタクトや短い距離の加速を繰り返すメニューを組んだ。その結果，当初は65％であったリロード率が，RWC 2015の前年までには73％（最大84％）に向上し，ポゼッション・アタッキング・ラグビーの土台を構築していった。

3. ゲーム状況への適応とバランス

シェイプが試合を通じて維持できるようになると，対戦相手は攻撃を阻止するために，防御ラインにより多くの人数を配置することになる。そのため，防御側後方スペースを埋める人数が減り，新たなスペースが創り出されていくことになる。攻撃の目的は，ボールを相手ゴールに運ぶ，または近づき得点することである。ポゼッション・アタッキング・ラグビーの目的もパスを多くすることではなく，スペースにボールを運び，前進・得点することであり，このような防御ラインに多くの人数が配置される状況ではキックを選択する戦術が有効となる。その結果，RWC前年の2014/15シーズンの日本代表のパスとキックの平均回数は，パス146回，キック19回，パス：キック比は約8：1と変化した（2012/13シーズンは約21：1）。他国代表の4：1に比べるとパスが2倍の比率となるが，独自のスタイルを80分間維持するフィットネスを習得し，疲れたなかでも正しい判断が実行できるまでに成長した，日本代表のゲームモデルに適した基準といえる。実際に日本代表の勝った試合でのパス：キック比は10：1，負けた試合は17：1となっており，リロード率を高めシェイプを維持できたとしても，世界を相手にした場合，パス：キック比の高い戦い方にはリスクがあり，プレー選択のバランスが重要となることを示唆している。

4. 対戦相手によるゲームプラン

RWC 2015までに目指したゲームモデルを着実に成長させた日本代表であったが，予選プールで対戦する4カ国は，大きく2つのタイプに分類された。第1，2戦で対戦する南アフリカとスコットランドは，全トライの50％以上がラインアウトを起点としており，セットピースの強さに定評のあるオーソドックスなラグビーが特徴である。一方，第3，4戦のサモアとアメリカは，全トラ

イの70％以上がターンオーバーを起点とした，組織よりも個人の能力を活かした戦い方が特徴のチームであった。日本代表が他国をスカウティングするのと同じく，他国も日本代表を分析しており，そのスタイルは十分に理解されている。とくに初戦の南アフリカは，世界一と定評のあるフィジカルの強さを前面に出した，ディフェンスを得意とするテリトリー型のチームであることから，日本代表のポゼッション・アタッキング・ラグビーへの対応は比較的得意としており，日本代表以外，南アフリカの優勢を疑うことはなかった。

しかし，蓋を開けてみると「サプライズ」とされた予想と異なる仕掛けを日本代表は行った。具体的には，地域獲得と防御を行いたい南アフリカに対し，パス回数を抑え，相手が出てくるところを後方スペースにキックを蹴り，後退させた（表5-9）。また，ミスを最小限にするため，好機と判断したとき以外は攻撃を行わず，図5-7で示したAエリアにおける9番からの攻撃に重点を置き，試合中の前進率から，他エリア選択の判断を行い，そのバランスを変更していった。第2戦の勝利は得られなかったが，第3戦以降は準備したゲームプランを遂行し，予選プールで3勝を挙げる躍進となった。最終的な勝敗には別の要因も影響して

表5-9 ● ラグビーワールドカップ2015予選プールにおける日本代表のパス数，キック数，パス：キック比，ポゼッションの結果

	パ ス	キック	パス：キック比	ポゼッション
日本代表（2012-2014）	160	16	10：1	
南アフリカ戦	125	22	6：1	47%
スコットランド戦	169	5	34：1	54%
サモア戦	182	19	10：1	61%
アメリカ戦	147	15	10：1	53%

注）日本代表の数値は2012-14年のテストマッチの平均値。

表5-10 ● ラグビーワールドカップ2015予選プールにおける日本代表の南アフリカ戦でのハンドリングエラー（HE）とターンオーバー（TO）の数

	HE数	TO数
日本代表（2014）	8	16
南アフリカ戦	3	8

注）日本代表の数値は2014年のテストマッチの平均値。

いるが，パフォーマンス分析をチーム強化に活用した事例であった。

5. 「世界で最も準備されたチーム」を目指したチーム

表5-11にRWC 2015後のレポートから一部抜粋した結果を示した（国際ラグビー評議会〈International Rugby Board：IRB〉，2011；World Rugby〈以下，WR〉，2015）。結果横の（　）内数字は参加20カ国中の順位を表しており，RWCという世界最高峰の舞台において，日本代表はスクラム成功率，反則率，スクラムハーフ（以下，SH）によるパスの割合，ラック・モール数の項目で大会1位となっており，優勝したニュージーランドや3位の南アフリカ，前回2011年大会の日本代表と比べても，ジャパン・ウェイによる独自スタイルの追求とその成果がうかがえる。例えば，1パス攻撃の割合とSHによるパスの割合の高さから，体格的劣性が予想された日本代表（体重は参加国中18位）が，図5-7で示した最も防御壁が厚いとされるAエリアを繰り返し攻撃し，ラック／モール継続を高いレベルで維持したことがわかる。このAエリアで単調な攻撃を行えば，日本代表は効果的に前進することができなかった

と推察されるが，リロードによる80分間の運動量とグラウンド全体でオプションを維持したことで，Aエリアの攻防を優勢に戦い，新たなスペースを創り出し，対戦相手を上回る54％のポゼッションを維持した。一方，相手攻撃を阻止してボールを奪い返す，相手ラック・モール成功率は最下位の4％となっており，体格的ハンディキャップはラグビーという競技において重要な要因であることを示している。

日本代表は予想された体格的劣性を克服するため，独自のスタイルとその実現に向けた基準を設け，強化に取り組んだ。そこにはゲームパフォーマンス分析による自チームの評価と対戦相手との相対的バランスから，勝利の最適解を最後まで追求した経緯があり，そのことが大会本番での躍進を支える原動力となっていた。

（中島正太・古川拓生）

表5-11 ●ラグビーワールドカップ2015における日本代表および他国との結果比較
(International Rugby Board, 2011; World Rugby, 2015を改変)

	ニュージーランド		南アフリカ		日本代表 (2015)		日本代表 (2011)	
体　重	105kg	(2)	105kg	(2)	100kg	(18)		
スクラム成功率	97%	(4)	94%	(6)	100%	(1)	89%	(7)
ラインアウト成功率	95%	(2)	92%	(4)	93%	(3)	85%	(7)
反則率（対戦相手比）	49%	(10)	48%	(8)	41%	(1)	49%	(9)
反則数	9.8		10.9		8.0		11.5	
ポゼッション率	54%	(4)	52%	(7)	54%	(4)		
パス	182回	(3)	149回	(8)	157回	(6)	149回	(6)
1パス攻撃の割合	47%	(20)	66%	(2)	67%	(3)		
スクラムハーフによるパスの割合	42%	(20)	57%	(2)	62%	(1)	51%	(5)
キック	22回	(6)	27回	(2)	16回	(19)	13回	(20)
ラック・モール	89回	(11)	103回	(8)	119回	(1)	87回	(6)
ラック・モール成功率	96%	(1)	96%	(1)	95%	(5)	92%	(18)
相手ラック・モール成功率	7%	(3)	6%	(9)	4%	(20)		

注）（　）内の数字は参加国中の順位。

第4節　ラグビーのパフォーマンス分析の最前線

スポーツにおけるテクノロジー活用の重要性は近年ますます高まっている。AI，機械学習などによるデータ活用や映像テクノロジーの進歩など，ビッグデータや映像解析から得られた情報をもとに，チームや選手の技術力強化や戦術・戦略などのパフォーマンス評価にも応用されている。ラグビーの指導現場においても同様にテクノロジーを活用したチームの強化が推進されており，強化・普及の様々な場面でみられるようになった。RWC 2019で史上初のベスト8を達成した日本代表は，衛星測位システム（Global Navigation Satellite System：GNSS）デバイスから取得するデータを活用し，チームを強化したことが知られている（外薗・野々村，2020）。

GNSSデータ解析によって，従来のゲームパフォーマンス分析から取得が困難であったオフザボールプレーヤー（ボールを保持していない選手）の動きが定量化されたことで，戦術評価や攻守の切り替えなど特定のプレーの評価が可能となった。

1. 現代ラグビーの特徴

現代ラグビーは急速な進化を遂げている。スクラムやラインアウトなどのセットプレーが減少したことでBIP時間は増加し，キャリー，タックル，ラックでのボール争奪局面が増加した（Kingston and Bentley, 2023）。これは昨今のボールの継続を重要視した競技規則やルール改正による影響が大きいと考えられ，現代ラグビーのプレー様相は以前にも増してスピーディーでダイナミックなものに変様した。また，戦術やフィジカルレベルが飛躍的に向上し，拮抗したゲーム展開が増えた影響から，試合では少しの差が勝敗を分けるようになった。そのようななか，指導現場の最前線に立つコーチには，試合の様相やプレー構造の変化を正確に捉え，素早く的確な行動に移すためのコーチングスキルの必要性がますます高まっている。選手の専門的体力や運動特性を明らかにし，より効果的な戦術・戦略を立案するためには，テクノロジーやデータを上手く活用し，競技の本質を分析することが重要である。

表5-12には，シックスネイションズ2023とラグビーチャンピオンシップ2022のスタッツを示した。現代ラグビーを代表する2つの異なる大会で比較すると，シックスネイションズは，タックル，支配的なタックル，キャリー，ディフェンス突破，ラックの頻度が高い結果を示した。

攻撃側がラックを多用する背景として，近年の組織化された防御システム構築の影響が考えられる。一般にラックが形成されると，防御側はタックラーと，場合によってはアシストタックラーをラックに参加させることになる。防御の原則はボールの再獲得であるが，タックラーやアシストタックラーは，タックル後の素早いリロードによって，ラックにおけるボールの再獲得の可否を判断し，その後の適切な行動を選択することになる。仮にラックでボールの再獲得が不可能な場合でも，ラック自体に圧力をかけることで，ラックからのボールアウトを遅らせることにつながり，攻撃側のテンポやリズムを崩すことができる。一方，攻撃側としては，ラックを形成し，リサイクルスピード（ラック形成後のボールアウトスピード）を上げることによって，ボールの争奪に巻き込まれたタックラーやアシストタックラーを防御ラインにリカバリーさせない状況を意図的につくり出すことができる。このような状況下で，防御側はラックに参加していない残りの選手のみでプレーする必要があるため，攻撃側は防御の間隔が広くなったスペースやミスマッチなどに対して効果的な攻撃につなげることが可能となる。

表5-12 ● シックスネイションズ2023とラグビーチャンピオンシップ2022のスタッツ比較

	シックスネイションズ	ラグビーチャンピオンシップ	有意差	勝利	敗北	有意差
得　点	23.9	26.8		33.6	16.8	＊＊
タックル数	149.8	114.3	＊＊	136.6	131.4	
タックル成功率	86.2%	86.3%		86.9%	85.6%	
支配的なタックル数	9.7	5.4	＊＊	8.0	7.9	
キャリー数	124.2	94.8	＊＊	108.1	114.1	
メーター（m）	750.1	607.8	＊＊	682.4	691.3	
ラインブレイク数	5.4	4.5		6.1	4.0	＊＊
ディフェンス突破率	23.6%	18.0%	＊＊	21.9%	20.3%	
キック数	28.7	21.1	＊＊	27.8	22.9	＊
キック：ラック比	1：3.4	1：3.6		1：3.0	1：4.0	＊＊
ペナルティ数	10.5	13.1	＊＊	11.3	12.0	
攻撃時	3.5	8.4	＊＊	5.4	6.0	
防御時	7.0	4.7	＊＊	5.9	6.0	
ターンオーバー数	12.9	11.3	†	11.3	13.0	＊
ラインアウト成功率	87.5%	84.9%		86.6%	85.3%	
スクラム成功率	88.7%	87.0%		88.0%	87.8%	
ラック数	85.5	64.5	＊＊	73.6	78.9	
ラック成功率	95.9%	93.4%	＊＊	95.2%	94.4%	
クイックラック率	62.4%	58.7%		60.3%	61.2%	
ゲインライン突破率	53.6%	57.9%	†	56.5%	54.5%	

注）＊＊：p<0.01，＊：p<0.05，†：p<0.1

　ラグビーチャンピオンシップはシックスネイションズと比較すると，キックやラックが少なく，フェーズにおけるゲインライン突破率が高いのが特徴である。"Keep Ball Alive"（ボールを動かし続けるという考え方）は，南半球のチームでよくみられる戦術である。ラックを形成せずに，オフロードパスやピックアップなどでスペースにボールを動かし続けるのが特徴であり，モメンタム（攻撃の勢い）を維持しながら前進する過程で，ボールを扱う高いハンドリングスキルと密集での高いコンタクトスキルが要求される。スピードを持ち，ボールを素早くスペースへ展開することによって，適切な防御ラインを形成させないことを目的としているが，オフロード後のラインブレイクなどの場面では，サポートが遅れ，ボールキャリアーが孤立してしまうこともある。ラグビーチャンピオンシップにおいて，攻撃時の失ペナルティが多いのは，このあたりが影響している可能性も考えられる。

　続いて，両大会における勝利チームと敗北チームのスタッツを比較したところ，勝利チームはキック数が多く，キック：ラック比が低いことが明らかとなった。このキック：ラック比というのは，15人制ラグビー日本代表でも注視しているKPIの一つであり，プレー中のキックの頻度を表す指標である。キックを効果的に活用することで，攻防におけるモメンタムをコントロールする意図がある。例えばラグビーチャンピオンシップにおける勝利チームのキック：ラック比は1：3であり，これは攻撃側のフェーズアタックにおいて，平均して3回のラックの後にキックが蹴られるという解釈になる。ラグビーにおけるキッキングの重要性はこれまでにも多くの先行研究で報告されている（Ortega et al., 2009; Bishop and Barnes, 2013）。それはラグビーが激しいボディコンタクトを繰り返し行う競技特性を持つなかで，キックを有効活用することで相手との接触を制限し，ボールを効率よく前進させられるからである。ま

た，キックパスやコンテストキックなどによるボールの再獲得によって，一気に得点するチャンスがめぐってくる可能性もある。戸田（2023）は，勝利チームは敗北チームと比較し，キックによって前進した距離，キックの再獲得数，キックを相手がバウンドキャッチする数などの項目において，数量的な様相の違いを報告している。キッキングゲームの攻防には様々な状況が存在するが，キッカーのみならずチーム全体の意思統一や戦術理解が重要であり，状況や目的に応じていかに有効活用するかが鍵となる。

2. ゲームパフォーマンス分析を活用したスカウティング

ラグビーのゲームパフォーマンス分析は，主に

定量分析と定性分析の2つに分けられることは先述した。定量分析とは，数値データをもとに行う分析手法のことで，試合映像や各種デバイスから収集されるイベントデータ（起こったプレーに関する情報）を活用し，チームや選手の現状を客観的に把握・評価するものである。一方，定性分析とは，質的データ（量では測れない現象や概念）をもとに行う分析手法のことで，チームの戦術・戦略や選手の動きの特徴などを主観的に要約するものである。どちらかが優れているというわけではなく，ラグビーで起こる複雑な事象を理解するには，コーチング環境やコンテクストに合わせ，相互に新たな価値を創造しながら活用することが重要である。そして，試合中はリアルタイム分析，試合前はスカウティング，試合後はマッチレポー

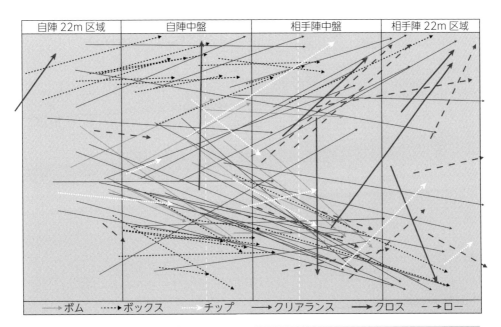

キック：ラック比	1：3.4
相手陣22m区域	1：17.0
相手陣中盤	1：6.8
自陣中盤	1：1.7
自陣22m区域	1：0.8

キックの種類	4試合合計*	1試合平均
ボム	12	3.0 (12%)
ボックス	24	6.0 (24%)
チップ	8	2.0 (8%)
クリアランス	37	9.3 (37%)
クロス	6	1.5 (6%)
ロー	12	3.0 (12%)
合　計	99	24.8

※スコットランドが大会直前に行ったテストマッチ2試合とRWC 2019プール戦2試合

図5-8 ●スカウティングにおけるキッキング分析の一例

ト作成など，ゲームパフォーマンス分析の活用方法は多岐にわたる。

　一般に「スカウティング」とは，対戦チームや対戦チームに所属する選手を分析することを目的としている。対戦相手のスカウティングの基本は，チームの「フィロソフィー」を知ることである。簡単にいうと，対戦相手が持つラグビーの考え方はどういったものなのか，プレーに勢いを与えている要因は何か，を明らかにすることである。例えば，強力なフィジカルを武器にセットプレーで圧力をかけ，ジェネラルプレーで強く大きなフォワードの選手をダイレクトにあてながら前進を図るチームもあれば，キックを多用し，適切なフィールドポジションで相手の攻撃に圧力をかけ，ターンオーバーなどで再獲得したボールを素早くスペースに運ぶプレーを好むチームもある。直近3〜5試合の試合映像やイベントデータに加え，ある特定の大会における各種スタッツを活用しながら，プレー，得失点，勝利の条件，選手，時間帯，地域，スペースの有無など，様々な切り口で詳細分析を行う。

　図5-8は，RWC 2019で日本代表が対戦したスコットランドのキッキングを分析した事例である。大会直前の2試合と大会中の2試合を分析したところ，スコットランドの平均キック数は24.8本であった。種類別にみると，クリアランス（フィールドポジション獲得）を意図したキックが9.3本（37%）と最多であり，次いでボックス（ラック，モール，ラインアウト，スクラムの最後尾からのキック）が6.0本（24%）であった。エリアごとにみると，自陣ではタッチライン際へのボム（ファーストレシーバーからのパントキック）やボックスを用いてボールの再獲得を狙い，相手陣ではクロス（ピッチ逆サイドに対するキック）やロー（ディフェンスライン背後のスペースに対する弾道の低いキック）など，異なるフィールドポジションで多様なキックを使い分ける傾向がみられた。また，自陣ゴールラインから自陣22m内を自陣22m区域，自陣22mからハーフウェイを自陣中盤，ハーフウェイから相手陣22mを相手陣中盤，相手陣22mから相手陣ゴールラインを相手陣22m区域として，キック：ラック比をみると，相手陣での比率（相手陣22m区域＝1：17.0，相手陣中盤＝1：6.8）と比較して，自陣での比率（自陣中盤＝1：1.7，自陣22m区域＝1：0.8）が低い値を示した。これらのことからスコットランドは，プレーエリアによってポゼッションをコントロールし，状況に応じたキッキングゲームを展開する傾向がみられた。

　前述したゲームパフォーマンス分析による対戦相手のスカウティングでは，特定のプレーがどのような試合展開のなかで生起するのかを合わせて理解することも重要である。試合中は時間の経過とともに，実際の状況に対する修正や適応などが起こるため，選手のプレー選択やチーム戦術も変化する可能性が高い。また，データを見る際，単に数値だけに着目するのではなく，プレーにおける意図，方向性，正確性も分析することが重要である。スタッツなどで表されるデータには，数が多くてもプレーにさほど影響しないものもあれば，少なくても得点やチャンスメイクにつながり，相手の脅威となるような場合もあるからである。データや映像から対戦相手のパフォーマンスを質的・量的に理解し，自分たちの強みをどうしたら最大限に生かせるのか，相手の脅威をどのように無力化するか，既存のゲームモデルで対応するのか，あるいは普段と異なる手段を用いるのかなど議論し，具体的な戦術・戦略につなげることが必要である。チームの特徴やプレースタイルの傾向を明らかにするだけでなく，実際に対戦した場合，相手がどのような戦い方をしてくるか，それに対してどのような対策をとるかなどを想定しておくことが重要となる。

3. リアルタイム分析によるデータ収集と活用

　「リアルタイム分析」は，刻々と変化する状況をデータ化し，試合展開やプレーの傾向を可視化することで，チームや選手のポジティブな行動パターンの変化につなげるものである。また，コー

チの主観を補完する客観的データの提供は，主観による認識の違いや誤解を減らすことにつながり，その後の行動を考えるための材料となる。

　表5-13には，国内ラグビーのトップチームで採用されているKPIを示した。KPIとは，組織の目標を達成するための業績評価の指標であり，達成状況を定点観測することで目標達成に向けたパフォーマンスの動向を把握するものである。計画段階の目標値と実際（試合）の数値を比較しながら活用し，素早く的確なアクションにつなげるものである。映像テクノロジーや伝送技術の進歩により，ラグビーの試合では，テレビ局が撮影した複数アングルの映像がコーチボックスに供給されるようになったことから，アナリストは専用のパフォーマンス分析ソフトを活用し，リアルタイム分析を行えるようになった。ネットワーク接続されたコーチの手元にあるコンピュータには，試合映像に加えて，アナリストが生成するデータがリアルタイムで表示され，例えばポゼッション，テリトリー，特定のプレーの回数や成功率などが都度確認できるようになった。また，算出されたスタッツは映像と紐づいており，特定のシーンだけを視聴したい場合，手元の操作で簡単に抽出することが可能である。リアルタイム分析によって得

られるデータの活用は，コーチの定性的な評価と意思決定を支援し，ゲームプランやプレーの遂行状況について新たな視座を与えている。

　コーチによる試合中のコーチングの一つに選手交替がある。現代ラグビーでは優れた15人をスターティングに起用するだけでなく，リザーブに優れた8人を選ぶことも重要である。リザーブの選手は単に怪我や疲労のカバー要員としてではなく，戦術的観点，体力的観点，精神的観点など複合的に考慮され，交替によって試合のリズムやパフォーマンスを向上させ，チームに対してポジティブな影響を与える役割を持っている。途中出場でフィールドに立つリザーブの難しさは，どのポジションから，どのタイミングで出場するか明確に予期できないことにある。事前に，ある程度の想定は必要となるが，一度試合が始まると戦況を注意深く観察し，試合展開や流れを読みながら，常に自分が出場する場面を意識しておく（コーチであれば意識させておく）ことが求められる。

　図5-9には，リアルタイム分析のアウトプットウインドウの一例を示した。データの集計は，チーム付きの2人のアナリストがチームと個人のゲームパフォーマンスに対してそれぞれリアルタイムでタグづけを行い，算出したものである。チーム

表5-13●ラグビーにおけるKPIの一例

KPI	詳　　　細
モメンタム獲得率	自チームの攻撃の勢いを表す指標 （ゲインライン突破率＋クイックラック率）/2
ポゼッションターンオーバー率	自チームのポゼッションがターンオーバーで終わる確率
自陣脱出成功率	相手チームのキックオフ・50mリスタートキック，自陣22m内のスクラム，ラインアウトからの自陣脱出成功率
3フェーズ遂行率	セットプレーを起点とした3フェーズのシークエンスを評価
相手陣22m内アタック成功率	相手陣22m内におけるマイボールポゼッションが得点や相手ペナルティなどで終わる割合
キック：ラック比	キック数とラック数の比率
キックチェイス＋2	コンテストキックやディフェンスライン背後へのキック後，2フェーズ以内にボールを再獲得する割合
タックル成功率	成功タックル数/総タックル数×100
対戦相手自陣脱出成功率	自チームのキックオフ・50mリスタートキック，相手チームの自陣22m内のスクラム，ラインアウトからの自陣脱出成功率
対戦相手モメンタム獲得率	相手チームの攻撃の勢いを表す指標
対戦相手ポゼッションターンオーバー率	相手チームのポゼッションがターンオーバーで終わる確率

		出場時間	タックル				ボールキャリー				ブレイクダウン		ターンオーバー		ポジティブアクション	入替
			総タックル	タックル	ミスタックル	タックル成功率	総キャリー	キャリー圧倒	ラインブレイク	クリーンブレイク	総ラックヒット	ラック効果率	ターンオーバー	ペナルティ		
1	選手1	59	3	3		100%	3	3			4	100%			1	0.31	17
2	選手2	59	3	3		100%	1	1			2	50%			1	0.31	16
3	選手3	64	7	7		100%	3	2			6	83%	1		1	0.54	18
4	選手4	80	9	9		100%	6	4			9	90%			1	0.49	
5	選手5	55	3	2	1	67%	5	5			9	78%	1		1	0.35	19
6	選手6	80	12	12		100%	1	1			5	60%	1		1	0.42	
7	選手7	45	5	3	2	60%	1	1			3	100%		2		0.27	20
8	選手8	80	5	5		100%	8	6			13	100%				0.49	
9	選手9	45	3	1	2	33%	1				1	100%	2	2		0.40	21
10	選手10	75	6	5	1	83%	6	4	1	1	2	50%	1			0.55	22
11	選手11	80	3	3		100%	3	2		2	4	100%	1			0.32	
12	選手12	80	8	6	2	75%	8	5	1		2	50%				0.46	
13	選手13	80	3	1	2	33%	8	4	2	4	3	100%			1	0.41	
14	選手14	80	3	2	1	67%	5	2		1	2	100%	2			0.36	
15	選手15	63	1	1		100%	8	4	1		1	100%				0.33	23
16	選手16	21	3	2	1	67%					3	100%				0.38	
17	選手17	21	5	4	1	80%					3	100%				0.33	
18	選手18	16	4	2	2	50%					2	50%				0.14	
19	選手19	25	6	6		100%	3	2			2	100%	1			0.43	
20	選手20	35	6	5	1	83%					3	33%				0.57	
21	選手21	35	4	4		100%				1	1	100%	1			1.10	
22	選手22	5				0%										-0.20	
23	選手23	17	3	3		100%	2	1	1							0.65	
	合計		105	89	16	85%	74	49	6	9	80	84%	12	12			

（自チーム）		（相手チーム）
51%	ポゼッション	49%
53%	テリトリー	47%
54%	モメンタム	34%
1：2.8	キック：ラック比	1：4.1
80%	自陣脱出成功率	43%
45%	クイックラック率	24%
66%	ゲインライン突破率	44%
6	ラインブレイク数	2
12	ペナルティ数	8
13	ターンオーバー数	11
24%	ポゼッションターンオーバー率	22%
55 / 5 / 92%	ラック/ラックロスト/成功率	66 / 5 / 93%
11 / 13 / 84%	ラインアウト	12 / 14 / 85%
5 / 5 / 100%	スクラム	4 / 5 / 80%

図5-9 ● リアルタイム分析のアウトプットウインドウの一例

が設定するKPIや個人のスタッツがリアルタイムで見られるようになっているため，試合では，何がうまくいって何を改善すべきか，成果と課題をみつけやすいのが特徴である。また，選手一人ひとりのパフォーマンスも把握できるため，技術や戦術など具体的なコーチングにも落とし込みやすいフォーマットになっている。さらに，試合中のポジティブなアクションからプレー貢献度を表す独自の指標を採用しており，一つひとつのプレー頻度や正確性から個人のプレーを定量評価する仕組みとなっている。あらかじめ異なるポジショナルグループで目標値を定め，定められた目標の基準によって，個人のパフォーマンスを評価する方法である。これらの指標を用いて試合展開を可視化するなかで，コーチングや戦術的な選手交替にもつなげることができる。

4. 選手獲得と目標設定のためのデータ活用

　特定の選手を獲得したい場合，これまでは当該選手が出場した複数の試合映像をダウンロードし，各種イベントデータをアナリストが手作業で入力したり，プレー映像をデータベース化するなどが必要であり，獲得候補選手の比較には，膨大な時間と労力を要していた。しかしながら昨今の革新的なテクノロジーは，世界中の主要なチームや選手情報に瞬時にアクセスすることを可能にし，チームスタイルにフィットするか否かを映像で確かめることや客観データと組み合わせることによって，選手獲得のための的確な意思決定に貢献している。

　近年注目を集めているのが，Opta社が提供する有料サービスの一つである"Data Engine"であ

る。同システムを活用することによって，世界中の主要な大会に参加している選手の情報を容易に手に入れることができる。広範な映像アーカイブに加え，選手の詳細スタッツを閲覧できることから，質的・量的な情報をもとに，才能あふれる選手とチームのマッチングを手助けしてくれる革新的なツールである。さらに，表示スタッツがプレー映像とも紐づいており，コーチやリクルーターなどによる質的評価にも活用することができる。国内のトップラグビークラブにおける海外選手の移籍情報のリソースに関しては，未だエージェントに依存する傾向にある。しかし，エージェントから共有される選手情報は限定的なものであり，実際に選手を獲得してみると，持っていたイメージと違った，怪我しがちで戦力として計算できない，チームスタイルにフィットしない，など，チームとエージェントの間における認識のズレや誤解が生じるケースも起こっている。そこで重要なのは，チームの掲げる目標達成に向けて，戦力を可視化することや選手の性質を正しくプロファイリングすることである。チームに欠けているピースは何かを，具体的に見える化することが必要である。選手に関する十分な情報にもとづいた採用プロセスによって，このような問題を軽減することにつながるのではないだろうか。

　個々の目標設定を行うときに，目指すべき目標としてデータを比較することがある。例えば，あるポジションにおいて世界基準とはどの程度なのか，日本代表レベルだとどれくらいなのか，チーム内でレギュラーとして試合に出場している選手はどうなのかなど，分析したデータを比較することによって，正しく現状を把握することができ，自身の目指すべき未来を予測することにつながる。蓄積したビッグデータなどの膨大なデータの活用には，"Tableau"（Tableau Japan 社）や"Google Data Portal"（Google 社）といった「ビジネスインテリジェンス（BI）」（データマイニング，データビジュアライゼーション，データツールなどを組み合わせて，組織がデータにもとづいた意思決定を行えるように支援すること）ツールが積極的に活用されている。これらを活用することによって，データの加工，レポート作成や分析を簡単に行うことができる。選手の持つイメージと実際の状況は，良い意味でも悪い意味でも乖離していることが多分にある。質的・量的データの活用は，このような場合において，選手に納得感を持ち，理解してもらうことに有用である。

5.　ゲームパフォーマンス分析の未来

　テクノロジーの進歩は止まるところを知らない。"Micro Tracking Chip"をラグビーボールに内蔵したスマートボール（Sportable 社，Gilbert 社）が開発され，既に国際試合において試験的に導入されている。現行のシステムでは，スタジアムまわり10カ所に設置されたビーコン（Bluetoothの信号を使って情報を発信する端末や通信方法）を介して，毎秒20回まで通信できるようになっており，ボールの動きや位置情報をcm単位で計測できるようになっている。ボールの正確な位置情報を把握することによって，これまで判定が難しかった，フォワードパス，キックオフサイド，ラインアウトのノットストレート，クイックタップからの10mバックなどの評価を即時に下すことが可能となる。またラックのリサイクルスピードやゲインライン攻撃などの評価に関する分析の質的向上が期待されることから，戦術評価に応用できる可能性を有している。最新の学術研究で大﨑ほか（2022）は，機械学習や慣性センサによるラグビー選手のタックル動作抽出を試みている。これまで手作業で行われてきたイベント抽出を自動検出することによって，個々人による評価の違いを統一化することができ，強化・普及の様々な場面で有用な情報の提供につながりそうである。

　昨今のテクノロジーの発展とともにラグビーが進化するなかで，我々がビッグデータを扱う機会はますます増大するだろう。ラグビーのゲームパフォーマンス分析は，今後フットボールと同様に，記述分析から予測分析へと進化するのではないだろうか。またAIと機械学習の進歩によって，革

新的な情報がコーチングに提供され，ラグビーはさらに進化を遂げるのではないだろうか。より多くのことがデータ化できるようになった今，効果的なデータ活用のためにデータを正しく解釈し，分析する能力が重要なスキルとなるだろう。選手やコーチ，スタッフのデータリテラシーが向上することによって，未来を予測し，新たな価値を創造していけるのではないか。

（戸田　尊）

［文献］

・バイヤー：朝岡正雄監訳（1993）日独英仏スポーツ科学辞典．大修館書店，p.371.

・Bishop, L. and Barnes, A. (2013) Performance indicators that discriminate winning and losing in the knockout stages of 2011 Rugby World Cup. International Journal of Performance Analysis in Sport, 13(1): 149-159.

・Cazzola, D., Preatoni, E., Stokes, K., England, M., and Trewartha, G. (2014) The effect of a pre-bind engagement technique on the biomechanical characteristics of rugby scrummaging across multiple playing levels. British Journal of Sports Medicine, 48(7): 578.

・Fuller, C.W., Raftery, M., Readhead, C., Targett, S.G.R., and Molloy, M.G. (2009) Impact of the International Rugby Board's experimental law variations on the incidence and nature of match injuries in southern hemisphere professional rugby union. South African Medical Journal, 99(4): 232-237.

・古川拓生（2023）フットボールのゲーム分析：ラグビー15人制．フットボールの科学，18（1）：111-121.

・古川拓生・首藤弘人（2022）女子7人制ラグビーの競技特性及び身体的負荷に着目したプレー時間構造の研究．トレーニング科学，34（1）：49-60.

・古川拓生・嶋崎達也・伊藤矢一・宮川拓也（2008）ジャパンラグビートップリーグのゲーム構造―2003-2008縦断比較―．ラグビー科学研究，21（1）：7-14.

・古川拓生・鷲谷浩輔・小柳竜太・Nemes Roland（2013）ラグビーコーチングにおけるGPSの活用と可能性．コーチング学研究，26（2）：187-196.

・外薗祐里子・野々村洸（2020）スポーツテック最前線：ラグビーW杯日本代表の躍進を支えた「スポーツテック」，知られざるデータ活用戦．日経BP.
https://active.nikkeibp.co.jp/atcl/act/19/00120/021300001/（参照2020年2月21日）

・Hughes, M.D., and Bartlett, R.M. (2002) The use of performance indicators in performance analysis. Journal of Sports Sciences, 20(10): 739-754.

・Hughes, A., Barnes, A., Churchill, S.M., and Stone, J.A. (2017) Performance indicators that discriminate winning and losing in elite men's and women's Rugby Union. International Journal of Performance Analysis in Sport, 17(4): 534-544.

・生島淳（2015）コーチングとは「信じること」：ラグビー日本代表ヘッドコーチ エディー・ジョーンズとの対話．文藝春秋，pp.52-53.

・International Rugby Board (2011) Rugby World Cup 2011 statistical review and match analysis.
https://resources.world.rugby/worldrugby/document/2022/08/24/2533f647-2a5c-49cc-b137-7ee1bccbcd83/RWC_Analysis_2011.pdf（参照2024年1月11日）

・神原英彰（2018）「コピーはオリジナルに敵わない」エディーHCが語る日本スポーツとジャパンウェイ．
https://the-ans.jp/coaching/36657/（参照日2023年3月29日）

・Kew, F. (1987) Contested rules: An explanation of how games change. International Review for the Sociology of Sport, 22(2): 125-135.

・Kingston, J. and Bentley, N. (2023) The evolution of rugby: A statistical analysis. Stats Perform.
https://www.statsperform.com/resource/revolutionising-rugby-a-statistical-analysis-on-how-the-game-has-evolved/（参照2024年1月3日）

・Malan, D.D.J. and Van den Berg, P. (2012) The effect of experimental law variations on the Super 14 rugby union tournaments. African Journal for Physical Health Education, Recreation, and Dance, 18(3): 476-486.

・中川昭（2019）ゲームパフォーマンス分析の意義と目的．日本コーチング学会編　球技のコーチング学．大修館書店，pp.112-121.

・日本ラグビーフットボール協会（2008）IRB理事会決定，試験的実施ルール（ELV）実施について．
https://www.rugby-japan.jp/news/5195（参照2023年4月2日）

・日本ラグビーフットボール協会（2021）2021レフリングガイドライン．
https://media.toriaez.jp/y3143/780.pdf（参照2023年3月8日）

・日本ラグビーフットボール協会（2022）（通達）競技規則の条文改正．
https://www.rugby-japan.jp/news/51345（参照2023年3月8日）

・オドノヒュー：中川昭監訳，橘肇・長谷川悦示訳（2020）スポーツパフォーマンス分析入門―基礎となる理論と技法を学ぶ．大修館書店，pp.l7-23.

・大﨑彪瑚・中島賢治・松山史憲・城野祐生・戸田尊（2022）機械学習と慣性センサによるラグビー選手のタックル動作抽出．日本機械学会シンポジウム：スポーツ工学・ヒューマンダイナミクス・ヒューマンダイナミクス講演論文集，2022：B-4-1.

・Ortega, E., Villarejo, D., and Palao, J.M. (2009) Differences in game statistics between winning and losing rugby teams in the six nations tournament. Journal of Sports Science and Medicine, 8(4): 523-527.

・戸田尊（2023）ラグビー指導現場における科学研究の活用～パフォーマンス分析でラグビーを要素分解する～．Rugby Journal, 2：5-9.

・Watson, N., Durbach, I., Hendricks, S., and Stewart, T. (2017) On the validity of team performance indicators in rugby union. International Journal of Performance Analysis in Sport, 17(4): 609-621.

・World Rugby (2015) Rugby World Cup 2015 statistical report.
https://resources.world.rugby/worldrugby/document/2022/08/24/3347ffaa-c77b-45df-9595-7b43bfa3a5b2/RWC_Analysis_2015.pdf（参照2024年1月3日）

第 6 章

ラグビーにおけるマネジメント

第1節　チーム強化のためのマネジメント

1. 強化の資源

チーム強化には組織をつくる力が求められる。2022年，日本代表が招聘した元ニュージーランド・コーチ，ジョン・ミッチェル（John Mitchel）に注目したのは，2003年のラグビーワールドカップ（Rugby World Cup：RWC）を制したイングランドのクライブ・ウッドワード（Clive Woodward）であった。1997年にイングランド・コーチに就任したウッドワードは，多くの変革を試みた。それまでイングランドのコーチは同国出身者のみとする時代にあって，前例のない外国籍コーチを導入したのである（Woodward, 2004, p.191）。さらに，当時は15人制と連携のない13人制のラグビーリーグのスピードスターを15人制に移籍させたこともRWCでの躍進に寄与した。

図6-1はウッドワードが示す強化の資源と活用モデルである。そこではチームが目標を達成するために保有すべき3つの資源が提起されている。「リーダーシップ」「チームシップ」，そして「パートナーシップ」である。

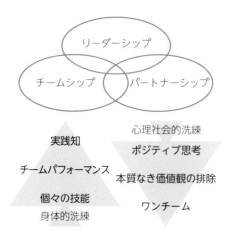

図6-1 ●強化の3資源と活用のための心理社会的・身体的洗練（Woodward, 2004, pp.418-419を改変）

(1) リーダーシップ

第1の資源は，リーダーシップである。リーダーシップの5要件は，以下の通りである。第1に，そのポジションのなかで最も優れた選手であること，第2に心理的な重圧の下にあっても明確な決断をくだせること，第3はグラウンド内外での人間関係の構築力である。第4は目標をコーチと共有できることで，それは一方的にコーチに従うのではなく，コーチとともにチームの戦略や戦術を考える，双方向のコミュニケーションで形成されるビジョンの共有を意味する。RWC2015・2019で上位国（協会）に勝利し，躍進をみせた日本代表は，リーダーを複数ポジションに置いて強化を図っていた。またコミュニケーション能力はレフリーとの関係構築のためにも重要である。最後に，第5の要件はリーダーとして重責ある試合を務めた経験の蓄積の多さである。

(2) チームシップ

第2の資源は，個人の能力を組織として構築するチームシップである。具体的には，コーチング体制の整備や，トレーニング・リカバリーの科学的根拠の活用，戦術分析力の整備などがある。これには中長期的課題として，チームの体力向上を恒常的に目指す風土づくりも含まれる。ラグビーを支えるフィジカル・ストレングスとコンディショニング（SC），栄養学，心理学，医学などに関する知見やノウハウの蓄積は，中長期的に取り組むべきチーム課題である。

(3) パートナーシップ

第3の資源は，パートナーシップである。チームを財政的に支援する企業や学校，地域だけでなく，試合を制度的に支援する地域協会や，とくに

ラグビーに必要となる，安全にかかわる医学関係者との信頼構築などが含まれる。パートナーシップはチームづくりの理念についての共通理解から構築される。

そこで，ユース強化の視点として提起されるラグビーリーグの実践原則を参考にすることは有用と思われる（Rothwell et al., 2022）。成長やパフォーマンスは紆余曲折を経る非線形であることが多く，コーチングは中長期的な成長を見据え，現時点のパフォーマンスを位置づける視点の重要性が強調される。身体接触を伴うラグビーでは傷害が多く発生することもあり，伸び悩みの時期は誰にでも起こる。そこで過度な勝利至上主義ではなく，成長段階としての停滞があることを理解し，基礎能力向上を積み上げるなどの忍耐力が求められる。すなわち，トレーニングの一般性と特異性の理解である（Rugby Football Union, 2021）。一般性を持つトレーニングだけではなく，成長段階の個人差，成長の速度の違いや日常生活への不安心理などへの観察眼を持つ必要がある。

そして次に，ラグビーリーグの実践原則では，現代に適するコーチングモデルになっているか，すなわちハラスメントがなく，選手が主体的に考案するプログラムになっているかが問われる。ラグビーに特徴的な倫理観（ワンフォアオール，フェアプレー），およびアマチュアリズム（少年少女のラグビーは人間形成教育であること）などを包括するコーチング原則が実践されていなければならない。パートナーシップは，クラブがどのような選手強化を目指し実践しているのか，その説明責任を果たすことで構築されると考える。

(4) 心理社会的な洗練・高度化

ウッドワードは強化資源の活用のために，心理社会的な洗練（sophistication）・高度化を強調する（図6-1右）。そのなかで重要な心理戦略として，第1に目標到達を目指すための「ポジティブ思考」を挙げている。具体的には，強化・練習が選手にとって競技を「楽しめる」ための配慮が行き届いているかということで，それは次に挙げる「本質

なき価値観の排除」と関係する。現実にそぐわない伝統的慣習や，「休むことへの罪悪感」など，とくにユース期のデリケートな強化を妨げるものは排除することである。ユース期は成長期だが，前述のように個人差がある。過度なハードワークで怪我を抱え，回復に必要な休養を取らなかったことから，早期に競技を引退してしまうケースは他競技でも多く報告されている（Olsson et al., 2022）。「耐え抜く力」（レジリエンス）は大切な心理的能力ではあるが，もろい世代でもあるユース選手が，慢性的な心身疲労状態に陥っていないかを客観的（医科学），複眼的（複数の大人），そして個別的見地から，コーチングすることが求められる。

プランの遂行には「ワンチーム」として活動し続けられるかが強化の本質的な課題である。とくにラグビーは選手数が多く，またポジションの専門性が幅広いという特徴がある。その貴重な一員がチームを去る理由は，グラウンド外の問題，人間関係の不和，学業不振・就業条件の悪化，婚姻・家庭の変化などの社会環境や，家族・支援者からの金銭的支援の消失などの経済環境に起因することも少なくない。そうした事態に対処することはライフスキル，すなわち社会を生き抜く知恵でもあり，チームとしての問題解決行動を学習する機会でもある。

2. 強化計画

強化とは，目標と現実のギャップを埋めることであり，そこで必要となる「実践知」の構造を理解することから始まる（Woodward, 2004, p.272）。

(1) 強化計画の段階的概念

図6-2は強化戦略をピラミッド構造に整理したものである（England Rugby, 2021）。

3分割された強化戦略の最上にある到達価値は，洗練・高度化されたスキルによる「成功体験」の蓄積である。強力な相手と競い合う経験を最優先事項とし，実践力を高めることである（England

Rugby, 2021）。選手が厳しい試合に挑むには，コーチと選手との信頼関係が必要となる。では，信頼関係はいかにして構築されるのか。それは，「成長の中長期的視野」「個別性の理解」「非暴力や選手主体のコーチング」「倫理観・アマチュアリズムの踏襲」など，いわゆる選手ファーストの実践から築かれる。コーチにたとえどれだけ高い知識があっても，選手ファーストではないコーチを選手は信頼しない。コーチにとってお互いに信頼関係を築ける選手を育成することが，コーチを支える人的資源になることを理解したい。

　強化戦略の中段は科学的根拠である。スポーツ医科学情報にもとづく強化により，競技力の向上を図る。競技力は，戦術やスキルに関するパフォーマンス分析によって客観的に捉えることが可能となる。例えばフィジカルな競争での優位性を競う，スクラムやラインアウトなどのセットプレーを量的質的に評価することや，いわゆるブレークダウンラグビーにおけるラックを「ラックスピード（ボール展開時の衝突局面からボールが出されるまでの時間）が平均2秒以内か否か，あるいは2秒以内のラックが何％達成できたか」（McCormick, 2022）といった項目を立てて量的質的に評価することはシニアラグビーでは必須である。しかしユース世代での状況判断にもとづく展開ラグビーへの視角は，自国選手の身体特性を考慮しても，創造的スキルとして評価すべきと考える。例

えばオフロードパスでは，相手の高強度に対抗しうるフィジカルに加えて，高速度の判断力を統合することで実践スキルはつくられる。

　下段，すなわち強化戦略の根底は，組織風土としてチーム哲学・文化を醸成することである。「向上意識の文化は戦略に勝る」（Drucker, 1992）といわれるように，変革へのチャレンジを認める気風，自由で自立した意思決定を認め合う気風は，組織と社会とのパートナーシップの構築にもかかわるチーム哲学・文化である。

　以上の強化戦略の理解から，実践的な強化が計画される。ラグビーにおける4つのゲーム様相，「攻撃」「防御」「攻撃から防御への移行」「防御から攻撃への移行」を，いかに計画的に埋め込むか。目標とする試合時期から逆算して，月間・週間スケジュールが設計される。その際に自チームの現在の力量を把握することは重要である。「強み・弱み」はどの部分か。強みを伸ばし，弱みを補強するにはどうすべきか。

　そのために組織経営評価で用いられる「SWOT分析」は有用と思われる（図6-3）。自チームの強み（Strength：例えばバックス〈以下，BK〉に判断力・走力が優れた選手がいる），機会（Opportunity：強みを活かす機会，例えば連続攻撃の局面），弱み（Weakness：例えばフォワード〈以下，FW〉のフィジカルや医科学支援），脅威（Threat：弱みが表出する局面，例えばス

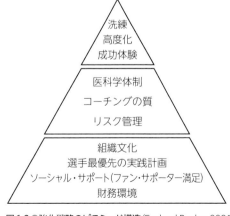

図6-2●強化戦略のピラミッド構造(England Rugby, 2021)

強み（Strength） 例）バックス走力	弱み（Weakness） 例）フォワードのフィジカル
機会（Opportunity） 例）連続攻撃	脅威（Threat） 例）スクラム, ブレイクダウン

図6-3 ● SWOT（強み・弱み・機会・脅威）分析（佐々木, 2020）

クラムやブレイクダウンでの劣勢や傷害発生時の対応の遅れなど）を分析する。この手法は筆者らが1999年の平尾ジャパンで試行して以後，国内のスポーツ界，ラグビー界でも活用されるようになったものである。

シーズン初頭の目標設定時期に，コーチングスタッフおよび個々の選手の自己分析にSWOT分析を用いることで，具体的な目標である試合期までに強みを伸ばし，弱みを補強するための準備が設定される。そうしたチーム戦略のもとに，グラウンド空間や練習時間を設計し，強化試合や大会の準備，さらには医科学支援体制などを固めるマネジメントを行うことになる。

限られた活動時間をいかに効率化するか。どんなマネジメントにも時間の制限はついてまわる。計画を進める上で，コーチングや組織づくりの必要性に対して，「なぜ」その課題が必要かを認識するために，計画の中途段階，終了段階，合宿時などでもSWOT分析は活用できるであろう。

チーム力の評価視点はチームの内情に固有のものであるが，主に次のような項目が考えられる。スコアボード上の得失点差を導く「戦術力」「医科学を含むチームマネジメント力」「成功体験」「ソーシャル・サポート」（ファン・サポーター満足）や，さらには「ライバル」への優位性も挙げられる。この相手にだけは負けたくないというライバルチームを持つことは，強化に非常に役立つことである。一方で，「ライバル心を長きにわたり持ち続けることは，最高レベルの敬意でもある」（Team England Rugby, 2003）といわれるように，ライバルを肯定的に捉える視点は，ラグビー競技として特筆すべき「ノーサイド精神」とも考えられる。評価されたチーム力が次段階の強化計画へとフィードバックされ，さらに改善された強化計画が策定されることになる。

(2)戦術史を踏まえた強化計画

強化計画を策定し実行するためには，戦術への理解が必要である。なお戦術については他の章で詳細に扱われるので，ここでは概観に留める。

現代ラグビーの基礎戦術は，1950年代前半に南アフリカから提起され（Craven, 1953），1960年代にはニュージーランドから戦術分析の原則として「ポジション（陣地獲得）」「ポゼッション（ボール支配）」「ペース（ゲームのリズム）」が提起される（Saxton, 1960）。さらに，1970年代，英仏から提起された15人総員によるゲーム展開を目指す戦術，すなわち防御戦術「プレッシャー」（Jones and McJannett, 1972）や，攻撃戦術「スペース」（Greenwood, 2003），「防御に応じた自由な攻撃」（Deleplace, 1979），「マルチポジション・マルチスキル（複数の役割）」（Villepreux, 1979）などが，1990〜2000年のブリティッシュ＆アイリッシュ・ライオンズの「栄光ツアー」と呼ばれる成績に寄与した（ブティエ，2007）。

そして2001年にブリティッシュ＆アイリッシュ・ライオンズで試行されて以降，「ポッドアタック」が流布する（Benett and Thomas, 2003）。これはグラウンドを縦に4区分し（4ポッド：当初は2ポッド），防御の薄いウイークゾーン（ポッド）に，分散したFW陣が中心となって攻撃する戦術である。しかしウイークゾーンが想定通り構築できるか否かは，ゲイン能力や素早いリロード（ブレイクダウンで倒れた参加者の立ち上がり）で防御人員を減らすというフィジカル課題が達成されることが要求される。一方で，ブレイクダウンの参加者を極力減らした防御戦術（シールドロック）も高められることから，ブレイクダウンに近い順目での素早いサイド攻撃(ピック＆ゴー)や，ワンパスあるいはツーパスでゲインする戦術が提起される。さらに，スクラムハーフ（以下，SH）やスタンドオフ周辺での，FWによる突破とその裏にライン（バックドア）を形成して攻撃する選択肢を持つ9シェイプ，10シェイプの戦術が生まれることになる。

このようなゲインライン近くでの攻撃は，RWC 2015の日本代表ヘッドコーチ，エディ・ジョーンズ（Eddie Jones）によって，ラグビーリーグやフランス代表チームを参考として考案されたものである（Jones, 2020）。この攻撃では，ミス

マッチ状況の的確な判断と自由なラン・キック技術も要求される。ポッドアタックは，FWによるポッド外の横への移動を制限し，自由な展開プレーの機会を縮小することは当初から指摘されていた（Benett and Thomas, 2003, p.200）。しかしポッドアタックにおいても1980年代で提起された展開プレーの自由性が消失したわけではなく，早いボールアウトからのバックドアやシャドウ（パス選手の背後に隠れた位置からオープンサイドを突くムーブ）などの戦術・スキルが加味され，状況に応じた自由性は存続している。

RWC 2015の日本代表の強化は，こうしたシェイプアタックを上位ランクチームに対して展開するために，限られた時間のなかで体格劣位を克服する高い目標設定のウエイトトレーニングと並行して，試合中の走行時間を拡大するという厳しい計画の下に実践された。体調管理をサポートする医科学スタッフも増強された。リカバリー戦略として個々の生体情報（睡眠，起床時の心拍，心的疲労感など）を把握するアプリも独自に開発された。RWC 2019におけるベスト8進出の要因には，医科学的支援の強化にもとづいて蓄積されたチーム力の実践機会として，自国開催のメリットを使い，大会の本番前にそれまで数少なかった上位ランクチームとのマッチメイクに成功したことが挙げられる。これは図6-2の上段に示された「成功体験」の蓄積という実践知が洗練・高度化された結果といえる。

3. 独自のチームマネジメントを導くためのラグビー文化の醸成 ──フランスのケース

(1) ラグビーという身体文化と哲学

ラグビーにおける強化は，現在，ラグビーに関する様々な情報が氾濫するなか，いかに独自の組織強化を構築するかが重要となる。そこで，一つの例として，2023年4月時点で世界ランキング2位と，RWC 2023開催国として強化を進めたフランスラグビーを取りあげてみたい。フランスラ

グビーは後に述べるように，他国に追随しない思想や哲学的思考で語られていることが興味深い。そこで記述されているラグビーとは，モラル（規律）とモラール（士気）を併せ持つ実践社会である（ブルデュ，1979，p.338）。そして，ルールの下に，コリジョン（身体衝突）による疲労や苦痛に抗する精神性，連帯感，そして祝祭性など，チームへの献身を，高いモラルとモラールを持って実践する哲学あるいは美学として，ラグビーは語られる（ブルデュ, 1979, p.344）。また現代ラグビーに対し，BKに特有の華やかさというラグビーの価値観がFW中心のプレーによって喪失に向かっているのではないかと，自由な展開志向が失われつつあることへの危惧も述べられている（ブルデュ，1979，p.345）。

(2) フレア（直観）という実践知

展開志向は，『実践感覚1』（le sens pratique 1：ブルデュ，1988）のなかで，「ゲーム感覚」あるいは「戦術的知性」と説明される。すなわちパスは，「自分の味方が今いる地点ではなく，一瞬後に味方が敵より前に到達するであろう地点（スペース）に回す。しかも，相手の予測を予測し，予測の裏を狙う。相手と味方の動きを包括的かつ瞬間的に判断する直観の行動である」（p.131）。「直観」とは本質を見ることを意味する。それを瞬間的に狙うことは，ハイリスクによるハイリターン獲得への自由な挑戦である。ブルデュはより具体的な空間設定を記述する。すなわち，相手チームによる優位性（体格的あるいは数的）を意図的に設定し，自チームは劣位を克服するための「スピードある状況判断と連携戦術」を高めようとする。そして瞬間のパスは激しいタックルを甘受することも意味する。

2023年フランス代表コーチ，ファビアン・ガルティエ（Fabien Galthié, 2022）が述べる，「我々の強みは，閃光を放つリスクテイク，フレンチフレアである」とは，相対する優位性，例えばフィジカルに優れたイングランドや南半球の強豪国勢に対峙するための自チームの劣位を克服しようと

いう直観・挑戦の思考であり，それは空間の客観的な「配置感覚」（ブルデュ，1988，p.105）と状況の「先取り」（ブルデュ，1988，p.105）によって攻防を自由に選択するものである。

フレアについては英国ラグビー界でも注目されてきた。「最も重要なことはプレッシャー下での挑戦的な，かつ精確な判断思考というラグビー文化である」（Woodward, 2004, p.165）。「優秀な選手か否かは判断力が有るか無いかである。そしてコーチは選手の判断を生むフレアを阻害してはならない。優秀な戦術的意思決定者は，奔放なようだが，他の選手より広い視野からの多くの情報を瞬間的に察知する状況判断能力に秀でている。ゲームを的確に読み取り，多くのオプションから有効性の高い攻撃方法を自由に選択し決定している」（Greenwood, 2003, pp.6-7）。そして，ハーフ団だけでなく，ウイングにフレアな選手がいて，そのウイングの選手がボールを持つ機会がもし少ないのならば，例えばブレイクダウンから1番目にボールをもらう方法や，センターとの連携，効果的なポジショニングなどが的確にコーチされていないかもしれないと，他のポジションにおけるフレアにも言及する（Greenwood, 2003, pp.267-268）。さらに，フィットネストレーニングにもフレアにかかわる思考力・判断力を取り入れることにも言及する。すなわち，フィットネスとフレアは同列に位置づけるものであり，フィットネスメニューのなかに，次のプレーの予測や的確なプレー選択を盛り込む，プレッシャー下でのフレアのコーチングが提起されている（Greenwood, 2003, pp.313-327）。

ちなみに「フレンチフレア」は1870年代，隣国ドイツとの普仏戦争に敗北し，国民のアイデンティティー，存在価値が失われつつあった時期に，英国駐在員がパリにラグビークラブを創設して以来，心身の自信を回復しようとするフランス国民の独自性，とくに英独米に追随しない例外主義（exceptionalism）の思考・風潮に乗り，「美しきゲーム」「シャンパンラグビー」と伝え継がれてきた文化である（Dine, 2001）。「フレンチフレアはゲームインテリジェンスである」（Villepreux, 2017）。それは，既存のコーチングで習得された，あるいは伝統的に捉えられてきた技術・戦術を常に改善しようとする独自の実践知である。

RWC 2019の攻撃戦術の特徴として，SHからのキックが注目されたが（World Rugby, 2020），フレンチフレアのゲームメイクは以前からSHが担う（Griffiths, 2022）ことは，2023年フランス代表ヘッドコーチおよび主将がそのポジションであることからも示唆的である。さらに興味深いことは，BK陣のマルチポジション能力である。現在のフランス代表のSHのアントワーヌ・デュポン主将（Antoine Dupont, 1996年生まれ：2021ワールドラグビー〈World Rugby：以下，WR〉MVP）は国内クラブではスタンドオフも務め，スタンドオフのロマン・ヌタマック（Romain Ntamack, 1999年生まれ：2019WR最優秀新人）はセンターもこなす。右ウイングのダミアン・プノー（Damian Penau, 1996年生まれ：2022秋季欧州MVP）はクラブではセンターで出場する機会も多く，セン

表6-1 ●フレンチフレアに関する記述

空間・時間予測	・空間の客観的な「配置感覚」と状況の「先取り」。 ・パスは味方が次にいるべきスペースに回す。相手の予測を予測し，予測の裏を狙う。
パス	・パスのタイミングは早過ぎず，できる限り遅いタイミング。 ・リスクテーク（ハイリスク・ハイリターン）。
レシーバー	・ボールを持たない選手のスペースポジショニングは自由に選択する自主性。 ・パスを受け取る最終段階では，常に縦に入るアングル。 ・ハーフから1番目にもらう積極性。
リスクマネジメント	・ハイリスクな決断に伴うリスクマネジメント。攻撃から防御への対処。
その他	・マルチポジション・マルチスキル。

ターのガエル・フィクー（Gael Fickou，1994年生まれ）はウイングも兼ねる。

(3) フレア戦略を包括したフランスラグビー連盟の中期計画

　マルチポジション能力が高いことは，攻撃のバリエーション・自由度が幅広いという展開志向を支援する。図6-4は2022年フランス代表の全8テストマッチ（国際公式戦）での全19トライに結実したポジションのネットワーク構造であり，トライへの貢献度の高いポジションを中心エリアに位置づけ，パスからトライまでの関係が矢印でつながれている（Sasaki et al., 2021；佐々木，2023）。ここからSHがスタンドオフとともに他の多様なポジションと連携しながら，そして中心的にトライに貢献している構造が理解できる。

　ネットワークのなかで誰が中心的な役割を果たし，誰が周辺領域に位置するのかを知ることは，パフォーマンスの評価としてだけでなく，加えてチーム内のコミュニケーションの関係構造を量的質的に評価することにも寄与する。例えば，ある一定期間内で誰と誰が，どれぐらいの頻度でどのようなコミュニケーションを取っているかを知ることは，チーム内の心理的連携・信頼構造のネットワークを理解することに寄与する。

　フレンチフレアはチームとして有用なネットワーク構築を目指す挑戦であり，そこに挑む選手

がマルチポジションで存在することは，攻撃や防御でのパフォーマンス発揮の機会が複数段階で装備されることで，リスクの分散あるいはリスク回避を図るチームマネジメントともいえる。こうしたチームのマネジメントを高いモラル（規律）を持って，選手とチームが自由に挑み続けるモラル（士気）が，フレンチフレアの戦略的思想なのである（Villepreux, 1983, 2017; Vaissière, 2022）。

　フレアの思想は，フランスラグビー連盟の中期計画のなかでも重要な位置づけにある（フランスラグビー連盟，2016）。チーム強化は，競技・選手の正確な定性的および定量的分析から，高レベルの可能性を秘めた選手を特定・サポートし，その身体的，技術的，精神的および認知的リソースの洗練・高度化を目指すと明記されている。ここで示される精神的および認知的リソースに，フレアの思想が包まれると思われる。そしてそれらを可能な限り最適化するために，パフォーマンスサポート部門として5つの専門分野を構成する。①パフォーマンス分析部門，②フィジカルサポート部門，③メンタルサポート部門，④研究開発部門，⑤ソーシャルサポート部門である。パフォーマンス分析部門ではフレアについての分析視点も述べられている。戦術選択の「妥当性」と「有効性」である。「正しい」戦術を選択したが，その実現に失敗することもあるし，最善ではない戦術を選択したが，結果を得ることもある。2段階でフレアのパフォーマンスは評価される。続く各部門についてもキャリアマネジメント（第3節表6-4参照）まで射程に入れた包括的な支援体制である。こうした支援計画は，チームの規模は違っても共通して参照できるものと考える。

　本節で取り上げたような他国の独自の強化情報や文化・学術思考には，日本ラグビーがいかに日本独自の強化を進めるかのヒントがあると思われる。

（佐々木康，中山光行，岩渕健輔）

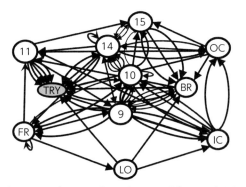

FR（フロントロー）: 1-3, LO（ロック）: 4-5, BR（バックロー）: 6-8,
IC・OC（インサイドセンター・アウトサイドセンター）: 12-13を指す

図6-4 ●フレンチフレアのネットワーク構造

第2節　クラブ発展のためのマネジメント

1. ラグビーユニオンのオープン化

　ラグビーはサッカー同様，産業革命以前の英国で庶民が楽しんでいたフットボール（Folklore Football）から派生し（西崎，2017），1871年に15人制のラグビーユニオンとして創設された。

　アマチュアリズムを堅持し続けたラグビーユニオンであったが，RWC 1995直前に，南アフリカ，ニュージーランド，オーストラリアの3カ国連合が，衛星放送局が出す放映権料から代表選手に給与を支払うことを国際ラグビー評議会（International Rugby Board：IRB，現在のWR）に通達し，IRBはこの通達をパリ会議で承認し，ラグビーユニオンにおいてもプロ選手の参加を認める「オープン化」が宣言された。

　オープン化の結果，各国ラグビー協会やラグビークラブがプロ契約を認めるようになり，優秀な監督（コーチ）・選手は，クラブと正式にプロフェッショナルな契約関係を結び始める（佐々木，2007，p.8）。いち早くオープン化へ踏み入った南アフリカ，ニュージーランド，オーストラリアの各ラグビー協会は，ジョイントベンチャーでSANZAR（2016年からアルゼンチンが加盟してSANZAARと改称）を結成した。SANZARは，プロクラブが国境を越えて対戦する「スーパーラグビー（Super Rugby）」の運営母体である。欧州でも，1999年にウェールズとスコットランドのプロクラブがリーグ戦を開始し，その後アイルランドやイタリア，南アフリカのプロクラブが参加する「ユナイテッド・ラグビー・チャンピオンシップ（United Rugby Championship：URC）」が創設されている。このように，オープン化以降のラグビーユニオンは，プロ化したラグビークラブが国を越境したリーグへ参戦するようになり，

各国代表を管理する各国協会とプロ選手のクラブからの選手供出の問題が生じるなど，クラブや選手を取り巻く環境は激変した。

2. 国境を越えた多様なリーグ

(1) 海外のラグビーリーグ

◎イングランドのプレミアシップ・ラグビー

　当初，イングランドのラグビーユニオンでは，リーグ戦はアマチュアリズムに反するとして，クラブが独自に試合を企画し，特定のクラブとの伝統の対抗戦を楽しんでいた。しかし，1972年に全国的なトーナメント方式の「ラグビーフットボールユニオン競技会」が開始され，1987年にリーグ戦が設立されることで，ラグビーユニオンのクラブの試合の組織化が進んだ。そしてリーグ戦が開始されると，試合数の増加によって選手への休業補償などが問題化する。1994年，リーグ戦が初めてホーム＆アウェーの総当たり方式に拡大され，1994/95シーズンはSky Sportsによるライブ中継が開始された。最上位のリーグは，オープン化後の1996/97シーズンから，12クラブで新たにプレミアシップとしてスタートしたが，2001年に初めて公開されたリーグの会計報告によれば，ほとんどのクラブが経営に困難をきたしている状態であった（佐々木，2007，p.117）。

　「プレミアシップ・ラグビー（Premiership Rugby）」のリーグ機構組織は，参画するクラブのオーナーによる私企業である。またプレミアシップ・ラグビーのリーグ機構は，2016年に競技団体のラグビー協会とパートナーシップ契約を締結し，両者は緊密な関係にある。

　プレミアシップ・ラグビーは，ビジョンと5つの価値（value）を表明している（Premiership

表6-2●プレミアシップ・ラグビーの5つの価値

競　技　力 (Competitive)	私たちは，我々の競技，プログラム，人材が世界をリードするよう，すべての活動においてベストを尽くし，機会を最大限に生かすよう努力する。
先　進　力 (Progressive)	私たちは，革新の機会を求め，リスクを考慮しながら行動する。私たちは，チャレンジャー精神と従来の考え方を試すことに誇りを持っている。
敬　　意 (Respectful)	尊敬とスポーツ的行動に対する私たちのコミットメントは，ピッチから私たちのビジネスへと広がっている。私たちは，クラブ，そのパフォーマンス，メディアチャンネル，そして私たちのプログラムを使って，選手，コーチ，ボランティア，そしてファンとともにスポーツの価値を鼓舞し，発展させている。
多様性・包括性 (Inclusive)	私たちは，多様性，意見，チームワークを歓迎し，祝福する。私たちは，できるだけ多くの人が，どのような立場であれ，私たちの競技や活動を利用し，楽しんでもらえるよう努める。
卓　越　性 (Professionally excellent)	私たちは，集団と個人のパフォーマンスに対して最高の基準を設定し，ピッチの内外で卓越したものを提供することにコミットする。

Rugby, 2023）。そのビジョンは，「世界でベストであり最も競技性の高いリーグであること」であり，5つの価値は，「競技力（Competitive）」「先進力（Progressive）」「敬意（Respectful）」「多様性・包括性（Inclusive）」「卓越性（Professionally excellent）」となっている（表6-2）。

　プレミアシップ・ラグビー発足以降，リーグには冠スポンサーがつき，2000/01シーズンからZurich社（保険業）がタイトルスポンサーとなり，続いてGuinness社（ビール業）が2005/06シーズンから，Aviva社（保険業）が2010/11シーズンから，Gallagher社（保険業）が2018/19シーズンからタイトルスポンサーとなっている。また，衛星放送のテレビ局からの放映権料収入によって，各クラブに約100万ポンド（約2億円）を分配できるようになった（佐々木，2007，p.9）。さらに，2018/19シーズンからは，投資ファンド「CVCキャピタル・パートナーズ」がプレミアシップ・ラグビーの少数株主として参画している（CVC，2020）。

◎ラグビーユニオン・フランス選手権（TOP14）

　フランスには，「TOP14」と呼ばれる「ラグビーユニオン・フランス選手権（Le championnat de France de rugby à XV）」がある。このフランス選手権の創始は1892年まで遡るが，ラグビーユニオンのプロ化以降，観客動員数や収益が増加し，その規模は世界最高とされる（クラブ平均収益：

20億円超）。フランスのクラブの特徴は国内の優良企業（銀行，ラジオ局，航空機製造業など）による，いわゆるパトロンシップと呼ばれる支援の文化が伝統的に受け継がれていることである。

◎ユナイテッド・ラグビー・チャンピオンシップ（URC）

　URCは，アイルランド，ウェールズ，スコットランド，イタリア，南アフリカのプロクラブが参加する大会組織である。プロ化以降の1999年にウェールズとスコットランドのクラブのリーグ戦として開始され，その後アイルランドのクラブが，2010/11シーズンにはイタリアの2クラブが参戦して「RaboDirect（ネット銀行業）PRO12」となった。2017/18シーズンからは南アフリカの2クラブがリーグに加入して「Guinness PRO14」となる。さらに2021/22シーズンから同じく南アフリカの4クラブが参加し，現在は16クラブによるURCとなる。

　リーグ戦が始まった当初は，リーグに参加するクラブが所属する国・地域のラグビー協会（連盟）からの出資金とリーグによる収入で経営されてきたが，2020年にイタリアラグビー連盟の資本が入り，リーグの株式の一部はプレミアシップ・ラグビーと同じく「CVCキャピタル・パートナーズ」投資ファンドが所有している。

　URCのミッションは，選手やチームがピッチ上の卓越したパフォーマンスを発揮し，さらに

ピッチ外でも社会に影響を及ぼすようなラグビーを創造することで，ファンを拡大する方法を革新することとされる。さらに，URCの価値として，多国籍つまり多様性（ダイバーシティ）がリーグのDNAであり，そこに敬意（リスペクト）の価値を強調している。リーグでは，"Take On Tomorrow（明日に挑む）"と命名された社会変革のためのプロジェクトを展開し，より健康で，強く団結した次世代が明日に挑むことを支援する。

◎スーパーラグビー

　スーパーラグビーは，1986年に開始された「サウスパシフィック・チャンピオンシップ」に起源を持つ南半球国際リーグ戦である。南半球ラグビーは優良なメディアコンテンツであると確信したオーストラリア出身のメディア王マードックが率いるニューズ社が仕掛け役であった。日本からも，RWC2019日本代表の強化を目指し，サンウルブズが2016年から2020年までスーパーラグビーに参加していたことは選手の国際試合経験の蓄積に大きく寄与した。なお，2022年からスーパーラグビーパシフィック（Super Rugby Pacific）に名称変更された。

(2)日本のラグビーリーグ

　日本における社会人ラグビーは，1948年度（1949年2月）に第1回の「全国実業団ラグビーフットボール大会」が関東，関西，九州，北海道・東北の4地区の代表によるトーナメント方式で始まった。その後，第5回（1952年度）から「全国社会人ラグビーフットボール大会」と名称が変わり，2003/04シーズンからは，新たに「ジャパンラグビートップリーグ」（以下，トップリーグ）が発足した。このトップリーグには，プロ契約選手が参加するようになった。そして2022/23シーズンからは，3つのディビジョン（1部：12チーム，2部：6チーム，3部：5チーム）で構成される「ジャパンラグビーリーグワン」（以下，リーグワン）が開幕した。このリーグワンでは，「価値（Value）」「展望（Vision）」「使命（Mission）」を表6-3のように掲げて活動している。

　リーグ加盟チームは，ディビジョン1，2，3が，それぞれ16節（16試合），10節（10試合），15節（15試合）を戦う。リーグ戦は地域密着を掲げて，活動拠点となる都道府県・市区がホストエリアとして設定されているが，コロナ禍の影響もあり，初年度2022/23シーズンの入場者数は1試合平均3,227人に留まった。チーム所属選手はプロ契約選手と企業社員のアマチュア選手が混在している。各チームの収入は，リーグからの配分金，チケット収入，チームスポンサー収入，物販収入があるが，チームの母体となる企業の支援に支えられるところが大きい。

　竹鼻（2022）は，実業団ラグビーチームが，独立した事業会社化する現象に対して，「大企業の運動部という位置づけで運営されてきた旧体制から独立採算制へ舵を切る日本のラグビークラブに

表6-3 ●ジャパンラグビーリーグワンのリーグアイデンティティ

価　値 (Value)	・みんなのために（FOR ALL）。 ・日本ラグビーが育んだ「多様性の尊重」と「包摂の精神」を，普遍的価値として伝承し発展させていく。
展　望 (Vision)	・あなたの街から，世界最高をつくろう。 ・リーグを取り巻くすべてを，世界最高の名に相応しいクオリティにつくりあげ，心躍る体験が，日常に溢れる風景を実現する。
使　命 (Mission)	1．ファンが熱狂する非日常空間の創造 　　誰もがラグビーを夢中になって楽しみ，興奮と感動を共有できる環境をつくる。 2．日本ラグビーの世界への飛躍 　　日本ラグビーの質と技量の常なる向上を図り，世界に，ラグビーの新たな魅力と驚きをひろげる。 3．地元の結束，一体感の醸成 　　だれもがそれぞれの立場で参加でき，強いつながりを感じる環境・文化を醸成する。 4．社会に貢献する人財の育成 　　ファン，チーム，企業，地域とひとつになり，社会に貢献し，世界に羽ばたく人間を育てる。

とって，TOP14のビジネスモデルは参考例の一つになる」とし，リーグによる収入拡大とその配分，代表チームへの選手供出によって影響を受ける協会との連携，そして社会のイノベーションなどの課題解決のための綿密なラグビー事業が今後必要になると述べている。

こうしたスポーツビジネスへ対応するために，2022年12月に日本ラグビーフットボール協会（以下，日本ラグビー協会），リーグワン，ソニーグループ株式会社が，「ジャパンラグビーマーケティング株式会社」の設立に関する合弁契約書を締結した。ここでのファン拡大への主な取り組みとして，日本代表とリーグワンとの連携によるラグビーファン層の拡大，スタジアムでの新たなエンタテインメント観戦体験の創出，リアルとデジタルの両方でファンがラグビーを楽しむことができるイベントやサービスの提供，モバイルに最適化された新チケットサービスの導入，公式アプリなどデジタルを活用したラグビー情報コンテンツの積極的な発信を予定している（日本ラグビー協会，2020）。

3. 日本のラグビークラブ

(1)日本のラグビークラブと所属選手

アマチュア時代の社会人ラグビーは，社員として企業で働きながら，就業後に企業のラグビー部員として活動してきた。2003年に発足したトップリーグではプロ契約選手が参加するようになり，現在のリーグワンもプロ契約選手と社員選手によってチームが構成されている。

選手は，社員選手であっても，競技を引退すると企業の業務に専念するため，ラグビー中心の生活から仕事中心の生活へのキャリア・トランジションに不安を感じていた。加えて，ラグビーのプロ化によって，ラグビー引退後の新たな職業を探す必要も今日では生じるようになり，ラグビー選手の引退後のキャリアについて注目した研究も報告されている。青石・佐々木（2010）は，社会

人ラグビー選手が入社する際には，就職先の企業だけではなく，すでにその企業に所属している大学の先輩，あるいは選手を企業に送り込む大学の指導者などによる選手へのキャリアチェンジに関する事前教育と啓蒙の充実が必要であることや，選手の引退後のキャリア形成に対する動機づけとしてトップリーグ機構と各企業が協調してラグビー部のOBを積極的に活用した選手のキャリアサポートを行うことを提言している。

(2)実業団ラグビーチーム

実業団のラグビーチームは，社員の福利厚生や，企業の広告宣伝・ブランディング，人材確保などの目的で企業の運動部として運営されてきた。ラグビーは選手数が多いため，多くを社員として雇用することになる。その人件費をはじめ，リーグへの参加・加盟費用，選手の練習やリーグ戦での活動経費，競技場やトレーニング施設などの維持管理費用などは企業が負担してきた。今日の実業団スポーツは，ラグビーに限らず，企業は運動部を運営する目的を社内外に説明し，その予算の確保を行うことが必要になっている。

企業が社内のスポーツ活動に支出する理由は，時代とともに重層化している。戦前には福利厚生事業としてスポーツが企業に持ち込まれ，社員の健康管理や愛社精神の高揚に寄与してきた。戦後になって実業団運動部が急増し，社員や関連グループ会社の社員の求心力を高めるために，とくに同業他社との対戦には熱が入った。その後，高度経済成長によって，テレビが普及し，商品の差別化を図る広告・宣伝のためのチーム力強化がなされるようになり，その頃から強化のために外国人選手を加えるようになった。しかしながら，企業のCSR（社会的責任）・ブランディングを求める時代が来ると，自社で実業団チームを保有して不確定性の高い競技に費用をかけるよりも，メディアの注目度の高いスポーツイベントやプロチームへの広告協賛・スポンサーへ参画するなど，企業側のスポーツを活用する戦略も変化している。その後も，優秀な人材の確保のために，魅力ある

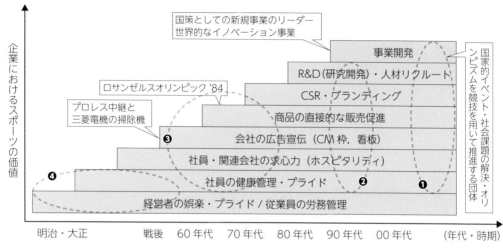

●オリンピック・パラリンピック・スポンサー，❷国内スポーツ協賛，❸実業団チーム，
❹社内運動会 / 休憩時間のスポーツ

図6-5 ●企業におけるスポーツの価値の歴史

スポーツにかかわることをアピールしたり，近年は研究・開発の実証実験としてスポーツを活用し，新規事業開発を目指すスポーツ関連予算を組む企業も現れた。1990年代以降の景気後退期には，実業団運動部の休・廃部が相次ぎ，実業団ラグビーチームも例外ではなかった。今日，企業運動部として生き残るためには，企業の求める重層的な価値を表現し，社会課題の解決に資する活動が求められるようになっている（図6-5）。

4. 我が国のラグビークラブ発展のためのマネジメント

イングランドとフランスでは，国内クラブが独立採算制で経営されており，選手を雇用するクラブと協会との関係から「国内クラブと代表チームの対立」（竹鼻，2022）が表面化することがある。こうした問題は，試合での怪我のリスクが高く，野球やサッカーと比べて試合の間の休息日数が必要なラグビー競技の特殊性に起因している。日本でもラグビー協会・リーグ・クラブの試合日程，怪我や試合に出られないことに対する補償などの制度やガバナンスの適切な設計は必要である。

これまで説明したように，日本では，社会に支持され，企業や投資家が活動を強く共有したいと

望むようなラグビークラブやリーグのマネジメントが必要になる。とくに，プロリーグとして先行している野球，サッカー，バスケットボールとの差別化を考えるときに，世界のトップ選手が数多くプレーするリーグは，魅力度の高い，独自の求心力を持っているといえる。

リーグワンでは，選手登録の区分として3つのカテゴリーがあるが，そのなかで，外国籍選手として今後，日本代表の資格が得られる可能性のある「カテゴリーB」という出場選手枠を設けることで，日本代表挑戦を後押しする制度になっている。さらに，RWC 2019を開催したことで日本のラグビーの認知度が高まり，またイングランドのプレミアシップ・ラグビーでのチームの経営破綻などもあって，フランスのTOP14とともにリーグワンが他の国や地域の代表歴を持つ多くのワールドエリート選手の移籍先に選ばれている。海外の有名選手が所属することで，海外へのテレビ放映権販売を始め，海外との取り引きがある企業との協業の可能性も考えられる。

リーグワンには，日本を代表する国際的な企業に加え，情報通信やコアな技術の革新を進める多くの企業などのチームが参戦している。母体となる企業の研究開発や事業イノベーションと連動し

たラグビー独自のデータ活用を検討したり，ファンにもテレビやインターネットを通じてわかりやすくデータを提供したりすることが，デジタル社会には必要になる。とくに，身体接触がありながら，お互いの攻撃・防御そして個々の動作などクリエイティブで自由度の高い創造性を披露し合うラグビーだからこそ，社会イノベーションを誘発するゲーミフィケーション（ゲーム化）をはじめ，自由な発想を伝えることなど，ラグビーの価値を活用したサービスが可能と考えられる。さらには，RWC2019で，「スポーツホスピタリティ」という言葉が定着したように，政府が進めるスタジアム改革の流れと連動した地域コミュニティが集える空間設計や集客による新たなサービスづくりなどもラグビークラブのマネジメントに積極的に取り入れるべきであろう。

　一方，ラグビー興行を成功させる戦略は世界でも進んでいる。西崎（2017）は，ラグビーがプロスポーツとしてファンの興味を刺激するための仕組み・戦略（米国型メジャーリーグスポーツの戦略）を導入したことを紹介している。例えば，米国では，プロスポーツではライバルとの戦力格差を縮小する仕組みをつくり，緊迫した試合を演出するが，ニュージーランドの州代表のリーグでも昇格・降格制度を基本としつつ，クラブ間の選手移籍の共通規則や収益シェアリングを導入しクラブ戦力の分散化を図っている。イングランドのプレミアリーグでも，昇格・降格制度を維持する一方，サラリーキャップやテレビ収入シェアリングなど戦力格差を縮小する仕組みを導入している（西崎，2017）。南半球のスーパーラグビーのボーナスポイント制は，「攻撃を奨励するラグビー」を目指す仕組みとしてリーグワンでも導入されている。さらに，経営のトップに経営戦略や経営組織運営に長けたプロフェッショナルを据えるなどの取り組みが行われている。

5. クラブラグビーの社会的価値を高める事例

　最後に，クラブラグビーの社会的価値を高める

と思われるファン・サポーター連携事例を2つ取り上げる。一つは，南アフリカのあるリーグでの「ピンクボール」ルールである。試合中に2分間，ピンク色のボールを使用し，そこでホームチームがトライを獲得した場合に，ホームチームが選んだ女性支援団体（例えば地域の乳がん支援など）へスポンサーが寄付をするというローカルルールである（South Africa Referees, 2020）。

　もう一つは，英国プレミアのレスタークラブの「記念日」支援である。公式戦直前の電光掲示板に，地域ファンの「記念日」を掲示し会場アナウンスで祝福するプログラムである。試合週・月に挙式するカップルを紹介し，「○○おめでとう，△△より」とアナウンスする。その他，誕生，出産など様々な記念日を2秒ごとに，数組を紹介し観客は拍手を送る。その関係者は複数でスタジアムに足を運ぶだろうし，祝いを受けた人たちは，その試合の日を新しい記念日として，将来，足を運ぶコアサポーターファミリーとなるかもしれない。わずか2秒のファンとの記念日・アニバーサリー（anniversary）の共有は，ファンとクラブだけでなく，そこから波及する関連業種との接点の拡大も期待できるかもしれない。

　欧米の街では，人々はかつて教会・会堂（カセドラル：cathedral）に集まっていたが，現在はスポーツスタジアムにも集う時代ともいわれる。Thomas（1994）はそれを「スポーツ・カセドラル（Sport Cathedrals）」現象と呼んだ。ラグビークラブ・ラグビースタジアムの目指す一つのあるべき姿と考える。

　　　（佐々木康，髙橋義雄，玉塚元一，土田雅人）

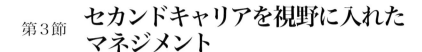

第3節　セカンドキャリアを視野に入れた マネジメント

1. 産業論的価値

　スポーツを取り巻く関連産業は多岐にわたる（図6-6）。チームマネジマント，コーチング，情報分析といったスポーツの実践現場から，メディア，法律，地域，グッズ，施設，ツーリズム，イベントなどの周縁領域，さらにスポーツ医科学の領域など，スポーツのキャリアを活かす機会は拡大している。こうしたキャリアを展開するためには，各領域における専門的職業技能の習得が必要となる。スポーツ界ではジュニア世代からも，セカンドキャリアを視野に入れた様々なキャリアプログラムが導入されている。その背景には，スポーツの現役生活の早期化が進み，スポーツを実践できる限られた若年・青年期に続く，スポーツに関連する就業機会・キャリアパスウエイを計画的に考える必要があることと，少子化により，学校数とともに教員数が減少し，学校教育現場での就業機会が縮小しているという現実がある。

　キャリアパスプログラムは1990年オーストラリア・ビクトリア州スポーツ研究所が開発したアスリートキャリア教育プログラムが始まりとされる。その後，全国に展開され，さらにニュージーランド，英国に伝わった。プログラムは，①学業との両立，②スポーツキャリア価値の深耕および連結価値の開発，③職業技術の習得，④スポーツキャリア引退プログラムの4部門からなる。学業との両立は，現役中に大学・専門学校などに通う時間の創出や金銭的支援である。キャリア価値の深耕や職業技術の習得は，指導普及活動の展開を目指している。引退プログラムは選手後半期における社会参加へ向けて，自己肯定的思考を確立することが含まれる。当時，スーパーリーグ4チー

図6-6 ●スポーツ関連産業の拡大（佐々木，2020を改変）

ムにはカウンセラーが配置され，相談窓口が整備された。オーストラリアラグビー協会と選手会は，現役中から共同でキャリアトレーニングを展開している。

イングランドラグビー選手会は，協会とプレミアリーグと連携して，2006年末からキャリア関連マネージャーを公募した。WRをはじめ海外の協会（Union）ホームページには，こうした人材募集情報が恒常的に掲載され，内外の雇用情報が提供されている。

ニュージーランドラグビー選手会（NZRPA）では，スーパーラグビーチームと地方協会に専門職（Personal Development Manager）を配置し，選手の支援を行っている（NZRPA, 2023）。現役中から，パートタイムでの大学単位取得や資格取得などをサポートし，競技生活と並行してセカンドキャリアを歩み始めるのが一般的となってきている。また，選手会ではキャリア支援のみならず多岐にわたる教育や研修が選手に対して行われ，そのなかには投資やファイナンシャルプランといった内容も含まれている。

キャリアパスプログラムの要点は，現役トップ選手が各クラブ内のキャリア担当員として積極的にキャリアパスに関与することであろう。選手個人のニーズは各人各様であり，クラブ内のリーダー的選手がキャリア開発の実践モデルに取り組むことで，キャリアの連鎖が生成される。**表6-4**は各国で展開されているキャリアプログラムの一部をまとめたもので，選手活動の保護が中心だが，そこから国境を越えた連携も含まれる。

イングランド選手会の2022年のトピックは引退選手の脳の健康（ブレインヘルス）に関するセミナーの開催であった。脳振盪など頭部外傷に伴う脳のリスク要因をどう減らすかについて，実践研究にもとづいたアドバイスを提供するものであった（Rugby Players Association：RPA, 2021a）。例えば，頭部外傷を長年にわたって受傷した選手は，心理的負荷の増加，燃え尽き症候群に関連する症状，および精神的健康への不安を高め，孤立・孤独やアイデンティティーの喪失の危機を抱えている。こうした負荷に対処するために，選手は，現実の生活・就労課題に対する積極的な問題解決へ向けて自立的な行動を実践することや，家族・友人・職場の同僚にサポートを求め，不安に対し

表6-4 ●各国のキャリアプログラム

団体・制度	特　　　徴
イングランド ラグビー協会 選手会	専門職員による個別カウンセリング ・過去／現在／未来の選手の権利，雇用条件の法的理解，移籍情報 ・傷害／疾病／その他への経済社会支援，キャリアおよび教育トレーニング方法 ・イングランドラグビー協会への協力促進，他国・組織との連携
オーストラリア ラグビー協会 選手会	各チームに専門職を配置 ・プロスポーツのライフスタイルと精神的プレッシャーの管理 ・ラグビー後の人生のための雇用教育，財務の効果的戦略 ・自国文化の理解と普及への寄与
ニュージーランド ラグビー協会 選手会	各チームに専門職（Personal Development Manager）を配置 ・教育研修（ファイナンシャルプラン，保険，契約，法律，不動産管理，メディア，SNS，アンチドーピング） ・メンタルヘルスおよびウェルビーイングサポート，重症事故基金，労使交渉 ・エージェント登録制度の運用
フランス ラグビー連盟	・スポーツ庁による個人への直接的財政支援システム ・大学等での就学支援（授業料，授業・試験日考慮，個別指導） ・キャリア／国家資格等の取得支援
日本ラグビーフットボール協会 選手会	・ノーサイドの精神に象徴されるラグビー文化の伝承 ・競技の普及，強化および環境改善，ジャパンラグビーリーグワンの発展への寄与 ・会員の福利厚生，安全および健康管理の充実ならびに意識向上 ・会員に対する助成活動，ならびに社会貢献活動

て，協力して不安解消方法を探ることが提起される。クラブの構成員やリーダーが，精神的健康不安は誰にも起こることと共通認識しているか否かが，選手の精神的健康のレベルに影響を与える（RPA, 2021b）。脳の健康問題は国際統括団体，WRでも喫緊の課題とされる（WR, 2021）。いわゆる心的外傷後のストレス障害（PTSD）のトラウマは，物質使用障害（SUD：アルコールや薬物依存）と併存することで，より深刻となる（Kline et al., 2022）。2023年1月のイングランドラグビー協会のトピックでは，アマチュアラグビーにおけるタックル（腰位置より低いタックルの推奨）など，安全対策を見据えたルール提起にも，現役選手たちが積極的に発言し，ラグビーキャリアの保護に協力している。

2. 欲求段階とスポーツキャリア

人々の多様な欲求は，成長に応じて重要とみなす事柄が変化する（図6-7左，Koltko-Rivera, 2006）。そして，このような欲求の変化は，異なるスポーツ活動に対応することになる（図6-7右，佐々木，2020）。

欲求の初期段階の幼少期までは，食事や睡眠などの生存に必要な生理的欲求と，それを主に家庭内で安全に保つための欲求が主となる。このような初期段階の欲求は，実践社会における活動としては，健康維持やリスク回避行動などにかかわる領域で，ボールへの反射や自分を支えるバランストレーニングなどの軽スポーツの指導・マネジメントのキャリアと関連する。

その後の青少年期になると，欲求は家族外の人々や学校・社会への所属を求める段階に変化し，スポーツ活動としては地域や小学校のクラブ活動への参加が起こる。そして青年期から成人に近づくにつれて，他者との差別化という自我が芽生え始める。この段階は義務教育から高等教育への移行の時期であり，対応するスポーツ活動としては，競技性が高まり，一部，早期のプロフェッショナル行動も起こる。そして，主に教育関係の就業・キャリア領域が関連する産業領域となる。

その上位に位置づけられる欲求は自己実現という段階である。教育（青年期）領域から就業（成人期）領域に入り，スポーツ活動としては，競技

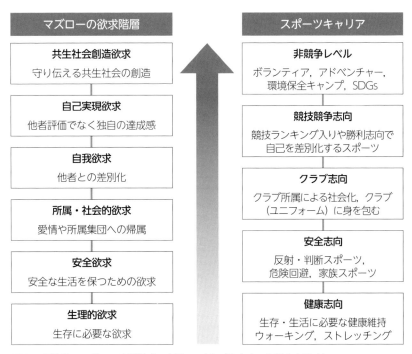

図6-7 ●欲求・スポーツ実践社会の対比モデル（佐々木，2020を改変）

としてより高い次元のクラブやプロチームへの参加，あるいは競技活動からは離れたファン・サポーター行動，さらにはコーチや医科学スタッフとしての活動が含まれる。産業領域に関しては，競技に直接・間接的に関与する産業や情報関係のキャリアと関連する。

欲求階層は長年，この自己実現の欲求が最終段階と理解されてきたが，近年，さらに上位の欲求段階が明らかになった（Koltko-Rivera, 2006）。それは新しい組織・コミュニティを目指すボランティアや社会貢献活動，さらには自然との共生を目指す環境共生活動への欲求である。関連する産業領域としては，競技スポーツという枠組みを超えて，支え合うという社会活動や，生活しやすい環境の創造という非営利活動・事業をも含むキャリアの可能性がある。クラブラグビーが，アマチュアリズムの時代から育んできた地域・生活形成への貢献活動や，自然環境・他の社会との共生を目指す活動は，スポーツキャリアを拡大する領域と位置づけることができる。

3. 社会的価値

成人期以降のキャリアについてみると，海外においては，選手会や中央競技団体であるラグビー協会が教育支援を行っているが，日本国内に目を向けてみると，そこには企業スポーツとして発展してきた日本ラグビー特有の強みと社会的価値，また同時に課題が存在する。1995年以降，ラグビー強豪国では，ラグビー選手がフルタイムで活動し報酬を得るプロリーグが発展してきた。日本でも2004年にトップリーグが開幕し，一部の選手は企業チームと業務委託や嘱託契約を結び，フルタイムのプロ選手として活動するようになるが，大多数の選手は企業に正社員として所属した。トップリーグに加盟するチームは，大企業を母体とするチームがほとんどであり，正社員として身分が保障され，引退後の雇用も約束されたなかで競技活動ができることは，プロ契約の選手にはない大きなメリットであった。競技引退後に社業に専念

しビジネスキャリアを築いていくなかで，競技活動で身につけたリーダーシップやコミュニケーション能力を発揮し，管理職に就くなど，社内で有望な人材として昇進していくケースも多くあった。企業スポーツとしてのラグビーは，海外にも例のない社会的価値をつくり出していた。

一方で，ラグビーは企業スポーツとしての色が強かったため，セカンドキャリアに向けた支援や準備をラグビー協会や選手会が行うことはなかった。近年，チーム間の競争が高まり強化を推し進めるチームが増えるとともに，トップリーグにおけるプロ選手の数と割合は年々増加した。また，正社員の選手においてもシーズン中は大幅に社業を免除されることが一般的となった。競技に取り組む時間がより多く確保され，競技力，チーム力が向上する一方，それによる弊害も出てくることになる。選手寿命が長くなるなかで引退を迎えた選手が社業に専念するわけであるが，それまで多くの業務を免除されてきているため，同世代の一般社員と比べ会社員としてのスキルや経験に劣るということが起こる。また，本来，引退後の雇用の保証は企業スポーツにおける選手にとってのメリットであるが，競技引退という過渡期に，ラグビー選手としてのアイデンティティーを失うことでストレスに直面するだけでなく，ラグビーとはまったく関連性のない社業に専念することに幸福感や動機づけが得られないケースが発生し，引退から数年以内に退職や転職する元選手が数多く現れた。

RWC 2019日本大会を経て，トップリーグは閉幕，新たにリーグワンがスタートした。世界最高峰のリーグを目指すなかでプロ選手の数はさらに増加し，社員選手が社業を行う時間が限定的になる。そのため，プロ選手はもとより，社員選手に対するセカンドキャリアのサポートの必要性がこれまで以上に高まっている。今後，プロ選手のみならず社員選手においても，競技引退後にどのようなキャリアを歩み社会に貢献することができるかは，日本ラグビー界にとって重要な課題である。

また，リーグワンの競技力が高まるにつれ，即

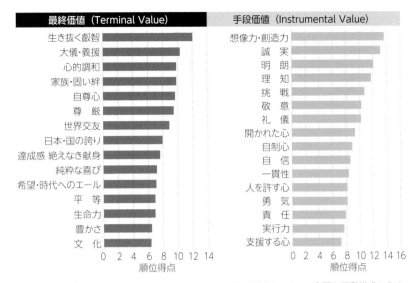

| 最終価値（Terminal Value） | 手段価値（Instrumental Value） |

最終価値は到達したい究極の状態，手段価値は最終価値に到達するために必要な行動様式を表す。社会や心身へのポジティブな思考（叡智，大儀，心的調和，固い絆，創造力，誠実，明朗，理知等）は上位価値と回答された。

図6-8 ● 社会的不安下におけるスポーツの価値観（重要度が高いと評価された価値観項目群）
（Sasaki et al., 2019を改変）

戦力となりにくい大学生への門戸が狭まることは，高いレベルでのプレーを目指す若い世代においても，数十年先を見据えた早期キャリア設計の必要性を意味する。高校から大学，大学からリーグワンへと選手を輩出する側で指導にあたるコーチにも，選手の長い人生を視野に入れたマネジメントが求められている。

　果たして，スポーツキャリアは変容する社会のなかで，どのような価値観を提起できるのか。図6-8は2011東日本大震災禍において，スポーツによる数々の被災支援・義援活動がどのような社会的価値観を伝えようとしていたか，一般学生とスポーツ専攻学生そして有資格コーチに回答を求めた調査結果である。社会にはこうした甚大な被害をもたらす災害時に，スポーツを継続してよいのかと疑問を投げかける風潮も起こった。しかしスポーツ関係者はスポーツを通じて被災地にできる義援活動を粛々と続けている。この図から，こうした社会不安下におけるスポーツ支援・普及活動は，様々な社会的価値観を提起していることを示唆している。人々はその時々において，単一の価値観だけではなく，多様な価値観を状況に合わせてレンガを積み上げるように一つひとつ重ね合わせ，現実に対処しうるキャリアを歩むものと考える。

（佐々木康，渡辺一郎，田中勝悟）

［文献］
・青石哲也・佐々木康（2010）企業スポーツチームにおけるトップアスリートのセカンドキャリア形成に関する研究―ラグビー部を有する企業に所属している選手を事例として―．生涯学習・キャリア教育研究，6：37-76.
・Benett, P. and Thomas, G. (2003) Phill Benett: The autobiography. Collins Willow.
・ブルデュ：石井洋二郎訳（1979）ディスタンクシオン―社会的判断力批判．藤原書店．
・ブルデュ：今村仁司・港道隆訳（1988）実践感覚1．みすず書房．〈Bourdieu, P., Le sens pratique 1, Les Edition de Minur, 1980〉.
・ブティエ：井川浩訳（2007）ラグビー．白水社，p.85.
・Craven, D. (1953) Danie Craven on rugby. AH & AW Reed.
・CVC (2020) Partnership between Guinness PRO14 and CVC Capital Partners Fund VII. https://www.cvc.com/media/news/2020/2020-05-22-partnership-between-guinness-pro14-and-cvc-capital-partners-fund-vii/（参照2023年4月1日）
・Deleplace, R. (1979) Rugby de movement, rugby total. Revue EPS.
・Dine, P. (2001) French rugby football: A Cultural history. Bloomsbury Publishing, p.7.
・Drucker, P.F. (1992) The new society of organizations. Harvard Business Review (September-October): 95-104.

・England Rugby (2021) Strategy.
https://www.englandrugby.com/about-rfu/strategy（参照 2022 年 11 月 29 日）

・フランスラグビー連盟：Fédération française de rugby (2016) Accompagnement à la performance.
https://www.ffr.fr/jouer-au-rugby/accompagnement-a-la-performance/presentation-2（参照 2022 年 12 月 21 日）

・Greenwood, J.T. (2003) Total rugby (5th ed.) A&C Black.

・Griffiths, G. (2022) France 38-21 Wales: Antoine Dupont inspires home side in Paris.
https://www.bbc.com/sport/rugby-union/54657298（参照 2022 年 11 月 29 日）

・Jones, B. and McJannett, I. (1972) Rugby under pressure. Faber & Faber.

・Jones, E. (2020) My life and rugby. Macmillan, p.181.

・Kline, A.C., Panza, K.E., and Lyons, R. (2022) Trauma-focused treatment for comorbid post-traumatic stress and substance use disorder. Nature Reviews Psychology, 2: 24-39.

・Koltko-Rivera, M.E. (2006) Rediscovering the later version of Maslow's hierarchy of needs: Self-transcendence and opportunities for theory, research, and unification. Review of General Psychology. 10(4): 302-317.

・McCormick, J. (2022) Breaking it down: The ruck.
https://theanalyst.com/eu/2022/03/breaking-it-down-the-ruck/（参照 2022 年 12 月 1 日）

・New Zealand Rugby Players Association (NZRPA) (2023)
https://www.nzrpa.co.nz/home（参照 2023 年 3 月 8 日）

・日本ラグビーフットボール協会（2020）日本ラグビーのファンエンゲージメント事業を行う新会社「ジャパンラグビーマーケティング株式会社」の設立に関する合弁契約を締結.
https://www.rugby-japan.jp/news/51687（参照 2023 年 4 月 1 日）

・西崎信male（2017）プロフェッショナル・ラグビーの経営学，その成長への組織と戦略.日本経営診断学会論集，17：135-140.

・Olsson, L.F., Madigan, D.J., Hill, A.P., and Grugan, M.C. (2022) Do athlete and coach performance perfectionism predict athlete burnout? European Journal of Sports Science, 22(7): 1073-1084.

・Premiership Rugby (2023)
https://www.premiershiprugby.com/about-premiership-rugby/（参照 2023 年 4 月 1 日）

・Rothwell, M., Davids, K., Wood, C., Otte, F., Rudd, J., and Stone, J. (2022) Principles to guide talent development practices in sport: The exemplar case of British Rugby League Football. Journal of Expertise, 5(1): 28-37.

・Rugby Football Union (2021) England Rugby development framework 2021.
https://www.englandrugby.com/england/mens-development/development-framework（参照 2023 年 4 月 1 日）

・Rugby Players Association (RPA) (2021a) Launches brain health webinar for former players.
https://therpa.co.uk/news/2021/01-2/rpa-launches-brain-health-webinar-for-former-players/（参照 2022 年 11 月 25 日）

・Rugby Players Association (RPA) (2021b) First study into professional rugby players' wellbeing sheds light on mental demands of the game.
https://therpa.co.uk/news/2021/01-2/first-study-into-professional-rugby-players-wellbeing-sheds-light-on-mental-demands-of-the-game/（参照 2022 年 11 月 25 日）

・佐々康（2007）英国ラグビーとクラブ組織.創文企画.

・佐々康（2020）「孤高」と「誇り」のアスリート.名古屋大総合保健体育科学センタースポーツマネジメント研究室.

・佐々康（2023）ラグビーの社会学経営学～情報価値ネットワークアプローチ.フットボールの科学，18（1）：33-44.

・Sasaki, K., Yamamoto, T., Watanabe, I., Katsuta, T., and Kono, I. (2019) Athletes' pride bridge; Network centrality analysis to clarify the societal values of sports after the 2011 disaster in Japan. Advances in Social Science Research Journal, 6(2): 440-50.

・Sasaki, K., Yamamoto, T., Watanabe, I., Nakayama, M., Iwabuchi, K., Katsuta, T., and Kono, I. (2021) Network centrality and core-periphery analysis to clarify the tactics for TRY in Rugby World Cup 2019. American Journal of Sports Science, 9(1): 8-16.

・Saxton, C.K. (1960) The ABC of rugby. The Otago Daily Times and Witness Newspapers Company.

・South Africa Referees (2020) Varsity Cup's playing laws.
https://www.sareferees.com/News/varsity-cups-playing-laws/2831398/（参照 2023 年 5 月 2 日）

・竹鼻智（2022）「松島幸太朗のビジネス上の効果は…」クレルモン社長が語るフランスラグビーのお金事情，リーグワンが参考にすべき要素は？ NumberWeb.
https://number.bunshun.jp/articles/-/852014（参照 2023 年 4 月 1 日）

・Team England Rugby (2003) World Cup 2003. Orion Books Ltd, p.188.

・Thomas, A. (1994) Domed stadiums.
https://www.imdb.com/title/tt0650177/（参照 2023 年 9 月 28 日）

・United Rugby Championship (URC) (2022) Big picture project - How it works.
https://www.unitedrugby.com/latest/charity/big-picture-how-it-works（参照 2023 年 4 月 1 日）

・Vaissière, S. (2022) Aux sources du rugby de movement: Pierre Villepreux: Le french flair? Un jeu libéré où l'imprévu est la norme. Panard, 2022/1: 125-133.
https://www.cairn.info/revue-panard-2022-1-page-125.html（参照 2022 年 12 月 17 日）

・Villepreux, P. (1979) Le Rugby. Denoel.

・Villepreux, P. (1983) The principles of rugby football. Gerge Allen & Unwin, pp.128-136.

・Villepreux. P. (2017) Le French flair, c'était de l'intelligence de jeu.
https://www.ladepeche.fr/article/2017/03/22/2540960-p-villepreux-french-flair-etait-intelligence-jeu.html（参照 2022 年 12 月 17 日）

・Woodward, C. (2004) Winning. Hodder & Stoutoghn.

・World Rugby (2020) Rugby World Cup 2019 statistical analysis.
https://www.world.rugby/news/691225（参照 2022 年 11 月 29 日）

・World Rugby (2021) Brain health. World Rugby Player Welfare: Medical.
https://www.world.rugby/the-game/player-welfare/medical/brain-health（参照 2022 年 11 月 25 日）

第 ⑦ 章

ラグビーにおける安全対策と医科学支援

第1節 ラグビーにおける外傷・障害と医科学支援の実態

ラグビーにおける安全対策には，医科学支援が欠かせないものである。これまでにも，日本ラグビーフットボール協会（以下，日本ラグビー協会）に所属するメディカルスタッフ（チームドクター，チームトレーナー，マッチドクター，セーフティアシスタントなど）による支援や，日本ラグビー協会の各委員会における活動（「ラグビー外傷・障害対応マニュアル」の作成，「安全・インテグリティ推進講習会」など）を通じて，幅広い支援を行ってきている（日本ラグビー協会，2023）。

またワールドラグビー（World Rugby：WR）は，とくに「プレーヤーウエルフェア」の観点から，外傷・障害の予防を強く推奨している。この外傷・障害を減らす，あるいはなくすことの意義は，プレーヤーウエルフェアのみならず，チームの強化戦略にもつながる。

そのため，本稿では，まずは外傷・障害を知ることから始め，ラグビーで多くみられる外傷・障害を紹介し，その注意点や対応について触れる。そして予防についての取り組みについても説明していく。

1. ラグビーにおける外傷・障害

(1)外傷と障害

まず「外傷」とは，いわゆる"怪我"と呼ばれているもので，大きな外力を受けて急性に発症する脱臼，骨折や靱帯損傷などのことをいう。「負傷」や「事故（重傷事故含む）」として扱われることもある。

一方で，「障害」は，"故障"や"古傷（ふるキズ）"などのことで，軽度の損傷が積み重なって慢性的に発症する炎症や疲労骨折などであり，後遺症を含めた概念である。本稿では，この「外傷」と「障

害」を合わせて，外傷・障害として記すこととする。

なお，外傷・障害を，日本ラグビー協会の「傷害見舞金制度」のように「傷害」，あるいは「損傷」（日本整形外科学会，2016）としている場合もある。

表7-1に，運動器を構成する主な器官の外傷・障害名を挙げた。例えば，骨をみると，外傷では骨折が，障害では疲労骨折が代表的である。

最も多い外傷の一つである捻挫は，靱帯という器官でみると，その重症度は，軽度の損傷から部分断裂および断裂（完全断裂）まである。また関節という器官でみると，捻挫から亜脱臼および脱臼または脱臼骨折まである。

一方，障害では，疲労骨折や慢性の腱炎（腱症），靱帯炎あるいは関節不安定症などが代表的である。

表7-1 ●器官別にみる主な外傷と障害

器官名		外傷	障害
骨（骨膜）		骨折，打撲，骨膜損傷	疲労骨折，疲労性骨膜炎
関節	関節包・滑膜	損傷（捻挫），（亜）脱臼	炎症，関節不安定症
	靱帯	損傷（捻挫），断裂	炎症，靱帯不全症
	軟骨*	損傷	損傷，変形性関節症
	骨	骨折（裂離・関節内）	炎症，骨壊死，変形
（成長期の骨端軟骨）		損傷，骨端離開	骨端症
筋（筋膜）・腱（腱鞘）		打撲傷，肉離れ，断裂	炎症，陳旧性損傷
神経（脳・脊髄含む）		損傷，出血（血腫）	炎症，絞扼性神経障害
血管		損傷，出血（血腫）	炎症
皮膚・皮下組織		創傷	創瘢痕

＊半月板・関節唇・椎間板などを含む

(2)ラグビーで起こりやすい外傷・障害(総論)

◎ラグビーで起こりやすい外傷

　ラグビーは全身を使った競技であるため，外傷は全身にわたって起こりうる。図7-1は，その主なものを部位ごとにまとめたものである。外傷の種類では，脱臼，骨折および捻挫（靱帯損傷を含む）が多い。またコンタクトプレー，とくにタックルという特異的なプレーに関係する頭頸部（顔面骨や歯牙を含む）や肩甲帯の外傷が多いのが特徴である。

◎ラグビーで起こりやすい障害

　一方，障害については，図7-2にまとめた。障害では，疾走やジャンプに関係する下肢の疲労骨折や疲労性腱炎・靱帯炎が代表的である。また，肩関節脱臼・亜脱臼を繰り返す肩関節の前方不安

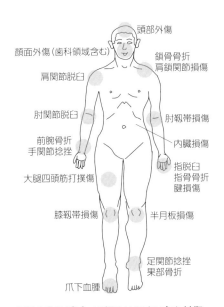
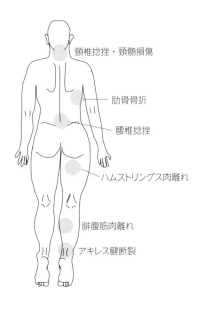

図7-1 ●ラグビーで起こりやすい主な外傷

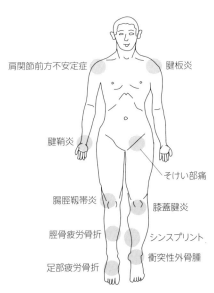
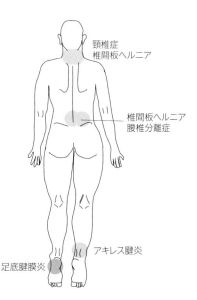

図7-2 ●ラグビーで起こりやすい主な障害

定症は，ジュニア期の後半から大きな障害となってくる。さらに足関節捻挫の後遺障害ともいうべき足関節不安定症も，合併する障害と合わせ，慢性の足関節痛の原因となる。

(3) ラグビーで起こりやすい外傷・障害(各論)

以下，主な外傷・障害について紹介する。

◎頭頸部の外傷

次節（第2節）を参照のこと。

◎肩関節周辺の代表的な外傷 （図7-3）

肩鎖関節損傷（Ⅰ度：捻挫，Ⅱ度：亜脱臼，Ⅲ度：脱臼）や鎖骨骨折は，肩からの転倒やコンタクトプレーによる鎖骨部への強い衝撃により生じやすい。

肩関節脱臼は，肩の後外側からの転倒による直達外力（地面からの反力）か，タックル動作の際に起こりやすい。肩関節が外転外旋位の状態で，いわゆるアームタックルで上腕部に強い外力が働くと，上腕骨頭が関節面の前下方に脱臼する。脱臼時には，関節唇や関節包および靱帯が損傷する他，関節窩の前下方や上腕骨頭の後外側部に骨折を伴うことがあり，保存療法後に再脱臼を繰り返す要因となる。初回脱臼での正確な診断や治療が，その後の肩関節の予後を決めることになるため，とくに成長期での初回受傷例では，たとえ容易に整復できたとしても，プレーには復帰させず，病院を受診させるべきである。

タックル時に生じやすい肩関節周囲の外傷は，頭頸部外傷とも関係があり，タックルする側でいえば，ヒットポイントが肩側にずれるか，頭頸部側にずれるかで，いずれかの外傷につながりやすい。最後まで目線を切らずに，飛び込まず，足を運びながらヒットしていくスキルの獲得は，安全対策にとって不可欠である。

◎膝関節の代表的な外傷 （図7-4）

膝の靱帯損傷は，様々な競技で起こりうるが，ラグビーでも注意が必要な外傷である。頻度としては，内側側副靱帯損傷のほうが，前十字靱帯損傷より多い。前十字靱帯は，膝関節の前方不安定性（すねが前にずれる動き）かつ回旋不安定性（ねじれ）を制御する靱帯である。また内側側副靱帯は保存的治療が可能であるのに対し，前十字靱帯は保存療法ではゆるみが残存してしまうため，靱帯再建術の適応となる。さらに手術後のリハビリテーション期間が，少なくとも半年以上を要するため，その予防対策が重要となっている。

とくに前十字靱帯損傷は，女子選手により起こりやすい外傷であり，日本ラグビー協会の「ラグビー外傷・障害対応マニュアル」でも後述する予防運動（p.152）を勧めている。

◎足関節の代表的な外傷・障害 （図7-5）

足関節（内反）捻挫は，あらゆる競技種目で最も多いスポーツ外傷の一つである。ラグビーでも同様であり，典型例は，前距腓靱帯の損傷（Ⅰ度：軽度損傷，Ⅱ度：部分断裂，Ⅲ度：断裂）である。損傷した靱帯が不完全に治癒した場合には，足関

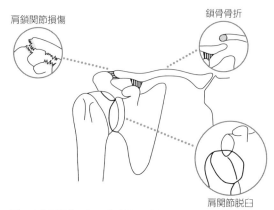

図7-3 ●肩関節周辺の代表的な外傷

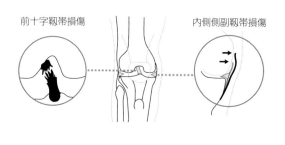

図7-4 ●膝関節の代表的な外傷

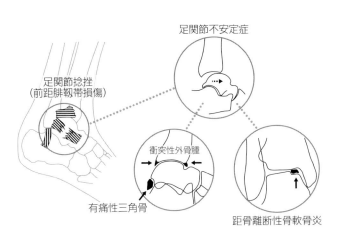

図7-5●足関節の代表的な外傷・障害

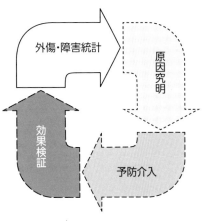

図7-6●インジャリー・サーベイランス・システム
(Bahr et al., 2005, Figure 1を改変)

節のゆるみが残存する（足関節不安定症）。さらにそのままプレーを続けることにより，衝突性外骨腫や有痛性三角骨，それに離断性骨軟骨炎といった障害を引き起こすことがある。

足関節捻挫後のリハビリテーションでは，局所だけでなく，全身の運動機能の回復を評価しながら，復帰に向けて進めていく必要がある。ここでも後述する予防プログラムを再発予防のために活用してほしい。

2. インジャリー・サーベイランス・システムとは

以上のような，外傷・障害への医学的対応は，まず初期の，あるいは早期の正確な診断と治療が重要である。また外傷・障害の早期の発見には，定期的なメディカルチェックが有用である。応急処置を含めて，対応の詳細は，日本ラグビー協会の「ラグビー外傷・障害対応マニュアル」を参照してほしい（日本ラグビー協会HP参照）。

安全対策を考える上で，とくに強調しておきたい点は，試合前に準備しておくべき，「イマージェンシー・アクション・プラン（Emergency Action Plan：EAP）」，つまり緊急時対応計画を立てておくことである。重症外傷が起こることも考慮し，応急処置から搬送，搬送先の病院（後方病院）の手配など，責任者のもと，チームスタッフ全員で計画し，共有しておく必要がある。

しかし，当然のことながら，これらの対応だけでは，外傷・障害の再発予防や予防にはつながらない。外傷・障害が起きると，選手個人のパフォーマンスが低下するだけでなく，主力選手が受傷したり，受傷する選手が増えたりするほど，チーム力は低下していくことになる。チームにとっても，外傷・障害の予防に向けての取り組みは重要である。

このような流れを受けて，近年，国際オリンピック委員会（International Olympic Committee：IOC）によって，外傷・障害の監視体制ともいうべき「インジャリー・サーベイランス・システム（Injury Surveillance System）」（図7-6）の考え方が広まってきている（Bahr and Krosshaug, 2005; Junge et al., 2008）。WRでも，前身の国際ラグビー評議会（International Rugby Board：IRB）時代から，同システムに取り組んできており（Fuller et al., 2007），プレーヤーウエルフェアに欠かせないものとして推奨している。是非，この機会にこのシステムを理解してほしい。

インジャリー・サーベイランス・システムは，以下の4つの過程からなる。

まず，「外傷・障害を予防する」ためには，その外傷・障害がどのくらいの頻度で起こっているのか，を把握しておかなければならない（外傷・障害統計）。

次に，その外傷・障害がどうして起こったのか

を明らかにしていく必要がある（原因究明）。

そして，その原因に対する予防方法を作成して実行し（予防介入），さらにその効果を検証していかなければならない（効果検証）。

このようなプロセスを繰り返していくことが，インジャリー・サーベイランス・システムの考え方である。以下，4つの過程それぞれについて説明する。

(1)外傷・障害調査

外傷・障害調査は予防の第1過程であり，外傷・障害がどの程度起きているか，どれくらい競技に参加できないか，などを，統計を通じて把握することである。さらに，どんな外傷・障害が問題になっているか，どんなプレーで外傷・障害が発生しているかなど，様々な角度から外傷・障害の実態を明らかにすることで，次の段階の原因究明の資料となる調査である。

ここでは，ラグビー外傷・障害調査として，高校の部活動での調査と，昨年から新たに始まったジャパンラグビーリーグワン（以下，リーグワン）の試合における調査を紹介する。

◎高校の部活動における外傷調査

日本スポーツ振興センター（Japan Sport Council：JSC）の災害共済給付制度で，2021年度の報告がある。そのなかで，高校の部活動中のラグビー外傷発生について，部位別の割合をみてみると（図7-7），全部活動の割合と比べて，肩甲帯部が3倍近い割合となっており，頭頸部や手指，それに膝関節部の割合が多かった。

ただし，このJSCの資料では，実際の部活動の状況（トレーニングや試合時間）は不明であり，近年，海外で報告されている発生頻度の指標である，1人の選手が1,000時間のトレーニングあるいは試合（1,000 Player-Hour：1,000PH）の間に受傷する件数（以下，/1,000PH）は算出できない。また重症度の指標となる，活動できなかった日数も不明であり，この点は保険データの限界である。

◎トップ選手における外傷・障害調査

一方，日本ラグビー協会では，ジャパンラグビー

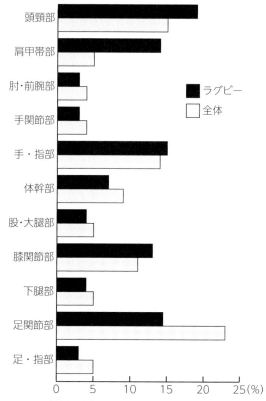

図7-7 ●高校部活動中の外傷発生の部位別割合
（2021年度日本スポーツ振興センター資料より）

トップリーグ（以下，トップリーグ）時代から外傷・障害調査を義務づけており，2022年から移行したリーグワンでも，海外の報告に準じた調査を行っている。未公開の資料であるが，同メディカルコントロール部会の好意により，一部を紹介させていただく。

調査期間は2022年1月8日から5月29日で，3つのディビジョン全チームの試合（150試合）中に発生し，24時間以上の活動停止となった外傷・障害を対象とした。統計の指標は，発生率（/1,000PH），重症度（受傷から競技復帰までの平均日数：日±SD），それに負担（Burden）（1,000時間あたりの離脱日数：日/1,000PH）である。最近の外傷・障害統計でも，この負担という指標が使われてきている（Bahr et al., 2020）。

結果は，全外傷・障害の発生件数は446件で，ほとんどが外傷であった（95.1%）。発生率は70.1件/1,000PH，平均重症度は23.3日，負担は1,734.7

表7-2 ●ジャパンラグビーリーグワンの主な外傷の発生状況（2022/23シーズン）

	発生件数	発生率		重症度	負 担	
	(n)	(/1,000PH)	(95%CI)	(日, mean ± SD)	(日/1,000PH)	(95%CI)
脳振盪	81	13.5	(10.5 – 16.4)	16.4 ± 17.1	222.1	(178.6 – 276.1)
肋軟骨損傷	17	2.8	(1.4 – 4.1)	17.8 ± 11.9	50.5	(31.4 – 81.2)
肩関節脱臼	8	1.3	(0.4 – 2.2)	71.5 ± 42.1	95.3	(47.7 – 190.6)
肩鎖関節損傷	12	2.0	(0.8 – 3.1)	11.8 ± 12.1	23.7	(13.4 – 41.7)
大腿部打撲	15	2.5	(1.2 – 3.7)	10.5 ± 8.6	26.2	(15.8 – 43.4)
ハムストリングス肉離れ	43	7.1	(5.0 – 9.3)	29.0 ± 19.5	207.8	(154.1 – 280.2)
膝内側側副靱帯損傷	30	5.0	(3.2 – 6.7)	29.1 ± 21.3	145.4	(101.6 – 207.9)
腓腹筋肉離れ	8	1.3	(0.4 – 2.2)	26.8 ± 12.8	35.7	(17.8 – 71.3)
アキレス腱断裂	7	1.1	(0.3 – 2.0)	74.1 ± 31.4	86.5	(41.2 – 181.4)
足関節捻挫	43	7.1	(5.0 – 9.3)	24.7 ± 23.8	176.8	(131.1 – 238.4)

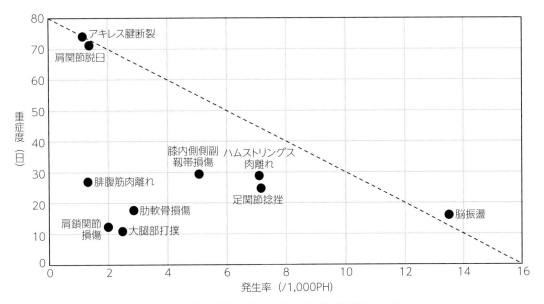

図7-8 ●ジャパンラグビーリーグワンの主な外傷の発生率と重症度（2022/23シーズン）

日/1,000PHであった。

　主な外傷でみると（**表7-2**），最も発生率が高かった外傷は，脳振盪（13.5件/1,000PH）であった。次いで，ハムストリングス肉離れ（7.1件/1,000PH）と足関節捻挫（7.1件/1000PH）であった。重症度が高かった外傷は，アキレス腱断裂（74.1日）と肩関節脱臼（71.5日）であった。負担が大きかった外傷は，脳振盪（222.1日/1,000PH），ハムストリングス肉離れ（207.8日/1,000PH），足関節捻挫（176.8日/1,000PH）であった。

　表7-2を，発生率を横軸に，重症度を縦軸にした負担のマトリックスとして，**図7-8**に示した。

　脳振盪は最も頻繁に起こるものであり，平均で15日以上は競技復帰まで時間を要していた。肩関節脱臼とアキレス腱断裂は，発生率は少ないが重症度が高い外傷として特徴的であった。またハムストリングス肉離れと足関節捻挫は，発生率と重症度がともに高く，脳振盪に次ぐ負担を生じさせていた（図中の斜線より右上に向かうほど，負担が大きい）。脳振盪については，近年，様々な対策が講じられている（詳細は次節参照）。今回，それに続いて負担の大きかった肉離れや足関節捻挫は，次のシーズンに向けて優先的に対応していくべき外傷であると思われる。

以上が，ラグビーにおける外傷・障害調査の現状であるが，海外のデータや他の競技種との比較を行う上では，すべてのカテゴリーに拡大していく必要がある。そのためには，トレーニングの時間を含めて必要なデータを蓄積していかなければならない。これらのデータを予防につなげるためにも，コーチをはじめとした全スタッフの協力が不可欠である。

(2)外傷・障害の原因究明

インジャリー・サーベイランス・システムの第2過程が，外傷・障害の原因を究明することである。

◎外傷・障害の要因

外傷・障害にかかわる要因は，個体，つまり選手自身の持つ要因である内因と，それ以外の外因からなる（Bahr and Krosshaug, 2005）。

個体側の要因である内因としては，まずフォームが挙げられる。たとえ偏（かたよ）りのないフォームであったとしても，一定の期間で繰り返す回数が多くなればなるほど，「使い過ぎ（overuse）」が起こってくる。さらに，偏りがあるフォームであれば，しかもその偏りが大きいほど，短期間，あるいは少ない回数でも障害は起こってくる。極端な偏りがある場合には，1回の動作で，脱臼，骨折や靱帯損傷などの外傷が起こりうるわけである。内因としては，その他に筋の硬さや関節可動域，筋力，バランス，体調などがある。

一方，外因としては，まず運動時間や強度，外力の大きさなどが挙げられる。1回に加わる外力が生理的な許容範囲を超えると，外傷を引き起こす。危険なタックルやスクラムでの事故などがその代表的な例である。その他にも競技特性（とくにコンタクトプレー），用具や環境などが考えられる。またルールも外因の一つであり，スクラムでの安全な組み方への変更がその例である。

このように，外傷や障害には，必ず原因があり，しかも複数の要因が重なり合って生じていることが多い。その要因を一つずつ取り除いていくことで，再発予防や予防につなげることができる。

(3)外傷・障害の予防への介入

インジャリー・サーベイランス・システムの第3過程は，外傷・障害の予防への介入である。外傷・障害の要因が分析され，映像による受傷動作の解析がなされてくると，予防に向けた取り組みが積極的に行われるようになってきた。

WRでは，オンライン学習モジュールとして，外傷予防プログラムを提供している（WR, 2017a）。詳細は省略するが，バランス運動をはじめとして，自重トレーニングやペアで行うレジスタンストレーニング，それに膝の靱帯損傷につながる着地動作やサイドステップなどのトレーニングを挙げている。

(4)外傷・障害の予防の効果検証

残る第4の過程は，外傷・障害の予防の効果検証である。前述したWRの外傷予防プログラムでは，"Activate"（第2節3(2)参照）の効果について，軟部組織損傷が26〜40％減少し，脳振盪が29〜60％減少したとの報告がある。しかし，国内外を見渡すと，まだまだラグビーでの外傷・障害が少なくなったという印象はない。これには教育コンテンツの活用が十分でないことが理由の一つと考えられる。

まずは，現在，外傷・障害を抱え，これからラグビーに復帰する選手たちに，外傷予防プログラムを勧めてみてはどうであろうか。その上で，チーム全体でインジャリー・サーベイランス・システムを取り入れながら，安全対策を計画し，実行し，効果検証し，また次のサイクルを回していってほしい。

今後，計画的な安全対策の下で，外傷・障害が少しでも減少していくことを期待したい。そしてジュニアからシニアまで，すべての選手が，大好きなラグビーを継続できることを期待している。

最後に，リーグワンの貴重な資料を提供していただいたメディカルコントロール部会の田島卓也先生に深謝致します。

（奥脇　透）

第2節　ラグビーにおける頭頸部外傷と脳振盪の予防

ラグビーは激しいコンタクトプレーが特徴的であり，脳振盪を含む頭頸部外傷が少なからず発生するスポーツである。そのため，1994年にニュージーランドで始まった "Rugby Injury and Performance Project" を筆頭に，各国では外傷予防に力を入れてきた。1990年代後半には，ニュージーランドでは "RugbySmart" が，南アフリカでは "BokSmart" が独自の重症外傷に対する予防プログラムとして導入されている。RugbySmart と BokSmart を導入することで，頸椎損傷や脊髄損傷などの重症外傷の予防に効果があったと報告されている（Gianotti et al., 2008）。重症頭頸部外傷は外傷予防プログラムの導入によって減少しているが，脳振盪やバーナー症候群といった頭頸部外傷については，現在も発生予防への取り組みが続けられている。

本節では，ラグビーにおける頭頸部外傷の発生状況，発生場面に加えて，これまで行われてきた頭頸部外傷予防の実際と今後の展望について解説する。

1.　頭頸部外傷の疫学研究

まず，外傷発生率については，ラグビーの疫学調査におけるコンセンサス・ステイトメントに則り，1,000PHあたりの発生率で示す（Fuller et al., 2007）。

◎脳振盪の発生率

頭部外傷について，WRから試合における外傷調査報告が出ている（WR, 2022a）。男子エリート選手は，1,000PHあたり14件，試合に換算すると，平均1.8試合に1件の脳振盪が発生し，女子エリート選手は，1,000PHあたり13件，試合に換算すると，平均2試合に1件の脳振盪が発生していたと報告されており，男女で発生率に大きな差

はないことがわかる。

また，WRでは，2015年から2022年シーズンのコミュニティ選手の外傷調査報告をまとめている（WR, 2022b）。ここでのコミュニティ選手とは，プロレベル，代表レベルを除いた社会人，大学生，高校生，中学生選手を指す。この報告では女子選手が18歳以下からのデータであるため，男子選手も18歳以下からのデータを紹介する。18歳以下の男子選手は，1,000PHあたり4件，試合に換算すると，平均6.9試合に1件の脳振盪が発生し，18歳以下の女子選手は，1,000PHあたり8件，試合に換算すると，平均3.5件に1件の脳振盪が発生していた。さらに，男子成人選手は，1,000PHあたり4件，試合に換算すると，平均6.1試合に1件の脳振盪が発生し，女子成人選手は，1,000PHあたり6件，試合に換算すると，平均4.5試合に1件の脳振盪が発生していた。男女で発生率に統計的に有意な差はなかった。

脳振盪について，疫学調査から発生率以外にも様々な情報が明らかとなっている。ウェールズの男子プロ選手を対象とした研究では，所属クラブと国別代表の試合を1シーズンに25試合以上経験すると，脳振盪発生リスクが増加することが報告されている（Rafferty et al., 2019）。競技レベルによって，試合での強度は大きな差があることは容易に想像ができ，外傷発生状況も異なるが，選手の試合出場数や個々の出場時間には留意が必要だろう。

◎脳振盪後の外傷発生リスク

脳振盪を経験すると，その後に外傷を発生するリスクが26%増加し，部位別にみると，頭頸部の外傷発生は47%，骨盤部の外傷発生は132%リスクが増加することが明らかとなっている（Moore et al., 2023）。加えて，脳振盪受傷後，別の外傷を発生するまでの日数は，脳振盪以外の外

傷と比べて，統計的に有意に短いことも明らかとなっている（Moore et al., 2023）。脳振盪後は，症状が消失するまで安静にすることが推奨されており，安静期間が長くなると，その後の段階的競技復帰プロトコルに沿ったリハビリテーションだけでは，バランス能力，筋力，有酸素能力といった選手のフィジカル要素が脳振盪発生前の状態に戻っていないことが，上述の脳振盪発生後のリスク増加につながっていると考えられている。脳振盪後のリハビリテーションについては，絶えず議論が行われており，メディカルスタッフだけでなく，選手やコーチングスタッフも最新の情報を取得することが重要である。

◎頸部外傷

イングランドラグビー協会の外傷調査報告では，男女ともに脳振盪を含む頭部外傷と比べると，頸部外傷の発生率は低いことが明らかとなっている（Kemp, West, et al., 2020; Kemp, Wojek, et al., 2020）。一方で，イングランドの男子プロ選手を対象とした研究では，初回の受傷から2カ月以内に復帰した場合，頸椎筋肉離れ，頸部神経根損傷は再受傷しやすかったと報告されている（S. Williams et al., 2017）。

脳振盪，頸部外傷ともに，一度受傷すると，その他の外傷や同部位の外傷を受傷するリスクが高まるため，初回の外傷発生を予防することは重要な課題となる。

2. 頭頸部外傷の発生場面

それでは，次に，頭頸部外傷がラグビーのどのような場面で多く発生するのかを解説する。

まず，脳振盪を含む頭部外傷は，男女，競技カテゴリー問わず，タックル局面で多く発生する（Kemp, Faull-Brown, et al., 2020; Kemp, West, et al., 2020; West et al., 2022）。タックラーとボールキャリアーのどちらに多いかは，その年によっても異なるが，概ね50％前後を推移していた（Kemp, West, et al., 2020; West et al., 2022）。頸部外傷について，女子選手のデータは渉猟する限

り見当たらず，男子選手に限れば，頭部外傷と同様に，タックル場面で多く，とくにタックラーに多いことがわかっている（鈴木ほか，2020）。

ラグビーにおける頭頸部外傷は，上述の通り，タックル局面に多いことが明らかとなっており，これまで，タックル局面に着目して，頭頸部外傷の映像分析が盛んに行われている。様々なカテゴリーで映像分析が行われており，頭頸部外傷の発生には，「タックルの方向に対して，適切な位置にタックラーの頭があるか」が共通した特徴であることが明らかとなっている（鈴木ほか，2020）。そのなかでも，タックラーの頭が，ボールキャリ

a 逆ヘッドタックル

b 側方からのタックル

灰色がタックラー，白色がボールキャリアー

図7-9●タックラーの頭部が衝突するタックルの例

アーの進行方向にあるタックル（本邦では逆ヘッドタックルと呼ばれる。図7-9a）は，危険であることは広く知られている。この逆ヘッドタックルを含むタックラーの頭部が最初に衝突するタックル（図7-9）には，タックルが発生するまでのアプローチの局面が重要になることが最近の研究で明らかになっている（Suzuki et al., 2021）。

とくに，①ボールキャリアーがサイドステップなどでタックルを避けようとした際に，タックラーの視線が地面に向いているときに，頭部が最初に衝突するタックルになる頻度が高く，②ボールキャリアーがコンタクト発生前に，直線的な動きをしている場合，タックラーはスピードを調整することが必要であることも明らかとなっている（Suzuki et al., 2021）。これらのことからも，選手個人のタックル技術とともに，正しい姿勢を保つための柔軟性や筋力，アジリティ能力といったフィジカル面も頭頸部外傷の発生に重要な関連があると考えられる。そのため，頭頸部外傷の予防には，メディカルスタッフやコーチングスタッフだけでなく，ストレングス＆コンディショニングコーチの貢献も，今後は求められていくだろう。

女子選手の研究については，男子と比べると，数が少ないのが現状である。そのなかでも，頭部衝突シーンの特徴と頸部筋力について，男女大学選手を対象に研究が実施されている（E. Williams et al., 2022）。その結果，男女で頭部衝突シーンに違いがみられ，女子選手では頭部がグラウンドと直接衝突するシーンが38.5%で，男子選手（9.7%）と比べて多かった。また，選手がコントロールできていない状態でのむち打ちが，女子選手では頭部衝突シーンの半分でみられ，そのうち80%が頭部とグラウンドの衝突で，男子選手では1件のみであった。加えて，前後屈，左右側屈の頸部筋力は，男子選手と比べて，女子選手が43〜50%ほど統計的に有意に低かった。これまで，ラグビーの頭頸部外傷のメカニズムを調査した研究は，男子を対象としたものがほとんどであり，女子ラグビー選手では頭部衝突シーンが異なることが明らかとなった。頸部筋力といった頸部の特

性にも性差があるため，今後は女子選手を対象とした研究が増えることで，エビデンスにもとづいた女子選手特有のトレーニング方法が立案されることが期待される。

3. 頭頸部外傷予防の実際と今後の展望

(1) ルールによる予防

これまで，頭頸部外傷の予防を目的として，ルール変更による予防効果が検証されている。12歳以上のニュージーランドの選手を対象に，2007年に導入されたスクラムに関する新ルールの重症外傷予防効果が検証されている。この新ルールの目的は，相手プロップの肩をタッチすることを義務化することにより，プロップ間の距離が短くなり，スクラムの崩れなどを減らすことにある。この新しいスクラムのルールについて，1時間の映像を選手に見せることを推奨し，その結果，導入初年度の重症頸部外傷と腰部外傷の事故報告件数が減少していたことが明らかとなっている（Gianotti et al., 2008）。

また，RWC 2019日本大会で導入されたタックルの高さに関するルール変更について，RWC，イングランドのプロリーグ，南アフリカの大学リーグにおける脳振盪の発生予防効果が検証されている（Raftery et al., 2020; Stokes et al., 2021; van Tonder et al., 2023）。ここでのルール変更とは，従来，危険なタックル（ハイタックル）は，肩の線よりも上へのタックルであったが，脇の線よりも上へのタックルをハイタックルとして扱うようにしたことである。RWCと大学リーグでは，脳振盪の発生率は減少がみられたが（Rafferty et al., 2020; van Tonder et al., 2023），プロリーグでは発生率の減少はみられなかった（Stokes et al., 2021）。しかし，プロリーグでは，ボールキャリアー，タックラーともに直立に近い姿勢でのコンタクト，タックラーが腰の高さに近い高さまで自身の身体を折りたたんだ状態でのタックル，ボールキャリアーの脇のラインよりも上の位置へのタックル

（ハイタックル）や膝から股関節の間へのタックルが有意に減少していた（Stokes et al., 2021）。これらのタックルは，これまでの映像分析の結果，脳振盪や"Head Injury Assessment（HIA：頭部外傷評価）"の対象となりやすいと考えられているタックルで，そのようなタックルをルール変更により減らすことができたことが示されている。以上のことから，ルール変更による頭頸部外傷の予防効果は一定の効果が期待されるところである。

　2023年3月にWRから出たニュースによると，WRの執行委員会は，各加盟協会に対して，コミュニティレベルやユースレベルにおいて，ハイタックルの高さを胸骨のラインまで下げる試験的ルールの導入を推奨したと報じている（WR, 2023）。日本では同年9月1日からこの試験的ルールが導入されている。今後も科学的なエビデンスをもとにルール変更がなされていくだろう。そのため，日々新しい情報に適応していくことが求められる。

（2）頭頸部外傷予防の考え方

　イングランドラグビー協会は，外傷予防プログラムとして，"Activate"を発表している。Activateは，トレーニングや試合前のセッションに組み込むことができ，選手が試合で求められる身体的な要求に対応できるよう，機能的な動き，体幹の強さ，バランス，敏捷性を向上させるようなエクササイズで構成されている。Activateは，年齢別に提供されているため，各年代に合わせたツールを選ぶことができる。このActivateの導入効果が検証され，その結果，29〜60%の脳振盪予防効果がみられたと報告されている（Attwood et al., 2018; Hislop et al., 2017）。

　前項で述べた通り，男女で頭部衝突シーンや頸部筋力には違いがみられる（E. Williams et al., 2022）。頭部衝突シーンの違いや選手がコントロールできていない状態でのむち打ちの発生頻度の違いには，女性の頸椎が解剖学的構造の違いによって，椎間関節の結合安定性が損なわれており，慣性負荷に耐える能力が低いことに起因すると考えられている。加えて，女子選手は男子選手と比べ

て，頸部筋力が半分程度であったことも挙げられる（E. Williams et al., 2022）。

　そのため，頸部筋力トレーニングは，脳振盪を含む頭頸部外傷の予防トレーニングとして重要である。近年では，トレーナー主導で週3回，自身で15秒負荷をかける頸部の等尺性筋収縮（前後屈，左右側屈の4方向）によるトレーニングを8週間継続した結果，4方向の頸部筋力が向上したことが報告されている（Attwood et al., 2022）。チームの選手数や競技レベル，これまでのトレーニング経験などを考慮して，頸部筋力の向上に対する取り組みを継続していくことが重要である。

（3）タックルでの頭頸部外傷予防

　2022年にWRから"Tackle Ready"という新しい外傷予防プログラムが公表された。Tackle Readyは，安全で効果的なタックルとは何かをより深く理解してもらうことをねらいとし，5つのキーエリア（追跡：Tracking，備え：Preparation，接触：Connection，加速：Acceleration，タックル成立：Finish）が明示されており，それぞれのキーエリアでのトレーニング方法も示されている。加えて，コンタクトプレーの準備としてのアクティビティも紹介されている。Tackle Readyはあらゆる年齢・競技レベルの選手に適しているとされており，今後，競技現場で積極的に活用されることが期待される。

　本節2項でも述べた通り，頭頸部外傷の発生につながりやすい逆ヘッドタックルを含む，タックラーの頭部が最初に衝突するタックルには，タックルが発生するまでのアプローチの局面が重要な関連を持つことが明らかになっている。これまでコンタクトの瞬間の技術発揮に焦点が当たることが多かったが，いいタックルをするためには，いいアプローチが必要であると考えられる。いいアプローチをするためには，正しい姿勢を保つための柔軟性や筋力，アジリティ能力といったフィジカル面も重要である。今後は，選手のタックル技術向上だけでなく，フィジカル面の向上にも焦点を当てることが，タックルでの頭頸部外傷予防に

貢献すると期待される。

　選手のタックル技術改善に向けて，映像を用いたフィードバックが効果的であることが報告されている（Davidow et al., 2023）。タックル技術の改善について，映像を用いないでコーチによる指導のみであっても，利き肩でのタックルでは統計的に有意な効果がみられたが，非利き肩では大きな改善はみられなかった。一方で，映像を用いたフィードバックを行うことで，利き肩，非利き肩のどちらでも統計的に有意な改善効果がみられ，また，映像を用いたフィードバックがあった1週間後においても，その効果が持続していた（Davidow et al., 2023）。この研究は，平均年齢27歳で，ラグビー経験が平均16年間のコミュニティレベルで，そのなかでも最もレベルの高いリーグに所属している選手を対象としていた。既に技術的には高いレベルにあることが予想されるが，映像を用いたフィードバックはタックル技術の改善効果が高いことが示されている。そのため，初心者やタックルへの苦手意識が強い選手には，映像を用いたフィードバックに効果が期待できる。

◎タックルトレーニングでの注意点

　安全で効果的なタックル技術が獲得できているかについて，試合に近い強度でのタックルトレーニングで確認を行うことは重要である。試合に近い強度でのタックルトレーニングを行う上で，選手間の体重差，スピードは注意すべきである。タックル場面のシミュレーション研究で，タックラーとボールキャリアーの体重とスピードを変化させていったところ，タックラーかボールキャリアーにかかわらず，体重がより軽い選手は，頭部への加速度や頸部への衝撃が大きくなることが明らかとなっている（Tierney and Tucker, 2022）。加えて，ボールキャリアーとタックラーの両方が速いスピードでコンタクトすることで，頭部への加速度や頸部への衝撃が大きくなっていた（Tierney and Tucker, 2022）。このことから，既に様々な競技現場で体格差を考慮したタックルトレーニングが行われているが，今後は選手がコンタクトに入るスピードも考慮しながら，段階的に強度を上げていくことが必要だろう。

　また，近年，タックルトレーニングの際，陸上競技の走り高跳びなどで使われるような厚いマットを活用するチームも増えている。ボールキャリアーの選手にかかる負荷を考えると重要なツールである一方で，マットの大きさには注意を向ける必要がある。コンタクト時には選手が想像するよりも大きな衝撃が加わり，ボールキャリアーがマットの外で頭部がグラウンドと衝突したという事案もみられるようである。また，マットで衝撃が吸収されることで，ボールキャリアーが受け身を怠ることも考えられる。タックルで起こる脳振盪では，タックラーに注目が集まっているが，ボールキャリアーの脳振盪も少なくはない。ボールキャリアーが安全に倒れる方法を習得することもトレーニングから取り入れていくことが必要である。

　本節では，ラグビーにおける頭頸部外傷の発生状況，発生場面に加えて，これまで行われてきた頭頸部外傷予防の実際と今後の展望について，これまでの研究成果をもとに解説した。ルール変更や外傷予防プログラムの導入により，頭頸部外傷の予防効果が期待されることがわかっている。一方で，頭頸部外傷の主要な発生プレーであるタックルについては，未だに明確なコーチングによる予防方法は確立されていない。選手のタックル技術の改善に加え，正しい姿勢を保つための柔軟性や筋力，アジリティ能力といったフィジカル面の改善も重要であると考えられる。

（鈴木啓太）

第3節 ラグビーにおけるアンチ・ドーピング活動

1. スポーツ界がドーピングを禁止している理由

(1)ドーピングはスポーツの価値を損なう

　「ドーピング」の解釈として、「競技能力を増幅させる可能性がある物質や方法を不正にかつ意図的に使用すること」と認識されていることが多い。これは誤りではないが、禁止物質や禁止方法の使用は意図的か否かにかかわらず「ドーピング」であることはあまり認識されていない。「ドーピング」とは何かを考える際に、「競技力を高めるために禁止物質や禁止方法を使用したり、それらの使用を企てたり隠したりする行為」を行うことによって、「スポーツの価値」が壊されてしまうと想像することが大切である。選手各人が持つ様々な「スポーツの価値」、そしてクリーンなスポーツの環境をイメージさせながら、ドーピングを防止する意義を理解させていくことが重要である。

　「アンチ・ドーピング活動」はスポーツ界からドーピングをなくす活動であり、選手やサポートスタッフなどのスポーツにかかわる者に対してドーピングをしない教育や啓発を行うことが最も重要である。ドーピング検査のための知識習得だけではドーピングはなくならない。スポーツにかかわる者はスポーツの価値を守る意義と必要な最新のアンチ・ドーピングの知識とを学び、選手が自らのクリーンさを体現し発信していける環境をつくることが求められている。

(2)ラグビーにおけるスポーツの価値の発信

　WRの「ラグビー憲章」では、ラグビーの持つ5つのコアバリューとして「品位・情熱・結束・規律・尊重」を示している。これらは、ラグビーにかかわるすべての人々が共有すべき価値観であり、とくに「品位」はアンチ・ドーピングに通ずる価値観である。社会的に問題となるような行動をとらない、フェアプレーの精神を持つ、私利私欲に走らない、誠実さを持つ、といった点は、ラグビーにおいてアンチ・ドーピングを推進する拠り所となる。WRでは、"Keep Rugby Clean"をスローガンとして、クリーンスポーツの精神を養うことを目的にアンチ・ドーピング活動を積極的に行っている。

2. アンチ・ドーピング規則

(1)世界アンチ・ドーピング規程

　アンチ・ドーピングのルールは、一部のプロスポーツを除いて全世界・全スポーツ共通である。その共通のルールは、世界アンチ・ドーピング機構（World Anti-Doping Agency：WADA）のもとに策定された「世界アンチ・ドーピング規程」である。WRは世界アンチ・ドーピング規程に署名しており、それにもとづいてラグビーのアンチ・ドーピング活動が行われている。また、世界アンチ・ドーピング規程に署名して国内でのアンチ・ドーピング活動を行う組織としては、日本アンチ・ドーピング機構(Japan Anti-Doping Agency：JADA）がある。国代表レベルの選手にはWRの"Regulation"、国内レベルの選手にはJADAの策定した「日本アンチ・ドーピング規程」が適用されるが、ともに世界アンチ・ドーピング規程に準拠しており、基本的事項は共通である。

(2)世界アンチ・ドーピング規程の構成

　世界アンチ・ドーピング規程は規程本体（Level 1）のもとに、Level 2としてより具体的なルールである国際基準が8つ作成されている（**表7-3**）。

表7-3 ● アンチ・ドーピング規則の構成（2023年1月現在）

○ Level 1：The Code
　世界アンチ・ドーピング規程（本体）
○ Level 2：International Standards and Technical Documents
　—国際基準
　　・禁止表国際基準
　　・検査及びドーピング調査に関する国際基準
　　・治療使用特例に関する国際基準
　　・プライバシー及び個人情報の保護に関する国際基準
　　・結果管理に関する国際基準
　　・教育に関する国際基準
　　・署名当事者の規程遵守に関する国際基準
　　・分析機関に関する国際基準
　—テクニカルドキュメント　　技術的な文書
○ Level 3：Models of Best Practice and Guidelines
　推奨される文書，参照する文書

注）Level 1とLevel 2は義務であり，違反すると制裁が科される。Level 3は義務ではなく，参照する文書。

Level 1とLevel 2は，スポーツに関係する者が守らなければならない世界共通のアンチ・ドーピング規則であり，違反すると制裁が科される。

(3) アンチ・ドーピング規則違反の種類

　ドーピング検査で禁止物質がみつかることだけがアンチ・ドーピング規則違反ではない。2021年の世界アンチ・ドーピング規程ではアンチ・ドーピング規則違反として11項目を挙げており，ドーピング検査で禁止物質が検出されること以外に，禁止物質や禁止方法の使用の証明，ドーピング検査拒否，居場所情報（競技レベルの高い選手に提出が義務づけられる自分のスケジュール情報）関連義務違反，ドーピング検査妨害，禁止物質・禁止方法の保有や不法取引，共犯関係のスタッフの行為，ドーピングに関する通報の妨害などがドーピングに該当する。

(4) アンチ・ドーピング規則違反に対する制裁

　制裁については，競技会検査での違反はその競技会の個人成績の失効と資格停止，競技会外検査では資格停止である。資格停止期間はアンチ・ドーピング規則違反の種類によって異なり，禁止物質が検査で検出された場合は1回目の違反で原則と

して4年間の資格停止となる。世界アンチ・ドーピング規程では，チームに対する制裁は1つの競技大会で同一チームから2人以上の違反者が出た場合はそのチームに対する追加の検査を実施し，3人以上の違反者が出た場合はチームの成績に対する制裁措置を行うことになっている。

(5) ドーピング検査

　ドーピング検査とその後のプロセス全体を「ドーピング・コントロール」という。ドーピング検査には，競技会検査と競技会外検査とがある。競技会検査は競技会（時）に実施される検査で，「競技会」は1つの試合やレースを指している。競技会外検査は，競技会検査実施期間以外に実施される検査で，練習場所や宿泊場所に検査員が出向いて予告なしに実施される。競技会検査の対象者は，15人制ラグビーでは当該試合の各チームから2人ずつ選出されることが多い。競技会外検査は，WRあるいはJADAが指定したチームが提出しているチーム居場所情報をもとに事前通知なしに実施される。

　実際のドーピング検査の手順は，JADAのウェブサイトの「アスリート＆競技団体の方へ」に詳細が解説されている。検査では，尿，血液，あるいはその両方を検体として提出する。1つの検体はAボトルとBボトルの2本に分注されて封印される。封印された検体はWADA認定分析機関に搬送され，まずAボトルが分析され，禁止物質が検出された場合は，その選手に「治療使用特例（Therapeutic Use Exemptions：TUE，後述）」が付与されていないことが結果管理機関で確認され，選手に分析結果が通知される。選手はB検体の分析を要求する権利がある。B検体の分析を要求しなかった場合やB検体の分析結果がA検体の結果と同じであった場合は，聴聞会が開かれてアンチ・ドーピング規則違反の有無と制裁が決定される。

(6) 禁止物質と禁止方法

　ドーピング禁止物質と禁止方法は世界アンチ・

ドーピング規程Level 2の禁止表国際基準（以下，禁止表）に掲載されている。禁止表は毎年改訂され，その年の1月1日から12月31日までが有効なので，参照する必要がある場合は該当年の禁止表を見なければならない。

3. 日本ラグビーフットボール協会におけるアンチ・ドーピング活動

日本ラグビー協会の日本ラグビーデジタルミュージアム（オンライン）によれば，日本ラグビー協会は第1回RWCの前年1986年に日本代表選手を対象に競技会外検査を実施し，以後アンチ・ドーピング担当部門，メディカル・コミッティや三地域協会の医務委員会を中心に，国際試合はもとより国内主要試合を中心にドーピング検査や啓蒙活動を推進してきた。

現在，日本ラグビー協会には，アンチ・ドーピング活動に関する専門委員会として，アンチ・ドーピング委員会が設置されており，26名の委員（うち7名は公認スポーツファーマシスト）で事業活動を推進している（2023年4月現在）。主な事業活動としては，ドーピング検査への協力とアンチ・ドーピング教育啓発である。

公認スポーツファーマシストは，最新のアンチ・ドーピング規則に関する知識を有する薬剤師であり，薬剤師の資格を有する者が，JADAが定める所定の課程（アンチ・ドーピングに関する内容）終了後に認定される。公認スポーツファーマシストは，アンチ・ドーピング規則を把握した薬剤師であり，選手やコーチがアンチ・ドーピングの観点から医薬品について助言を得る上で有用な専門家である。公認スポーツファーマシストのウェブサイトでは，身近にいる公認スポーツファーマシストを検索することができる。

4. 国内のドーピング検査

現在の国内のドーピング検査は，日本スポーツフェアネス推進機構（J-Fairness）のアンチ・ドーピング体制審議委員会が基本方針を決定し，JADAが検査計画を立案し実施している。日本ラグビー協会は，円滑な検査実施に協力している。国内の全競技のドーピング検査は2005年度以降年々検査数が増加して，近年は年間6,000件程度実施され，ラグビーでは年間300件程度行われている。従来は尿検体の競技会検査が主に行われてきたが，血液検体の検査や競技会外検査が増加する傾向にある。

5. ラグビーのアンチ・ドーピング規則違反の状況

WADAの"2019 Anti-Doping Rule Violations Report"によれば，アンチ・ドーピング規則違反を競技別に比較すると，2019年の全世界におけるラグビーの違反数は72件となっており，競技別で7番目，チームスポーツでは2番目に多い数字となっている。このことから，ラグビーは全世界においてアンチ・ドーピング規則違反の多いハイリスク競技であると考えられている。しかし，国内でのラグビーにおけるアンチ・ドーピング規則違反は多くはない。2000年に第1例の違反例があり，2009年，2011年，2015年，2021年に1例ずつ確認されており，合計5例の違反である（2023年5月現在）。

2011年の違反例は，意図的なドーピングではなくアンチ・ドーピング知識の不足による違反であり，また，検査の直前まで大学生であったことから，大学生に対するアンチ・ドーピング教育を強化する必要があると判断し，2012年度からは，ドーピング検査（競技会検査）実施対象に大学チーム（関東大学対抗戦A・リーグ戦1部，関西大学Aリーグ，九州学生リーグI部）が加わった。2021年の違反事例の原因は国内製造のサプリメントの汚染物質による違反であった。

6. 教育・啓発活動

アンチ・ドーピング規則違反を出さないためには，繰り返しのアンチ・ドーピングに関する教育・啓発活動が必要である。競技団体ができる活動と

して，フェイス・トゥ・フェイス（Face to Face）による研修会の開催やJADAが提供する教育用マテリアルの配布，あるいはe-Learningの受講勧奨などが挙げられるが，日本ラグビー協会においては競技年齢カテゴリーに応じてふさわしいコンテンツ提供を行っている。

2021年世界アンチ・ドーピング規程の第18条と「教育に関する国際基準（International Standard for Education：ISE）」にもとづき，日本代表チームについてはWRが教育プログラムを策定している。

上述の2011年の大学卒業直後の違反事例の発生を受けて，2012年より全国（関東・関西・九州の上位リーグ）のチームを対象として研修会を行い，2013年からは関東大学対抗戦A 8校・リーグ戦1部8校，関西大学Aリーグ8校，九州学生リーグⅠ部上位4校の選手とチームスタッフ（合計約3,000人/年）に対してチーム研修会の1回/年開催を義務化して実施してきた（2020年から九州学生リーグは対象校を拡大し，2020〜2022年は8校，2023年はリーグAの6校）。また，教育・啓発活動として，「アウトリーチプログラム」を全国中学生大会および全国高等学校大会で実施してきた。アウトリーチプログラムとは，ブースを設置してアンチ・ドーピングに関するクイズの実施，パンフレットやノベルティの配布をすることで，ドーピング検査の対象とならない選手層，スタッフ，保護者や一般観戦者へ幅広くアンチ・ドーピングの認知度を高める効果がある。

7. 注意が必要な医薬品とサプリメント

風邪薬，花粉症の薬，喘息の薬は禁止物質を含む場合が多いので注意が必要である。漢方薬やサプリメントにも禁止物質を含むものがある。インターネットでは禁止物質を含むサプリメントや禁止物質を含む医薬品が簡単に購入できるため，禁止物質を含むことを知らずに使用してアンチ・ドーピング規則違反となる例が出ている。サプリメントや医薬品をインターネットで購入し，十分

な確認もせずに使用することは，選手にとって危険な行為であることを認識する必要がある。医薬品やサプリメントは公認スポーツファーマシストに相談して使用することが勧められる。医薬品が禁止物質に該当するか否かを検索できるウェブサイト（Global DRO，オンライン）もあるが，正確に薬品名を入力しないと誤った結果になるので，薬剤に関する基礎知識のある者が使用するほうがよい。

また，サプリメントは「食品」のため，全成分の表示義務はなく，成分表やラベルに記載のない物質が含まれている可能性がある。サプリメント服用が違反につながる潜在的なリスクとなることを留意すべきである。

8. 医師の治療を受けるとき

選手は，「自分は選手なので，禁止物質や禁止方法は可能な限り使用しないでほしい」と医師に伝えなければならない。禁止物質や禁止方法を使わなければ病気の治療ができない場合は，「治療使用特例（TUE）」を申請して使用許可を受けることができる。ただし，その病気が禁止物質や禁止方法の代わりに禁止されていない薬物や方法でも治療できる場合は許可されない。治療目的であっても，TUEを取得しないで禁止物質や禁止方法を使用すると違反になることに注意する。詳細は，JADAのウェブサイトの「医療関係の方へ」に解説されているので，治療にあたる医師にも確認してもらうようにする。

9. 指導者に求められること

選手の健康とスポーツ（ラグビー）の価値を守るため，指導者はアンチ・ドーピングのルールを正しく理解し，最新の情報収集に努め，選手が適切に判断できるよう適切なアドバイスが求められる。

（赤間高雄，宮川崇顕，関水康成）

第4節 国際統括団体ワールドラグビーの安全対策

WRはプレーヤーウエルフェアを重視し，様々な安全対策を打ち出してきた。2011年から2016年においては頸髄損傷や頭部外傷を含めた外傷や疾病に対する適切なマネジメントが主だったが，2017年からは外傷や疾病への予防に主眼が置かれるようになった。2022年1月にはWR会長であるビル・ボーモント（Bill Beaumont）により，ラグビーがプレーヤーウエルフェアにおいて最も先進的なスポーツであることを確固たるものにするために新たな安全対策計画が発表された（WR, 2022c）。

WRが普及する安全対策は，大学などの研究機関と連携し，エビデンスにもとづく医療（Evidence-Based Medicine）によるアプローチが行われており，いくつかの競技規則の変更にかかわっている。

本節では，WRの安全対策について歴史的な経過を踏まえて今後の方針について解説する。

1. 外傷マネジメントによる安全対策

(1)応急処置コースの普及

2011年にIRBより医療資格のないコーチや保護者などを対象とした，負傷した選手への初期対応に関するコース"First Aid in Rugby：FAIR"がリリースされた（WR, 2021a）。また，翌年の2012年には医療従事者向けの"Immediate Care in Rugby：ICIR"がリリースされた（WR, 2021b）。

ICIRはスポーツに特化した救命救急コースであり，外傷対応だけではなく，心肺停止，喘息やアナフィラキシー，痙攣発作，低血糖，熱中症や低体温症などの内科的疾患の初期対応も含まれている。ICIRについては，2015年のイングランドで開催されたRWC以後，WRが承認したエリートラグビーにおいては，試合中のフィールド上のメディカルスタッフはICIR（またはそれと同等と認められるもの）の修了が必須となった。

FAIRは前述の通り，医療資格のないコーチや保護者，選手に向けた講習会であり，医療従事者が足りない国々においてはFAIRでトレーニングされた人が多い。WRはそのような事情も考慮して，最低限FAIRの修了者を配置することを世界的な努力目標としている。

(2)脳振盪に対する教育とマネジメントの普及

WRは先進的に脳振盪のマネジメントに取り組んでおり，とくに教育に重きを置いている。その教育対象はメディカルスタッフだけではなく，コーチや選手も含まれる。WRはオンライン教育システム（e-Learning）を活用し，脳振盪の理解の共有に努めている。プロ選手や世界ランキング上位国の代表選手が所属するエリートラグビーのコーチや選手は，このe-Learningの受講はもちろんであるが，メディカルスタッフからの教育を受けることも義務化されている。

脳振盪のe-Learningは，カテゴリー別に分けられており，コーチングスタッフや選手も受講するベーシックな"Concussion Management for the General Public"（WR, 2021d）から始まり，"Concussion Management for Doctors and Health Care Professionals"（WR, 2021e），"Concussion Management for Match Day Medical Staff using the HIA Protocol"（WR, 2022d）と，段階的レベルに設定がされている。

WRは，脳振盪のマネジメントを2つのカテゴリーに分けている。世界ランキング上位国の15人制テストマッチやプロ選手が所属するトップレベルのリーグ，そしてオリンピックの7人制ラグビーと7人制ワールドシリーズを「エリートラグ

ビー」と呼び，エリートラグビー以外のレベルを「コミュニティラグビー」と呼んでいる。エリートラグビーでは"Head Injury Assessment：HIA"が脳振盪の管理として用いられており，コミュニティラグビーにおいては"Recognize & Remove：R&R"が用いられている。

①エリートラグビーにおける脳振盪マネジメント

エリートラグビーにおける脳振盪のマネジメントは2012年の"Pitch Side Concussion Assessment"から始まり，その後2013年からスーパーラグビーなどの一部の試合に試験的に導入され，その後，改良が加えられて，2015年の南アフリカで開催されたRWCにおいて現在のHIAが導入された（WR, 2017b）。

HIAは，フィールドでの評価から始まり，試合終了後48時間までにおいて脳振盪を診断するものである。つまり，フィールドだけではなく遅発性の症状や兆候も注意深く観察している。HIAは以下のように大きく3つの段階に分かれている。

▶ HIA 1：ピッチサイドでの評価
▶ HIA 2：試合終了から3時間以内の評価
▶ HIA 3：試合終了36〜48時間後の評価

◎ HIA 1について

HIA 1はピッチサイドにて試合中に行われる評価で，"Criteria 1"と"Criteria 2"の2つのカテゴリーに分けられている。この評価はチームドクターとその試合のマッチドクターが行うことができる。脳振盪の症状と兆候が1つでも認められた場合はCriteria 1としてマッチドクターとチームドクターが協議し，選手を即時退場させることになっている。

この判定は，ピッチサイドに準備された4方向以上の多視点カメラの映像も加えて判断される。

また脳振盪の症状や兆候が疑われるCriteria 2の場合は，脳振盪の疑いのある選手を一時退場させ，HIAルームという部屋にて評価を12分間で行う。この評価には，シーズン前に"Sports Concussion Assessment Tool 5：SCAT 5"（2023年以後はSCAT 6）をもとにした認知機能・バランス機能・自覚症状を評価したベースラインが必要である（Echemendia et al., 2017a, b）。

このベースラインの評価のうち，決められた項目を12分間で評価し，ベースラインと比較して，異常があった場合はその試合から退場となる。このCriteria 2における評価が12分間行われている間，交替選手を入れることができる。ベースラインと比較した結果，問題がない場合は，評価を受けた選手は12分後に再びプレーに戻ることができる。

HIA 1でCriteria 1の場合は，その選手は脳振盪と診断される。Criteria 2の場合は，評価結果が異常であっても正常であっても脳振盪の疑いのままであり，確定診断にまでは至らない。

◎ HIA 2について

HIA 1 Criteria 1で退場になった選手とHIA 1 Criteria 2の対象となった選手に行うものである。HIA 2は試合終了から3時間以内に評価しなければならない。この評価もSCAT 5をもとにしており，前述のベースラインと比較して異常があった場合は脳振盪と診断される。

HIA 2の結果が正常の場合でも，HIA 1 Criteria 1の選手は脳振盪であり，HIA 1 Criteria 2の選手はHIA 3の結果が出るまでは脳振盪の疑いのままである。

◎ HIA 3について

HIA 2を行った選手に行うものである。HIA 3は試合終了36〜48時間後に評価を行うことが求められている。HIA 3はSCAT 5とコンピュータによる認知機能ソフトやその他の評価ツールを用いて多角的に評価を行い，前述のベースラインと比較して異常があれば脳振盪と診断される。

HIA 3が正常であってもHIA 1 Criteria 1であれば，その選手は脳振盪と診断される。HIA 1がCriteria 2であり，HIA 2の結果が異常であれば脳振盪となる。またHIA 1がCriteria 2で，HIA 2が正常でもHIA 3が異常であれば脳振盪と診断される。HIA 1がCiteria 2で，HIA 2とHIA 3がベースラインと比較して正常であれば，ラグビーにおいてはその選手は脳振盪ではないと診断される。

②エリートラグビーにおける脳振盪からの競技復帰について

脳振盪の対応には多角的な評価が必要であり，SCAT 5に加え，認知機能の検査，心理学的評価と眼・前庭機能の評価なども併せて行う必要がある（山田ほか，2019）。また，脳振盪の既往症についても考慮する必要がある。

2022年7月1日よりWRは，医務委員会内の脳振盪ワーキンググループと連携して，エリートラグビーの選手が脳振盪を受傷した後の復帰に関するプロトコルを改訂した。具体的な改訂内容はチームドクターが受傷選手のHIA 3を行った後，WRが定義した既往症（表7-4）の有無により個別の段階的競技復帰（Graduated Return to Play：GRTP）が決定されるといったものである（WR，2022e）。

HIA 3後に前述の既往症に該当する選手は慎重な対応が求められるため，72時間第1b段階（表7-5）に留まり，その後，段階的競技復帰を進めていき，独立脳振盪コンサルタント（Independent Concussion Consultant：ICC）の診察を必要に応じて受診して，最短で12日目で試合復帰できるようになり，その前の最大2日間，ラグビーに復帰できる状態（Return to Play）になる。

HIA 1がCriteria 1で脳振盪と診断された選手で既往のない場合も慎重に対応する必要があるので，HIA 3後72時間第1b段階に留まり，その後，段階的競技復帰を進めていき，12日目で試合復帰できる。このときもその前の最大2日間，ラグビーに復帰できる状態になる。HIA 1がCriteria 2で脳振盪の既往がなく，HIA 3に異常があった選手も同じように試合復帰する。

HIA 1がCriteria 2で脳振盪の既往がなく，HIA 3も異常がない選手はHIA 3後に第1b段階を開始することができるため，ICCのオンライン診察を受ければ7日目に試合復帰となる。

③コミュニティラグビーにおける脳振盪マネジメント

コミュニティラグビーでの脳振盪の対応はR＆Rを適応している。R＆Rとは「プレー中に脳振盪または脳振盪が疑われる選手が認められた場合，その選手は退場となり，その試合には戻れない」といったものである（WR，2021c, d, e）。脳振盪の判定には，脳振盪の症状や兆候が目視で認められた場合に適応となる。また，それらの症状や兆候に近い状態が認められた際には，脳振盪の疑いがあると判断され，R＆Rが適応されて退場とな

表7-4 ●ワールドラグビーの脳振盪既往症の定義

①直近3カ月間に脳振盪を起こしている。
②過去12カ月間に3回以上脳振盪を起こしている。
③ラグビーのキャリアで5回以上脳振盪を起こしている。
④衝撃軽減閾値が指摘されていた。
⑤心理的な問題を合併した脳振盪の既往がある。
⑥回復が長引いた（21日以上）脳振盪の既往がある。

表7-5 ●エリートラグビーの段階的競技復帰プログラム（World Rugby, 2021c）

段階	リハビリステージ	してもよい運動
1a	初期安静	症状が悪化しない程度の日常生活。激しい運動は避ける。相対的な認知的休息，症状が改善または消失し続けることを確認する。症状が消失していなければ第2段階に進むことはできない。
1b	症状に応じた活動	症状を誘発させない日常生活の活動など。仕事や勉強を休んだり，調整したりすることを考慮する。
2	軽い有酸素運動	10～15分程度の軽いジョギング，低～中強度の水泳，エアロバイクなど。レジスタンストレーニングは行わない。24時間，無症状の状態であること。
3	ラグビーに特化した運動	ランニングドリル。頭部に衝撃を与える行為は禁止。
4	ノンコンタクト	より複雑なトレーニングドリル（例：パスドリル）へ移行。漸進的レジスタンストレーニングを開始。
5	フルコンタクト	メディカルクリアランスを受けた後，通常のトレーニング活動に参加する。
6	競技復帰	選手は通常の活動に戻る。

る。テレビモニタがピッチサイドにあるエリートラグビーに比べて，コミュニティラグビーのR＆Rは判断に苦慮することが多い。

R＆Rはマッチドクターまたはチームドクター，レフリーが，選手に脳振盪あるいは脳振盪の疑いがあると判断した場合は，即座にその選手を退場させることができる。

④コミュニティラグビーにおける脳振盪からの競技復帰について

WRは，コミュニティラグビーでは段階的競技復帰に即して復帰することを強く薦めている。WRは表7-6のように独自の段階的競技復帰を示している。そのなかで第2段階において19歳以上と19歳未満で分けている。

第1段階の完全安静の後に，19歳以上の選手は7日間症状の発症しない程度の日常生活を過ごし，その間症状が完全に消失した場合は，7日後に有酸素運動へ移行し，徐々に段階を上げていき，第7段階で競技復帰となり，最短12日目で復帰となる。19歳未満の選手は，第2段階を14日間とっており，その間症状が完全に消失した場合は，14日後に有酸素運動へ移行し，徐々に段階を上げていき，第7段階で競技復帰となり，最短19日目で復帰となる（WR, 2021c）。

2. 外傷・疾病の予防による安全対策

(1)Rugby Readyなどの予防プログラム

WRは，コーチまたはメディカル関係者，そして選手たちに対して，インターネットで簡単にアクセスできる安全対策講習用テキストである"Rugby Ready"を製作し（WR, 2014），プレー中の安全対策や外傷後の正しい対応，復帰に向けてのリハビリテーションの重要性を説いている。これには，体型・スキル・性別・年齢の異なる選手に対する適切な環境下でのプレーの準備，個人のスキルや競技の技術的な理解の向上，外傷データをもとにした安全面での技術指導が含まれている。また，選手・コーチ・レフリーといった各視点から詳細に解説し，ビデオ映像による動画解説も行っている。

第2節で述べたTackle Readyは，ここから派生し特化したものである。すなわち，ラグビーではタックルでの外傷率が高いため（McIntosh et al., 2010; Fuller et al., 2010），その適切な指導法をオンラインモジュールとして開発し，活用している（WR, 2022f）。

また，同じく第2節で述べたActivate（外傷予

表7-6●コミュニティラグビーの段階的競技復帰プログラム（World Rugby, 2021c, d, e）

段階	リハビリステージ	してもよい運動	19歳未満	19歳以上
1	初期安静	症状が悪化しない程度の日常生活。激しい運動は避ける。相対的な認知的休息，症状が改善または消失し続けることを確認する。症状が消失していなければ第2段階に進むことはできない。	24時間	
2	症状に応じた活動	症状を誘発させない日常生活の活動など。仕事や勉強を休んだり，調整したりすることを考慮する。	14日間[*1]	7日間[*1]
2	軽い有酸素運動	10〜15分程度の軽いジョギング，低〜中強度の水泳，エアロバイクなど。レジスタンストレーニングは行わない。24時間，無症状の状態であること。	24時間[*2]	
4	ラグビーに特化した運動	ランニングドリル。頭部に衝撃を与える行為は禁止。	24時間[*2]	
5	ノンコンタクト	より複雑なトレーニングドリル（例：パスドリル）へ移行。漸進的レジスタンストレーニングを開始。	24時間[*2]	
6	フルコンタクト	メディカルクリアランスを受けた後，通常のトレーニング活動に参加する。	24時間[*2]	
7	競技復帰	選手は通常の活動に戻る。		

＊1：段階1を含む。　＊2：無症状であれば次へ。

| クラウチ（Crouch） | バインド（Bind） | セット（Set） |

この手順で組むことにより，CTPE（クラウチ―タッチ―ポーズ―エンゲージ）の手順で組んだ場合よりフロントローへの力学的負担が25%以上軽減されることが証明された。

図7-10 ● CBSの手順でのスクラム（World Rugby, 2014; Preatoni et al., 2012, 2016）

防プログラム）についてであるが，WRではイングランドラグビー協会が開発した，U15，U16，U18，そしてU19以上と年代別に設定されたこのプログラムを展開している。そしてコミュニティレベルのラグビーにプログラムを導入した結果，靱帯損傷などを含めた軟部組織損傷や脳振盪が減少したとの報告から，このプログラムによりプレー中の外傷のリスクが低くなる可能性を示唆している（Barden et al., 2022）。

(2) スクラムによる頸髄損傷予防

Quarrie et al.（2002）による過去の統計をまとめた報告によると，スクラムによる頸髄損傷はスクラムを組む瞬間である「エンゲージ（Engage）」での事故が最も多く，スクラムが崩れた瞬間である「コラプス（Collapse）」が次いで多かった。また，ポジションはスクラムにおいては，ほとんどがフロントローの選手に起きており，そのなかでもフッカーは一番リスクが高いポジションであった（Quarrie et al., 2002）。

20世紀のスクラムは相撲の立ち合いのようにお互いの間合いで加速をつけて組み合うという方法をとっており，このエンゲージの瞬間に高負荷がフロントローにかかっていた。このリスクを回避するために，1986年にオーストラリアがU19以下の年代別競技規則として，4段階のかけ声「クラウチ（Crouch）―タッチ（Touch）―ポーズ（Pause）―エンゲージ（Engage）」（CTPEの手順）でスクラムを組むことを試みた。この導入により頸髄損傷の発生率を63%減少させた。そこでIRBが2007年よりこのスクラムの組み方を試験的競技規則として採用し，2009年正式採用した。

その後，Preatoni et al.（2012，2016）の研究により，スクラムについてはCTPEの手順よりもCBSの手順「クラウチ（Crouch）―バインド（Bind）―セット（Set）」がさらにエンゲージの瞬間のフロントローへの負荷を25%以上軽減させることが証明されたため，2013年からCBSの手順が採用されるようになった（**図7-10**）（Preatoni et al., 2012, 2016）。

(3) 脳振盪の予防

エリートラグビーの脳振盪の発生頻度にハイタックル（頭部対頭部，頭部対肩のコンタクト）が関与している可能性が強く示唆されたため，WRは2018年にワールドラグビーU20チャンピオンシップにおいてハイタックルについて競技規則による制裁を試験的に導入した（**図7-11**）（Tucker, 2022）。

その結果，2017年大会よりも脳振盪の発生件数を70%以上減少させた（Fuller and Taylor, 2018）。その後，いくつかのプロリーグにおいても試験的に導入した結果，脳振盪の発生頻度が減少したのを受けて，WRは2019年からハイタックルの競技規則を改訂した。その改訂により，RWCにおいても脳振盪の発生件数が，2015年の12.5件/1,000PHから2019年では11.7件/1,000PHと減少した（Fuller, et al., 2017, 2020）。

このハイタックルに対する規制はエリートラグビーだけで施行されていたが，2022年からコミュ

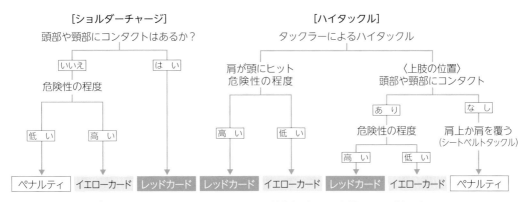

脳振盪の発生件数が多いハイタックルを規制するために，競技規則による制裁をこの手順で行っている。

図7-11●タックルの競技規則による制裁（Tucker, 2022）

ニティラグビーにも世界的に導入が始まっている。我が国も安全対策を優先してコミュニティラグビーに導入した国の一つである。

(4)ブレインヘルス(Brain Health)

Livingston et al.（2020）は脳の健康に影響を与える12の修正可能な危険因子を挙げており，そのなかには「身体活動」「うつ病」「孤独感」「高血圧」などがあるとしている。Hind et al.（2020, 2022）はエリートラグビーを経験した引退後の選手が，コミュニティラグビーの引退後の選手や非接触型スポーツの引退後の選手と比較して，「うつ病」「不安症」「過敏症」などの心理的兆候の悪化が認められていると報告しており，またそれらの傾向が脳振盪の既往にも関連している可能性があることも触れている。

WRは「ブレインヘルス（Brain Health）」として，試合中の頭部外傷の特定と，頭部外傷受傷後における個々のリハビリテーションを推進している。エリートラグビーの段階的競技復帰もその一つである（WR，2022d）。また，WRは元選手が専門家によるアドバイスを受けられるような体制づくりと，専門的な情報へアクセスできるような環境づくりに取り組んでいる。また，ラグビーと神経変性疾患の関連性について，さらに研究機関と連携して解明を進めていく方針を打ち出した（WR，2021f）。

(5)選手への負荷

IOCが2016年8月に選手への負荷のコントロールと外傷発生の影響についてコメントを出した（Soligard et al., 2016）。それを受けて，WRはコンタクトの負荷について2020年からホームページの動画を通じて提案を始めている。世界のエリートラグビーの選手へのコンタクトの負荷に関するアンケート調査をもとに，専門的なワーキンググループがコンタクト練習について1週間のプログラムを提案した（WR, 2020a, b）。

また同様に，1週間のうちどれくらいの時間をコンタクトにかければよいかというコンタクトに対する暴露時間と，コンタクト負荷をかける際にはどういった選手に注意を払うべきかについても提案している（WR, 2020b）。

(6)女子選手についての研究と外傷予防

女子選手は男子選手と比較して膝関節の外傷の発生頻度が高い（Levy et al., 1997）。また脳振盪発生頻度は男子に比べて高いという報告もあれば（Lewis and George, 1996; McGroarty et al., 2020），性差は関係ないという報告もいくつかあり，一定の見解は得られていない（Collins et al., 2008; Kerr et al., 2008）。

WRは女性特有の研究を研究機関に依頼し，WR内に初の女性のプレーヤーウエルフェア・アドバイザリーグループを立ち上げ，女子選手向け

の独自の研究や外傷・障害予防プログラムを開発していくという安全対策の方針を打ち出した。

　本節では，WR の安全対策について解説をした。WR はエビデンスにもとづく医療を大変重要視している。エビデンスにもとづく医療をプレーヤーウエルフェアに生かすために，競技規則を改訂し，検証の結果，一定の効果を得ている。今後もプレーヤーウエルフェアのために，脳振盪，ブレインヘルス，女子ラグビー，選手への負荷など様々な分野で医科学の研究を通じて新たな安全対策を打ち出していくことであろう。

（山田睦雄・森本晃司）

［文献］
・Attwood, M.J. et al. (2018) Efficacy of a movement control injury prevention programme in adult men's community rugby union: A cluster randomized controlled trial. British Journal of Sports Medicine, 52: 368-374.
・Attwood, M.J. et al. (2022) Eight weeks of self-resisted neck strength training improves neck strength in age-grade rugby union players: A pilot randomized controlled trial. Sports Health, 14(4): 500-507.
・Bahr, R. and Krosshaug, T. (2005) Understanding injury mechanisms: A key component to preventing injuries in sport. British Journal of Sports Medicine, 39: 324-329.
・Bahr, R. et al. (2020) International Olympic Committee consensus statement: Methods for recording and reporting of epidemiological data on injury and illness in sport 2020. British Journal of Sports Medicine, 54: 372-389.
・Barden, C. et al. (2022) Effectiveness of the Activate injury prevention exercise programme to prevent injury in schoolboy rugby union. British Journal of Sports Medicine, 56: 812-817.
・Collins, C.L. et al. (2008) Injuries sustained by high school rugby players in the United States, 2005-2006. Archives of Pediatrics and Adolescent Medicine, 162: 49-54.
・Davidow, D. et al. (2023) Video-based technical feedback and instruction improves tackling technique of community rugby union players. European Journal of Sport Science, 23(7): 1121-1130.
・Echemendia, R.J. et al. (2017a) The sport concussion assessment tool 5th edition (SCAT5): Background and rationale. British Journal of Sports Medicine, 51(11): 848-850.
・Echemendia, R.J. et al. (2017b) The sport concussion assessment tool 5th edition (SCAT5). British Journal of Sports Medicine, 51: 851-858.
・Fuller, C.W. et al. (2007) Consensus statement on injury definitions and data collection procedures for studies of injuries in rugby union. British Journal of Sports Medicine, 41(5): 328-331.
・Fuller, C.W. et al. (2010) Injury risk associate with tackling in rugby union. British Journal of Sports Medicine, 44(3): 159-167.
・Fuller, C.W. et al. (2017) Rugby World Cup 2015: World Rugby injury surveillance study. British Journal of Sports Medicine, 51(1): 51-57.
・Fuller, C.W. and Taylor, A. (2018) World Rugby surveillance studies: World Rugby U20 Championship summary of results: 2008 to 2018.
　https://resources.world.rugby/worldrugby/document/2020/07/01/34231bf8-3024-49e4-a0ae-3c0ef251cc81/WR_Championship_2018_Review_EN.pdf（参照 2022 年 11 月 30 日）
・Fuller, C.W. et al. (2020) Rugby World Cup 2019 injury surveillance study. South African Journal of Sports Medicine, 32(1): 1-6.
・Gianotti, S. et al. (2008) Interim evaluation of the effect of a new scrum law on neck and back injuries in rugby union. British Journal of Sports Medicine, 42(6): 427-430.
・Global DRO. アスリートの皆さん，自身の薬について確認を．
　http://www.globaldro.com/JP/search（参照 2023 年 5 月 14 日）
・Hind, K. et al. (2020) Cumulative sport related injuries and longer term impact in retired male elite and amateur level rugby code athletes and non contact athletes: A retrospective study. Sports Medicine, 50: 2051-2061.
・Hind, K. et al. (2022) Mental health and wellbeing of retired elite and amateur rugby players and non contact athletes and associations with sports related concussion: The UK rugby health project. Sports Medicine, 52: 1419-1431.
・Hislop, M.D. et al. (2017) Reducing musculoskeletal injury and concussion risk in schoolboy rugby players with a pre-activity movement control exercise programme: A cluster randomised controlled trial. British Journal of Sports Medicine, 51(15): 1140-1146.
・Junge, A. et al. (2008) International Olympic Committee approach injury surveillance in multi-sport events: The International Olympic Committee approach. British Journal of Sports Medicine, 42: 413-421.
・Kemp, S., Faull-Brown, R., et al. (2020) Community rugby injury surveillance and prevention project. Season report 2018-2019.
　https://keepyourbootson.co.uk/wp-content/uploads/2022/03/CRISP-2018-19.pdf（参照 2023 年 3 月 21 日）
・Kemp, S., West, S., et al. (2020) England professional rugby injury surveillance project. Season report 2018-19.
　https://keepyourbootson.co.uk/wp-content/uploads/2022/03/PRISP_2018-19.pdf（参照 2023 年 3 月 21 日）
・Kemp, S., Wojek, K., et al. (2020) Women's rugby injury surveillance project. Season report 2018-19.
　https://www.englandrugby.com/dxdam/92/926587ce-0702-4794-9013-b52c860e93d7/England%20WRISP%2018.19.pdf（参照 2023 年 3 月 21 日）
・Kerr, H.A. et al. (2008) Collegiate rugby union injury patterns in New England: A prospective cohort study. British Journal of Sports Medicine, 42: 595-603.
・Levy, A.S. et al. (1997) Knee injuries in women collegiate rugby players. American Journal of Sports Medicine, 25(3): 360-362.
・Lewis, E.R. and George, K.P. (1996) An initial investigation of injuries in women, men and youths playing rugby union

football at the same club. Sports Exercise and Injury, 2: 186-191.

・Livingston, G. et al. (2020) Dementia prevention, intervention, and care: 2020 report of the Lancet Commission. Lancet, 396: 413-446.

・McGroarty, N.K. et al. (2020) Sport-related concussion in female athletes: A systematic review. Orthopaedical Journal of Sports Medicine, 8(7)2325967120932306.

・McIntosh, A.S. et al. (2010) Tackle characteristics and injury in cross section of rugby union football. British Journal of Sports Medicine, 42(5): 977-984.

・Moore, I.S. et al. (2023) Concussion increases within-player injury risk in male professional rugby union. British Journal of Sports Medicine, 57(7): 395-400.

・日本アンチ・ドーピング機構（2020）日本アンチ・ドーピング規程2021.

・日本アンチ・ドーピング機構．アスリート＆競技団体の方へ．
https://www.playtruejapan.org/athlete/（参照2023年4月29日）

・日本アンチ・ドーピング機構．医療関係の方へ．
https://www.playtruejapan.org/medical/（参照2023年4月29日）

・日本アンチ・ドーピング機構．競技に参加するすべてのアスリート．
https://www.playtruejapan.org/athlete/all.html（参照2023年5月14日）

・日本ラグビーフットボール協会（2023）JRFUの安全対策について．
https://www.jrfuplayerwelfare.com/（参照2023年3月24日）

・日本ラグビーフットボール協会．日本ラグビーデジタルミュージアム．
https://adeac.jp/jrfu/top/（参照2023年4月29日）

・日本整形外科学会編（2016）整形外科用語集（第8版）．南江堂．

・日本スポーツ振興センター（2022）学校の管理下の災害［令和4年版］．
https://www.jpnsport.go.jp/anzen（参照2023年3月24日）

・Preatoni, E. et al. (2012) An integrated measurement system for analysing impact biomechanics in the rugby scrum. Journal of Sports Engineering and Technology, 226(3-4): 226-273.

・Preatoni, E. et al. (2016) Pre-binding prior to full engagement improves loading conditions for front-row players in contested rugby union scrums. Scandinavian Journal of Medicine and Science in Sports, 26(12): 1398-1407.

・Quarrie, K.L. et al. (2002) Rugby union injuries to the cervical spine and spinal cord. Sports Medicine, 32: 633-653.

・Rafferty, J. et al. (2019) On average, a professional rugby union player is more likely than not to sustain a concussion after 25 matches. British Journal of Sports Medicine, 53(15): 969-973.

・Raftery, M. et al. (2020) Getting tough on concussion: How welfare-driven law change may improve player safety-a rugby union experience. British Journal of Sports Medicine, 55(10): 527-529.

・世界アンチ・ドーピング機構：日本アンチ・ドーピング機構訳（2020）世界アンチ・ドーピング規程2021年版．

・世界アンチ・ドーピング機構：日本アンチ・ドーピング機構訳（2022a）世界アンチ・ドーピング規程2023禁止表国際基準．

・世界アンチ・ドーピング機構：日本アンチ・ドーピング機構訳（2022b）世界アンチ・ドーピング規程 検査及びドーピング調査に関する国際基準2023．

・世界アンチ・ドーピング機構：日本アンチ・ドーピング機構訳（2022c）世界アンチ・ドーピング規程 治療使用特例に関する国際基準2023．

・世界アンチドーピング機構：日本アンチドーピング機構訳（2023）世界アンチドーピング規程2024禁止表国際基準．

・Soligard, T. et al. (2016) How much is too much? (Part 1) International Olympic Committee consensus statement on load in sport and risk of injury. British Journal of Sports Medicine, 50: 1030-1041.

・スポーツファーマシスト．スポーツの価値を護るアンチドーピング活動．
https://www.sp.playtruejapan.org/（参照2023年5月14日）

・Stokes, K.A. et al. (2021) Does reducing the height of the tackle through law change in elite men's rugby union (The Championship, England) reduce the incidence of concussion? A controlled study in 126 games. British Journal of Sports Medicine, 55(4): 220-225.

・鈴木啓太ほか（2020）ラグビーにおける頭頸部外傷の予防．日本アスレティックトレーニング学会誌，6（1）：15-23．

・Suzuki, K. et al. (2021) How does the situation before a tackle influence a tackler's head placement in rugby union?: Application of the decision tree analysis. BMJ Open Sport and Exercise Medicine, 7(1): e000949.

・Tierney, G.J. and Tucker, R. (2022) The role of player mass and contact speed on head kinematics and neck dynamics in rugby union tackling. Scandinavian Journal of Medicine and Science in Sports, 32(2): 298-312.

・Tucker, R. (2022) Head contact process evolution & mechanics. World Rugby Player Welfare Conference/Medical Commission Conference/MCC 2022. 2022-11.
https://www.world.rugby/the-game/player-welfare/conferences/medical/MCC-2022（参照2022年11月30日）

・van Tonder, R. et al. (2023) Tackling sport-related concussion: Effectiveness of lowering the maximum legal height of the tackle in amateur male rugby - a cross-sectional analytical study. Injury Prevention, 29(1): 56-61.

・West, S.W. et al. (2022) Caught on camera: A video assessment of suspected concussion and other injury events in women's rugby union. Journal of Science and Medicine in Sport, 25(10): 805-809.

・Williams, E. et al. (2022) Sex differences in neck strength and head impact kinematics in university rugby union players. European Journal of Sport Science, 22(11): 1649-1658.

・Williams, S. et al. (2017) Subsequent injuries and early recurrent diagnoses in elite rugby union players. International Journal of Sports Medicine, 38(10): 791-798.

・World Anti-Doping Agency. World anti-doping program: 2019 Anti-Doping Rule Violations (ADRVs) report.
https://www.wada-ama.org/sites/default/files/2022-01/2019_adrv_report_external_final_12_december_2021_0_0.pdf（参照2023年4月29日）

・World Rugby (2014) Rugby Ready. World Rugby Passport: Injury Prevention and Risk Management.
https://passport.world.rugby/injury-prevention-and-risk-management/rugby-ready/（参照2023年1月30日）

・World Rugby (2017a) Activate injury prevention exercise programme. World Rugby Passport: Injury Prevention and

Risk Management.

https://passport.world.rugby/injury-prevention-and-risk-management/activate-injury-prevention-exercise-programme/（参照2023年3月24日）

・Word Rugby (2017b) HIA protocol. World Rugby Player Welfare: Medical, Concussion.

https://www.world.rugby/the-game/player-welfare/medical/concussion/hia-protocol（参照2022年11月30日）

・Word Rugby (2020a) Player load videos. World Rugby Player Welfare: Medical, Player and Contact load.

https://www.world.rugby/the-game/player-welfare/medical/player-load（参照2022年11月30日）

・World Rugby (2020b) Contact training load guidelines. World Rugby Player Welfare: Medical, Player and Contact load.

https://www.world.rugby/the-game/player-welfare/medical/player-load/contact-load（参照2022年11月30日）

・Word Rugby (2021a) First Aid in Rugby. World Rugby Passport: Player Welfare/Medical.

https://passport.world.rugby/player-welfare-medical/first-aid-in-rugby/（参照2023年1月30日）

・Word Rugby (2021b) Immediate Care in Rugby. World Rugby Passport: Player Welfare/Medical.

https://passport.world.rugby/player-welfare-medical/immediate-care-in-rugby/（参照2023年1月30日）

・Word Rugby (2021c) Concussion guidance for non-medical professionals. World Rugby Player Welfare: Medical, Concussion.

https://www.world.rugby//the-game/player-welfare/medical/concussion/concussion-guidelines（参照2023年1月30日）

・Word Rugby (2021d) Concussion management for the general public. World Rugby Passport: Player Welfare/Medical.

https://passport.world.rugby/player-welfare-medical/concussion-management-for-the-general-public/（参照2022年11月30日）

・Word Rugby (2021e) Concussion management for doctors and health care professionals. World Rugby Passport: Player Welfare/Medical.

https://passport.world.rugby/player-welfare-medical/concussion-management-for-doctors-and-health-care-professionals/（参照2022年11月30日）

・Word Rugby (2021f) Brain health. World Rugby Player Welfare: Medical.

https://www.world.rugby/the-game/player-welfare/medical/brain-health（参照2022年11月30日）

・World Rugby (2022a) Annual review of injury surveillance research in elite rugby union, 2022.

https://resources.world.rugby/worldrugby/document/2023/02/24/a57e8e85-dd5b-48c4-aa81-72816d00388d/Annual-review-of-injury-surveillance-research-in-elite-rugby-union-2022.pdf（参照2023年3月14日）

・World Rugby (2022b) A review of injury surveillance research in community rugby union, 2015-2022.

https://resources.world.rugby/worldrugby/document/2023/02/24/805d8105-665d-4e35-ab23-bf6199b71322/A-review-of-injury-surveillance-research-in-community-rugby-union-2015-2022.pdf（参照2023年3月14日）

・World Rugby (2022c) Why 2022 will be the year of player welfare in rugby.

https://www.world.rugby/news/681391/why-2022-will-be-the-year-of-player-welfare-in-rugby（参照2023年1月19日）

・Word Rugby (2022d) Concussion management for match day medical staff using the HIA protocol. World Rugby Passport: Player Welfare/Medical.

https://passport.world.rugby/player-welfare-medical/concussion-management-for-match-day-medical-staff-using-the-hia-protocol/（参照2022年11月30日）

・World Rugby (2022e) 2022年 脳振盪受傷後の競技復帰に関するガイドラインの変更についての解説.

https://resources.world.rugby/worldrugby/document/2022/07/04/496a3abc-c213-487f-8728-23d6c4db00b7/JP-2022-Changes-to-Return-to-Play-Guidelines-Following-Concussion-Explained.pdf（参照2022年11月30日）

・World Rugby (2022f) Tackle Ready. World Rugby Passport: Injury Prevention and Risk Management.

https://passport.world.rugby/injury-prevention-and-risk-management/tackle-ready/（参照2023年1月30日）

・World Rugby (2023) Lower tackle height at the heart of plans to enhance community rugby experience.

https://www.world.rugby/news/790960/lower-tackle-height-tat-the-heart-of-plans-to-enhance-community-rugby-experience（参照2024年3月14日）

・山田睦雄ほか（2019）スポーツによる脳振盪のリハビリテーション―競技復帰のために必要なこと―. 臨床スポーツ医学, 36（3）：296-305.

第 8 章

ラグビーにおけるコーチの育成

我が国のラグビーにおける コーチ育成の変遷と現在

1. コーチ育成の歴史

(1)コーチ育成の萌芽

　戦後，教育制度の変革に伴い，学校教育のなかでの指導者育成が行われた。日本ラグビーフットボール協会（以下，日本ラグビー協会）発刊の機関誌「Rugby Football（ラグビー・フットボール）」（以下，機関誌）によると，コーチの育成として第1回全国ラグビーフットボール指導者講習会が1958年8月7〜10日に文部省・日本ラグビー協会の主催で各都道府県代表42名を集めて行われたと報告されている。講習は，ラグビーの特色，ラグビー競技について，ルールの解説，審判法，ルールの基本的な考え方，バックスプレー，フォワードプレー，ラグビー活動とラグビー指導，ラグビーの普及指導，健康管理，事故防止についての講義があり，基礎技術とその練習法，ゲームと審判，フォワード・バックスのプレーを実技で行った（西山，1958）。内容は，コーチ・指導方法の学習というより，ラグビーの知識・方法を伝達することが主体であった。第5回（1962年）からは3つの地域に分かれ，高校体育科教員の指導能力を高め，指導者の資質向上，事故防止，ラグビーの普及振興を目的として行われた（西山，1962）。

　1963年度から学校体育指導要領の改訂に伴い，高等学校体育科の授業にラグビーが実施されることになった。

　1965年からラグビー指導者，高等学校体育科教員，将来教員となりうる教育系大学学生，という3つの対象者に分けて講習会を行った（西山ほか，1965）。将来教員となりうる教育系大学学生や大学教員を対象とした全国教育系大学ラグビー講習会は，菅平文部省高原体育研究所において講義・実技の講習と試合を行った。この試合は1968年から教育系大学ラグビー大会に発展した（船橋，1968）。また，全国地域別学校担当者ラグビー講習会が関東，関西，九州の3支部で開催された。その後，この講習会は，地域別学校体育担当者講習会，全国学校体育担当者講習会，高校ラグビー指導者研修会と名称を変えながら現在に至っている。

　1968年には第1回全国ラグビースクール指導者講習会が行われた。

(2)指導者資格制度の発展

　戦後始まった日本ラグビー協会の指導者育成制度は，日本体育協会（以下，日体協，現日本スポーツ協会）の指導者育成制度に沿って指導者資格を付与する制度へと発展整備されてきた。日体協の資格制度は，スポーツをめぐる社会的環境の変化を反映したものである。

　1964年の東京オリンピックによって明らかになったスポーツ医科学の重要性から，1965年の競技力向上委員会において，東京オリンピックにおける競技者育成強化の成果を全国的に普及するためにスポーツトレーナー養成講習会がスタートした。スポーツ医科学にもとづくスポーツトレーナーの養成を目的に，体育系大学卒程度の知識の修得が目標に掲げられた。

　1971年に地域スポーツの振興のため，スポーツ指導員の養成が開始された。

　1977年にスポーツトレーナーとスポーツ指導員も含め，指導者の役割に応じた資格認定制度として日体協公認スポーツ指導者制度が創設された。トレーナーを体力やコンディショニングの専門的指導者とし，競技の指導者は指導対象の段階を踏まえて，スポーツ指導員，コーチ，上級コーチとした。指導者養成講習会のカリキュラムは，全競

技種目を対象とした共通科目と競技種目ごとの専門科目から構成された（日体協・日本オリンピック委員会，2012，pp.324-325）。

1987年の社会体育指導者の知識・技能審査事業に関する規程の制定を受け，1988年に国の制度にもとづく指導者養成事業として，日体協公認スポーツ指導者制度は改定された。競技別指導者は，国の告示にもとづく指導者の領域別に，地域スポーツ指導者，商業スポーツ施設における指導者，競技力向上指導者に区分され，それぞれC級からA級まで3段階の資格が整備された。また，A級資格保有者にはC級指導者の育成指導にあたることが求められることになった（日体協・日本オリンピック委員会，2012，pp.377-379）。

2000年には「スポーツ指導者の知識・技能審査事業の認定に関する規程」が制定されたが，「公益法人に対する行政の関与の在り方の改革」に則り，同規程が2005年度末をもって廃止されることとなり，2005年に公認スポーツ指導者制度は再度改定することになった。この改定では競技別指導者養成について資格の種類やランクを整理統合する一方で，活動拠点の明確化と各競技団体の一貫指導システムを反映することに重点が置かれた。その結果，指導員，上級指導員，コーチ，上級コーチ，教師，上級教師の資格が設けられた。

2011年には「スポーツ基本法」が成立し，スポーツ立国を目指し，国家戦略としてスポーツに関する施策を総合的・計画的に推進することになった（日体協・日本オリンピック委員会，2012，pp.458-460）。

一方で，2013年以降，スポーツ指導者による暴力やハラスメントが顕在化した。これを契機に新しい時代にふさわしいスポーツ指導者が求められ，2019年公認スポーツ指導者制度は3回目の改定を迎えた。「プレーヤーズセンタード」の考えのもと，暴力やハラスメントを排除し，常に自らも学び続けながら選手の成長を支援するという指導者像を提示した。競技別指導者資格は，スタートコーチ，コーチ1・2・3・4，教師，上級教師となった。また，共通科目ではオンライン学習による知識の習得を前提に，集合教育ではコーチデベロッパーのファシリテーションを受けたアクティブラーニングが取り入れられることになった（日本スポーツ協会〈以下，JSPO〉，2019）。

こうした日体協の指導者資格制度の変遷に沿って，日本ラグビー協会指導者資格制度も構築されていった。

1977年日体協公認資格として，ラグビー競技スポーツ指導員，ラグビー競技コーチ，ラグビー競技上級コーチ資格が設けられ，日本ラグビー協会内ではそれぞれジュニアコーチ，コーチ，シニアコーチと称された。

1988年の改定では，地域スポーツ指導者と競技力向上指導者の2資格で公認指導者資格の認定が行われた（江田，1988）。

2005年の日体協資格制度改定を受け，一貫指導体制を重視し，コーチングの指針を基盤に3つの指導エリアにより区分し，スタートコーチ，育成コーチ，強化コーチ，トップチームコーチ資格を設けた（上野，2005）。

2007年には日体協資格制度に加え，国際ラグビー評議会（International Rugby Board：IRB）の資格制度と連動した指導者資格制度へと改定された。

2019年にはJSPOの指導者資格制度改定を踏まえ，段階式の指導者資格に改定し，スタートコーチ，C・B・A・S級コーチの5区分とした（日本ラグビー協会コーチネット，オンライン）。ワールドラグビー（World Rugby：WR）のコーチ資格との連動も継続した。

(3) ラグビー専門科目の変遷

◎指導教本の変遷

1970年代から1990年代にかけて，ラグビー先進国協会（Union）の指導書，コーチ制度が研究され，ラグビーの基本原理，ゲーム構造，指導法など，コーチに必要で共通な知識と実践方法などがコーチ（指導者）養成の手始めとして論議されるようになった。

1975年に機関誌25巻4号から星名（1975）に

より，1973年にイングランドラグビー協会が出版したコーチ指導書『Better Rugby』について解説した「ベターラグビーノート」が連載された。『Better Rugby』はイングランドで行われているコーチの資格審査のためのテキストとして使われており，「前進（Go forward）」「支援（Support）」「継続（Continuity）」「圧力（Pressure）」というゲームの4つの基本理念でラグビーを単純化し，効率のよい練習法としてグリッド（格子）方式・チャンネル（走路）方式の練習法の併用を推奨した。日本ラグビー協会コーチ養成委員会（当時の名称）は1977年からラグビー指導の手引きとして同書をコーチ育成の中心的教材として位置づけ，翻訳版を出版した。

その後，1985年機関誌35巻2号から1987年37巻5号まで，オーストラリアラグビー協会の公式コーチングプログラムも連載された（徳増，1985）。

1986年6月に日本ラグビー協会コーチ養成委員会は『Better Rugby』の発展版『Even Better Rugby』の翻訳版である『イーブン・ベター・ラグビー』を出版した。

1988年に日本ラグビー協会コーチソサエティ（当時の名称，以下協会コーチソサエティ）は，心身の成長発育期にあたる小学生段階でプレーするラグビーとして国際的に評価の高い「ミニ・ラグビー」を全面的に推奨し，イングランドラグビー協会より出版された『Mini Rugby』を翻訳出版した。

1992年機関誌42巻4号からニュージーランドラグビー協会の「コーチ資格認定教書レベル1（少年指導者用）」（徳増，1992），1994年44巻1号から同協会「コーチ資格認定教書レベル2（高校〜クラブ）」（大北，1994），1999年機関誌49巻1号からは同協会「コーチング公認マニュアル（スキル・ドリル編）」が連載され，ラグビー先進国の公認コーチングプログラムの教材が機関誌で紹介された（赤間ほか，1999）。

2003年には，日本ラグビー協会はラグビーの普及・競技力向上のため，質の高い指導者の養成と社会からの要請（文部科学省：スポーツ振興基本計画，日本オリンピック委員会：競技者育成プログラムの策定，日体協：指導者資格制度の改定）により，一貫指導にもとづくコーチ資格の必要性について「コーチングの指針」を発表した。

そして，2007年以降，IRBコーチング資格プログラムの教本に加え，カリキュラムに沿った講習会教本が整備されている。

◎ラグビーの科学研究とカリキュラム

日体協の指導者育成は，設立当初からスポーツ医科学の根拠にもとづく競技者の育成を目指しており，養成カリキュラムは共通科目と専門科目から構成されている。このうち専門科目の教育内容には，ラグビーの科学研究の成果が反映されている。図8-1は，1977年から2021年までの日本ラグビー協会が主管したラグビー研究のテーマをまとめたものである。テーマを概観すると，テーマの変遷，ならびに科学研究の成果が専門科目の教材へフィードバックされていることがわかる。

ラグビーの科学研究の変遷は，国際的な競技力向上に向けた動向を示している。1987年のラグビーワールドカップ（Rugby World Cup：RWC）創設以前には，体力測定にもとづく体力目標値の標準化とトレーニング研究が多くを占めていた。その後，RWCを中心に世界のラグビーは動き出し，1995年の競技のオープン化がラグビー競技の高度化の速度を加速させた。日本国内においては，RWC 1995における日本代表の歴史的大敗，それを受けた強化推進本部設立，そして2003年にはジャパンラグビートップリーグ（以下，トップリーグ）の創設と，改革が続いた。改革のなか，ゲームの構造的把握を通して競技力の解明を目的としたゲームパフォーマンス分析（ゲーム分析）と，その成果にもとづく強化論をテーマとして研究が盛んに行われた。2004年にはRWC 2011日本招致を表明し，2005年のIRB理事会において落選したが，2006年に再度RWC 2015日本招致に向けたキャンペーンが開始された。指導者育成もRWC招致に向けた基盤づくりの役割を担うことになり，ラグビーの持続的発展に向けて安全対策

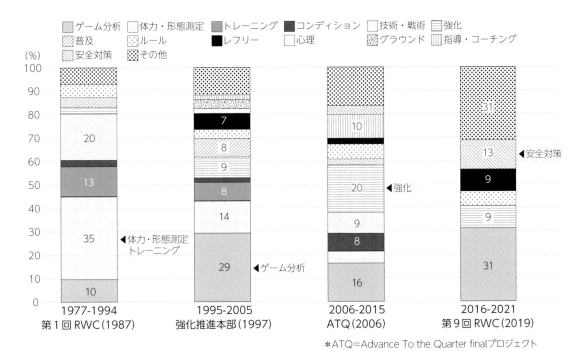

図8-1 ●日本ラグビーフットボール協会が主管したラグビー研究における研究テーマの変遷

を意図した研究が増加した。こうしたラグビーの科学研究テーマの変化は，指導者養成の専門科目へ反映されている。

　1977年イングランドラグビー協会発行の『BETTER RUGBY』はコーチ育成の中心的教材として位置づけられ，同時に実証的過程における指導法研究の必要性から「指導の手引き」が加筆され，そのなかに体力トレーニングの方法が紹介された。1986年に『BETTER RUGBY』が『EVEN BETTER RUGBY』へ改訂された際には，「指導の手引き」に「フィットネストレーニング」や「安全対策」の項目が加えられ，体力学や医科学研究の成果が加筆された。2007年の日本ラグビー協会資格制度改定では専門科目について大幅な見直しが行われ，新設された「代表チーム強化論」「ラグビーにおける一貫指導論」「ラグビーのバイオメカニクス」には，それぞれ最新の研究成果がアップデートされた。

(4)指導者資格の国際化──IRB資格との連動

　IRBのコーチング資格は，指導対象の年齢やレベルに応じてレベル1から4まであり，1997年

にIRB主催のレベル1（指導対象が10代前半のジュニアで，正確なスキルの指導と評価，スキル向上の方法の提示と実践を目的とする）コーチ・トレーナー資格取得コースがマレーシアで開催され，日本ラグビー協会からも参加した。1999年には東京でレベル2（指導対象が10代後半のユースで，ユニットおよびサブユニットのスキル分析と評価および指導，一般的個人スキルの分析と評価および指導，ゲーム中における選手個々の役割の認識と指導を目的とする）が開催された。

　さらに2000年4月にはシンガポールでレベル3（指導対象がエリート選手で，勝つための分析とその活用の実践を目的とする）コーチ・トレーナー養成講習会が行われ，日本ラグビー協会からも参加した（勝田，2000a, b）。このコースを受講してトレーナー資格を授与された者は，コースの講師としてその内容と資格を広める役割を担うことになり，2000年7月に日体協競技力向上スポーツ指導者B級専門科目とタイアップしてIRBレベル3コーチング資格取得コースが実施された。2001年に日本ラグビー協会コーチソサエティはIRBコーチコースを日体協競技力向上専門科目

「ラグビー」の内容に加えることを検討した。2004年度の日体協公認競技力向上Ｃ級コーチ養成講習会では，IRBレベル２の講習も組み込まれた（椿原，2004）。

また2004年度日本ラグビー協会主催トップチームコーチ資格養成講習会では，IRBよりリー・スミス（Lee Smith）とジャラード・ギャラハー（Jarad Gallagher）を講師として招き，IRBレベル４資格養成講習会を兼ねて行った。IRBのコーチングコースレベル４は，各国のトップの指導者を対象にしており，参加者はトップリーグの監督・コーチ，日本代表スタッフ，強化委員会からの推薦指導者を対象に行った。

2005年７月にアジア地区のIRBコーチ講習会の講師（トレーナー）育成講習会が流通経済大学で行われ，４人の日本人コーチが参加し資格を取得した。2006年２月にこれらの講師によりIRB資格を含む育成コーチ講習会が福岡で開催された。2006年７月には強化コーチ資格取得（IRBレベル２・３）講習会が流通経済大学で開催され，11月にトップチームコーチ資格取得（IRBレベル４）講習会が東京の日本青年館で，育成コーチ資格取得（IRBレベル２）講習会が佐賀で開催された。その後，IRBコーチ教育制度は2007年の指導者資格制度改定の際に取り入れられることになった（日本ラグビー協会，2007a, b）。

2007年の指導者資格制度の改定は，日本ラグビーの国際化にとって重要な意味を持っていた（日体協，オンライン）。2000年に示された「スポーツ振興基本計画」では，国際競技力向上を国として明確に打ち出したものであり，施策として一貫指導システムの構築と指導者の養成確保を各競技団体に求めることになった（文部科学省，オンライン）。このことは日本ラグビー国際化の前提となった。

また，2005年日本代表にフランス人ヘッドコーチが就任し，トップリーグでは強豪国の代表歴を有する選手がプレーするようになり，チームを率いるコーチの多国籍化が進んだ。トップリーグを中心に選手とコーチの国際化が進むなか，既存の

ラグビー指導者資格制度は日体協の指導者資格制度の一部として位置づけられていたものの，世界基準でみれば日本独自のものにすぎなかった。

2004年日本ラグビー協会はRWC日本招致に動き出したが，予選プール敗退を続けていた日本に世界最高峰の大会であるRWCを招致することは，ラグビーの世界的普及の意義は大きいながら，ホスト国の競技力の点では課題が多いといわざるをえなかった。そして2006年には再度RWC日本招致活動を開始した。

こうした日本ラグビー国際化の流れのなかにあって2007年の指導者資格制度の改定は，国際的競技力の向上に資する制度への転換を目指す具体的事業の一つであった。

IRBのコーチ教育制度をモデルに，指導者養成事業は，資格認定（公認コーチ養成講習会），資格更新（ブラッシュアップ講習会），講師養成（トレーナー養成講習会）の３本柱から構成された。４区分（スタート・育成・強化・トップ）の指導者資格を設け，資格取得者には更新条件としてブラッシュアップ研修の受講を必須とし，資格認定講習会の講師養成を意図したトレーナー・エデュケーター制度を導入した。トップチームコーチ資格は，2003年に創設されたトップリーグの指導者や各カテゴリーの日本代表指導者を対象とした。また，日本ラグビー協会登録の全チームに公認資格保有者の配置を義務化した。

カリキュラムは，ラグビーに関する科学的・専門的知識だけではなく，プレーやプレー環境などを分析する能力，知識や技術を伝える能力を身につけることを三本柱として位置づけている。そして講習を修了する際には，受講者個々の各能力（competency）の評価を面談によって確定するスタイルをとっている。

2. コーチ育成の現在

図8-2は，2021年に改定された現行の指導者資格を示している。

2021年改定は，指導者の体罰問題などを背景

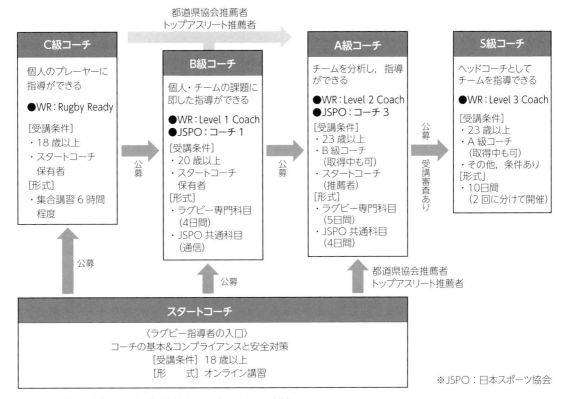

図8-2 ●日本ラグビーフットボール協会コーチライセンス制度

として，インテグリティの遵守，安全対策などが注目され，高い専門知識を持ったスポーツ指導者の社会的な需要の高まりのなか，プレーヤーズセンタードコーチングと安全対策を理解し，グローバルな視点とコーチングスキルを持った，そして「自ら考え課題を解決し，成長を続けられるプレーヤー」を育成できる指導者の養成を目指している。指導者資格は，段階的な指導技能の向上を意図し，スタートコーチからS級資格までの5段階となっている。スタートコーチとC級コーチは日本ラグビー協会独自資格とし，B・A級コーチはそれぞれJSPOのコーチ1・3資格とWRのレベル1・2コーチ資格に，S級コーチはWRレベル3コーチ資格に連動させた。

現在では指導対象や出場する大会のレベルに応じた資格保有義務が厳格化された（日本ラグビー協会コーチネット，オンライン）。

ラグビーの科学研究の成果は，継続的に専門教科カリキュラムに組み込まれている。プレーヤーウエルフェアでは，WRによる大学等研究機関への委託研究の成果にもとづきプログラムが開発され，ストレングス＆コンディショニングではGPSなどを用いた客観的データによる検討成果が反映されている。こうした科学研究との結びつきは，日本フットボール学会とのコラボレーションを生み，現在当学会への参加がブラッシュアップ研修に位置づけられている。また，日本ラグビー協会資格制度をベースにしながらも，世界的に著名なコーチによる研修会も開催されるようになった。

（村上　純，山本　巧）

第2節　国際統括団体ワールドラグビーのコーチ育成制度

1. ワールドラグビーの歴史とコーチ育成制度

ワールドラグビー（World Rugby：WR）の歴史は1886年の国際ラグビーフットボール評議会（International Rugby Football Board：IRFB）創立に遡るが，その目的はテストマッチでの論争を調停することにあった。1980年代に入り，ワールドカップ開催の機運が高まるなか，IRFBは1984年に100周年を迎えるにあたり記念の国際会議を開き，1987年に初のRWCを開催した。IRFBが世界のラグビーに対してリーダーシップを発揮すべく活動するようになってきたのはこの頃からである。1995年には「オープン化」という名のもと，プロ化の容認を宣言し，1997年に「ラグビー憲章（Playing Charter）」（詳細は次項）を制定した。翌1998年には国際ラグビー評議会（International Rugby Board：IRB）と名称を改め，2009年にラグビーが有する価値観を5つの言葉で表した「コアバリュー」を示した。そして2014年にはWRと再び改称し，現在に至っている。

この改称について当時のWR会長ベルナール・ラパセ（Bernard Lapasse）は「ラグビーを管理する機関から，ラグビーを活気あるものにしていく機関へ，という組織の進化」と述べている。つまり，IRFBが限られた少数の協会からなる相互利害調整機関ともいえる組織であったのに対し，RWCがスタートし加盟協会が増加するなかでIRBと改称し，世界のラグビーを統括する機能を持つようになった。そしてWRになるに至って，ラグビーを世界的に発展させるための組織となっていったのである。

このような背景のもと，IRBはコーチ育成制度を構築していった。これに多大な貢献をしたのがリー・スミスである。スミスはニュージーランドラグビー協会のディレクターオブコーチングを務めた後，1996年にIRFBに転じ，2001年までディベロップメントディレクターを務めた。その間，自身が中心となって構築したニュージーランドラグビー協会のコーチ育成制度をもとに，現在のWRコーチ育成制度の礎を築いた。スミスは，日本に3回訪れ，コーチ育成講習会およびトレーナー・エデュケーター（p.179参照）養成講習会の講師を務め，日本ラグビー協会がIRBのコーチ育成制度を導入し展開する上で重要な役割を果たした。

2. ワールドラグビーのコーチ育成制度の日本への導入

1997年に日本において公的資格制度としてコーチ育成が行われるようになって以来，日本ラグビー協会は日体協（現JSPO），文部省（現文部科学省）と連携しながら，コーチ育成制度を整え，講習会を開催し，コーチ資格を付与してきている。そして，2005年の日体協公認スポーツ指導者資格制度の改定に合わせて，IRBのコーチ育成プログラムを資格認定講習会の専門科目として取り入れることを決め，講師となるトレーナー，エデュケーターの養成を進め，講習用マニュアルやワークブックの翻訳も整え，2006年から完全実施となった。

日本ラグビー協会がIRBのコーチ育成制度を取り入れた理由は大きく分けて2つ挙げられる。

第1に，日本国内において世界基準のコーチング資格を取得できることである。資格取得によってイングランド，フランス，ニュージーランドといった強豪国のコーチ資格と同等の資格・能力を有しているとみなされる。これは受講者にとって魅力的であるとともに，日本のコーチが海外で指導機会を得ようとした場合の保証にもなりうる。

第2に，内容がラグビー憲章にもとづいた一貫性のあるもので，コーチング能力向上に資するとの判断があったからである。ラグビー憲章とは，ラグビーという競技がどのような原則にもとづいて成り立っているのか，競技の特徴，独自性とは何かを示したものである。ラグビー憲章によって，ラグビーにかかわる者は競技がどうあるべきかを示す基準を持つことになる。つまり，ラグビー憲章によって一つのフレームワークを共有することになるのである。コーチ育成のプログラムに関していえば，受講者はラグビー憲章にもとづいてゲームを理解しプレーを分析し改善する方法を学び，またラグビーのあるべき姿を確認したり，ラグビーの価値を再認識したりすることにもなる。

3. ワールドラグビーの資格認定講習概要

(1)ワールドラグビーが展開する講習

WRはラグビーにかかわる7つの領域で，誰もが受講できるオンラインによる講習と対面で行われる講習を開催している。オンラインでは32種類の講習が準備されている。それらの講習は各協会に委託されるものもあれば，地域，さらにはWR主導で行われるものもあり，講習会で実際に指導・養成にあたるのがそれぞれの領域のマスタートレーナー，トレーナー，エデュケーターである。これらは各協会から推薦された者で，講習会を運営し，受講者を指導する上で十分な能力があると判断された場合にWRから認証される。

(2)コーチングにかかわる講習および資格

このなかでコーチングにかかわる講習は，受講対象者によって2つに大別される。一つはラグビーにかかわるすべての人に受講が推奨される"Rugby Ready"（リスクマネジメントプログラム），"Activate"（外傷予防プログラム），「ラグビーの応急手当」（ラグビー特有の外傷に対処するための講習）であり，これらはオンラインでの講習も用意されており，コロナ禍では対面での講習は

ほとんど行われていない。もう一つはコーチ対象の各種資格認定講習である。これにはコンディショニングとテクニカルの2つの領域があり，それらがさらに細分される。本節で扱うのは15人制のコーチ資格レベル1・2・3である。

4. 15人制ラグビーにかかわるワールドラグビーのコーチ資格

表8-1は2023年3月の段階でWRが提供している15人制ラグビーにかかわるコーチ資格の概要である。表に示す通り，WRはレベル1では1日（約8時間），レベル2では2日（約16時間）の講習期間を設定しているが，日本ではJSPO資格との連動の関係もあり，レベル1は4日間，レベル2は5日間の講習日程のなかで，モジュールの順序を変えたり関連情報を加えたりしながら講習が行われている。

5. ワールドラグビーの講習の特徴

WRのコーチ育成の講習には次のような特徴がある。
◎多くの事前課題
必修，推奨を含め，多くの事前課題が示されており，ある程度の知識を持った上で講習会に参加することが想定されている。
◎トレーナー・エデュケーターの存在
WRの認証を受けたトレーナー，エデュケーターが講師として講習を運営する。このことによって質の担保された均質の講習が保証されることになる。また，WRは講師と受講者の比率を，レベル1では1：12，レベル2では1：8としている。
◎3構成要素
講習会は3つの要素（内容）から構成されている。すなわちWhat（何を），How（どのように），Why（なぜ）である。比率的にはHowの要素が高い。
◎双方向型・実技重視の講習
講習は常に双方向型の学習が強く意識されてお

表8-1 ●ワールドラグビーのコーチ資格概要

	レベル1 コーチング入門	レベル2 コーチングスキルの向上	レベル3 コーチのための分析と準備
前提資格	なし	レベル1	レベル2
講習目的	初心者コーチに何をどのように指導するかのアドバイスを実践的な学習環境で提供すること	実践的な学習環境で受講者のコーチング・プロセスのスキルとともに，技術的・戦術的なコーチングスキルをさらに伸ばすこと	コーチがシーズンを通してコーチングするための準備を行い，自チームと相手チームの強みと弱みにもとづくゲームプランを構築するのを助け，コーチング・プロセスのスキルをさらに発展させること
講習期間	1日（約8時間）	2日（約16時間）	4　日
資格認定	出席により認定（評価なし）	能力にもとづく認定	能力にもとづく認定
事前必修課題（オンライン受講）	・Rugby Ready ・一般向け脳振盪管理 ・コーチング入門 ・キーファクター分析	・競技規則 ・キープ・ラグビー・クリーン ・一般向け脳振盪管理 ・機能的役割分析	・Rugby Ready ・競技規則 ・キープ・ラグビー・オンサイド ・一般向け脳振盪管理
事前推奨課題（オンライン受講）	・競技規則 ・ラグビーにおける応急手当 ・子供のコーチング ・機能的役割分析 ・マッチオフィシエーティング入門（プレ・レベル1） ・コンディショニング入門（子供向けプレ・レベル1） ・コンディショニング入門（青少年向けプレ・レベル1） ・コンディショニング入門（成人向けプレ・レベル1）	・ラグビーにおける応急手当 ・子供のコーチング ・マッチオフィシエーティング入門（プレ・レベル1） ・コーチング入門 ・テクニカル・ゾーン・プログラム ・コンディショニング入門（子供向けプレ・レベル1） ・コンディショニング入門（青少年向けプレ・レベル1） ・コンディショニング入門（成人向けプレ・レベル1） ・アドバンストコンディショニング（プレ・レベル2）	・ラグビーにおける応急手当 ・子供のコーチング ・マッチオフィシエーティング入門（プレ・レベル1） ・テクニカル・ゾーン・プログラム ・コンディショニング入門（子供向けプレ・レベル1） ・コンディショニング入門（青少年向けプレ・レベル1） ・コンディショニング入門（成人向けプレ・レベル1） ・アドバンストコンディショニング（プレ・レベル2）
講習内容	・講習会概要説明 ・プレーヤーウエルフェア ・ユニット1〈ラグビーの知識〉プレーの原則，指導方法，スキル向上 ・モジュール1「ゲームとプレーの原則の理解」 ・モジュール2「プレーの原則のスキル向上への適用」 ・ユニット2〈練習計画策定〉 ・モジュール3「練習計画策定とデモンストレーション」 ・モジュール4「マネジメント」 ・講習の振り返りと今後の行動計画	・講習概要説明およびレベル1の振り返り ・モジュール1「コーチングスタイルとコーチングプロセス」 ・モジュール2「ラグビーのコアバリューと攻防の原則」 ・モジュール3「練習計画策定と実施」 ・モジュール4「キーファクター分析とプレーヤーウエルフェア」 ・モジュール5「機能的役割分析，セレクションおよび競技規則」 ・講習の振り返りと個人の発展計画作成 ・エデュケーターとの1対1の面談	・講習概要説明 ・モジュール1「セレクションと育成計画」 ・モジュール2「チームプロファイルの作成」 ・モジュール3「ゲームプロファイル」 ・モジュール4「プレーパターン」 ・モジュール5「ゲームプランの作成」 ・モジュール6「達成戦略」 ・モジュール7「スポーツサイエンス」 ・モジュール8「リスクマネジメントと競技規則」 ・講習の振り返り ・エデュケーターとの1対1の面談（能力評価表作成）

り，エデュケーターからのフィードバックとともに受講生同士のフィードバックも重要視されている。また実技（指導実習）の時間が多く，受講者は講習で学んだ内容を指導に活かす機会が与えられる。さらにその見返し・見直しの機会が積極的に与えられることで，学習内容の定着が図られている。

◎ビジネスコーチングの手法の応用

　オープン・クローズドクエスチョンといったコミュニケーションスキル，リーダーシップスタイ

ルを応用したコーチングアプローチ，状況分析のためのSWOT分析といったビジネスコーチングで使われる手法が講習のなかで紹介・応用される。

◎各種略語の活用

英語を母語とする国で構築された講習内容であるため，PRICELESS，SMARTといった英語の略語が紹介・活用される。

6. 課題

ここでは今後日本でWRのコーチ育成制度にもとづいて講習を推進していく上での，日本における課題とWRの課題を考える。

◎ラグビー憲章の理解

WRのコーチ育成の根底にはラグビー憲章があり，これをしっかり理解していることが講習受講の大前提となる。理解が浅いと，講習でのつまずきの原因になりかねないことから，講習前に受講生のラグビー憲章の理解を確実にするための具体的な方策が求められる。

◎事前課題の受講

WRは多くのオンラインでの事前課題を挙げている。必修課題とともに，推奨されている課題もより良いコーチを目指す上でとても有益である。ところが現状では，必修課題の一部も含め，すべての事前課題が日本語翻訳されておらず，日本ラグビー協会はWRの了承を得て，レベル1とレベル2では翻訳されていない事前必修課題を免除としている。翻訳作業はWRの責任において2024年までに終了するとのことであり，一日も早く翻訳が整うことを期待したいが，受講者には受講後，あるいは資格認定後であっても積極的に課題を修了するよう促していく必要がある。

◎エデュケーターの養成

充実した講習を行うためには質的・量的に充実した講師の存在が不可欠である。トレーナー，エデュケーターは日本ラグビー協会主導で定期的な研修を行っており，質的な問題はない。一方で，彼らは日本ラグビー協会のフルタイムの職員ではないため，諸般の事情で講習会に参加できない者も少なくないことから，今後エデュケーターの養成が求められる。とくに最近の女子ラグビーの発展を踏まえ，女性のエデュケーター・トレーナーの養成が急務である。

◎用語の理解

講習ではWR特有の用語・言葉使いがある。それらを日本語に訳そうとしたときに適語がみつからないこともある。かといって安易にカタカナ語を使うことは意味をあいまいにすることにつながりかねない。そこで求められるのは，誤解を招く可能性のある用語や言い回しに対する明確な定義や明瞭な説明である。

◎3構成要素のバランス

講習会はWhy，What，Howの3つの要素で構成されている。従来日本の講習会ではどちらかといえばWhatの比率が高かった。一方でWRの講習会ではHowの比率が高い。Whyという根源的な問いへの答えの上にWhatとHowをバランスよく配分する配慮が必須である。

◎リソースの準備

WRのコーチ育成制度にもとづき講習を行う場合，そこで使われるマニュアルやワークブックといったリソースはWRから提供されるのが当然であろう。ところが2017年以降リソースのアップデートがなく，エデュケーター用の資料も不十分である。今後WRの意図を確認しつつ，日本ラグビー協会としてリソースを準備する必要が生じる可能性がある。

◎世界への挑戦

WRはそのコーチ資格と世界の強豪国の互換性を担保している。将来日本で資格を取得したコーチが他国のトップチームを指導する時代が来るように，WRのコーチ育成制度を活用し，世界に通じるコーチを育てるための講習を行っていく必要がある。

（川島淳夫）

第3節　我が国のラグビーにおけるコーチ育成の重要性と課題

1. コーチ育成の重要性

(1)社会変化のなかで求められるコーチ像

　2022年に策定された「第3期スポーツ基本計画」では，国民がスポーツを「する」「みる」「ささえる」ことが真に実現できる社会を目指すため，新たな視点の一つとしてスポーツを「つくる/はぐくむ」という観点が示された。これには「ハード（場づくり）」「ソフト（環境の構築）」とともに「人材」といった基盤を確保・強化することが政策目標として掲げられ，自主性・自律性を養う指導ができるスポーツ指導者を育成することの必要性が求められている。すなわち指導を受ける選手の将来を見据えつつ，選手自身が自らのキャリアを考え，その実現に向けて動き出せる質の高い指導を提供することが不可欠となる（文部科学省，2022，pp.23-24）。

　また，2018年4月には，スポーツ庁が「運動部活動の在り方に関する総合的なガイドライン」を策定し，これまで顧問教員の積極的な取り組みに支えられていた運動部活動について，学校組織全体として運営・指導にあたる必要性が示された。中学生などの青少年にとってふさわしいスポーツ環境の実現を目指し，2023年以降に，まずは休日の部活動の運営主体を学校から地域へ段階的に移行するとともに，社会のニーズに応じた多種多様なスポーツを安全・安心に実施できる外部指導者を含めた環境を構築する新たな改革の方策が推進されている（スポーツ庁・文化庁，2022）。

　これらの流れを受け，多様なニーズや幅広い年齢層の参加者に対して，適切な知識と実践を身につけた優秀なコーチの育成は重要な課題である。

　適切な指導を行うためには，単に技術・戦術の指導に優れているだけでなく，学校部活動の位置づけ，教育的意義，スポーツ医科学に裏づけられた知識，安全の確保や事故発生時の対応の知識とともに，コミュニケーションスキルを身につけ，選手の立場に立つことが必要となる。とくに選手自身の判断力が必要なラグビーにおいては，育成年代から「プレーヤーズセンタード」の考え方の積み重ねが判断力や自己成長力を持った優秀な選手を育成することにつながると考えられている（JSPO，2022a）。

(2)コーチの役割

　ラグビーに参加するすべての人が意義と価値を持ち，主体的・継続的にラグビーの楽しさや喜びを味わうことが重要となる。このためコーチは，ラグビーを理解し，選手の立場に立ち，サポートしていかなければならない。

　そのためにコーチの役割として，次のような点が挙げられる（日本ラグビー協会，2022a）。

・選手が安全にプレーするテクニック，スキルを教える。
・選手が安全に，楽しくプレーするための身体的準備をサポートする。
・選手がラグビーを楽しめるためのテクニック，スキルを授ける。
・選手にラグビーのコアバリューを理解させる。
・選手に戦術・戦略を理解させる。

　実際にグランドでの練習を計画，実行する際の注意事項は，以下の点が挙げられる。

・安全を確保するための練習を重視する。
・ゲームを最大限にイメージさせる。
・段階的な練習を効果的に取り入れる。
・失敗から学ばせる。
・最大限の機会と活動を与える。
・簡潔な指導を心掛ける。

(3) ゲームの理解（攻防の原則）

ラグビーとは何かを説明する上で，攻防の原則を理解していることは重要である。個人の経験則だけではなく，グローバルスタンダードな基準でラグビーを構造的に理解する必要がある。

ラグビーの目的は，ノーサイドの笛が吹かれたときに，相手よりも多くの得点を挙げていることである。その目的を達成するためには，攻撃権を得てボールを前進させる必要がある。

◎攻撃の原則

攻撃側の目的は，プレーを継続して最終的に得点をすることであり，そのためには，まずは「前進」することが大事なスタートとなる。それは必ずしも直線的に前進することだけを意味するのではなく，基本的に防御側のスペースにボールを運び，効率的に前進する方法を考えることが必要となる。次にくる原則は「サポート」で，ボールを持っている選手を支えるためにいかに動くか，そしてパスをレシーブする，あるいは密集でボールを守るといった役割がある。防御側にとっても，サポート役の選手はボールの再獲得を狙っているので，双方にとってサポートの競い合いは重要な原則といえる。前進し，サポートの競い合いに勝てば，攻撃側は3つ目の原則となる「継続」が可能となる。前進を伴った攻撃を継続することで，防御側に「プレッシャー」をかけることができ，新たなスペースができることで，「得点」する機会が生まれることになる。

◎防御の原則

防御の目的は，相手からボールを奪い返し，攻撃権を得ることである。それを1人の選手で達成することは困難であり，チームで共同して動くことが求められる。防御側の原則は，まずはセットプレーでのボールの争奪で，「プレッシャー」をかけ，「ボールの再獲得」を試みることになる。次は「前進」することで攻撃側のスペースと時間を削減し，常にプレッシャーをかけ続ける。ボールの再獲得ができない時間帯は我慢が必要となるが，そこでは「地域を取られることを阻止」する意識が重要になる。また，「サポート」する選手も加わり，ボールの再獲得を目指す。再獲得ができれば「カウンターアタック」を仕掛けることになる。

◎攻防の原則と関連するスキル

図8-3は攻防の原則とそれを実行するためのスキルを示したものである。スキルの精度を高めるとともに，攻防の原則のなかで最善のスキルを選択する能力を高めることでチーム力は向上する。単にスキルを練習するのではなく，コーチは常に頭のなかで攻防の原則をイメージしながら指導するとともに，選手に原則をイメージさせながらトレーニングを行うことが大切である。このことはチーム戦術・戦略をつくりあげていくときも同様で，すべては，攻防の原則を遂行するためのものであるということを意識しなければならない。

よくありがちな指導として，チームとしての攻撃を型にはめて行うことがある。育成年代では判

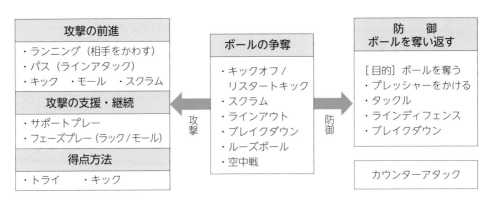

図8-3 ●攻防の原則と関連するスキル（2022年度日本ラグビーフットボール協会 C級コーチ講習会資料）

断を排除して型にはめた指導のほうが勝利への近道となる場合もあるのだが，攻防の原則を意識したチームづくりの積み重ねが，後々に優れた判断力を高強度のゲームでも発揮できる選手の育成につながることを忘れてはならない（日本ラグビー協会，2022b）。

(4)リスクマネジメントの重要性(安全管理)

◎リスクマネジメントの基本

　「リスクマネジメント」とは，事故の発生を予防するための対応（事前対応）と事故が発生したときに最悪の状況に至らないための対応（事後対応）のことを併せている。意識不明の重体や死亡に至るような事故を起こさないためにも，コーチはリスクマネジメントの意識を持つことが必要となる。そのためのポイントは4つあるといわれている（JSPO，2022b，p.9）。

①事故事例をできるだけ多く知る。

②まあ，いいかをなくす——これは練習への参加者がいつもより多いと感じたり，暗くなってまわりが見えにくくなっていることなどを見過ごさないということである。

③常に事故発生時に最悪な状況をあえて想定し，これを前提とした対応を心掛けておく——具体的には，AEDの位置確認や迅速な救急車の手配。

④万一の事態に備えて，治療費や慰謝料の支払いに対して保険を掛けておく。

◎指導者に課せられる注意義務

　注意義務とは「予見義務」「回避義務」「保護観察義務」「保護者への注意義務」のことであり，チェックポイントとしては3つある（JSPO，2022b，pp.19-20）。

①施設用具の管理，施設の配置，用具が安全に行える状態になっているかに関する確認事項。

②健康管理，身体能力の管理，選手が健康な状態で練習や試合に参加することができているかの確認。

③自然条件の把握，活動するための環境が適切かどうかの確認——具体的には，落雷事故や熱中症などがこれにあたる。

◎リスクマネジメント体制構築と実践 (実施計画書)

　図8-4は，安全対策・安全管理を推進する上で整備すべきプロセスを「計画・評価」「管理」「予防」「事故対応」という4つの項目で整理した実施計画書である。

　安全対策・安全管理は事故が発生したときの対応だけではないことはもちろんのこと，チームの目標設定の段階で計画に無理がないかなどの安全管理だけでなく，保険加入の管理担当者などを明確にしておく必要がある。事故対応のレベルは，予防レベルとしてすべきこと，管理レベルとして

計画・評価	安全管理目標設定 ←→ 目標達成状況評価				
管　理	情報管理 ・日誌 ・名簿 ・故障情報 ・協会登録情報	保険管理 ・加入状況 ・執行状況	体制管理 ・責任者 ・専門スタッフ	競技管理 ・安全なプレー ・ルール ・交替・入れ替え ・自然対応	資料管理 ・教材／ビデオ ・各種配布物／通達 ・各種統計
予　防	健康診断 ・メディカルチェック ・日次チェック	トレーニング ・スキル ・フィットネス	安全教育 ・スポーツ医学 ・栄養 ・メンタリティ	装備装着 ・テーピング ・ヘッドキャップ ・マウスガード	環境整備 ・施設 ・用具 ・EAP
事故対応 (試合・練習・ その他)	発生時対応 ・初期対応 ・救急連絡 →→→		発生後対応 ・連絡／報告（関係者・協会） ・記録 ・保険請求		

実施計画書をもとに，日々の安全対策を実施し，定期的・非定期的な点検のもとに管理を進める。

図8-4●ラグビーにおける安全管理プロセスの整備（2023年度日本ラグビーフットボール協会安全・インテグリティ推進講習会資料）

すべきことを，チームの状況に応じて決定し実践していく必要がある。そのためにも，チームの安全管理の目標をできるだけ具体的に設定し，定期的に評価することが重要である。

（石指宏通）

2. コーチ育成の課題と展望

現行の日本ラグビー協会のコーチ資格制度は，1958年より制度化したものであり，2023年3月現在，養成事業を修了し公認コーチとして登録している者は12,988人となっている。公認コーチ資格制度は，ラグビーコーチ全体のレベルアップに大きな役割を果たしており，この制度によって養成された指導者は，地域におけるラグビーの普及振興や国際競技力向上に大きく貢献している。ラグビー振興に関する日本ラグビー協会の使命は，誰でも，いつでも，どこでも楽しめるラグビー社会をつくるということである。また，近年，運動部活動の地域移行など，ラグビーを取り巻く様々な社会環境が変化を続けている。社会の変化に対応しながら，掲げる使命を実現していくためには，競技者から楽しみを志向する人まで，多様なニーズや年齢の参加者に対して的確にラグビーを指導できる優秀なコーチの育成が重要である。本項では，日本ラグビー協会の使命を達成する上での，今後のコーチの育成をめぐる課題と展望について述べる。

(1)コーチ育成の課題

◎有資格者数からみる課題

現在，日本ラグビーの競技者数は91,300人（男子86,195人，女子5,105人，2023年2月時点）で

表8-2 ● 2023年3月現在の資格種別保有者数

資格種	保有者数（人）
スタートコーチ	9,780
C級コーチ	621
B級コーチ	1,212
A級コーチ	1,269
S級コーチ	106

ある。日本ラグビー協会では10人の競技者に対して1人のコーチを配置することを目指し，約10,000人のコーチを育成することを目標数として，2019年より取り組んできた。**表8-2**は2023年3月現在の資格種別保有者数となるが，2019年よりスタートコーチをオンライン化したこともあり，人数については合計で12,988人と目標数を大きく超える結果となっている。この点については大きな成果である。一方，質の向上を考えると，2022年より始めた集合形式で開催するC級コーチの資格保有者数が少ないことが課題となる。また，運動部活動の地域移行を考えると，JSPOと連動したB級コーチ，A級コーチの資格保有者を増やしていくことも求められる。

◎資格更新率について

現在は資格更新率が60％程度となっており，約半数のコーチが一度取得した資格を更新していないという課題がある。そのため，有資格者に対する研修事業の充実・拡大を図ることが求められる。また，資格を失効する理由の一つとして，事務手続きの煩雑さも挙げられる。事務手続きの簡素化も更新率を向上させる上では重要な取り組みとなる。

◎コーチ育成専門委員会の充実・活性化について

現行の公認コーチ資格制度は都道府県ラグビー協会のコーチ育成に関する委員会と連携して行われている。C級コーチ講習会については，都道府県ラグビー協会にて開催されているが，活動が活発ではない都道府県では講習会を開催できていないという課題がある。今後，C級コーチ講習会の開催回数を増やしていくには，各都道府県協会のコーチ育成に関する専門委員会を充実・活性化させることが必要である。そのためには，日本ラグビー協会が，定期的に養成計画や研修プログラム，コーチの活用方策などの情報提供を行い，事業を適切に推進するための体制整備をサポートしていくことが求められる。とはいえ，現状は日本ラグビー協会のコーチ育成専門委員会の活動も人材や財源が不足している状況にある。今後，日本ラグビー協会内でのコーチ養成に関する重要性の理解

を高めるとともに，講習会などの受講料などの見直しによる財源の確保なども行いながら，委員会活動を活発化させることが求められる。

(2)コーチ育成の展望

ここまでは現状の活動に関する課題について述べたが，ここからは今後のコーチ養成に期待される事柄について述べる。

◎カリキュラムについて

B級コーチ講習会，A級コーチ講習会については，JSPOと連動しており，受講者は，専門科目と共通科目を受講する。2019年度より，JSPOが開催する共通科目に大きな改定が行われて以降，専門科目と共通科目の講義内容が重複する問題が出てきている。受講者にとって重複する内容が多いことは効率が悪いため，今後も定期的にカリキュラムの見直しをしていくことが重要となる。また，事前事後の自宅学習時間を増やすことや，自宅から参加できるオンラインと集合（対面）のハイブリッドな講習形式など，受講レベルを下げることなく，より簡易にコーチとしての学びの場に参加できる環境整備も求められる。

◎活動拠点の整備

現在，B級，A級，S級コーチの講習会は，2月の時点で年間のスケジュールが発表されるが，C級コーチ講習会については，随時，準備ができた都道府県ラグビー協会から募集を行っており，受講者としては計画が立てにくいという問題がある。そこを解決していく上では，講習会の拠点として，日本ラグビー協会加盟のラグビー団体や体育系大学などと関係を構築し，定期的に講習会を開催する体制を整えることが求められる。

◎女性指導者の育成

日本でも女子ラグビーが広く認知されている状況だが，しかしながら，現在，女性の有資格者の数は580人と男性有資格者の数に比べて非常に少ない状況にある。日本ラグビー協会の戦略計画においても，女性コーチの育成を掲げている。女性がコーチをする上で起こる女性特有の課題への理解などの啓蒙活動も行いながら，女性の有資格者

コーチを増やし，コーチとしての活躍の場をサポートしていくことが求められる。またエデュケーターといわれる講師育成も求められる。

◎コーチのグローバル化

現在，カテゴリー別にコーチをみると，大学以下までのカテゴリーでは，ほとんどのチームで日本人コーチが多く活躍している。一方，国内最高峰のリーグであるジャパンラグビーリーグワン（以下，リーグワン）については，多くのチームが海外で実績を残したコーチがチームを率いるケースが多い。リーグワンは国内のリーグではあるが，選手登録の規定により多くの外国籍選手が出場可能であり，試合では半数近くが外国籍選手で編成されるケースも珍しくない。それが外国人コーチを招聘する理由の一つでもあろう。「スポーツ基本計画」（文部科学省，2022，p.16）では，国際競技力向上のために「スポーツコーチ等には，従来求められてきた戦術・戦略の構築や，スポーツ医科学等に関する知識等を活用した強化方法の立案・指導を行う能力に加え，国際コミュニケーション等の新たな能力が求められる。」と述べられている。リーグワンは国際大会ではないが，世界の多くの選手が集まるリーグとなっている点では，とても国際色豊かなリーグである。現在でも，優れたコーチングスキルを持ってリーグワンを率いている日本人コーチはいるが，今後，さらにリーグワンで活躍する日本人コーチを増やしていくには，言語の問題だけでなく，世界の様々な国や人種の選手と対話ができ，かつ自分自身の主義主張も対等に言い合うことができる国際コミュニケーション能力の育成が重要となるだろう。

◎スペシャリストコーチの育成

現在の日本ラグビー協会の公認コーチ資格制度は，どの資格も全年代の選手を指導するための要素が網羅的にカリキュラムに含まれている。メリットとしては，1つの講習会のなかで様々なカテゴリーのコーチと交流できることや，全年代の指導方法や様々なポジションスキルを学ぶことができるという点である。その一方で，デメリットとしては，専門性という点では不十分なところも

ある。今後については，現在の網羅的な内容を含む資格を柱として，さらに専門性を深められる講習を開催することが望まれる。

◎情報発信の活性化

コーチや選手，さらに保護者などに対し，ホームページやSNSなどの各種ツールを活用し，情報提供を行う。また，広く公認ラグビー指導者を知ってもらうことなども充実させる。

◎有資格者の活用の促進

公認コーチ指導者の活動の促進を図る。とくに学校運動部活動を指導する外部指導者として有資格者が活用されるよう働きかける。また，各種大会における監督・コーチの参加条件に公認コーチ資格の取得が位置づけられるよう，各大会と連携を図る。

◎コーチエデュケーターの育成

講習会の開催回数を増やしていくには，受講者の学びを支援することのできるコーチエデュケーターといわれる講師養成も重要となる。現在，B級，A級，S級コーチ資格はWRの資格制度と連動していることもあり，WRのエデュケーターが講師を務めている。講師養成については，WRの協力のもと実施している。C級コーチについては日本ラグビー協会で独自にC級コーチエデュケーター養成講習会を開催している。講師養成に関しても，計画的に育成する体制の整備が求められる。

◎資格の国際化

諸外国の指導者資格を取得する者や，日本で指導者として活動を希望する外国籍の選手など，指導者資格制度の国際化の促進が求められる。各国のコーチ資格の互換性の調査や外国籍者への特別な教育課程の創設や講習内での配慮なども必要となろう。また同時に，コーチの資質向上に関する国際的な動向の把握なども求められる。

◎講習会での障がいがある人への配慮

コーチの担い手には，当然のこととして障がいのある人も含まれる。合理的配慮は個別的に検討されるべきものだが，必要となる配慮などを含めて基本的な手続きなどをシステム化しておくことも必要である。

◎メンターの活用

「メンター（Mentor）」とは，日本語で「指導者，助言者」と訳され，コーチのキャリア形成上および業務執行上の課題や悩みの解消を援助することが役割となる。コーチはメンターから多様な助言やアドバイスを受け，自己成長につなげる。とくに資格取得後の自己成長の際にメンターを活用することは有効となろう。

◎他種目および異業種との交流

時代を表すキーワードとして，“VUCA（ブーカ）”というものがある。VUCAとは，“Volatility（変動性）”“Uncertainty（不確実性）”“Complexity（複雑性）”“Ambiguity（曖昧性）”の頭文字から構成されている造語であり，「変化が激しく，不確実性が高く，複雑で，曖昧な時勢」という現在の世の中を表現した言葉である。VUCAの時代で生き残るには，自分たちの身の回りの関係性だけでなく，他種目や異業種との交流を通して，世の中の多様なニーズや多様な意見に触れ，変化の激しい社会に対応する力を養うこと，さらには，自分たちの強みを把握することが求められる。

(3) 資格制度の機能の明確化

スポーツのコーチ資格の機能について，馬場（2011）は，①有資格者に対してなんらかの権利・特典・業務独占を与える，②一定の知識と技能を身につけたことを証明する，③自分の興味・関心に応じて新たな知識や技能を体系的に学ぶ機会を得る，という3点を挙げ，①は有資格者が増えると価値が低下し，②および③は有資格者が増えることに意味のある資格だとしている。現在の日本ラグビー協会の公認コーチ資格制度の機能は，馬場のいうところの「一定の知識と技能を身につけたことを証明する」ことや，「自分の興味・関心に応じて新たな知識や技能を体系的に学ぶ機会を得る」ことに該当する。つまり有資格者が増えることに意味がある資格として運営している。現在，プロ選手のセカンドキャリアの問題や部活動の地域移行によるプロコーチの活用など，ラグビーコーチを取り巻く環境は多様化している。今後，

ラグビーの公認コーチ資格制度にどのような機能を持たせるかについて議論し，連動させていくことが重要となろう。

（川合レオ）

［文献］

・赤間英夫・榎本孝二・溝畑寛治・溝端潤（1999）ニュージーランド・ラグビーユニオン コーチング公認マニュアル スキルドリル編（1）．日本ラグビーフットボール協会機関誌 Rugby Football，49（1）：13-23.

・馬場宏輝（2011）スポーツの資格と雇用．菊幸一・真山達志・横山勝彦・齋藤健司編　スポーツ政策論．成文堂，p.416.

・江田昌佑(1988)コーチ制度について．日本ラグビーフットボール協会機関誌 Rugby Football，38（4）：36.

・船橋快三（1968）成果を上げた夏の講習会　第4回教員養成大学学生研修大会，第5回学生全国体育担当者講習会．日本ラグビーフットボール協会機関誌 Rugby Football，18（2）：21.

・星名秦(1975)Better Rugby Note（1）．日本ラグビーフットボール協会機関誌 Rugby Football，25（4）：34-35.

・勝田隆（2000a）IRB レベル3 コーチングコースに参加して．日本ラグビーフットボール協会機関誌 Rugby Footbal，50（1）：8-9.

・勝田隆（2000b）IRB Level Three Coaching Course．日本ラグビーフットボール協会機関誌 Rugby Footbal，50（3）：4-6.

・文部科学省．スポーツ振興基本計画（平成13～23年度）．https://www.mext.go.jp/a_menu/sports/plan/06031014.htm（参照2023年4月28日）

・文部科学省（2022）スポーツ基本計画.

・日本ラグビーフットボール協会(2007a)平成18年度公認スポーツ指導者講師競技別全国研修会　競技力向上委員会コーチ養成部門研修会資料.

・日本ラグビーフットボール協会（2007b）平成19年度 日本ラグビーフットボール協会トップチームコーチ資格習得研修会（IRBレベル4研修会）開催要項〈競技力向上委員会コーチ養成部門〉.

・日本ラグビーフットボール協会（2022a）C級コーチ講習会資料〈普及育成委員会コーチング部門〉，pp.13-17.

・日本ラグビーフットボール協会（2022b）B級/A級コーチ講習会資料—World Rugby レベル1—〈普及育成委員会コーチング部門〉，pp.8-10.

・日本ラグビーフットボール協会（2023）安全なラグビーの実現に向けて，2023年度安全・インテグリティ推進講習会資料〈安全対策委員会〉，p.42.

・日本ラグビーフットボール協会コーチネット．資格制度の概要　2資格の種類と内容について．https://www.jrfucoach.com/system/（参照2023年4月28日）

・日本スポーツ協会（2019）公認スポーツ指導者制度の改定について．https://www.japan-sports.or.jp/coach/tabid1198.html（参照2023年4月28日）

・日本スポーツ協会（2022a）スポーツ指導者のための倫理ガイドライン．pp.10-12

・日本スポーツ協会（2022b）スポーツリスクマネジメントの実践—スポーツ事故の防止と法的責任—.

・日本体育協会．指導者育成50年のあゆみ．https://www.japan-sports.or.jp/Portals/0/data/katsudousuishin/doc/2015shidosha50th/shidosha_50th.pdf（参照2023年4月28日）

・日本体育協会・日本オリンピック委員会（2012）日本体育協会　日本オリンピック委員会100年史．pp.1911-2011.

・西山常夫(1958)第1回指導者講習会に出席して．日本ラグビーフットボール協会機関誌 Rugby Football，8（1）：14.

・西山常夫（1962）第5回全国指導者講習会に出席して．日本ラグビーフットボール協会機関誌 Rugby Football，12（1）：29.

・西山常夫・田島更一郎・丹羽正（1965）第8回全国ラグビー指導者中央講習会，第1回教育系大学講習会見聞記，関西地区学校体育指導者講習会．日本ラグビーフットボール協会機関誌 Rugby Football，15（1）：19-24.

・大北周二（1994）NZラグビー協会コーチ資格認定教科書レベル2（高校～クラブ）No.1．日本ラグビーフットボール協会機関誌 Rugby Football，44（1）：11-15.

・スポーツ庁・文化庁（2022）学校部活動及び新たな地域クラブの在り方等に関する総合的なガイドライン．pp.6-12.

・徳増浩司（1985）Rugby Coaching Manual，オーストラリア・ラグビーフットボール協会公式コーチングプログラム．日本ラグビーフットボール協会機関誌 Rugby Football，35（2）：11-13.

・徳増浩司（1992）NZラグビー協会コーチ資格認定教科書レベル1．日本ラグビーフットボール協会機関誌 Rugby Football，42（4）：12-15.

・椿原徹也（2004）コーチ委員会だより〈競技力向上C級コーチ養成講習会〉．日本ラグビーフットボール協会機関誌 Rugby Football，54（2）：30-31.

・上野裕一（2005）コーチ委員会だより，〈協会規約 第22章 コーチ改正〉新指導者資格と義務化について．日本ラグビーフットボール協会機関誌 Rugby Football，55（1）：27.

第 9 章

7人制ラグビー

第1節　7人制ラグビーの歴史

1. 7人制ラグビーのはじまり

　初めて開催されたラグビーの国際試合は，何人の選手でプレーされたのだろうか。中村（1992）によると，1871年に初めて国際試合として開催されたイングランド対スコットランドの試合は，なんと20人対20人であった。その後，1875年にイングランドにあるケンブリッジ大学のチームが15人制を採用してから，広く15人で行われるようになったといわれている。

　では，7人制ラグビーはどのようにして生まれたのだろうか。クラーク（1983）によると，7人制ラグビーは，1883年にスコットランドのメルローズにあるメルローズラグビーフットボールクラブ（以下，メルローズ・クラブ）のエドワード・アダム・ヘイグ（Edward A. Haig）によって考案された。ヘイグは，クラブを運営していく上で財政的に極めて苦しい状態に置かれており，なんとか財政を立て直さなければならなかった。そのため，試合の観客をたくさん集め，クラブの入場収入を増加させることが必要であった。そこで，多くのチームが集まり，数多くの試合をわずか1日で消化できるトーナメント方式の大会を開くことが最も有効だと考えた。15人制ではそれは不可能であり，人数を7人にまで縮小し，同時に試合時間も極端に短縮することを試みたのが7人制ラグビーの誕生だといわれている。

　記念すべき第1回大会は，「第1回セブン・ア・サイドラグビートーナメント大会」として，メルローズ・クラブを含む7チームが参加し，1試合15分間で行われた。決勝戦ではともにスコアがなく，さらに15分の延長戦を行った。長い時間の延長戦となり，どちらか一方がスコアを記録した時点で勝利するサドンデスというルールがこの

ときに生まれたとされている。当時は，フォワードが4人，ハーフバック2人，フルバック1人の編成で試合が行われていた。その後，パス攻撃の進歩につれてフォワードが3人に減り，ハーフバック1人，バックス3人の現在の形へと変化した。

　7人制ラグビーの経済効果に気づいた他のクラブは，次々と自前の大会を開催するようになっていった。このようにチームの財政を救い潤わせる一方で，第一次世界大戦の終戦（1918年）を契機に，チャリティーを目的とした7人制ラグビーの大会が開催されるようになっていった。

　その代表的な大会が1926年にイングランド南部のミドルセックスで開催された。この大会は，ロンドン在住のスコットランド人であるジミー・A・ラッセル・カーギル（Jimmy A. Russell-Cargill）によって始められた。ラッセル・カーギルは，「シーズンの最後に州内のクラブ同士で7人制大会を開こう。そうすれば，小さなクラブにもトゥイッケナムの芝を踏み，大物を倒すチャンスがめぐってくる」と提案した。ただ，この大会開催をめぐっては，「7人制の催しが成功すれば，やがて15人制ラグビーを滅ぼしかねない」や「大会の収益が，良からぬ問題を起こしはしないか」といった反対意見が多く挙がった。しかし，「7人制ラグビーはスコットランドですでに40年以上の歴史があり，15人制ラグビーに対して効果はあれど悪影響はない」と説明し，大会の収益金を全額寄付に回すことを宣言し，「第1回ミドルセックス・セブンズ」がトゥイッケナムスタジアムにて開催された。このミドルセックス・セブンズは，43ものチームが参加し，試合時間は7分ハーフ，決勝戦のみ10分ハーフで戦い，休憩は1分と，現在の形とほぼ変わらない形式で開催された。

　また，チャリティーで大会を行った背景には，金銭の補償がある13人制のラグビーリーグと明

確な線引きが必要だったともいわれている。

　この大会をひな型として，世界各地に7人制ラグビーが広がっていった。そのなかでも，とくに7人制ラグビーの発展に寄与した大会が「香港インビテーション・セブンズ」（以下，香港セブンズ）である。小林（1992）によると，1976年に始まった香港セブンズは，毎年規模を拡大し，世界的に7人制ラグビーを認知させ，スポンサー航空会社と観光都市香港が積み重ねたノウハウがラグビーサポーターの観戦ツアーを呼び込み，興行的なイベントとしてのセブンズの価値を実証した。また，香港セブンズは7人制ラグビーの技術の発展にも画期的な貢献を果たし，国際試合の中心となっていった。正式には，「キャセイ/HSBC香港セブンズ」という名称で，毎年会場の香港スタジアムには満員の観客が詰めかけ，様々なコスプレをしたり，踊ったり，お酒を飲みながらと，お祭りのように試合を観戦する大きなイベントとなっている。

2. ラグビーワールドカップセブンズ

　香港セブンズをはじめ，様々な国際大会が開催されるなか，フィジーとニュージーランドを筆頭に，各国7人制ラグビーを強化する動きが強まっていった。そして，1993年には，世界ナンバー1を決める「ラグビーワールドカップセブンズ（Rugby World Cup Sevens）」が，発祥の地スコットランドのマレーフィールドスタジアムにて開催された。第1回大会は，24カ国が参加し，決勝はイングランド対オーストラリアの対戦となり，イングランドが優勝を遂げた。そして，7人制ラグビーの発祥であるメルローズの名にちなんだメルローズカップを初めて手にした。1997年には，第2回大会が香港にて開催され，フィジーが劇的な優勝を遂げた（ワールドラグビー〈World Rugby：WR〉，2018）。

　また，2009年からは男女同時開催となり，女子としての第1回大会はドバイにて開催された。女子は16カ国が出場し，オーストラリアが優勝を遂げた。WRは，2019年より15人制，7人制ともにワールドカップ大会の名称に「女子（Women's）」をつけないことを決定した（Rugby Republic編集部，2019）。この決定は，ジェンダー平等に向けた大きな第一歩となった。

　現在，このワールドカップセブンズは，男子が24カ国，女子が16カ国にて，15人制のラグビーワールドカップ（Rugby World Cup：RWC）開催の中間年に原則開催されている。

3. ワールドラグビーセブンズシリーズ

　ラグビーワールドカップセブンズで盛り上がりをみせた7人制ラグビーは，1999年12月からWR（当時，国際ラグビー評議会〈International Rugby Board：IRB〉）が，「ワールドラグビーセブンズシリーズ（World Rugby Sevens Series）」という大規模な国際大会をスタートさせた。この大会は，1つの大会だけで完結するのではなく，サーキット形式で1999年12月から2000年5月までの間，世界各国で計10大会を開催し，合計ポイントを競い合って，総合優勝を決めるものとなった。16カ国が参加した最初のシリーズにおいて初代王者に輝いたのは，ニュージーランドであった。第8戦は，日本の秩父宮ラグビー場にて開催され，その影響もあって日本各地で多くの7人制ラグビーの大会が行われるようになっていった。

4. オリンピック

　ラグビーワールドカップセブンズやワールドラグビーセブンズシリーズなどが開催されるなか，7人制ラグビーをオリンピック正式種目へとの機運が高まっていった。

　実は，オリンピックのラグビー競技は，1900年パリ大会にて15人制ラグビーが開催され，開催国のフランスが金メダルを獲得したのがはじまりだった。その後，1908年ロンドン大会，1920年アントワープ大会，1924年パリ大会と4回開催されたが，15人制ラグビーを短期間で開催することの難しさや，1チームの登録人数が多いこ

とによりオリンピックから姿を消した。

1998年には，4年に一度開催されている「アジア競技大会（Asian Games）」にて7人制ラグビーが15人制ラグビーとともに正式種目に採用され，再びオリンピックへ動き出した。その後,オリンピックの正式種目ではない競技の国際大会である「ワールドゲームズ2001年秋田大会」にて，初めて7人制ラグビーが実施され，その魅力が多くの人に伝わっていった。2009年には,国際オリンピック委員会(International Olympic committee：IOC）によってようやく7人制ラグビーがオリンピックの正式種目に採用され，2016年リオデジャネイロ大会から実施されることが決定した。

オリンピックにおける7人制ラグビーの出場枠は，ワールドラグビーセブンズシリーズでの上位4カ国,開催国,南米,北中米,ヨーロッパ,アジア,アフリカ，オセアニア，最終予選からそれぞれ1カ国となっており，合計でわずか12カ国しか出場できない。初めて7人制ラグビーが開催された2016年リオデジャネイロ大会においては，日本はアジア代表として男女ともにオリンピック出場を果たし，男子は予選でニュージーランドを破り，大躍進し4位という素晴らしい結果となった。

5. 国内での7人制ラグビーのはじまり

このようにオリンピックの正式種目になるなど大きな盛り上がりをみせる7人制ラグビーであるが，日本ではいつ頃から始められたのであろうか。

日本で初めて7人制ラグビーが行われたのは意外に古く，イングランドのミドルセックス・セブンズ開始からわずか4年後の1930年である。日比野（2011，p.36）によると，そのはじまりは諸説あるものの,1930年2月8日に学士ラガー主催の大会が東京大学駒場グラウンドで行われたのが日本で行われた7人制の大会とされている。その年,4月3日には，神宮球技場で7人制ラグビー競技会なるものが行われ，大学の部で京都大学工学部が優勝し，4月27,29日には関東協会主催の7人制大会が東京大学駒場グラウンドで開催された。

1959年には，横浜カントリー＆アスレティッククラブ（以下，YC & AC）が主催者となり，第1回YC & ACセブンズ大会を開催して以来，この大会は，推薦されたチームが日本全国から招待の形で参加する全国規模の大会に成長した。第13回大会からは日本ラグビーフットボール協会（以下，日本ラグビー協会）が主催となり,第46回大会から「YC & ACジャパンセブンズ(JAPAN SEVENS)」と称することになった。

1993年には，第1回ジャパンセブンズが秩父宮ラグビー場にて開催され，社会人，大学を含めた国内のトップを決める全国大会がようやく創設された。第2回は熊谷ラグビー場で開催されたが，第3回から再び秩父宮ラグビー場に会場を移し，国内のトップを決める全国大会ではなく，世界の強豪を招待する国際大会へと舵を切った。ニュージーランドとフィジーが決勝戦を行うなど，第二の香港セブンズに発展する期待を持たせていたが，ワールドラグビーセブンズシリーズのスタートによって，2000年の第8回大会からは再び国内のチームのみで競われる国内大会へ戻った。

一方，日本のスポーツの祭典である国民体育（2024年から国民スポーツ）大会（以下，国体）においては，日比野（2011，p.331）によると，1946年の第1回大会からラグビーは採用されており,15人制で行われていた。しかし，オリンピックで7人制ラグビーが正式種目として採用されたことに伴い，成年男子は2013年東京大会より，女子は2016年岩手大会より，7人制ラグビーとなった。ただ，少年男子は現在も15人制ラグビーが実施されている。

6. 日本の中学・高校における7人制ラグビー

上述したように，国体にて少年男子で7人制ラグビーがいまだに実施されていないが，日本の中学生，高校生の7人制ラグビーの歴史，現状はどのようになっているのだろうか。

中学生においては，1973年に日本ラグビー協会より出版された『少年ラグビー・ガイドブック』

において，C級（初歩向き）のゲームとして紹介され，15人制ラグビーへのリードゲームとして7人制ラグビーが活用されていた。（川島・江田，1987）。しかし，男子の中学生においては，12人制で行われるジュニアラグビーが主流となっており，7人制での試合はほとんど開催されていないのが現状である。

高校生においては，1988年に「高校セブンズラグビーフットボール選手権大会」が開催され，少しずつ7人制ラグビーが行われるようになっていった。その後，7人制ラグビーがオリンピック正式種目になることを受け，強化ならびに普及の一環として，2014年には「アシックスカップ」として「全国高等学校7人制ラグビーフットボール大会」が開催された。この大会は，都道府県大会を勝ち抜いた代表を集め，7月の菅平にて開催されている。しかし，男子の高校生においては，アシックスカップのみしか全国的な大会は実施されておらず，男子の中高生年代の7人制ラグビーの強化・普及は大きな課題であると思われる。

一方，女子においては，中学生を対象とした「太陽生命カップ全国中学生ラグビーフットボール大会」が2016年より開催されている。この大会は，8チームが推薦で出場し，中学生の女子にとっては目標となる全国大会となり，それを機に全国各地で7人制ラグビーが盛んに行われるようになっていった。

また，高校生においては，それよりももっと早い2009年に花園ラグビー場で開催される男子の全国大会の前座にて女子の7人制ラグビーのエキシビションマッチが初めて開催された。2011年には，菅平にて「KOBELCO CUP 2011」として「第1回全国高等学校女子7人制ラグビーフットボール大会」が開催された。しかし，2016年からは本大会が15人制の大会へと変わったことをきっかけに，2017年には菅平にて全国の強豪が集まる「オッペンカップ」，さらには同年，高校生女子セブンズ大会「サニックスワールドユース」が開催されるようになっていった。

2018年には，新たに「第1回全国U18女子セブンズラグビーフットボール大会」が開催され，高校生のトップを決める大会として毎年各地域にて予選が開催され，年々レベルや規模が大きくなっている。

このように女子の高校生の7人制ラグビーの大会は数多く開催されるようになり，男子とはまったく異なり，多くの経験を積むことができるようになっていった。

7. 大学生・社会人における女子7人制ラグビー

女子の大学生，クラブチームにおいては，男子と同様に15人制ラグビーを中心に発展していった。しかし，7人制ラグビーがオリンピックの正式種目になってから大きく動き出し，多くのスポンサーが女子チームのサポートを行うようになっていった。2014年には，女子ラグビーの全国的な普及拡大や競技力向上を目的とし，企業による特別協賛によって「太陽生命ウィメンズセブンズシリーズ」がスタートした。この大会は，ワールドラグビーセブンズシリーズを参考に，サーキット形式で初年度は年間3大会，それ以降は4大会でシリーズ優勝を競う大規模な大会となっている。国内でこのようなセブンズシリーズを行っている国はほとんどなく，オリンピックでのメダル獲得に向けて年々レベルアップし，女子の7人制ラグビーの強化に大きくつながっている。

以上のように，7人制ラグビーは，世界ではオリンピック種目として盛り上がりをみせ，国内の女子においては様々なカテゴリーで大会が開催されている。一方，国内の男子においては，高校では全国大会が実施されているものの，大学やリーグワンのカテゴリーにおいてはわずかしか大会が実施されておらず，7人制ラグビーをプレーする機会がほとんどないのが現状である。今後，本書をきっかけに多くの人たちに7人制ラグビーのコーチングを知っていただき，7人制ラグビーの普及，強化につながることを心より願っている。

（椿原徹也）

第2節　7人制ラグビーのゲームとトレーニングの特徴

1. 7人制ラグビーのゲームの特徴

第1節でも述べた通り、ラグビーワールドカップセブンズが始まったのは1993年であり、そのなかで女子の試合は男子を追う形で2009年から始まっている。さらに、2016年のリオデジャネイロ大会からオリンピック正式種目として7人制ラグビーが採用されている。このように7人制ラグビーが本格的に行われるようになったのは比較的最近のことであるが、ゲームにおける戦術的な発展は、わずかな期間でも目覚ましいものがあり、ゲームの構造も大きく変化している。本項では、7人制ラグビーのゲームの特徴について、競技規則の違いからと、近年のゲームパフォーマンス分析の結果から述べていく。

(1)競技規則の違いからみたゲームの特徴

WRの競技規則（2023）によると、7人制ラグビーは15人制ラグビーとは異なる点がいくつかあり、その競技規則の違い（**表9-1**）から7人制ラグビーのゲームに特徴がみられる。グラウンドに関してはどちらも同じ広さで行うが、7人制ラグビーは、名前の通り双方7人で試合を行うため、一人ひとりに与えられるスペースが15人制ラグビーよりも広く、より多くの運動量が求められる。

国際試合では交替・入れ替えの選手は最大5人までとなっており、1日に数試合行う7人制ラグビーにおいては、各試合の選手交替・入れ替えのタイミングが非常に重要となる。

試合時間は7分ハーフとなり、ハーフタイムは2分以内となっている。試合時間がとても短く、

表9-1 ●15人制と7人制ラグビーの競技規則上の主な相違点（World Rugby, 2023）

競技規則	15人制ラグビー	7人制ラグビー
グラウンド	縦94〜100m×横68〜70m	縦94〜100m×横68〜70m
競技区域内にいる選手	15人以内	7人以内
交替／入れ替えの選手	最大8人まで	最大5人まで
試合時間	80分以内（40分ハーフ）	14分以内（7分ハーフ）※
ハーフタイム	15分以内	2分以内
アシスタントレフリーの位置	タッチライン際	インゴール
コンバージョンキック・ペナルティゴール	プレースキックまたはドロップキック	ドロップキックのみ
コンバージョンキックにおける相手側	ゴールラインまで下がる	自陣の10mライン付近に集まる
トライが認められてからコンバージョンキックまでの時間	90秒以内	30秒以内
ペナルティゴールの意思表示をしてからキックまでの時間	60秒以内	30秒以内
イエローカードによる退場時間	10分	2分
50mリスタートキックを行うチーム	得点された側	得点した側
キックオフ・50mリスタートキックが失敗した場合	キックのやり直しまたはスクラムを選択	フリーキック
ラインアウトの形成準備時間	速やかに	15秒
スクラムの形成準備時間	30秒	15秒

※決勝のみ20分以内（10分ハーフ）が認められる。

1つのミスが結果に大きな影響を与える。引き分けにより延長戦が必要となる場合には，1分の中断後，5分を超えないハーフを行い，先に得点したチームが勝者となる。また，決勝戦のみ10分ハーフで行うことが認められている。7人制ラグビーは高強度のダッシュやコンタクトを繰り返すため，延長戦や決勝戦のことを考えると非常にタフなゲームとなっている。

キックオフ，リスタートキック，トライ後のコンバージョンキック，ペナルティゴールは，すべてドロップキックで行わなければならない。そして，トライ後およびペナルティゴールの意思表示後30秒（競技時間）以内にキックを行わなければならず，チームにおいては，素早く，正確なドロップキックを蹴る技術に長けた選手が必要不可欠である。

得点後のリスタートキックは得点した側が行い，キックオフも含めてそのキックが10mに達しない場合やボールが直接タッチになった場合，また蹴られたボールがインゴールでグラウンディングもしくはデッドボールラインを超えた場合など，すべてキックを蹴らなかった側のハーフウェイラインからのフリーキックとなる。フリーキックやペナルティキックからはどのチームも速攻で攻めることがほとんどであり，試合が途切れることのないスピーディーな展開が7人制ラグビーの大きな特徴である。

(2) 7人制ラグビーにおけるゲームパフォーマンス分析の現状

現在の7人制ラグビーの世界大会では，「アナリストルーム」と呼ばれる部屋でリアルタイム分析ができる環境が構築されており，そこでは分析スタッフが独自の分析項目を柔軟にカスタマイズできる分析ソフトウェアを駆使し，スタッツに紐づいた映像クリップをリアルタイムで確認しながらスタッツ分析の作業を行っている（岩井，2023）。

例えば女子7人制ラグビー日本代表においては，ボール保持率，ラインブレイクの数，攻撃の精度

がどうかといった，試合の勝敗に影響を及ぼすと考えられる数値をモニタリングし，インカムを用いて情報をベンチサイドに伝え，勝利に向けてのサポートをリアルタイムで行っている。

一方，国際大会は1日に2〜3試合行われるため，「アナライジング」といわれる自チームの分析だけでなく，「スカウティング」といわれる相手チームの分析も平行して行っている。アナライジングとスカウティングでは項目における大きな差はないが，スカウティングでは，攻撃の起点であるセットプレーおよびセットプレーからの攻撃分析，トライパターン，キープレーヤー，防御のシステムなどを分析し，実際のスタッツとともにコメントを入れた映像クリップを作成している。そして，コーチと議論の上，次の試合に向けて必要な情報が提供される。試合に出場する選手たちは，こちらが作成した映像や情報をタブレット端末やパソコンでチェックし，試合の準備を行うことになる。

(3) 分析結果からみたゲームの特徴とゲームパフォーマンスの変容

2020東京オリンピック大会における女子7人制ラグビーのスタッツ（表9-2）をみると，近年の女子7人制ラグビーが，1試合平均で35.7得点，5.7回のトライ，25回のラック・モールの形成，77回のパス，2.2回のキック，4.5回のスクラム，1.7回のラインアウト，6.6回のキックオフ・50mリスタートキック，9.1回のペナルティキック・フリーキックが発生するゲーム構造になっていることがわかる。すなわち，7人制ラグビーは，ラインアウトやスクラムといったセットプレー，そしてキックが極端に少なく，パスが多いことが大きな特徴であるといえる。

また，ゲームパフォーマンスの変容として，2016リオデジャネイロオリンピック大会と2020東京オリンピック大会でスタッツ（表9-2）を比較すると，得点とトライ数の平均値は上昇傾向にある。そして，自陣のエリアからのトライの割合とペナルティキック・フリーキックからのトライ

表9-2●東京オリンピックとリオオリンピックの女子7人制ラグビーのスタッツ比較（岩井，2023）

	2020東京	2016リオ
総得点（1試合平均）	35.7	32.2
トライ数（1試合平均）	5.7	5.3
平均トライ時間	76秒	81秒
コンバージョンキック成功率	63%	53%
ペナルティキック・フリーキックからのトライ割合	52%	40%
自陣エリアからのトライ割合	39%	29%
ラック/モールをつくらずトライした割合	65%	65%
3回以下のパスでトライした割合	55%	66%
ボールインプレー割合	52%	51%
パス数（1試合平均）	77	63
ラック・モール数（1試合平均）	25	18
ラック継続率	87%	79%
キック数（1試合平均）	2.2	1.9
キックオフ・50mリスタートキック数（1試合平均）	6.6	6.2
ボールコンテストできるキックオフ・50mリスタートキック割合	72%	59%
ボールコンテストし再獲得したキックオフ・50mリスタートキック割合	29%	33%
スクラム数（1試合平均）	4.5	3.5
スクラムでのボール獲得率	93%	94%
ラインアウト数	1.7	2.3
ラインアウトでのボール獲得率	86%	76%
ペナルティキック・フリーキック数（1試合平均）	9.1	8.4

の割合が増加している。近年の7人制ラグビーにおいては，得点やトライが増えているものの，各チームの防御スキルが向上したことで，自陣での数的優位な状況での積極的な攻撃や，ペナルティなどの防御が崩れた状況での速攻からのトライが増えたのではないかと考えられる。また，3回以下のパスでのトライの割合は減少し，1試合あたりのパス回数は大幅に増え，ラック・モールの回数，キックの回数も増えており，これらの結果からも以前に比べて防御スキルの向上によりトライを奪うことがより難しくなっていることが示唆されている。

トライを奪うためには，攻撃する機会を増やすことが重要である。そのため，セットプレーもしくはブレイクダウンにおいて，相手からボールを奪うことは非常に重要となる。とくに，表9-2でキックオフ・50mリスタートキックでのコンテスト（ボールの争奪）を行うキックの割合が上昇していることは特徴的である。古川ほか（2012）は，試合の開始と再開のプレーであるキックオフ・50mリスタートキックのプレーにおけるボールの争奪が7人制ラグビーの勝敗に大きな影響を及ぼすことを示している。そのため，多くのチームでキックオフ・50mリスタートキックのボールの再獲得を狙った戦術が採用されている。また，トライ後のコンバージョンキックの成功率が上がっていることからもうかがえるように，ドロップキックのスキルが向上していることが挙げられる。

以上のように，わずか5年でも7人制ラグビーのゲームパフォーマンスに大きな変化がみられており，これらの情報を収集し分析することで，トレーニング内容をプランニングするための有益な情報として活用することができるであろう。また，チームとしてどのようなスキル獲得やプレー選択が勝利に貢献できるのかといったことも丹念に分析していくことは，チームを勝利に導くためには必要不可欠であると考えられる。

（岩井　優・椿原徹也）

2.　7人制ラグビーのトレーニングの傾向

7人制ラグビーは15人制と同様のフィールドで実施され，一人ひとりのスペースが広いためボールが大きく動き，攻守が激しく入れ替わるという特徴がある。また15人制と比べてトライの発生回数が多く，「全エリアから積極的にトライを狙うゲームが展開されている」（古川ほか，2012）。そのため，攻撃時に相手を抜き去って独走したり，相手を追いかけるための高強度スプリントやアジリティーが繰り返し発生する。またタックルやブレイクダウンなどの接点局面で激しいコンタクトが繰り返し発生する。そうした高強

度の運動動作（スプリント，アジリティー，コンタクト）を14分間絶えず発揮し続けるための全身持久力が7人制ラグビーに必要な体力要素として挙げられる。

　トレーニングを計画する上では，まず年間の試合スケジュールに応じてトレーニングの目的を整理し，実際のトレーニング時間や強度を決定していく。その際に選手の身体的疲労度なども考慮して，トレーニングの強度や量を変化させていく必要がある。とくにワールドラグビーセブンズシリーズなどの国際的な大会は，約半年間にわたって試合が続くことになる。そのため，トレーニングの強度を引き上げて選手を強化する期間（オフシーズン）や，高めた体力を維持しながら試合をこなしていく期間（プレシーズン，インシーズン）で，年間の大会数にもとづいてトレーニングの量や強度をコントロールすることにより，パフォーマンスを維持し傷害の予防に努めなければならない。

(1) トレーニング強度の決定

　7人制ラグビーは高強度のスプリントやコンタクトが間欠的に行われるため，フィールドトレーニングにおいてもそうした競技特異的な要素を踏まえ，負荷への耐性をつけていく必要がある。短距離のスプリントを繰り返し行うなど，「スピードに重点を置いたトレーニングは意思決定のスピードと運動のスピードの両方を強調することに目を向けるべき」（Tee et al., 2019）であろう。例えば10mのスプリント競争をする際，2色のマーカーを左右のゴールに設置し，コーチが出した色のマーカーの方向に向かって選手同士で競争する内容でセッションを組む。そのセッションで選手はコーチの出した色を見て判断する意思決定，その次にゴールに向かってスプリントするという運動動作が生まれる。集中的なトレーニングブロックにそうしたゲーム要素を加えることで，より試合に近い状況で思考を働かせる運動学習の機会をつくることが可能になる。これはいわゆる全身持久力の向上を目的としたランニングトレー

ニングでも同様の考え方ができる。あらかじめ決められたタイムや距離を走る高強度のランニングトレーニングと，実際のゲームを想定した形式でのコンディショニングトレーニングの両方を組み合わせることにより，高強度のゲーム負荷への耐性という面でより良い効果をもたらすと思われる。実際にコンディショニングゲームアプローチがラグビー選手の持久力向上をもたらす効果があることもGamble（2004）によって証明されている。

　また7人制ラグビーは「15人制に比べ，平均ボールインプレー時間は約10秒短く，平均アウトオブプレー時間が約15秒短くなる」（古川ほか，2012）などの報告もみられるため，そうした実際の試合でのボールインプレータイムやアウトオブプレータイムも考慮して，トレーニングで使うゲームの時間や量を構成していく必要がある。例えば，ゲーム形式トレーニングの運動時間を60秒，休息時間を30秒の合計90秒を1セットで設定し，それらを5セット実施すると，そのブロックで7.5分間のコンディショニングゲームとなり，実際の試合時間（7分ハーフ）とおおよそ同程度のランニングタイムでトレーニングが構成できる。他にも高強度のランニングトレーニングを実施した後にラグビーのスキルトレーニングを入れるなど，疲労下の状況で正確なスキルが求められる状況を想定したトレーニングの構成も，高強度のゲーム負荷への耐性をつける上で有効であろう。

　ストレングストレーニングはラグビー選手のフィールドパフォーマンスを高めていく上で欠かせないものであり，短時間で高強度のコンタクトが繰り返し発生する7人制ラグビーにおいても同様である。「球技では，競技動作に関連する筋が力を発揮する際の速度（筋パワー）が，その動作の成功を左右する重要な要因であると考えられる」（中川ほか，2019）。このことは，例えばラグビー競技では，タックル動作前の加速場面やステップで相手を抜く場面，ボールを持ってスプリントする場面が挙げられる。そのため7人制ラグビーにおいてストレングストレーニングを計画する際には，基礎筋力向上を目的としたレジスタン

ストレーニングと，筋パワーの向上を目的とした素早い加速動作を伴うエクササイズ種目（オリンピックリフティングに分類されるパワースナッチ，パワークリーンなど）の2つの視点からメニューを構成していく必要がある。

(2) トレーニング負荷のモニタリング

トレーニングの強度や負荷を管理する手法として，心拍数のモニタリングやGPS（Global Positioning System）を用いたデータの分析などがある。これらの手法は測定精度が比較的高く，トレーニング刺激に関して詳細な情報を得ることができる。

GPSは人工衛星からの信号を受信し，現在位置や距離，時刻などを認識するシステムであり，近年のスポーツ現場においてはGPS機能の活用が進んでいる（古川ほか，2013）。これはGPSのデバイスを選手の身体に装着することで，トレーニングや試合時の移動距離，移動速度，スプリント回数といった運動負荷が測定できるものである。それにより，選手自身が実際に受けている身体的な負荷が視覚化され，トレーニング負荷の定量化や選手個別のパフォーマンス評価，チーム全体のトレーニング強度などを客観的に捉えて設定することができる。また，身体的負荷を数値的に把握できるため，オーバーワークによる怪我のリスク軽減など疲労管理の複雑さが解消される。

一方，Fosterほか（1995）が提案しているセッションの主観的運動強度システム（Session Rating of Perceived Exertion：セッションRPE）はGPSなどの装置を使わずに比較的容易に導入できるトレーニング負荷のモニタリング方法として活用されている（Comyns and Flanagan, 2016）。これは選手にトレーニングセッションが終了した30分後にセッション強度を質問し，Borg（1982）のカテゴリー比スケールCR-10（表9-3）を用いて評価させ，このRPEにトレーニング時間を乗じてトレーニング負荷を算出する方法である。セッションRPEシステムは妥当性と信頼性のある測定方法であり，トレーニングの量と強度とい

表9-3 ● セッションの主観的強度システム (Comyns and Flanagan, 2016)

尺　度	程　度
0	安　静
1	非常に楽である
2	楽である
3	普　通
4	ややきつい
5	きつい
6	
7	非常にきつい
8	
9	
10	最もきつい

う2つの指標をモニタリングすることで，選手へかかる身体的負荷が容易に視覚化できる。

パフォーマンスの長期的な向上には年間の試合スケジュールに応じてトレーニング強度を決定し組み込んでいく必要があるが，高強度の運動動作（スプリント，アジリティー，コンタクト）と全身持久力がとくに求められる7人制ラグビーにおいて，トレーニング負荷の長期的なモニタリングはトレーニング計画を立てる上で非常に重要な作業となる。その際にはGPSデバイスから得られる客観的な数値と，セッションRPEなどから得られる主観的な数値からの情報にもとづいて，トレーニングの強度や量を計画的・系統的に変化させる必要があるだろう。

(3) 7人制ラグビーにおけるリカバリー

通常，7人制ラグビーの大会では1日3試合を2日間，または1日2試合を3日間で実施し，それぞれの試合間隔は1〜3時間ほどである。こうした短いスケジュール間でパフォーマンスを落とさず試合をこなしていくために，まずは7人制ラグビー特有の高強度負荷への耐性をつけることがトレーニングを進める上での大きな目的となってくる。あわせて，効率的で効果的なリカバリーを習慣化し，短時間で心身の回復を図ることも試合でのパフォーマンスを落とさないために重要である。

WRからは，リカバリーの方法として「軽い有酸素運動」「ストレッチ」「栄養補給」の3つが示されている（WR，2020）。こうした基本的なリカバリー方法も参考にしながら，トレーニングや試合を通して受けた疲労の種類を分類し，目的に応じてリカバリープログラムを作成することが求められる。こうした早期の疲労回復を目的としたリカバリー計画は「戦略的リカバリー」または「リカバリー戦略」という言葉で示され，「リカバリーを促進できるような措置を講じて選手は積極的にリカバリーを強化すべき」（Jeffreys，2007）という考えが重要視されている。Jeffreys（2007）は，リカバリーを最適化する上で重要なことは，主要な戦略を一貫して利用することであると述べており，効果的なリカバリーを行うために試合後のリチュアル（儀式）を作成している（**表9-4**）。このことからもリカバリーが単に心身の疲労を回復させるに留まらず，その後のパフォーマンス向上を目指す上でも重要な取り組みであることがうかがえる。

7人制ラグビーにおけるリカバリーの特徴として，表9-4にあるハイドロセラピーツールを多用することが挙げられる。主な理由として，2016年の夏季オリンピックから正式種目となったこともあり，比較的温暖な時期に大会が実施されることが挙げられる。深部体温の上昇が運動時のパフォーマンスを制限する（近藤・西保，2004）という報告もあることから，まずは試合間のリカバリーとして優先的に体温を下げることがパフォーマンスを落とさないために重要になってくるであろう。氷と冷水を満たしたバケツなどに身体を浸すコールドバスは，下肢の全体や一部，場合によっては全身と，比較的大きな体積を短時間で効率よく冷却できる方法である（劔持ほか，2013）。またコントラストシャワー（温水で1分間，冷水で30秒間のシャワーを交互に浴びる流れを3回繰り返す）も，試合間や試合後のリカバリーオプションとして最適であることが示されている（Jeffreys，2007）。

コールドバスやコントラストシャワーの他にも，

表9-4●ラグビー試合後のリカバリーリチュアル（Jeffreys，2007）

試合後5分以内：水分とエネルギーを補給する
・グリセミック指数（GI）の高い糖質を利用し，糖質とタンパク質を4：1の比率で摂取する。
・リカバリー用スポーツドリンクが理想的である。

試合後5〜20分：クールダウン
・身体を軽く動かす（5〜8分間）。
・ストレッチを行う（5〜10分間）。

試合後15〜20分：神経のリカバリー
・ハイドロセラピーツール（コントラストシャワー，コールドバスなど）を使用する。
・セルフマッサージを行う（主にシェイキングテクニックを使って神経のリカバリーを促す）。
・水分補給を続ける。

試合後1時間以内：エネルギー補給と精神のリカバリー
・水分補給を続ける。
・さらに食物（GIが高から中レベルの糖質およびタンパク質）を摂取する。
・パフォーマンスレビューを行う。
・必要に応じて音楽などを利用して，緊張をほぐし始める。

夜：精神のリカバリー
・必要に応じてリラックスできることをする（読書，映画鑑賞，社交など）。
・必要に応じて水分とエネルギーの補給を続ける。

就寝前：睡眠の最適化
・リラクゼーションのスキルを利用して，スイッチをオフにする。
・自分の睡眠ガイドラインに従う。

深部体温を下げるリカバリーツールとして「アイススラリー」が挙げられる。「アイススラリーは水と微小な氷がシャーベット状に混ざった氷飲料であり，低温で流動性が高く，氷が水に溶ける際に体内の熱を多く吸収することができる。そのため，アイススラリーの摂取は冷たい飲料の摂取よりも非常に高い冷却効果を有しており，有用な暑熱対策の一つ」（ハイパフォーマンススポーツセンター，2020）として注目され，近年のスポーツ現場で導入されている。また，身体外部から体温を下げる方法として，手のひらと前腕を冷水に浸けて冷却していく手掌前腕冷却や，アイスベスト（冷却剤がポケットに入ったベスト）の着用も効果的である。

（知念莉子）

第3節 7人制ラグビーの大会形式と試合への準備

1. 7人制ラグビーの大会形式

7人制ラグビーは15人制の大会形式と大きく異なる。通常，7人制ラグビーの大会では1日3試合を2日間，または1日2試合を3日間で実施する。それぞれの試合間隔は1～3時間ほどである。試合時間においても15人制の高校生の場合は30分ハーフの計60分，大学生以上が40分ハーフの計80分であるのに比べ，7人制ラグビーでは高校生も大学生以上も前後半7分，ハーフタイム2分で実施される。1試合14分の試合を休息を挟みながら6試合実施すると，試合時間は計84分となる。

◎7人制ラグビーにおける大会形式の特徴

世界最高峰の7人制ラグビーの大会であるワールドラグビーセブンズシリーズは，半年間にわたって世界中を転戦するサーキット形式で実施される。日本国内においては，女子ラグビーの「太陽生命ウィメンズセブンズシリーズ」がワールドラグビーセブンズシリーズを参考にサーキット形式での大会形式を採用している。サーキット形式の大会の特徴は，各大会のポイント換算で年間総合優勝を争うことである。その他，日本国内の7人制ラグビーの大会形式は1日または2日間で開催され，大会ごとに優勝を争う大会形式がほとんどである。

15人制は，リーグ戦形式を採用している場合，1～2週間間隔で年間7試合から12試合程度が数カ月にわたり実施され，勝ち点・勝利数などで順位を争う。またトーナメント形式の場合は，勝者のみが試合数を重ねることができ，決勝戦で勝利したチームが優勝となる。7人制の場合は，1つの大会で勝っても負けても最低3試合から5試合は試合ができることが大きい特徴といえる（岩

渕，2011）。

7人制ラグビーの大会形式では，勝利を重ねたチームをカップトーナメント（1位から4位），次にプレートトーナメント（5位から8位），そしてボウルトーナメント（9位から12位）といったように，それぞれのトーナメントで優勝チームを決めていく。

7人制ラグビーの大会形式においては，下記の3点が大きい特徴である。

①勝っても負けても試合がある。

②1時間から3時間程度の休息を挟みながら試合を繰り返す。

③1日または2～3日間で開催される単発での大会形式か，数カ月から半年間かけてサーキット形式で実施して総合得点で争う大会形式がある。

2. 7人制ラグビーの試合への準備

(1) 1日で完結する大会形式の準備

まず，7人制ラグビーの1日で完結する大会形式の準備について説明する。図9-1に示したものが1日で完結する大会トーナメントの例である。初戦に勝ったら"Championship"に進み，優勝を争う。初戦に負けると"Consolation"に進み，敗者同士で優勝を争う。

このトーナメントの場合，一番試合が少ないチームでも2試合，最も多いチーム（ChampionshipおよびConsolationの決勝戦まで進むチーム）で4試合を戦うことになる。

日本国内の男子ラグビーにおいて，7人制ラグビーはイベント的に実施するケースがほとんどである。とくに1日で完結する大会形式に参加するチームのほとんどが15人制ラグビーを日常的に

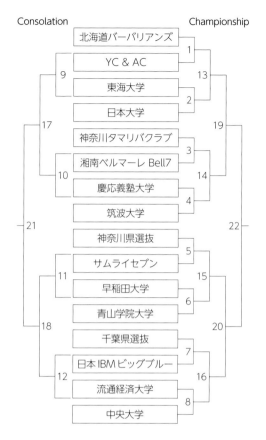

Consolation　　　　　　　　　　　　Championship

図9-1 ● 1日で完結する大会トーナメントの例

プレーしているチームであろう。

前節で述べたように，15人制ラグビーと7人制ラグビーの特性は大きく異なる。そのため，7人制大会に向けての準備期間が長い方が，より良い準備ができることはいうまでもない。大会に向けての準備として大切なことは，7人制のゲーム要素を入れたトレーニング計画を立てること，そして1日に複数回，試合以上の強度でトレーニングを実施していくことが望ましい。

15人制ラグビーと大きく違うのは，試合をした数時間後に再び試合を実施することである。すなわち，リカバリーする時間が与えられるということである。7人制ラグビーのリカバリーは「次に戦うための準備」となる。リカバリーを準備段階から練習しておくことが大切である。試合当日だけリカバリーをしたとしても大きい効果を得ることはできない。準備期間のなかで7人制ラグ

ビーの特性に合わせた高強度トレーニングとリカバリーを組み合わせてトレーニングを計画・実施することが重要である。

(2) 2日間で実施する大会形式の準備

次に，7人制ラグビーの2日間で実施する大会形式の準備について，12チームで戦う大会を例にして説明する。表9-5に示したものが12チームを3つのプールに分けてプールの組み分けを例に示したものである。

1日目はプールごとに戦う予選プールとなる。この勝敗，得失点，勝ち点により1日目の順位が決まる。

大会開催前の準備としては，1日目の対戦相手に対して分析し，戦い方の傾向に対しての対策を練ることができる。また，表9-6に示したものが大会1日目のスケジュールの例である。1日目の大会のスケジュールに合わせて，試合当日のタイムスケジュールを決定する。可能ならば大会前の準備の段階から，大会スケジュールに合わせたトレーニングとリカバリーを繰り返し，リハーサルしておいた方がより良い準備といえる。

表9-6をみてもわかるように，各チームの第1試合については最初の試合（M1）が9時30分で，最後の試合（M6）が11時20分である。組み合わせの違いによって約2時間の差がある。これにより起床時間，朝食の時間，宿泊先からの移動開始時間，会場に入ってからの準備の時間，ミーティング開始時間，ウォーミングアップ開始・終了時間が大きく異なる。大会スケジュールが発表された後，可能な限り大会当日をイメージできる準備をしていくことが，試合でパフォーマンスを最大限に発揮していく上での準備の一つである。

7人制ラグビーと15人制ラグビーの違いの一

表9-5 ● 12チームのプール組み分けの例

プールA	プールB	プールC
チームA	チームB	チームC
チームF	チームE	チームD
チームG	チームH	チームI
チームL	チームK	チームJ

表9-6 ●大会1日目のスケジュールの例

No	開始時間	プール	ステージ	チーム	チーム
M1	9:30	C		Cチーム	Dチーム
M2	9:52	C		Iチーム	Jチーム
M3	10:14	B	予選1回戦	Bチーム	Eチーム
M4	10:36	B		Hチーム	Kチーム
M5	10:58	A		Aチーム	Fチーム
M6	11:20	A		Gチーム	Lチーム
インターバル 30分間					
M7	12:12	C		Cチーム	Iチーム
M8	12:34	C		Dチーム	Jチーム
M9	12:56	B	予選2回戦	Bチーム	Hチーム
M10	13:18	B		Eチーム	Kチーム
M11	13:40	A		Aチーム	Gチーム
M12	13:52	A		Fチーム	Lチーム
インターバル 30分間					
M13	14:54	C		Cチーム	Jチーム
M14	15:16	C		Dチーム	Iチーム
M15	15:38	B	予選3回戦	Bチーム	Kチーム
M16	16:00	B		Eチーム	Hチーム
M17	16:22	A		Aチーム	Lチーム
M18	16:44	A		Fチーム	Gチーム

表9-7 ●大会2日目のスケジュールの例

No	開始時間	ステージ	チーム	チーム
M19	9:30	チャレンジトロフィー①		
M20	9:52	カップトーナメント準々決勝①		
M21	10:14	カップトーナメント準々決勝②		
M22	10:36	カップトーナメント準々決勝③		
M23	10:58	カップトーナメント準々決勝④		
インターバル 30分間				
M24	11:50	チャレンジトロフィー②		
M25	12:12	5位決定戦①	M20敗者	M21敗者
M26	12:34	5位決定戦②	M22敗者	M23敗者
M27	12:56	カップトーナメント準決勝①	M20勝者	M21勝者
M28	13:18	カップトーナメント準決勝②	M22勝者	M23勝者
インターバル 20分間				
M29	14:00	チャレンジトロフィー③		
チャレンジトロフィー表彰式（インターバル 20分間）				
M30	14:42	7位決定戦	M25敗者	M26敗者
M31	15:04	5位決定戦	M25勝者	M26勝者
M32	15:26	3位決定戦	M27敗者	M28敗者
M33	15:48	カップ決勝戦	M27勝者	M28勝者
表彰式（3位→準優勝→優勝→MVPの順で実施）				

つに，「試合に向けての準備の数」がある。7人制ラグビーは1日3試合行う。すなわち3試合分の試合に向けての準備が必要になる。試合に向けてメンタルを整え，毎試合違う相手に対してのウォーミングアップを3回行う。7人制ラグビーはこの準備の違いがパフォーマンスに大きく影響すると考えられる。

とくに1日目の初戦にこの日の最大限のパフォーマンスが発揮できるように準備していくこと，そして初戦にパフォーマンスを最大限に発揮し，勝利を勝ち取ることが大会の結果に大きく影響することはいうまでもない。そして順位が決定する最終戦まで高いパフォーマンスを発揮するためには，試合中以外の行動にも目を向ける必要がある。

2日間で6試合戦う大会では，6回のウォーミングアップを行うことになる。その6回のウォーミングアップの時間，内容，強度は選手のコンディション，前の試合の動き，勝敗，個人・チームのメンタルの状況を踏まえて，変化させる必要があ

る。そして短い時間のウォーミングアップのなかに次の試合で意識するポイントをうまく盛り込むことが大切である。

表9-7が大会2日目のスケジュールの例を示したものである。

大会2日目は1日目のプール戦の順位によってスケジュールが決定する。2日目の勝敗が最終的な順位につながるため，7人制ラグビーの大会で優勝を目指すことを考えると，2日目に最大限のパフォーマンスを発揮するための準備ができていることが重要である。出場する大会の形式が2日間の場合は，それに向けたプランニングも試合に近いスケジュールでトレーニングをしていくことが望ましい。すなわち1日45分から60分程度の練習を3回実施する3部練習を2日間連続で実施するような，実践に近いトレーニングを積んでいくことが必要である。

15人制ラグビーと7人制ラグビーの試合への準備の大きな違いは，2日連続で試合があるということである。1日80分でパフォーマンスを発

揮する15人制と，1試合14分を2日間で6試合戦いトータル84分間プレーする7人制ラグビーでは，日々のトレーニングの計画が大きく異なる。

大会2日目に最大限のパフォーマンスを発揮していくためには，日常のトレーニングを試合以上の負荷レベルで実施していること，そして試合間に実施されるリカバリーのルーティンを確立し，効果的に疲労を回復させることができるかが鍵となる。

7人制ラグビーの2日間の大会に向けたトレーニングプランの組み方のポイントは下記の通りである。

①7人制ラグビーの特徴である短時間で複数回のトレーニングを入れる。

②試合日と同じようにミーティング，ウォーミングアップ，ゲーム形式，リカバリーの順番でトレーニングを繰り返す。

③トレーニング間に食事（補食も含む）と昼寝の時間を組み込み，試合日と同じようなサイクルで行動する。

④トレーニングが試合以上の強度になるようにGPSを用いて強度設定を行う。

⑤2日間高強度のトレーニングを実施したら，身体的・精神的にもリフレッシュ，リカバリーができるオフ日を設定する。

⑥すべてのセッションにおいて短時間で集中力を保ったままトレーニングができるように設定する。

⑦個人，ユニット，チームで取り組むべきターゲットを明確にし，それを達成できるプランを組む。

ここで示したトレーニングプランは，代表チームのように合宿形式で1日中ラグビーができる環境にあるから実現できるプランである。高校生や大学生のように，授業があり限られた時間で7人制ラグビーの大会に向けて準備をしなければならない場合もある。そのような環境の場合は，そのなかでできる範囲で7人制ラグビーの大会形式に類似したトレーニングプランを立てて遂行することが望ましい。

例えば，トレーニング時間が2時間あるとする。

表9-8 ●大会当日のチームスケジュールの例

時刻	予定	場所
6:45	散歩・ストレッチ	公園
7:15	朝食	ホテル
	補食/準備（1時間10分）	
	先発スタッフ出発	
8:45	宿泊先出発	
9:30	試合会場到着	
9:45 - 10:15	テーピング	
10:20	ウォーミングアップエリア到着	
10:25 - 10:35	セルフウォーミングアップ	ウォーミングアップエリア
10:35 - 10:55	チームウォーミングアップ	
10:55 - 11:00	スタジアムへ	
11:03 - 11:11	GPSなどの準備	ロッカールーム
11:14 - 11:36	試合1	スタジアム
11:36 - 11:50	集合/リカバリー	
	休息/テーピング（約1時間15分）	待機場所
13:05	ウォーミングアップエリア到着	
13:10 - 13:17	セルフウォーミングアップ	ウォーミングアップエリア
13:17 - 13:32	チームウォーミングアップ	
13:33 - 13:38	スタジアムへ	
13:39 - 13:45	GPSなどの準備	ロッカールーム
13:48 - 14:10	試合2	スタジアム
14:10 - 14:25	集合/リカバリー	
	休息/テーピング（約2時間30分）	待機場所
16:55	セルフウォーミングアップ	ウォーミングアップエリア
17:03 - 17:18	チームウォーミングアップ	
17:18 - 17:23	スタジアムへ	
17:25 - 17:31	GPSなどの準備	ロッカールーム
17:34 - 17:56	試合3	スタジアム
18:00 - 18:15	集合/リカバリー	
18:20	スタジアム出発	
19:20	宿泊先到着	
	シャワー・洗濯	
21:00	夕食	
	コンディショニング	
	就寝	

15人制ラグビーの場合，2時間続けてラグビーのトレーニングを実施することが多いであろう。7人制ラグビーのトレーニングを考えた場合は，大会の形式である「準備→試合→休息→準備→試合→休息」というサイクルに類似させることを考える。2時間をこのサイクルに当てはめてプランを立ててみると，「ランニング系ウォーミングアップ（準備）15分→ラグビースキル（試合）30分→リカバリー（休息）15分→コンタクトウォーミングアップ（準備）15分→ラグビーゲーム形式（試合）30分→クーリングダウン（休息）15分」というように，同じ2時間のトレーニングの中身を7人制ラグビーの大会形式に近づけることができると考える。

7人制ラグビーの試合は7分ハーフの14分で終了してしまう。7人制ラグビーのゲームに類似したトレーニングを考えるならば，14分の高強度の試合形式を休息を挟んで繰り返すのもよいと考える。

トレーニングの法則でもあるように「特異性の法則」を意識して，自分自身に与えられた環境下で7人制ラグビーの特異性を組み込んだトレーニングプランを実行していくことが大会に向けての準備となる。

表9-8は大会当日のチームスケジュールの例を示したものである。大会のスケジュール，試合の時間が決定したら，キックオフまでのそれぞれの準備のタイムスケジュールを決めていく。これは一例であるが，ウォーミングアップなどは各チームが日々取り組んでいる内容・時間・強度と，その日のグラウンドコンディション，気温，チームの雰囲気などを考慮して，当日の内容・時間・強度を決めていく必要がある。

(3) サーキット形式の準備

ワールドラグビーセブンズシリーズは半年間にわたって世界中を転戦するサーキット形式で実施される（IOC，2024）。また，日本国内の女子ラグビーの最高峰のセブンズシリーズである「太陽生命ウィメンズセブンズシリーズ」はワールドラ

表9-9 ●ワールドラグビーセブンズシリーズ2023のスケジュール（IOC，2024）

大会日	開催地	開催区分	
11月4〜6日	香港	男子	
12月2〜3日	ドバイ	男子	女子
12月9〜11日	南アフリカ	男子	女子
1月21〜22日	ニュージーランド	男子	女子
1月27〜29日	オーストラリア	男子	女子
2月25〜26日	アメリカ	男子	
3月3〜5日	カナダ	男子	女子
3月31〜4月2日	香港	男子	女子
4月8〜9日	シンガポール	男子	
5月12〜14日	フランス	男子	女子
5月20〜21日	イギリス	男子	

表9-10 ●太陽生命ウィメンズセブンズシリーズ2023のスケジュール（日本ラグビーフットボール協会，2023a）

開催日	開催地	
5月20〜21日	第1戦	熊谷大会
6月3〜4日	第2戦	秩父宮大会
6月17〜18日	第3戦	鈴鹿大会
7月1〜2日	第4戦	花園大会

表9-11 ●太陽生命ウィメンズセブンズシリーズの年間総合順位決定方法（日本ラグビーフットボール協会，2023a）

(1) 各大会の最終順位にもとづき，下記のシリーズポイントが付与される。

1位：20pt，	2位：18pt，	3位：16pt，
4位：14pt，	5位：12pt，	6位：11pt，
7位：10pt，	8位：9pt，	9位：8pt，
10位：7pt，	11位（タイ）：6pt，	13位：4pt，
14位：3pt，	15位（タイ）：2pt	

(2) 全大会終了後，シリーズポイントの合計数が多いチームを上位として，年間総合順位を決定する。

(3) シリーズポイントが2チーム，またはそれ以上のチームが同点だった場合は，下記の順序で上位を決定する。
① シリーズ総得失点差が大きいチームを上位とする。
② シリーズ総得失トライ差が大きいチームを上位とする。
③ 抽選により決定する。

グビーセブンズシリーズを参考に，サーキット形式での大会形式を採用している（日本ラグビー協会，2023a）。

また，太陽生命ウィメンズセブンズシリーズの年間総合順位決定方法をまとめたものが**表9-11**である（日本ラグビー協会，2023a）。各大会の最終順位でシリーズポイントが付与され，全大会終了後，シリーズポイントの合計数が多いチームを上位として年間総合順位を決定する。

図9-2●サーキット形式の大会における週間計画の考え方

　表9-9，9-10をみてわかるように，数カ月から半年をかけてサーキット形式で試合が続く。いうまでもなく，シリーズ期間中のチーム・選手のコンディションを高め，維持するための準備が求められる。数カ月から半年間にわたるサーキット形式の大会で，より良いパフォーマンスを発揮するためには計画を立て実行していく必要がある。図9-2にサーキット形式の大会における週間計画の考え方を示した。3つの"Week"の考え方で，トレーニングを実施する"Training Week（トレーニング）"，試合を実施する"Game Week（試合）"，リカバリーを実施する"Recovery Week（リカバリー）"である。

　Training Weekは高強度のトレーニングを実施していく週である。15人制から7人制ラグビーに適応していくためには，最低6週間から最大12週間はかかると考えられる。Game Weekは試合に向けて調整していく週である。週末に実施される試合にピークが来るように計画していく。試合を終えた次の週はRecovery Weekである。試合で蓄積した疲労を身体的・精神的にもリフレッシュしていくための計画を立てる。

(4)試合に向けての選手個別のアプローチ

　7人制ラグビーは試合時にグラウンドに立てる人数は7人，リザーブ選手が5人の計12人で構成される。チームのパフォーマンスに影響を与える大きな要因は，選手一人ひとりのコンディションである。15人制に比べて人数が少ない7人制は一人ひとりの責任も大きい。そのため，選手個々

の特性に合わせたアプローチを心掛け，それぞれのピークパフォーマンスが発揮されるようにアプローチしていく。

　パフォーマンスの要因である心理的側面，技術的側面，体力的側面，戦術的側面などで，それぞれの選手にどの側面にアプローチをかけることがパフォーマンスを最大にするのかをコーチは考え，アプローチしていく。そして選手自身も自分がどのようなアプローチでピークパフォーマンスを発揮できるのかを考え続け，実行していくことが重要であると考える。

（宮﨑善幸）

第4節　7人制ラグビーでのコーチング活動

7人制ラグビーは2016年のオリンピック競技大会の種目になって以降，世界的に急速に発展している。競技としての専門性が高まり，ワールドラグビーセブンズシリーズ2022/23では7大会を終えて優勝経験国が5カ国になるなど，各国の競争力は激しくなってきている（**表9-12**）。一方，日本国内での7人制ラグビーは「1年のうちごく短い期間でしかプレーされず」（廣瀬ほか，2019），ラグビーといえば15人制ラグビーをイメージする人がほとんどだろう。日本国内では選手だけではなく，コーチにとっても7人制ラグビーに触れる機会は15人制に比べ圧倒的に少ないのが現状である。本節では，筆者の豊富な経験にもとづく実践知を交えながら，7人制ラグビーでのコーチング活動について解説を行う。

表9-12●ワールドラグビーセブンズシリーズ2022/23における上位3カ国

	優　勝	準優勝	3　位
香港大会	オーストラリア	フィジー	フランス
ドバイ大会	南アフリカ	アイルランド	ニュージーランド
ケープタウン大会	サモア	ニュージーランド	アメリカ
ハミルトン大会	アルゼンチン	ニュージーランド	アメリカ
シドニー大会	ニュージーランド	南アフリカ	フィジー
ロサンゼルス大会	ニュージーランド	アルゼンチン	フィジー
バンクーバー大会	アルゼンチン	フランス	オーストラリア

1. 攻撃局面でのコーチング

攻撃局面をコーチングする際には，コンタクトが大きなポイントの一つになる。7人制ラグビーは15人制ラグビーよりも少ない人数でボールの争奪が行われるため，攻撃を継続し，得点を狙うためには，コンタクトで一人ひとりに高いスキルが求められる。廣瀬ほか（2019）が，攻撃継続能力を向上させることの重要性を示唆しているように，コンタクトの優劣は攻撃局面の優劣に大きく影響する。ここではコンタクトのキーポイントであるボールキャリアーとサポートプレーについて解説する。

(1)ボールキャリアー

ボールキャリアーのポイントは，サポートが到達するまで立っていること，倒れる際にはボールを素早く防御から遠ざける形でリリースすることである。なぜなら，7人制ラグビーではスピー

図9-3●ハンドオフを使ったボールキャリーの一例

図9-4●7人制ラグビーにおけるロングリリースの一例

ディーなゲーム展開が望まれ，ボールキャリアーがグラウンドに倒れた後にできるアクションは15人制に比べて少ないからである。ボールキャリアーがグラウンドに倒れた後にサポートが来る時間を稼ぐ行為に対しては厳しくペナルティを取られる傾向にあり，「ダブルモーション」や「エキストラロール」と呼ばれるペナルティが7人制ラグビーの試合のなかで度々みられるのもコーチングの際に考慮しておく必要があるだろう。サポートが到達するまで立っているには，コンタクトが起きるときにアングルチェンジやハンドオフ（図9-3）などで優位な状況をつくり出せているか，コンタクトが起きた後でレッグドライブができているか，が重要になる。選手によってそれぞれ体格や得意プレーは異なるので，それぞれに合ったボールキャリアーの形をみつけていくことがチームの強みになるだろう。またリリースに関しては，ロングリリースが基本である。7人制ラグビーでのブレイクダウンの攻防は非常に短いので，防御者と密着した状態ではなく，倒れる際には防御者からボールを遠ざけておくことが理想である。（図9-4）。身体全体を使って丁寧かつバリエーションに富んだボールキャリーで攻撃の質を高めていくことが大切である。

(2) サポートプレー

　サポートプレーのポイントは，まずサポートレースに勝つことである。前述したように，7人制ラグビーのブレイクダウンの攻防は短く，かつ人数が少ないので，サポートレースに勝った方がボール争奪局面において圧倒的に有利になるからである。7人制ラグビーでは一般的に一人ひとりの間隔が広く，15人制ラグビーに比べてサポートの距離も長くなるので，サポートレースに勝つためには動き出しの早さが大切になる。どのプレーにおいても，1つのプレーが終わった後の次のプレーへ動き出す意識はトレーニングで習慣づけていく必要があるだろう。またレフリングにおいても，ボール争奪局面でのサポートの自立ができていないプレーはペナルティの対象になる。と

図9-5 ●ボール争奪局面におけるサポートプレーの姿勢

くに，ボールを越えて地面に手をつくプレーや，自立できずにラックに向かって飛び込んでいくオフフィートプレーについては厳しい傾向にある。こういったトラブルを防ぐ意味でも，サポートの動き出しの早さは重要なポイントであるといえる。そしてボール争奪局面においては，サポートする選手が1人でボールを守るのが一般的である。ボールの上に位置し，強い姿勢をつくるために，足はスプリットスタンスにする。防御側のプレッシャーを受けないように腕を絞るようにして胸のあたりのスペースを消し，目線を上げて相手がどこから来るのかを把握しながら，ボールがラックから出てしまわないようにボールを守る（図9-5）。これらの細かいポイントを，試合中のプレッシャーや疲労のなかでも正確に行っていく必要がある。こちらも普段のトレーニングで意識づけを行いながら理解を深めていくことが大切だろう。

2. 防御局面でのコーチング

　7人制ラグビーの防御をコーチングする場合，大きなポイントとなるのはタックルと防御ラインのアライメントであると考えられる。防御の目的はボールを奪い返すことであるが，7人制ラグビーは15人制ラグビーで使用するグラウンドと同じ広さで行うため，ギャップやスペースが多く，防御が突破されやすいとされる（溝畑，1998）。

そのため，7人制ラグビーの防御ではこのポイントがうまく機能しない場合，簡単に得点を許してしまうことがある。防御ラインのアライメントを整えて，質の高いタックルでプレッシャーを与えていくことがボールを奪い返すことにつながっていくだろう。

(1)タックル

タックルは攻撃側にプレッシャーを与えることと，次へのアクションが早いことが求められる。7人制ラグビーにおけるタックルの大きなポイントは足を使うことであり，具体的なポイントは近づくこととレッグドライブすることが挙げられる。7人制ラグビーでは1人あたりのスペースが15人制ラグビーに比べて広く，長い距離を移動してからタックルするシーンが存在するが，足を使って近づきレッグドライブすることでプレッシャーを与えることが可能になる。そこで注意しなければいけないのが「ディップ」のタイミングである。ディップとはタックルに行く直前に沈み込む動作をいう。ディップはコンタクト時のインパクトを生むが，ディップのタイミングが早すぎると，そこから再度，攻撃側が動いた場合に対応しづらく，近づくことが難しくなる。逆にディップのタイミングが遅いと，インパクトを生めず，プレッシャーを与えられないタックルになってしまったり，ハイタックルとなりペナルティにつながったりしてしまうのである。適切なタイミングでの素早いディップが7人制ラグビーのタックルには必要である。

(2)防御ラインのアライメント

廣瀬ほか（2019）が，防御ラインの突破が攻撃における重要な要素であると結論づけているように，7人制ラグビーでの防御局面を考える上では，1対1での優劣を隣の選手同士でカバーし合い助け合うことで，防御ラインを簡単に突破されないようにすることが重要である。ここでは具体的に，ボールキャリアーの対面選手，その内側の選手（対面選手から見てボールが来た方向にいる選手），

その外側の選手のアライメントについて説明する。

まず，ボールキャリアーの対面選手はスクエア，つまり身体の向きをまっすぐトライラインに向けることが大事である。外側でラインブレイクされるのを恐れてタッチラインに身体が向いてしまうと，攻撃側にプレッシャーを与えることは難しくなる（図9-6）。それに対し，内側にいる選手はインサイドのサポートを行う必要がある。具体的なサポートアクションは2つあり，位置関係とコミュニケーションである。実際に攻撃側がアングルを変えて攻撃してきた場合に反応できる位置関係にいる必要があり，その位置関係を対面選手に伝えることで網を張るように関係性をつくっていく。この関係性が防御に自信を持たせ，より良い防御につながっていくだろう。

次に，外側の選手との関係性である。7人制ラグビーはスペースが広い分，攻撃側は外側に走り込みやすい状況が多くある。外側の選手との関係性がないと，ミスマッチが起きた場合に簡単に防御ラインの突破を許してしまうのである。外側の選手のポイントは，1つ内側の対面選手が見える位置関係にいることである。外側の選手が対面選手より前に出てしまうと，攻撃側のボールキャリアーにそのギャップに走る決断をさせてしまう。わずかな差ではあるが，アライメントが整っているかいないかで，攻撃側から見える印象は大きく変わってくるのである。攻撃側の判断を難しくさせるために，外側の選手もいい位置関係でいることが大事である（図9-7，9-8）。

図9-6 ●防御局面における対面選手のスクエア

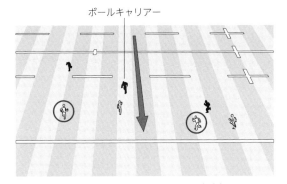

図9-7●内側，外側選手のアライメントの好例

図9-8●ギャップがある防御ライン例

3. キックオフ・50mリスタートキック局面でのコーチング

　7人制ラグビーにおいて，前後半のゲーム開始と得点後のリスタートにおけるキックオフ・50mリスタートキックのボール争奪は，勝敗に大きく影響する重要なプレーであることは研究結果からもすでに明らかにされている（古川ほか，2012）。また得点様相の研究から，古川ほか（2020）が，先制点を挙げることと，先制点からの2連続得点を挙げることが高い勝率につながることを示していることからも，キックオフ・50mリスタートキックが7人制ラグビーにおける最も重要なセットプレーであるといえる。

　国際大会のレベルではキックオフ・50mリスタートキックに関するスキルは年々高度化されており，7人制ラグビーにおいては試合を優位に進めるためにトレーニングすべきスキルの一つであると考えられる。ここではキックオフ・50mリスタートキックにおけるボール争奪に必要なスキルについて説明する。

(1)シングルリフト

　レシーブ側のチームが高さで優位性を出し，ボール確保に有効な手段として，シングルリフトがある。国内の7人制ラグビーの大会ではあまりみないが，国際大会では一般的なスキルである（図9-9）。スキルのポイントは，最も高い位置でボールをキャッチできるように，リフター，ジャンパーともにまっすぐ上に肘を伸ばすことである。ジャンパーは落ちて来るボールに対して落下地点を早く読む能力が必要になり，リフターはジャンパーの跳ぶタイミングに合わせてジャンパーの下に入り込むことで安定したリフトを実現する能力が必要になる。シングルリフトの成功率が上がれば，必然的にボール争奪の局面での獲得率も上がるだろう。しかし，シングルリフトの難しさは，それが使える範囲が限定されるということである。チーム全体を考えると，シングルリフトの構成が多ければ，その分シングルリフトの守備範囲が広がる。シングルリフトが最も高さのある状態でキャッチするには，早くボールの落下地点に入ってジャンプおよびリフトする必要があり，移動の"はやさ"が鍵となる。そこで，物理的な移動の速さに加えて，動き出す時間的な早さが重要にな

図9-9●高さがあるシングルリフト

る。キッカーの利き足や向き，攻撃側の配置を見てどこに蹴ってくるかを予測し，キッカーがキックモーションに入った段階から落下地点へ向かって移動し始めることで，シングルリフトが使える範囲を広げることが可能になる。事前のデータや傾向を含め，チーム全体でコミュニケーションを図りながら予測していくことが重要である。

(2)ジャンパースキル

　レシーブ側はシングルリフトを3組構成しても必ず1人はシングルジャンパーになることに加え，キック側にとってもボール再獲得のためにはシングルジャンパーのキャッチやタップスキルは必要不可欠になる。したがって，お互いのチームにとってジャンパースキルの向上は必須である。ジャンパースキルのポイントは，いかにボールの落下地点を支配できるかである。キック側はボールを追いかけながら跳ぶ形になるので勢いをつけやすく，空中戦のフィジカルバトルに勝ちやすい。とくにスピードがある選手は低い弾道のキックに合わせることで，相手より早く，勢いをつけながら跳ぶことが可能になるだろう。トレーニングのなかで，キッカーとジャンパーがコミュニケーションを取りながら，どんな軌道のキックが好みなのかを把

握しておくとよい。これに対し，レシーブ側はボールが向かってくるのに対して跳ぶことになる。勢いをつけながら跳ぶことが難しい状況も生まれるため，ボールのいろいろな軌道や速さに対する跳び方をトレーニングする必要がある。勢いをつけにくい場合，バスケットボールのスクリーンアウトのように先に落下地点に入ってしまって，背中で相手をブロックしながら跳ぶことも有効である。後ろを向くことで，ノックオンの可能性が低くなるだけでなくフィジカルバトルもしやすくなる（図9-10）。

(3)イーブンボールへの対応

　お互いが空中戦でボールをタップした場合，そのボールをどちらが確保するかが最終的な攻撃権獲得につながる。そのため，ボールの落下地点のまわりに的確に味方を配置し，そのボールの獲得を狙うのである。チームとしてのポリシーは様々であるが，レシーブ側はボールの落下地点に対して前と後ろに味方を配置するのが一般的である。後ろの選手は味方のタップしたボールを，前の選手は相手のタップしたボールを獲得する狙いがある。シングルリフトを構成していた場合，その付近にボールが飛んで来なかった場合はすぐに解消し，イーブンボールへの対応にシフトすることが求められる。また，キックするチーム側は味方のタップしたボールへの対応と，相手がクリーンキャッチした場合のリスク対応を考え，ジャンパーの後ろにのみ味方を配置するチームが多い。どちらのチームもあらかじめボールの位置に対するまわりの配置パターンをトレーニングの段階で整理，準備しておくことがボール獲得率の向上につながるだろう。

4. チームづくり

　1日に複数の試合を複数日行うことが通例の7人制ラグビーの大会において，パフォーマンスを発揮するために必要なチームづくりとは何か。年間250日を超える活動経験のなかで筆者は，7人

図9-10●後ろ向きで跳ぶジャンパースキル

制ラグビーのチームづくりにおいて大切なことは「結束」と「自主自律」であると考えている。

(1)結束

　7人制ラグビーでは「セブンズファミリー」と呼ばれる文化がある。15人制ラグビーよりも少ない選手，スタッフでチームが構成され，一定期間においてトレーニングやミーティング，寝食をともにするなかで生まれる結束力，そして7人制ラグビーにかかわってきたすべての人への敬意を表現した言葉である。日本ラグビー協会（2020，2021a）の報告によると，金メダルを獲得したユニバーシアード夏季競技大会2019の男子チームや東京オリンピック2020の男子チームも，この言葉や概念を重要視していることが理解できる。筆者はこの結束力こそが14分という短い時間でチームとして高いパフォーマンスを発揮するキーポイントになると考えている。結束力を高め，ファミリーとなるには選手やスタッフなどの立場に関係なく，お互いのことを知るところから始まる。お互いの強みを理解することでチームとしての長所を最大化でき，弱みを知ることでお互いを助け合えるのである。これまでの活動経験では，こういったアクティビティをグラウンド外の時間で多く行ってきた。ラグビーやグラウンド上のことだけではなく，それぞれの考え方やその考え方が生まれる背景を知ることで，より深い関係性をつくっていくのである。そして，お互いの敬意が結束を生み，過酷な環境で行われる大会のパフォーマンスにつながるのである。少ない人数であるからこそ，ファミリーとしての結束がパフォーマンスの発揮には不可欠であると考える。

(2)自主自律

　ファミリーとしての結束とは別に，7人制ラグビーのチームづくりにおいて，選手，スタッフの自主自律が大事となる。ここでいう自主自律は，自ら考え，判断し，行動することを指す。7人制ラグビーは1日に複数の試合が行われることから，パフォーマンスを発揮するには試合間のリカバリーや次への準備が重要になる。しかし，それぞれの選手の出場時間は同じではなく，試合を重ねていけば選手ごとにコンディションに違いが出てくる。プレーの調子によって，そのときのメンタリティも変わるものである。リカバリーにかける時間，ウォーミングアップにかける時間，食事内容やリフレッシュの仕方，集中力の高め方もそれぞれ異なってくるのが普通だろう。試合会場によって環境も異なってくるなかで，14分という短い時間の試合に向けてそれぞれが毎回ベストな状態をつくるために，そのときに必要なことを自分で考えて判断し，行動していかなければいけないのである。この部分は経験による差も大きいが，日本ラグビー協会（2021b，2023b）の報告によると，男女セブンズユースアカデミーの活動（世界と戦える可能性を秘めた人材をユース世代から発掘し，育成・強化に取り組むプログラム）からも，若い年代から積極的に自主自律に取り組んでいることがわかる。若い世代からのこうした経験が一貫したパフォーマンスへつながるであろう。

　7人制ラグビーは時間が短い上に人数が少ないため，1つのプレーが試合展開を大きく左右する。それゆえ，プレーの正確性，一貫性が強く求められるのである。7人制ラグビーをプレーすること，そして7人制ラグビーをコーチングすることは必ずや15人制ラグビーにも好影響を与えることになるであろう。

（梅田紘一）

［文献］

・Borg, G.A. (1982) Psychophysical basis of perceived exertion. Medicine and Science in Sports and Exercise, 14：377-381.
・Comyns, T. and Flanagan, E.P.（2016）プロラグビーユニオンのセッションにおける主観的運動強度システムの利用．Strength & Conditioning Journal Japan, 23（7）：29-35.
・Foster, C., Hector, L.L., Welsh, R., Schrager, M., Green, M.A., and Snyder, A.C. (1995) Effects of specific versus cross-training on running performance. European Journal of Applied Physiology and Occupational Physiology. 70：367-372.
・古川拓生・嶋崎達也・西村康平・中川昭（2012）近年の世界トップレベルにおける7人制ラグビーのゲーム様相：15人制ラグビーとの比較をとおしての検討．Football Science, 9: 25-34.
・古川拓生・鷲谷浩輔・小柳竜太・Nemes Roland（2013）ラグビーコーチングにおけるGPSの活用と可能性．コーチング学

研究，26：187-196.

・古川拓生・松橋瑠偉・嶋崎達也・中川昭（2020）男女7人制
ラグビーゲームの得点様相に関する研究．コーチング学研究，
33（2）：161-173.

・Gamble, P.（2004）A skill-based conditioning games approach to metabolic conditioning for elite rugby football players. Journal of Strength Conditioning Research, 18(3)：491-497.

・ハイパフォーマンススポーツセンター（2020）競技者のための暑熱対策ガイドブック【実践編】．日本スポーツ振興センター・ハイパフォーマンススポーツセンター・国立スポーツ科学センター，pp.4-9.

・日比野弘（2011）日比野弘の日本ラグビー全史．ベースボール・マガジン社.

・廣瀬恒平・田中大雄・千葉剛・嶋崎達也・鷲谷浩輔・千坂大二郎（2019）7人制ラグビーにおける攻撃戦術に関する研究．コーチング学研究，32（2）：189-202.

・International Olympic Committee（IOC）（2024）ワールドラグビーセブンズシリーズ2023の日程.
https://olympics.com/ja/news/2023-world-rugby-sevens-series-preview-schedule（参照2024年1月17日）

・岩渕健輔（2011）ぐんぐんうまくなる7人制ラグビー．ベースボール・マガジン社，p.26.

・岩井優（2023）フットボールのゲーム分析：ラグビー7人制．フットボールの科学．18（1）：122-125.

・Jeffreys, I.（2007）ラグビー試合後のリカバリー戦略．Strength & Conditioning Journal Japan，16（9）：54-57.

・川島淳夫・江田昌祐（1987）ラグビーにおける簡易ゲームに関する研究．筑波大学運動学研究，3：37-46.

・剱持佑起・山本利春・笠原政志（2013）スポーツ現場でのアイシング活用の科学．トレーニング科学，25（1）：3-10.

・小林深緑郎（1992）7人制の歴史と技術．ラグビーマガジン，21（9）：80-83.

・近藤徳彦・西保岳（2004）体温上昇と運動パフォーマンス．体育の科学，54（10）：781-787.

・クラーク，R.（1983）知られざるラグビーのルーツ⑪．ラグビーマガジン，12（4）：147-151.

・溝畑寛治（1998）7人制ラグビーの魅力．関西大学文学論集，48：37-47.

・中川昭・古川拓生・嶋崎達也・大垣亮・知念莉子（2019）ラグビー競技に関する科学的研究の現場への応用．Strength & Conditioning Journal Japan，26（7）：2-12.

・中村敏雄（1992）ラグビーボールはなぜ楕円形なの？．大修館書店，p.105.

・日本ラグビーフットボール協会（2020）ジャパンラグビーコーチングアワード2019年度受賞者のお知らせ.
https://www.rugby-japan.jp/news/2020/05/07/50472（参照2023年3月23日）

・日本ラグビーフットボール協会（2021a）日本代表 男子セブンズ日本代表 レポート.
https://www.rugby-japan.jp/news/50871（参照2023年3月23日）

・日本ラグビーフットボール協会（2021b）アカデミー・強化育成レポート.
https://www.rugby-japan.jp/news/50965（参照2023年3月23日）

・日本ラグビーフットボール協会（2023a）太陽生命ウィメンズセブンズシリーズ2023実施概要のお知らせ.
https://www.rugby-japan.jp/news/51839（参照2023年4月30日）

・日本ラグビーフットボール協会（2023b）アカデミー・強化育成レポート.
https://www.rugby-japan.jp/news/51832（参照2023年3月23日）

・Rugby Republic 編集部（2019）女子ラグビーW杯の大会名から「女子」外す．ワールドラグビーが平等の問題に率先して主導へ.
https://rugby-rp.com/2019/08/22/woman/39326?fbclid=IwAR0xIu4Sy3d5Lkke5FuJMMxSuhvbECiMMYmzkb-bm7ZLHvjK6tl6PN3cUWk（参照2023年2月20日）

・Tee, J.C., Ashford, M., and Piggott, D.（2019）ラグビーユニオンのための戦術的ピリオダイゼーション．Strength & Conditioning Journal Japan，26（3）：18-29.

・World Rugby（2018）ラグビーワールドカップセブンズ：これまでのストーリー.
https://www.world.rugby/news/348403（参照2024年1月17日）

・World Rugby（2020）Rugby Ready：クールダウンとリカバリー．World Rugby Passport：損傷予防・リスク管理.
https://passport.world.rugby/ja/損傷予防-リスク管理/rugby-ready.（参照2023年3月30日）

・World Rugby（2023）競技規則 Rugby Union 2023．pp.126-136.
https://www.rugby-japan.jp/future/rule/（参照2024年1月3日）

索　引

編著者一覧

◆編　者
ラグビー研究協議会
　　中川 昭（代表）　　佐々木 康　　下園 博信　　椿原 徹也　　古川 拓生　　村上 純　　山本 巧

◆執筆者（掲載順，太字はとりまとめ担当章，所属は執筆時，JRFU：日本ラグビーフットボール協会）

中川 昭	京都先端科学大学，元筑波大学ラグビー部監督	**第1章**1・2・3節，第2章3節
下園 博信	福岡大学，JRFUハイパフォーマンス部門 開発・科学情報グループメンバー	**第2章**1・3・5節
大石 徹	防衛大学校，元U19日本代表アスレティックトレーナー	第2章2節
徳永 剛	JRFU，元男子・女子セブンズ日本代表ナショナルチームディレクター	第2章3節
木内 誠	三菱重工相模原ダイナボアーズスポーツサイエンティスト	第2章4節
山本 巧	防衛大学校，JRFU副会長	第3章1・2・5節，第4章3節，第8章1節
矢野 広明	日本体育大学，JRFU普及育成委員会コーチング部門委員	第3章1節
廣瀬 恒平	千葉県ラグビーフットボール協会理事	第3章2節
鷲谷 浩輔	千葉商科大学，千葉商科大学ラグビー部監督	第3章2節
村上 大記	筑波大学，筑波大学ラグビー部コーチ	第3章3節
千葉 剛	防衛大学校，防衛大学校ラグビー部監督	第3章4節，第4章3節
八百 則和	東海大学，東海大学ラグビー部コーチ	第3章5節
兼松 由香	東海学園大学，女子セブンズ日本代表コーチ・ユースアカデミーヘッドコーチ	第3章6節
宮﨑 善幸	立正大学，女子15人制・セブンズ日本代表ナショナルチームディレクター	第3章6節，第9章3節
平井 晴子	（株）WIS，JRFU女子セブンズ日本代表専門部会委員	第3章6節
木村 季由	東海大学，東海大学ラグビー部GM・監督	第4章1節
嶋﨑 達也	筑波大学，筑波大学ラグビー部監督	第4章2節
勝田 隆	東海大学，元JRFU理事	第4章3節
古川 拓生	筑波大学，前筑波大学ラグビー部監督	**第5章**1・2・3節
中島 正太	JRFU，男子セブンズ日本代表アナリスト	第5章3節
戸田 尊	九州共立大学，元男子15人制日本代表アナリスト	第5章4節
佐々木 康	名古屋大学，JRFUハイパフォーマンス委員会委員	第6章1・2・3節，**第7章**
中山 光行	JRFU，JRFUハイパフォーマンス委員会委員長	第6章1節
岩渕 健輔	JRFU専務理事	第6章1節
高橋 義雄	筑波大学	第6章2節
玉塚 元一	ロッテホールディングス，ジャパンラグビーリーグワン理事長	第6章2節
土田 雅人	サントリーホールディングス，JRFU会長	第6章2節
渡辺 一郎	東京都市大学，前JRFU理事	第6章3節
田中 勝悟	JRFU，JRFUハイパフォーマンス部門ハイパフォーマンス戦略グループ長	第6章3節
奥脇 透	国立スポーツ科学センター，前JRFUメディカル委員会委員	第7章1節
鈴木 啓太	名古屋学院大学，名古屋学院大学ラグビー部S&Cアドバイザー	第7章2節
赤間 高雄	早稲田大学，JRFUアンチ・ドーピング委員会アドバイザー	第7章3節
宮川 崇顕	中外製薬，JRFUアンチ・ドーピング委員会委員	第7章3節
関水 康成	横浜関水薬局，JRFUアンチ・ドーピング委員会委員長	第7章3節
山田 睦雄	流通経済大学，JRFUメディカル委員会委員	第7章4節
森本 晃司	東京保健医療専門職大学，流通経済大学ラグビー部トレーナー	第7章4節
村上 純	福岡大学，JRFU普及育成委員会コーチング部門委員	**第8章**1節
川島 淳夫	秀明大学，JRFU普及育成委員会コーチング部門委員	第8章2節
石指 宏通	奈良県立医科大学，JRFU普及育成委員会コーチング部門委員	第8章3節
川合 レオ	ラグビーパークジャパン，JRFU普及育成委員会委員長補佐コーチング部門長	第8章3節
椿原 徹也	東京都市大学，東京都市大学ラグビー部監督	**第3章**，第9章1・2節
岩井 優	JRFU，女子セブンズ日本代表パフォーマンスアナリスト	第9章2節
知念 莉子	JRFU，男子・女子セブンズユースアカデミーS&Cコーチ	第9章2節
梅田 紘一	JRFU，男子セブンズユースアカデミーディレクター・パスウェイマネージャー	第9章4節

ラグビーのコーチング学

©Japan Council for Rugby Studies, 2024　　　　　　　　NDC783/vii, 215p/26cm

初版第1刷発行━━━2024年4月20日

編　者━━━━━ラグビー研究協議会

発行者━━━━━鈴木一行

発行所━━━━━株式会社 大修館書店

　　　　　　　〒113-8541　東京都文京区湯島2-1-1
　　　　　　　電話 03-3868-2651（営業部）　03-3868-2299（編集部）
　　　　　　　振替 00190-7-40504
　　　　　　　［出版情報］https://www.taishukan.co.jp

装丁デザイン━━中村友和（ROVARIS）

本文組版━━━━加藤　智

印刷所━━━━━横山印刷

製本所━━━━━難波製本

ISBN978-4-469-26983-3　　　　　Printed in Japan